HAGEN

Öffentliche Unternehmen als Gegenstand von Informationspflichten

Schriften zum deutschen und europäischen Kommunalrecht

Band 62

Öffentliche Unternehmen als Gegenstand von Informationspflichten

Zwischen Kontrollnotwendigkeit
und Dysfunktionalität
auf staatlicher wie kommunaler Ebene

von

Lisa Hagen

BOORBERG

Bibliografische Information der Deutschen Nationalbibliothek | Die Deutsche Nationalbibliothek verzeichnet diese Publikation in der Deutschen Nationalbibliografie; detaillierte bibliografische Daten sind im Internet über www.dnb.de abrufbar.

ISBN 978-3-415-07663-1

Satz: Reemers Publishing, Luisenstr. 62, 47799 Krefeld
Druck und Bindung: Beltz Grafische Betriebe GmbH, Am Fliegerhorst 8, 99947 Bad Langensalza

Richard Boorberg Verlag GmbH & Co KG | Scharrstraße 2 | 70563 Stuttgart
Stuttgart | München | Hannover | Berlin | Weimar | Dresden
www.boorberg.de

Widmung: Meiner Familie

Vorwort

Die vorliegende Arbeit wurde von der Juristischen Fakultät der Ludwig-Maximilians-Universität München im Sommersemester 2024 als Dissertation angenommen. Literatur, Rechtsprechung und Gesetzestexte befinden sich auf dem Stand von November 2023.

Mein herzlicher Dank gilt zunächst meinem Doktorvater Professor Dr. Martin Burgi für seine fortwährende Unterstützung und sein Vertrauen. An seinem Lehrstuhl durfte ich über viele Jahre zunächst als Studentische Hilfskraft und später als Wissenschaftliche Mitarbeiterin tätig sein und mich in vielfältige und spannende Projekte einbringen. Es war auch Professor Burgi, der mich dazu ermutigte, den Schritt zur Promotion zu wagen. Die Zeit am Lehrstuhl war für mich nicht nur eine Phase des intensiven Lernens, sondern auch eine Zeit des persönlichen Wachstums, auf die ich mit großer Dankbarkeit zurückblicke. Ebenfalls herzlich bedanken möchte ich mich bei Professor Dr. Peter M. Huber für die Anfertigung des Zweitgutachtens zu meiner Arbeit.

Auch wenn der Rahmen dieses Vorworts es nicht zulässt, alle namentlich zu erwähnen, die mich auf diesem Weg unterstützt haben, möchte den fantastischen Menschen aus dem Münchner Rückgebäude von Herzen für den inspirierenden Austausch und die gemeinsamen Erlebnisse danken, die meine Zeit am Lehrstuhl unvergesslich gemacht haben. Besonders hervorheben möchte ich Veronika Böhm, Dr. Nicole Lieb und Dr. Malin Nischwitz, die nicht nur diese Arbeit intensiv korrekturgelesen, sondern mir auch mit wertvollem Rat zur Seite gestanden haben. Mein Dank gilt ebenso meinen Freundinnen und Freunden, die mir durch ihre wohltuende Ablenkung immer wieder die Motivation gegeben haben, meine Arbeit mit frischem Elan fortzusetzen.

Diese Arbeit wäre ohne die liebevolle Unterstützung und das Vertrauen meiner Familie, der ich diese Arbeit widme, nicht zustande gekommen.

Mein größter Dank gilt meinen Eltern, Silke und Michael, die mir durch ihren bedingungslosen Rückhalt den Weg bis hierher geebnet haben, sowie meiner Schwester Anna, die mir stets ein Vorbild war und während meiner Promotion und darüber hinaus eine unverzichtbare Stütze geblieben ist. Ein herzliches Dankeschön geht auch an meine Großeltern, Hermann und Maria, für ihren unermüdlichen Enthusiasmus und ihren beständigen Zuspruch. Schließlich möchte ich Bastian danken, der mich durch die Höhen und Tiefen dieser Promotion begleitet, mir in schwierigen Zeiten Mut zugesprochen und mir immer mit Verständnis und Unterstützung zu Seite gestanden hat.

Inhaltsübersicht

Inhaltsverzeichnis

Erster Teil:

Einführung, Strukturen und Rechtsrahmen

Einführung

A. Fragestellungen und Ziele der Arbeit

Seit jeher sind öffentliche Unternehmen eine prägende Erscheinungsform der Staatlichkeit in Deutschland.[1] Neben dieser langen Tradition belegt der Blick auf die Praxis ihre enorme Bedeutung.[2] So zählt etwa der Verband kommunaler Unternehmen e. V. (VKU) als Interessenvertretung der kommunalen Versorgungs- und Entsorgungswirtschaft in Deutschland über 1.500 Mitgliedsunternehmen mit rund 300.720 Beschäftigten und Umsatzerlösen von rund 141 Milliarden Euro im Jahr 2022.[3] Öffentliche Unternehmen spielen darüber hinaus eine zentrale Rolle bei der Bewältigung der Herausforderungen unserer Zeit, insbesondere des Klimawandels, der Digitalisierung und der demografischen Entwicklung.[4] So sind die kommunalen Unternehmen in Deutschland beispielsweise wichtige Akteure für das Gelingen der Energiewende[5] sowie der digitalen Transformation[6].

Gleichwohl wird ihre Rolle sowie die Legitimation staatlichen Wirtschaftens seit jeher kontrovers beurteilt.[7] Zurecht wurde die unternehmerische Betätigung der öffentlichen Hand als das „ewige Thema" des öffentlichen Wirtschaftsrechts bezeichnet.[8] Die seit Jahrzehnten geführte Debatte darüber, ob und in welchem Ausmaß es in einer marktwirtschaftlichen Ordnung öffentlicher Unternehmen bedarf,[9] soll in dieser Arbeit freilich nicht wieder aufgerollt werden.

Einigkeit besteht jedenfalls dahingehend, dass die Wirtschaftstätigkeit der öffentlichen Hand keinen Selbstzweck erfüllt, sondern lediglich

1 Vgl. *Huber/Fröhlich*, in: Großkommentar zum AktG, 4. Aufl. 2015, Vor §§ 394, 395 Rn. 2; *Knauff*, in: Schmidt/Wollenschläger (Hg.), Kompendium Öffentliches Wirtschaftsrecht, 5. Aufl. 2019, § 6 Rn. 2; *Ruthig/Storr*, Öffentliches Wirtschaftsrecht, 5. Aufl. 2020, § 8 Rn. 649.

2 Siehe zu dieser jüngst *Burgi*, in: ders./Habersack (Hg.), Handbuch Öffentliches Recht des Unternehmens, 2023, § 18 Rn. 10. Dazu näher unten 1. Kapitel A.II.

3 Vgl. https://www.vku.de/verband/ueber-uns/ (zuletzt abgerufen am 15.11.2023).

4 Vgl. https://btw2021.vku.de (zuletzt abgerufen am 15.11.2023).

5 Vgl. https://www.vku.de/themen/energiewende/ (zuletzt abgerufen am 15.11.2023).

6 Vgl. https://www.vku.de/themen/digitalisierung/ (zuletzt abgerufen am 15.11.2023).

7 Vgl. *Wollenschläger*, in: Wurzel/Schraml/Gaß (Hg.), Rechtspraxis der kommunalen Unternehmen, 4. Aufl. 2021, Kap. B Rn. 1.

8 So *Huber*, in: FS Peter Badura, 2004, S. 897.

9 Dazu *Püttner*, Die öffentlichen Unternehmen, 2. Aufl. 1985, S. 4 ff.; *Cronauge*, Kommunale Unternehmen, 6. Aufl. 2016, Kap. I Rn. 66 ff.

instrumentellen Charakter für die Erfüllung staatlicher Aufgaben besitzt.[10] Das öffentliche Unternehmen unterliegt dabei einer Vielzahl öffentlich-rechtlicher Bindungen,[11] derer sich der staatliche bzw. kommunale Träger durch die Wahl dieser Handlungsform nicht entledigen kann.[12]

An dieser Stelle zeigen sich die Nachteile der Instrumentalisierung öffentlicher Unternehmen zur Erfüllung von Verwaltungsaufgaben: Die Verselbstständigung führt zu Steuerungs- und Kontrolldefiziten sowie zu der Gefahr einer größeren Intransparenz.[13] Dies gilt unabhängig von der gewählten Rechtsform.[14] Gleichzeitig ist insbesondere mit der Wahl einer privatrechtlichen Rechtsform die Hoffnung auf größere Flexibilität verbunden.[15] Denn die Aufgabenerfüllung im Modus des unternehmerischen kann letztlich nur funktionieren, wenn dem Unternehmen das Maß an Autonomie gewährt wird, das für eine wirtschaftlich effiziente Unternehmensführung notwendig ist.[16] Die Herausforderung liegt also darin, die richtige Balance zwischen mehr unternehmerischer Freiheit einerseits und notwendiger Einflussnahme durch die öffentliche Hand andererseits zu finden.[17]

10 Vgl. *Huber/Fröhlich*, in: Großkommentar zum AktG, 4. Aufl. 2015, Vor §§ 394, 395 Rn. 3; *Suerbaum*, in: Ehlers/Fehling/Pünder (Hg.), Besonderes Verwaltungsrecht, Bd. 1, 4. Aufl. 2019, § 16 Rn. 30; zur sog. Instrumentalthese siehe bereits *Püttner*, Die öffentlichen Unternehmen, 2. Aufl. 1985, S. 52; *Thiemeyer*, in: Chmielewicz/Eichhorn (Hg.), Handwörterbuch der Öffentlichen Betriebswirtschaft, 1989, S. 672 ff.; *Burgi*, VerwArch 93 (2002), 255 (259); *Mann*, Die öffentlich-rechtliche Gesellschaft, 2002, S. 14 ff.

11 Vgl. ausführlich zum europa- und verfassungsrechtlichen Rahmen des Öffentlichen Unternehmens *Burgi*, in: ders./Habersack (Hg.), Handbuch Öffentliches Recht des Unternehmens, 2023, § 18.

12 Vgl. *Kahl*, in: Voßkuhle/Eifert/Möllers (Hg.), Grundlagen des Verwaltungsrechts, Bd. II, 3. Aufl. 2022, § 45 Rn. 194; *Burgi*, in: ders./Habersack (Hg.), Handbuch Öffentliches Recht des Unternehmens, 2023, § 18 Rn. 55.

13 Siehe dazu *Burgi*, in: ders./Habersack (Hg.), Handbuch Öffentliches Recht des Unternehmens, 2023, § 18 Rn. 12.

14 Vgl. *Burgi*, in: ders./Habersack (Hg.), Handbuch Öffentliches Recht des Unternehmens, 2023, § 18 Rn. 13.

15 Siehe *Mann*, Die öffentlich-rechtliche Gesellschaft, 2002, S. 153; *Rittner/Dreher*, Europäisches und deutsches Wirtschaftsrecht, 3. Aufl. 2008, § 7 Rn. 88; *Uechtritz/Reck*, in: Hoppe/Uechtritz/Reck (Hg.), Handbuch kommunale Unternehmen, 3. Aufl. 2012, § 16 Rn. 5; *Kämmerer*, in: Ehlers/Fehling/Pünder (Hg.), Besonderes Verwaltungsrecht, Bd. 1, 4. Aufl. 2019, § 13 Rn. 38.

16 Zum Gebot einer aufgabenadäquaten Auslegung des Demokratieprinzips *Wollenschläger*, in: Kirchhof/Korte/Magen (Hg.), Öffentliches Wettbewerbsrecht, 2014, § 6 Rn. 37; siehe auch *Löwer*, in: VVDStRL 60 (2001), 416 (443); *Kapteina*, Öffentliche Unternehmen in Privatrechtsform und ihre demokratische Legitimation, 2017, S. 94.

17 So mit Blick auf Unternehmensbeteiligungen der Gemeinden *Gaß/Popp*, Die Gemeinde als Unternehmer, 3. Aufl. 2021, S. 251.

Der Gefahr von Steuerungs- und Kontrolldefiziten soll daher durch (verfassungsrechtlich geforderte) Einwirkungspflichten der Trägerkörperschaft auf das Unternehmen begegnet werden.[18] Da diese weder durch das Grundgesetz noch durch das Europarecht weiter konkretisiert werden, obliegt es der jeweiligen Trägerkörperschaft, die zur Verfügung stehenden Einwirkungsrechte zu nutzen.[19] Um eine Entscheidung darüber treffen zu können, ob und wie auf das öffentliche Unternehmen eingewirkt werden soll, benötigt die öffentliche Hand zunächst eine ausreichende Informationsgrundlage.[20] Von Interesse ist also, welche Informationen Gesellschaften, an denen sich die öffentliche Hand beteiligt, aufgrund ihrer Stellung als öffentliches Unternehmen preisgeben müssen. Dabei darf nicht darüber hinweggesehen werden, dass die öffentlichen Unternehmen sowie ihre Träger ein Interesse daran haben können, zum Erhalt ihrer Funktionsfähigkeit vertrauliche Informationen vor dem Zugriff der Öffentlichkeit im Wettbewerb zu schützen.[21]

Das öffentliche Unternehmen steht dabei nicht nur im Informationsaustausch mit den Organen der Gebietskörperschaft, die die Rolle der Gesellschafterin wahrnehmen (etwa das beteiligungsführende Ministerium).[22] Vielmehr ist der staatliche Anteilseigner wiederum dem Parlament gegenüber verantwortlich, auch mit Blick auf die Tätigkeit seiner öffentlichen Unternehmen.[23] Die vorliegende Arbeit widmet sich diesem spezifischen Ausschnitt der Kontrolle öffentlicher Unternehmen, namentlich Umfang und Reichweite der Informationspflichten im Zusammenspiel zwischen einem öffentlichen Unternehmen und dem Parlament bzw. Gemeinderat. Diese Rolle öffentlicher Unternehmen als Gegenstand von Informationspflichten rückt zunehmend in den Fokus der rechtswissenschaftlichen Auseinandersetzung.[24] Dies liegt nicht

---

18 Vgl. *Burgi*, in: ders./Habersack (Hg.), Handbuch Öffentliches Recht des Unternehmens, 2023, § 18 Rn. 55 f.

19 Vgl. *Huber*, in: Voßkuhle/Eifert/Möllers (Hg.), Grundlagen des Verwaltungsrechts, Bd. II, 3. Aufl. 2022, § 43 Rn. 183; *Burgi*, in: ders./Habersack (Hg.), Handbuch Öffentliches Recht des Unternehmens, 2023, § 18 Rn. 58.

20 Vgl. *Schnuch*, Compliance-Verantwortung des Staates für gemischtwirtschaftliche Unternehmen, 2023, S. 164 f.; *Burgi*, in: ders./Habersack (Hg.), Handbuch Öffentliches Recht des Unternehmens, 2023, § 23 Rn. 6.

21 Vgl. *Burgi*, in: ders./Habersack (Hg.), Handbuch Öffentliches Recht des Unternehmens, 2023, § 23 Rn. 3.

22 Siehe dazu *Burgi*, in: ders./Habersack (Hg.), Handbuch Öffentliches Recht des Unternehmens, 2023, § 23 Rn. 10.

23 Vgl. *Teichmann*, in: Burgi/Habersack (Hg.), Handbuch Öffentliches Recht des Unternehmens, 2023, § 25 Rn. 125.

24 Vgl. *Burgi*, in: ders./Habersack (Hg.), Handbuch Öffentliches Recht des Unternehmens, 2023, § 23 Rn. 1, der zutreffend feststellt, dass ein gestiegenes Bewusstsein für die Rolle der öffentlichen Unternehmen als Adressaten von Informationspflichten

zuletzt an der Entscheidung des Bundesverfassungsgerichts vom 7.11.2017 (BVerfGE 147, 50) zum Umfang des parlamentarischen Informationsrechts in Bezug auf hoheitlich beherrschte Unternehmen, welche im juristischen Schrifttum auf große (positive wie negative) Resonanz gestoßen ist.[25]

Grundsätzlich sind öffentliche Unternehmen(sorgane) ebenso wie private Unternehmen an die Vorschriften des (privaten) Gesellschaftsrechts gebunden.[26] Daraus resultiert eine auf den ersten Blick unauflösbare Kollision zwischen gesellschaftsrechtlicher Verschwiegenheits- und parlamentarischer Informationspflicht.[27] Im Kern dreht sich die Diskussion um die Frage, inwieweit das Gesellschaftsrecht Raum für die Berücksichtigung öffentlich-rechtlicher Bindungen zulässt und welches Rechtsregime sich im Konfliktfall durchsetzt.[28] Im Informationsverhältnis zu den Parlamenten und Gemeinderäten ergeben sich zusätzliche Konflikte dadurch, dass für die Beratungen dieser Vertretungsorgane der Öffentlichkeitsgrundsatz gilt.[29]

In diesem prekären Spannungsfeld zwischen Gesellschaftsrecht und öffentlichem Recht sind die Sondervorschriften der §§ 394, 395 AktG angesiedelt,[30] die indes eine allenfalls fragmentarische Antwort auf die Frage des Umgangs mit der Prinzipienkollision geben können.[31] Während § 394 AktG eine Lockerung der Verschwiegenheitspflicht des auf Veranlassung einer Gebietskörperschaft entsandten oder gewählten Aufsichtsratsmitglieds vorsieht, erweitert § 395 AktG wiederum die Geltung der gesellschaftsrechtlichen Verschwiegenheitspflicht auf die Berichts-

---

und gegenständlichen Trägern von Informationen vermehrt in juristischen Auseinandersetzungen münde.

25 Vgl. dazu etwa *Burgi*, NVwZ 2018, 601 ff.; *Hamdorf/Moradi Karkaj*, DVBl 2018, 823 ff.; *Kersting*, WPg 2018, 392 ff.; *Koch*, ZHR 183 (2019), 7 ff.

26 Vgl. *Püttner*, DVBl 1986, 748 (751); *Ristelhuber*, NWVBl. 2016, 359 (360); *Rachlitz*, in: Grigoleit (Hg.), AktG, 2. Aufl. 2020, § 395 Rn. 4 ff.

27 Vgl. etwa *Kersting*, WPg 2018, 392; *Koch*, ZHR 183 (2019), 7; *Teichmann*, in: Burgi/Habersack (Hg.), Handbuch Öffentliches Recht des Unternehmens, 2023, § 25 Rn. 137 f.

28 So *Huber/Fröhlich*, in: Großkommentar zum AktG, 4. Aufl. 2015, § 394 Rn. 4.

29 Vgl. *Brenner*, AöR 127 (2002), 222 (249); *Huber/Fröhlich*, in: Großkommentar zum AktG, 4. Aufl. 2015, vor §§ 394, 395 Rn. 22.

30 Vgl. *Hüffer/Koch*, AktG, 17. Aufl. 2023, § 394 Rn. 1.

31 Vgl. *Huber/Fröhlich*, in: Großkommentar zum AktG, 4. Aufl. 2015, § 394 Rn. 4; *Rachlitz*, in: Grigoleit (Hg.), AktG, 2. Aufl. 2020, § 395 Rn. 2; *Hüffer/Koch*, AktG, 17. Aufl. 2023, § 394 Rn. 1; *Schall*, in: Henssler/Spindler/Stilz (Hg.), BeckOGK AktG, Stand: 01.01.2023, § 394 Rn. 3. *Tayaranian*, NZG 2023, 1353 (1354) zufolge enthalten die §§ 394, 395 AktG „nur eine unvollkommene Regelung der Gemengelage aus öffentlichen Informationsinteressen und unternehmerischen Vertraulichkeitsinteressen".

adressaten.[32] Fraglich ist jedoch, ob damit eine Weitergabe von unternehmensinternen Informationen an das Parlament ermöglicht wird.[33] Der Wortlaut der §§ 394, 395 AktG gibt darauf keine zufriedenstellende Antwort.[34] Insofern überrascht es nicht, dass sich mit der Thematik auch nach der oben genannten Entscheidung des Bundesverfassungsgerichts bislang ungelöste Streitfragen verbinden.[35] Das Bundesverfassungsgericht kommt zu dem Ergebnis, dass die einfachgesetzlichen Verschwiegenheitsregelungen des Aktiengesetzes für sich genommen nicht geeignet sind, das Frage- und Informationsrecht zu beschränken.[36] Umso interessanter ist daher der Blick darauf, ob das Interesse des öffentlichen Unternehmens an der Geheimhaltung vertraulicher Unternehmensinterna im Rahmen parlamentarischer Informationspflichten anderweitig Berücksichtigung finden kann.

Während sich diese Fragestellungen auf parlamentarische Informationspflichten betreffend staatliche Unternehmen beziehen, bleibt zu klären, inwiefern sich die Rechtslage auf kommunaler Ebene davon unterscheidet.

Die wirtschaftliche Betätigung der Kommunen ist einer der prägenden Teilbereiche kommunaler Selbstverwaltung.[37] Seit langem erfolgt die Versorgung der Gemeindebevölkerung mit Wasser, Wärme oder Energie, aber auch die Bereitstellung von Verkehrsdienstleistungen durch kommunale Unternehmen.[38] Von entsprechend hoher praktischer Relevanz für die Kontrolle deren Tätigkeit ist der Aufbau eines funktionierenden Informationsflussmanagements zwischen Gemeinde und Unternehmen.[39] Auch in diesem Bereich mehren sich in jüngerer Zeit

---

32 Vgl. *Schall*, in: Henssler/Spindler/Stilz (Hg.), BeckOGK AktG, Stand: 01.01.2023, § 394 Rn. 1.

33 Dazu ausführlich etwa *Mann*, AG 2018, 57 ff.

34 So *Knöbber-Griesz*, jM 2023, 90 – allerdings mit Blick auf die Frage, welche Informationen das Aufsichtsratsmitglied eines öffentlichen Unternehmens an den Gemeinde- oder Stadtrat weitergeben darf.

35 So *Schall*, in: Henssler/Spindler/Stilz (Hg.), BeckOGK AktG, Stand: 01.01.2023, § 394 Rn. 1.

36 Siehe BVerfGE 147, 50 (133) Rn. 213.

37 Vgl. *Knauff*, in: Schmidt/Wollenschläger (Hg.), Kompendium Öffentliches Wirtschaftsrecht, 5. Aufl. 2019, § 6 Rn. 17 mit Fn. 41; *Dombert*, NdsVBl. 2022, 133.

38 Vgl. *Suerbaum*, in: Ehlers/Fehling/Pünder (Hg.), Besonderes Verwaltungsrecht, Bd. 1, 4. Aufl. 2019, § 16 Rn. 13; *Röhl*, in: Schoch/Eifert (Hg.) Besonderes Verwaltungsrecht, 2. Aufl. 2023, Kap. 2 Rn. 182.

39 Vgl. *Bracht*, NVwZ 2016, 108; *Burgi*, in: ders./Habersack (Hg.), Handbuch Öffentliches Recht des Unternehmens, 2023, § 23 Rn. 71 sieht für ein solches Informationsflussmanagement in vielen Gemeinden Verbesserungspotenzial, was teilweise auf ein fehlendes Bewusstsein für die Bedeutung und Möglichkeiten der Einwirkung auf die eigenen Unternehmen, teilweise auch auf Vollzugsdefizite zurückzuführen sei.

gerichtliche Entscheidungen, die den Einfluss von Gebietskörperschaften auf entsandte Aufsichtsratsmitglieder zum Gegenstand haben.[40] So wie bei staatlichen Unternehmen mit Blick auf das Parlament, stellt sich auf kommunaler Ebene mit Blick auf den Gemeinderat die Frage, welche Informationen von den Organen eines gemeindlichen Unternehmens weitergegeben werden dürfen.[41]

Trotz einiger Veröffentlichungen in jüngerer Zeit[42] wurde die kommunale Ebene in diesem Zusammenhang deutlich seltener in wissenschaftlichen Untersuchungen behandelt. Noch nicht abschließend beantwortet ist insbesondere die Frage, ob und inwiefern sich die oben angesprochene Entscheidung des Bundesverfassungsgerichts zum Informationsanspruch des Bundestages über Angelegenheiten der Deutschen Bahn AG auf das Informationsverhältnis zwischen Kommune und kommunalem Unternehmen auswirkt.[43] Dies ist vor dem Hintergrund zu sehen, dass die kommunale Ebene im Vergleich zur staatlichen Ebene strukturelle Besonderheiten aufweist, die es zu berücksichtigen gilt.[44]

Festzuhalten bleibt an dieser Stelle, dass, ungeachtet der langen Tradition öffentlicher Unternehmen und deren Etablierung im Rechtsleben, nach wie vor partielle Unklarheit über die rechtlichen Vorgaben im Detail herrscht.[45] Insofern scheint jedenfalls mit Blick auf die oben beschriebenen Informationsbeziehungen die Einschätzung von *Ziegelmeier* ihre Geltung nicht oder jedenfalls nicht gänzlich verloren zu haben: „Die große Beliebtheit der Privatisierung kommunaler Betriebe ist gekoppelt mit einer großen Rechtsunsicherheit.“[46].

Ziel der vorliegenden Arbeit ist es, Klarheit über Umfang und Grenzen der Informationspflichten betreffend öffentliche Unternehmen

40 So *Adenauer*, NZG 2023, 652. Beispielhaft zu nennen sind OVG RP, DVBl 2022, 179 sowie OVG NW, NWVBl. 2023, 283.

41 *Knöbber-Griesz*, jM 2023, 90 bezeichnet die Frage, welche Informationen das Aufsichtsratsmitglied eines öffentlichen Unternehmens an den Gemeinde- oder Stadtrat weitergeben darf, als „Evergreen im Bereich des öffentlichen Wirtschaftsrechts“.

42 Vgl. *Pape*, Das kommunale Aufsichtsratsmandat, 2020; *Shaverdov*, Pflichtenbindungen und Pflichtenkollisionen der Gemeindevertreter, 2021; *Weiser-Saulin*, Public Corporate Governance kommunaler Unternehmen, 2021. Eine frühere monografische Darstellung findet sich bei *Strobel*, Verschwiegenheits- und Auskunftspflicht kommunaler Vertreter im Aufsichtsrat öffentlicher Unternehmen, 2002.

43 Vgl. *Gaß*, in: Burgi/Habersack (Hg.), Handbuch Öffentliches Recht des Unternehmens, 2023, § 21 Rn. 111. Zu dieser Frage *Katz*, NVwZ 2018, 1091.

44 Vgl. dazu ausführlich 6. Kapitel A.

45 Vgl. mit Blick auf die kommunale GmbH *Papsthart*, BayVBl. 2018, 541.

46 ZGR 2007, 144 (160) mit Verweis auf *Altmeppen*, NJW 2003, 2561 ff.

gegenüber Parlamenten und Gemeinderäten zu schaffen. Zum einen soll aufgezeigt werden, dass das Gesellschaftsrecht Raum für die Berücksichtigung der verfassungsrechtlichen Vorgaben lässt. Zum anderen soll analysiert werden, ob Umfang und Grenzen der untersuchten Informationspflichten so ausgestaltet wurden, dass ein angemessener Ausgleich zwischen der verfassungsrechtlich geforderten Kontrolle und dem Interesse der öffentlichen Hand als Unternehmensträgerin an einer effektiven Erfüllung ihrer Aufgaben gefunden wurde.

Die Untersuchung beschränkt sich dabei bewusst nicht auf parlamentarische Informationspflichten der staatlichen Ebene, sondern bezieht auch die kommunale Ebene mit ein. In diesem spezifischen Zuschnitt der vorliegenden Arbeit liegt der Unterschied zu den zahlreichen Veröffentlichungen rund um das Thema der öffentlichen Unternehmen.[47] Der umfassende Vergleich zwischen den Informationspflichten auf Bundes-, Landes- und kommunaler Ebene soll einen zusätzlichen Erkenntnisgewinn mit Blick auf deren Grenzen generieren.

B. Gang der Untersuchung

Die Untersuchung ist in drei Teile gegliedert. Der einleitende *Erste Teil* widmet sich der Struktur und dem Rechtsrahmen öffentlicher Unternehmen.

Das *1. Kapitel* beschäftigt sich mit dem Phänomen der öffentlichen Hand als Unternehmensträgerin und zeigt auf, dass unions- bzw. verfassungsrechtlich ein weiter Spielraum für eine unternehmerische Betätigung der

---

47 Siehe etwa zum Organisationsrecht bereits *Mann*, Die öffentlich-rechtliche Gesellschaft, 2002. Zur Corporate Governance öffentlicher Unternehmen siehe *Traut*, Die Corporate Governance von Kapitalgesellschaften der öffentlichen Hand, 2013; *Weiser-Saulin*, Public Corporate Governance kommunaler Unternehmen, 2021 und jüngst zum Thema Compliance-Verantwortung *Schnuch*, Compliance-Verantwortung des Staates für gemischtwirtschaftliche Unternehmen, 2023. Zur Rechtsstellung der Vertreter der öffentlichen Hand in den Organen des öffentlichen Unternehmens vgl. *Strobel*, Verschwiegenheits- und Auskunftspflicht kommunaler Vertreter im Aufsichtsrat öffentlicher Unternehmen, 2002; *Pape*, Das kommunale Aufsichtsratsmandat, 2020; *Shaverdov*, Pflichtenbindungen und Pflichtenkollisionen der Gemeindevertreter, 2021; siehe auch jüngst *Knöbber-Griesz*, Aktienrechtliche Aufsichtsverschwiegenheit und Informationsprivileg der öffentlichen Hand, 2023 und *Neudenberger*, Der Aufsichtsrat in staatlichen Eigen- und Beteiligungsgesellschaften, 2023.

öffentlichen Hand besteht, wenn es um die Erfüllung öffentlicher Aufgaben geht.

Das *2. Kapitel* dient der Darstellung der Kontrollzusammenhänge bei der unternehmerischen Tätigkeit von Staat und Kommunen. Dafür erfolgen zunächst begriffliche Vorklärungen sowie die Einordnung des Untersuchungsgegenstands im Gesamtkontext der Kontrolle öffentlicher Unternehmen. Im Anschluss wird auf die Gründe eingegangen, aus denen das Kontrollerfordernis resultiert. Ein Schwerpunkt liegt dabei auf der Darstellung des demokratischen Legitimationszusammenhangs und der Frage, welche Anforderungen dem Demokratieprinzip im Hinblick auf die Einwirkung und Kontrolle öffentlicher Unternehmen entnommen werden können. Schließlich wird der Zusammenhang zwischen Kontrolle und Funktionsfähigkeit des öffentlichen Unternehmens hergestellt. Dem wird die Überlegung zugrunde gelegt, dass die öffentliche Hand zum Erhalt ihrer Funktionsfähigkeit ihre Organisationsstruktur an die unternehmerische Form der Aufgabenerfüllung, jedenfalls zu einem gewissen Grad, anpassen muss.

Der *Zweite Teil* widmet sich dem öffentlichen Unternehmen als Gegenstand parlamentarischer Informationspflichten auf der Ebene des Staates.

Dafür werden im *3. Kapitel* die normativen Grundlagen der Informationspflicht der Regierung gegenüber dem Parlament sowohl auf Bundes- als auch auf Landesebene beleuchtet. Zudem wird untersucht, unter welchen Voraussetzungen Informationen betreffend ein öffentliches Unternehmen zum Gegenstand des Informationsanspruchs der jeweiligen Regierung gegenüber dem Parlament gemacht werden können.

Das *4. Kapitel* bildet mit der Untersuchung der Grenzen des parlamentarischen Informationsanspruchs einen Schwerpunkt der Arbeit. Diese erfolgt in einem ersten Schritt mit Blick auf den parlamentarischen Informationsanspruch auf Bundesebene. Der Fokus liegt dabei auf der Frage, inwiefern der Schutz von Betriebs- und Geschäftsgeheimnissen des öffentlichen Unternehmens eine Antwortverweigerung rechtfertigen kann. Zur Beantwortung dieser Frage gilt es, das Spannungsverhältnis zwischen gesellschaftsrechtlichen Verschwiegenheitspflichten und verfassungsrechtlichen Vorgaben auszutarieren. Gleichzeitig muss eine angemessene Balance zwischen einem dem Demokratieprinzip entsprechenden Maß an Kontrolle und einem aufgabenadäquaten Schutz vertraulicher Informationen öffentlicher Unternehmen geschaffen werden. Ziel der vorliegenden Arbeit ist es, aufzuzeigen, dass ein solcher Ausgleich auch für öffentliche Unternehmen in der Rechtsform der Aktiengesellschaft unter Anwendung der §§ 394, 395 AktG möglich ist. Zudem wird ein Blick auf die Rechtslage bei der Beteiligung des

Bundes an einer GmbH geworfen. In einem zweiten Schritt wird ein Überblick über die Rechtslage auf Landesebene gegeben, um daran anschließend die Übertragbarkeit der zur Rechtslage auf Bundesebene gefundenen Ergebnisse zu prüfen. Zu beachten ist dabei insbesondere die sich auf Landesebene abweichend darstellende Normenhierarchie.

Daran anschließend werden im *5. Kapitel* rechtliche und politische Möglichkeiten aufgezeigt, inwiefern die Informationspflichten der Regierung im Konfliktfall durchgesetzt werden können.

Im *Dritten Teil* wird das Augenmerk auf die Besonderheiten der kommunalen gegenüber der im Zweiten Teil behandelten staatlichen Ebene gerichtet. Dafür werden im *6. Kapitel* Informationspflichten betreffend das öffentliche Unternehmen gegenüber Gemeinderäten einer eingehenden Untersuchung unterzogen.

Hierbei bedarf es zunächst einer Darstellung der strukturellen Besonderheiten der Institution des Gemeinderats im Vergleich zu den Parlamenten. Erst auf dieser Grundlage kann ein Überblick über die vielfältigen Informationsbeziehungen zwischen dem gemeindlichen Unternehmen und dem Gemeinderat bzw. seiner einzelnen Mitglieder gegeben werden. Für die Untersuchung der Grenzen der Informationspflichten betreffend ein kommunales Unternehmen wird insbesondere von Interesse sein, ob sich die strukturellen Besonderheiten des Gemeinderats im Vergleich zu den Parlamenten auf deren Reichweite auswirken.

1. Kapitel: Staat und Kommune als Unternehmensträger

Die Untersuchung von Informationspflichten betreffend öffentliche Unternehmen nimmt mit dem *1. Kapitel* dieser Arbeit ihren Ausgangspunkt in einer einführenden Darstellung der Wirtschaftstätigkeit der öffentlichen Hand.

A. Die öffentliche Hand als Unternehmensträgerin

Grundlegend für die weitere Untersuchung ist eine terminologische und funktionale Einordnung öffentlicher Unternehmen (I.). Ein Blick auf den Realbereich verdeutlicht die große Bedeutung der wirtschaftlichen Betätigung von Bund, Ländern und Kommunen in Deutschland (II.). Dies wirft die Frage auf, welche Motive die öffentliche Hand zu einer unternehmerischen Tätigkeit bewegen (III.).

I. Terminologie und Funktion

„Der Staat ist zugleich Aufsichtsorgan und Glied der Wirtschaft“[48]: Er wirkt auf das Wirtschaftsleben nicht nur hoheitlich steuernd ein, indem er einen Ordnungsrahmen schafft und dessen Einhaltung mit Instrumenten der Wirtschaftsaufsicht überwacht, sondern der Staat und die Kommunen bieten auch selbst vielfach Güter und Dienstleistungen auf einem Markt an,[49] üben also selbst eine wirtschaftliche Tätigkeit aus.[50] In beiden Fällen geht es primär um die Erfüllung

48 *Püttner*, Die öffentlichen Unternehmen, 2. Aufl. 1985, S. 1.

49 Vgl. *Frotscher/Kramer*, Wirtschaftsverfassungs- und Wirtschaftsverwaltungsrecht, 7. Aufl. 2019, § 3 Rn. 44; *Knauff*, in: Schmidt/Wollenschläger (Hg.), Kompendium Öffentliches Wirtschaftsrecht, 5. Aufl. 2019, § 6 Rn. 1; *Suerbaum*, in: Ehlers/Fehling/Pünder (Hg.), Besonderes Verwaltungsrecht, Bd. 1, 4. Aufl. 2019, § 16 Rn. 1.

50 Diesem Begriff der wirtschaftlichen Tätigkeit, der der vorliegenden Arbeit zugrunde gelegt wird, folgt der EuGH in st. Rspr., vgl. EuGH, Urteil vom 16. Juni 1987, Rs. C-118/85 (Kommission/Italien), Slg. 1987, 2599 Rn. 7; EuGH, Urteil vom 18. Juni 1998, Rs. C-35/96 (Kommission/Italien), Slg. 1998, I-3851, Rn. 36; EuGH, Urteil vom 24. Oktober 2002, Rs. C-82/01 P (Aéroports de Paris), Slg. 2002, I-9297, Rn. 79; siehe auch *Weiß*, Privatisierung und Staatsaufgaben, 2002, S. 218 ff.

bestimmter Sachziele.[51] Der Modus der Aufgabenerfüllung, also die konkrete Handlungsform, divergiert hingegen.[52] Die wirtschaftliche Betätigung der öffentlichen Hand[53] erfüllt mithin keinen Selbstzweck, sondern hat instrumentellen Charakter.[54] Insofern ist auch für die Bewertung der wirtschaftlichen Tätigkeit der öffentlichen Hand nicht darauf abzustellen, ob sie hohe Gewinne erzielt. Stattdessen kann nur der Erfolg bei der Erfüllung der öffentlichen Aufgabe maßgebliches Kriterium sein.[55] Die Frage nach der Funktionalität einer unternehmerischen Tätigkeit der öffentlichen Hand ist im vorliegenden Zusammenhang mit Blick auf den Erfolg bei der Erfüllung der öffentlichen Aufgabe zu sehen.

Das Recht der Wirtschaftstätigkeit der öffentlichen Hand ist jedoch nicht nur Handlungs-, sondern auch Organisationsrecht.[56] Letzteres beschäftigt sich mit der Frage nach einer geeigneten Organisationsform.[57] Es bleibt der öffentlichen Hand unbenommen, sich durch eigene Behörden und Ämter unternehmerisch zu betätigen.[58] Jedoch

---

51 Vgl. zu den mit der Tätigkeit öffentlicher Unternehmen verbundenen „Sachzielen" *Burgi*, in: ders./Habersack (Hg.), Handbuch Öffentliches Recht des Unternehmens, 2023, § 18 Rn. 8.

52 Vgl. *Burgi*, VerwArch 93 (2002), 255 (256); *Burgi*, Kommunalrecht, 6. Aufl. 2019, § 17 Rn. 8, 12.

53 Darunter sind der Bund, die Länder sowie die Selbstverwaltungskörperschaften inklusive der Gemeinden zu verstehen, vgl. statt vieler *Püttner*, Die öffentlichen Unternehmen, 2. Aufl. 1985, S. 1 f.

54 Zur sog. Instrumentalthese siehe bereits *Püttner*, Die öffentlichen Unternehmen, 2. Aufl. 1985, S. 52; *Thiemeyer*, in: Chmielewicz/Eichhorn (Hg.), Handwörterbuch der Öffentlichen Betriebswirtschaft, 1989, S. 672 ff.; *Burgi*, VerwArch 93 (2002), 255 (259); *Mann*, Die öffentlich-rechtliche Gesellschaft, 2002, S. 14 ff.

55 Vgl. *Püttner*, Die öffentlichen Unternehmen, 2. Aufl. 1985, S. 67; *Storr*, Der Staat als Unternehmer, 2001, S. 33; *Mühlenkamp*, in: Schaefer/Theuvsen (Hg.), Renaissance öffentlicher Wirtschaft, 2012, S. 21 ff.; *Breitenbach*, in: Wurzel/Schraml/Gaß (Hg.), Rechtspraxis der kommunalen Unternehmen, 4. Aufl. 2021, Kap. E Rn. 3.

56 Vgl. *Schmidt-Aßmann*, Das allgemeine Verwaltungsrecht als Ordnungsidee, 2. Aufl. 2006, S. 267.

57 Das Organisationsrecht hat nach *Schmidt-Aßmann*, Das allgemeine Verwaltungsrecht als Ordnungsidee, 2. Aufl. 2006, S. 267, insoweit die schwierige Aufgabe, sich mit den Verselbstständigungstendenzen von Verwaltungseinheiten zu beschäftigen, die „nicht allein den üblichen administrativen Handlungsmustern folgen, sondern wirtschaftlich tätig sein sollen".

58 Dies kommt insbesondere für kleiner dimensionierte wirtschaftliche Aktivitäten auf der kommunalen Ebene in Betracht, vgl. *Burgi*, in: ders./Habersack (Hg.), Handbuch Öffentliches Recht des Unternehmens, 2023, § 18 Rn. 6.

erfolgt dies in der Regel durch verselbstständigte Einheiten,[59] die sog. öffentlichen Unternehmen.[60]

Nach einem funktionalen Ansatz wird als *Unternehmen* jede eine wirtschaftliche Tätigkeit ausübende Einheit verstanden, unabhängig von ihrer Rechtsform und der Art ihrer Finanzierung.[61] Die wirtschaftliche Betätigung der öffentlichen Hand impliziert nicht die Verwendung privatrechtlicher Organisationsformen, sondern kann ebenso öffentlich-rechtlich ausgestaltet sein.[62] Die nachfolgende Untersuchung beschränkt sich auf öffentliche Unternehmen in Form einer GmbH oder AG. Von einem *öffentlichen* Unternehmen kann schließlich nur dann die Rede sein, wenn die Maßnahmen des Unternehmens der öffentlichen Hand als Ausübung von Staatsgewalt zugeordnet werden können.[63]

Letztlich kommt es dabei darauf an, inwieweit die öffentliche Hand ein Unternehmen instrumentalisieren, d. h. einen beherrschenden Einfluss auf das Unternehmen ausüben kann.[64] Wenn hier von der öffentlichen

59 Es muss also zunächst eine Entscheidung darüber getroffen werden, ob eine bestimmte Aufgabe mit den Mitteln und Möglichkeiten der Ämterverwaltung oder in einer verselbstständigten Organisationsform erledigt werden soll, siehe *Cronauge*, Kommunale Unternehmen, 6. Aufl. 2016, Kap. III Rn. 131. Vgl. auch *Fabry*, in: dies./Augsten (Hg.), Unternehmen der öffentlichen Hand, 2. Aufl. 2011, Teil 1 Rn. 2; *Burgi*, Kommunalrecht, 6. Aufl. 2019, § 17 Rn. 4, 71.

60 Für den in der Literatur gebräuchlichen Begriff gibt es keine einheitliche Definition, vgl. *Püttner*, Die öffentlichen Unternehmen, 2. Aufl. 1985, S. 23 ff.; *Mann*, Die öffentlich-rechtliche Gesellschaft, 2002, S. 5 ff.; *Suerbaum*, in: Ehlers/Fehling/Pünder (Hg.), Besonderes Verwaltungsrecht, Bd. 1, 4. Aufl. 2019, § 16 Rn. 4. Für den Bereich des Unionsrechts findet sich jedoch eine Legaldefinition in Art. 2 lit. b Richtlinie 2006/111/EG v. 16.11.2006, ABl L 318/17 (Transparenz-RL), wonach ein öffentliches Unternehmen „jedes Unternehmen [ist], auf das die öffentliche Hand aufgrund Eigentums, finanzieller Beteiligung, Satzung oder sonstiger Bestimmungen, die die Tätigkeit des Unternehmens regeln, unmittelbar oder mittelbar einen beherrschenden Einfluss ausüben kann".

61 Diesem funktionellen Ansatz in st. Rspr. folgend EuGH, Urteil vom 18. Juni 1998, Rs. C-35/96 (Kommission/Italien), Slg. 1998, I-3851, Rn. 36; EuGH, Urteil vom 24. Oktober 2002, Rs. C-82/01 P (Aéroports de Paris), Slg. 2002, I-9297, Rn. 75; EuGH EuZW 2019, 374 (376). Zu den Vorteilen eines grds. funktionalen Unternehmensverständnisses *Weiß*, Privatisierung und Staatsaufgaben, 2002, S. 219 ff.; *Ruthig/Storr*, Öffentliches Wirtschaftsrecht, 5. Aufl. 2020, § 8 Rn. 660. Ausführlich zu den Schwierigkeiten der Begriffsbestimmung *Storr*, Der Staat als Unternehmer, 2001, S. 35 ff.

62 Siehe *Weiß*, Privatisierung und Staatsaufgaben, 2002, S. 218; zur grds. Wahlfreiheit bei der Organisation vgl. statt vieler *Mann*, Die öffentlich-rechtliche Gesellschaft, 2002, S. 39 ff.

63 Vgl. *Storr*, Der Staat als Unternehmer, 2001, S. 48 ff, S. 85 ff.

64 Siehe die Legaldefinition in Art. 2 lit. b Transparenz-RL in Fn. 7; zu den verschiedenen Ansätzen zur Bestimmung der „Öffentlichkeit", d. h. der Zurechnung zum

Hand als Unternehmensträgerin[65] die Rede ist, dann sind der Bund, die Länder bzw. die Kommunen in ihrer Eigenschaft als Träger eines Unternehmens kraft beherrschenden Einflusses gemeint.[66]

II. Phänomenologie

Die wirtschaftliche Betätigung von Bund, Ländern und Kommunen ist in Deutschland traditionell von großer Bedeutung, obschon ihr Umfang aufgrund politischer, ökonomischer und rechtlicher Bedingungen im geschichtlichen Verlauf schwankte.[67] Insbesondere auf kommunaler Ebene zeichnet sich in den letzten Jahren ein Trend zum Ausbau der wirtschaftlichen Tätigkeit der öffentlichen Hand ab.[68] Waren von der Jahresabschlussstatistik 2008 noch rund 14.700 kaufmännisch buchende Berichtseinheiten der öffentlichen Hand erfasst,[69] so wuchs deren Zahl

Staat, siehe etwa *Ruthig/Storr*, Öffentliches Wirtschaftsrecht, 5. Aufl. 2020, § 8 Rn. 661 ff., der i. E. den auf die Beherrschung durch die öffentliche Hand abstellenden Ansatz bejaht. Ebenso auf die beherrschende Einflussnahme abstellend *Mann*, Die öffentlich-rechtliche Gesellschaft, 2002, S. 13; *Ziekow*, Öffentliches Wirtschaftsrecht, 5. Aufl. 2020, § 7 Rn. 7; *Kahl/Hilbert*, in: Bonner Kommentar, 197. Aktualisierung 2019, Art. 19 Abs. 3 Rn. 279.

65 Insoweit ist das öffentliche Unternehmen als Einheit von der öffentlichen Hand als Trägergemeinwesen zu unterscheiden, vgl. *Püttner*, Die öffentlichen Unternehmen, 2. Aufl. 1985, S. 2.

66 Ein beherrschender Einfluss liegt vor, „wenn die öffentliche Hand die Kapitalmehrheit des Unternehmens besitzt, über die Mehrheit der Stimmrechte verfügt oder mehr als die Hälfte des Verwaltungs-, Leitungs- oder Aufsichtsorgans des Unternehmens bestellen kann", *Stober/Korte*, Öffentliches Wirtschaftsrecht Allgemeiner Teil, 20. Aufl. 2023, § 24 Rn. 768.

67 Siehe *Suerbaum*, in: Ehlers/Fehling/Pünder (Hg.), Besonderes Verwaltungsrecht, Bd. 1, 4. Aufl. 2019, § 16 Rn. 12; eine ausführliche Darstellung der grundlegenden Entwicklungstendenzen der öffentlichen Wirtschaft findet sich bei *Ambrosius*, Der Staat als Unternehmer, 1984; *Ronellenfitsch*, in: Isensee/Kirchhof (Hg.), Handbuch des Staatsrechts, Bd. IV, 3. Aufl. 2006, § 98 Rn. 8 ff.

68 Neben der Erschließung neuer Geschäftsfelder wird in diesem Zusammenhang das Phänomen der „Rekommunalisierung" beschrieben, unter dem der Ausbau der kommunalen Wirtschaftstätigkeit in solchen Bereichen verstanden wird, aus denen sich die Kommunen im Zuge einer Privatisierungswelle in den 1990er Jahren zugunsten privater Unternehmen zurückgezogen hatten, vgl. ausführlich *Knauff*, in: Schmidt/Wollenschläger (Hg.), Kompendium Öffentliches Wirtschaftsrecht, 5. Aufl. 2019, § 6 Rn. 15; *Henneke*, in: Wurzel/Schraml/Gaß (Hg.), Rechtspraxis der kommunalen Unternehmen, 4. Aufl. 2021, Kap. A Rn. 1 ff., 23a.

69 Vgl. *Schmidt*, Ausgliederungen aus den Kernhaushalten: öffentliche Fonds, Einrichtungen und Unternehmen, S. 157, abrufbar unter https://www.destatis.de/DE/Methoden/WISTA-Wirtschaft-und-Statistik/2011/02/kernhaushalte-022011.pdf?__blob=publicationFile (zuletzt abgerufen am 15.11.2023).

im Jahr 2020 auf 19.661 Berichtseinheiten, die im Berichtsjahr 2020 einen Gesamtertrag von etwa 643 Milliarden Euro erzielten.[70] Der Bund und seine Sondervermögen waren im Jahr 2021 unmittelbar an 117 Unternehmen beteiligt, daneben belief sich die Zahl der mittelbaren Beteiligungen auf 389 Unternehmen.[71] Auf der Ebene der Bundesländer sei hier beispielhaft auf den Freistaat Bayern verwiesen, der zum 31. Dezember 2021 an 57 Unternehmen in privater Rechtsform unmittelbar beteiligt war.[72]

Dominierend im Bereich staatlicher Wirtschaftstätigkeit ist in der Praxis die unternehmerische Tätigkeit der Kommunen.[73] Der Verband kommunaler Unternehmen e. V. (VKU) zählt als Interessenvertretung der kommunalen Versorgungs- und Entsorgungswirtschaft in Deutschland über 1.500 Mitgliedsunternehmen mit rund 300.720 Beschäftigten und Umsatzerlösen von rund 141 Milliarden Euro im Jahr 2022.[74] Allein für die Landeshauptstadt München erbringen 244 Beteiligungsgesellschaften Leistungen der Daseinsvorsorge im weiteren Sinne.[75] Auch in solchen Bereichen, die nicht mehr zur klassischen Daseinsvorsorge zählen, etwa Tourismusdienstleistungen oder Nachhilfeunterricht durch Volkshochschulen, „boomt" in vielen Kommunen die

---

70 Vgl. die Statistik des Statistischen Bundesamtes zu Öffentlichen Fonds, Einrichtungen und Unternehmen, abrufbar unter https://www.destatis.de/DE/Themen/Staat/Oeffentliche-Finanzen/Fonds-Einrichtungen-Unternehmen/fonds-einrichtungen-unternehmen.html (zuletzt abgerufen am 15.11.2023).

71 Siehe dazu Bundesministerium der Finanzen (Hg.), Beteiligungsbericht des Bundes 2022, S. 14, abrufbar unter https://www.bundesfinanzministerium.de/Content/DE/Downloads/Broschueren_Bestellservice/beteiligungsbericht-des-bundes-2022.pdf?__blob=publicationFile&v=4 (zuletzt abgerufen am 15.11.2023).

72 Siehe Bayerisches Staatsministerium der Finanzen und für Heimat (Hg.), Beteiligungsbericht des Freistaats Bayern 2022, S. 20, abrufbar unter https://www.bestellen.bayern.de/application/eshop_app000006?SID=2013212905&ACTIONxSESSxSHOWPIC(BILDxKEY:%2706005001%27,BILDxCLASS:%27Artikel%27,BILDxTYPE:%27PDF%27) (zuletzt abgerufen am 15.11.2023).

73 Vgl. *Kluth*, Öffentliches Wirtschaftsrecht, 2019, § 8 Rn. 1.

74 Vgl. https://www.vku.de/verband/ueber-uns/ (zuletzt abgerufen am 15.11.2023).

75 So Landeshauptstadt München (Hg.), Finanzdaten- und Beteiligungsbericht 2022, S. 2, abrufbar unter https://stadt.muenchen.de/dam/jcr:4e43688b-63f1–48db-99ba-d6076048d38f/WEB_FDB_2022_final_V2.pdf (zuletzt abgerufen am 15.11.2023). Der Begriff der „Daseinsvorsorge" geht zurück auf *Forsthoff*, Die Verwaltung als Leistungsträger, 1938, S. 1 ff.; eine kritische Einordnung des Konzepts der Daseinsvorsorge im Werk von Ernst Forsthoff findet sich bei *Kersten*, Der Staat 44 (2005), 543 ff. Nach überwiegender Auffassung handelt es sich dabei nicht um einen Rechtsbegriff, sondern um eine Aufgabe des Staates, der die für ein sinnvolles menschliches Dasein notwendigen Leistungen und Güter zu erbringen hat, vgl. *Maurer/Waldhoff*, Allgemeines Verwaltungsrecht, 20. Aufl. 2020, § 1 Rn. 17 m. w. N.

unternehmerische Tätigkeit.[76] Gleichzeitig tragen die kommunalen Unternehmen mit ihren Leistungen der Daseinsvorsorge und Infrastruktur einen wichtigen Teil für die Lösung der Herausforderungen unserer Zeit bei.[77] Beispielsweise sind perspektivisch vor allem die Gemeinden und Städte mit ihren Energieversorgungsunternehmen zentrale Akteure der Energiewende.[78] Ferner kommt den kommunalen Unternehmen eine besondere Verantwortung dafür zu, Handlungs- und Anpassungsstrategien für die Folgen des demografischen Wandels vor Ort zu formulieren und umzusetzen[79] sowie leistungsstarke, digitale Infrastrukturen auszubauen und so einen unverzichtbaren Beitrag zur Digitalisierung zu leisten.[80]

III. Motive für eine Tätigkeit der öffentlichen Hand vermittels eines öffentlichen Unternehmens

Ob sich die öffentliche Hand vermittels eines öffentlichen Unternehmens wirtschaftlich betätigen möchte, hängt von vielen Faktoren ab.[81] Die wesentlichen Motive werden nachfolgend beleuchtet. Dabei spielt zunächst die Frage eine Rolle, ob die gewünschten Leistungsangebote zur Versorgung der Bevölkerung überhaupt von staatlicher Seite erbracht werden sollen (1.). Sodann steht die öffentliche Hand vor der Entscheidung, ob sie die jeweilige Aufgabe im hoheitlichen Modus der Über- und Unterordnung oder durch wirtschaftliche Betätigung erfüllen will (2.).[82] Entschließt sich die öffentliche Hand zu einer unternehmerischen Betätigung, steht sie schließlich vor der Wahl einer Organisationsform (3.).

76 In der Vergangenheit beschränkten sich Kommunen hingegen auf die klassischen Bereiche wie die Versorgung der örtlichen Bevölkerung mit Strom, Gas und Wasser, vgl. *Henneke*, in: Wurzel/Schraml/Gaß (Hg.), Rechtspraxis der kommunalen Unternehmen, 4. Aufl. 2021, Kap. A Rn. 1 ff., 6.

77 Vgl. Verband kommunaler Unternehmen (Hg.), Positionen kommunaler Unternehmen: klimaneutral, leistungsstark, lebenswert, 2021, S. 5, abrufbar unter https://btw2021.vku.de/fileadmin/user_upload/Kampagnenseiten/BTW2021/Publikation/VKU_Broschuere_Bundestagswahl_2021.pdf (zuletzt abgerufen am 15.11.2023).

78 Vgl. *Müller*, in: Wurzel/Schraml/Gaß (Hg.), Rechtspraxis der kommunalen Unternehmen, 4. Aufl. 2021, Kap. J. V. Rn. 1 f.

79 Dazu *Cronauge*, Kommunale Unternehmen, 6. Aufl. 2016, Kap. I Rn. 49 ff.

80 Dazu https://www.vku.de/digitale-infrastrukturen (zuletzt abgerufen am 15.11.2023).

81 Vgl. dazu etwa *Burgi*, in: ders./Habersack (Hg.), Handbuch Öffentliches Recht des Unternehmens, 2023, § 18 Rn. 7.

82 Dazu wiederum *Burgi*, in: ders./Habersack (Hg.), Handbuch Öffentliches Recht des Unternehmens, 2023, § 18 Rn. 6.

1. Staatliche oder private Leistungserbringung

Kann in einem Aufgabenbereich prinzipiell auch ein privates Unternehmen tätig werden, stellt sich die Frage, aus welchen Motiven heraus die öffentliche Hand die in Rede stehenden (Dienst-)Leistungen selbst bereitstellt.

Zum einen hat die Finanz- und Wirtschaftskrise 2008 das Vertrauen in die selbstregulierenden Marktkräfte beeinträchtigt und den Wunsch nach zuverlässiger und gemeinwohlorientierter Leistungserbringung hervorgerufen.[83] In politischer Hinsicht wurde der Wunsch nach „mehr Staat“ erkennbar und es erfolgte eine Rückbesinnung auf die Leitbilder öffentlicher Daseinsvorsorge: „Citizen value“ und Gemeinwohlorientierung anstelle von „shareholder value“ und reiner Profitmaximierung.[84] Zum anderen ist die Durchsetzung von Gemeinwohlzielen, etwa eine Leistungserbringung unter Gewährleistung von Dauerhaftigkeit und Bezahlbarkeit oder Wirtschafts- und Mittelstandsförderung, gegenüber eigenen gemeinwohlgebundenen Einheiten eher möglich als gegenüber grundrechtlich geschützten Privaten.[85] Der Einsatz staatlicher oder kommunaler Einheiten kann so die Aufstellung und den Vollzug von Regulierungsvorschriften sowie aufwändige bürokratische Regulierungsapparate ersparen.[86] Man verspricht sich schließlich aus Perspektive der Betroffenen eine stärkere Einbindung in die Entscheidungsprozesse durch die Erschließung von Mitwirkungspotenzialen, Kostensenkungen und den Erhalt von Arbeitsplätzen.[87]

2. Modus des Unternehmerischen

Es mag mitunter auf die Finanznot auf allen Ebenen des Staates zurückzuführen sein, dass sich die öffentliche Hand, insbesondere Kommunen, im Modus des Unternehmerischen betätigen, da man von der Erschließung neuer Geschäftsfelder Einnahmen für die staatlichen Haushalte

83 Vgl. *Bauer*, DÖV 2012, 329 (334 f.); *Sonder*, LKV 2013, 202; *Cronauge*, Kommunale Unternehmen, 6. Aufl. 2016, Kap. I Rn. 54 ff., 67; *Henneke*, in: Wurzel/Schraml/Gaß (Hg.), Rechtspraxis der kommunalen Unternehmen, 4. Aufl. 2021, Kap. A Rn. 7 ff.; *Burgi*, in: Ehlers/Pünder (Hg.), Allgemeines Verwaltungsrecht, 16. Aufl. 2022, § 10 Rn. 9.

84 Dazu *Burgi*, NdsVBl. 2012, 225 (227); *Bauer*, DÖV 2012, 329 (355); *Cronauge*, Kommunale Unternehmen, 6. Aufl. 2016, Kap. I Rn. 57.

85 Vgl. *Storr*, Der Staat als Unternehmer, 2001, S. 33; *Burgi*, VerwArch 93 (2002), 255 (259 f.); *Schiedermair*, in: Hoffmann-Riem/Schmidt-Aßmann/Voßkuhle (Hg.), Grundlagen des Verwaltungsrechts, Bd. III, 2. Aufl. 2013, § 48 Rn. 95, der die Beteiligung der Kommunen am Markt als „eine gute Alternative zu der mit Steuerungsverlusten für die Verwaltung verbundenen Privatisierung“ bezeichnet.

86 Siehe *Storr*, Der Staat als Unternehmer, 2001, S. 33; *Burgi*, VerwArch 93 (2002), 255 (259).

87 Vgl. *Bauer*, DÖV 2012, 329 (335); *Schmidt*, DÖV 2014, 357 (358).

generieren und so defizitäre Segmente querfinanzieren kann.[88] Ohne eine wirtschaftliche Betätigung der Gemeinden wären etwa viele defizitären Leistungen im sozialen oder kulturellen Bereich bereits nicht mehr zu finanzieren.[89] Ferner führten Verwaltungsmodernisierungen, etwa die Einführung betriebswirtschaftlicher Managementsysteme, zu einer Ökonomisierung der Verwaltung.[90] Dies war auch für die unternehmerische Tätigkeit der öffentlichen Hand förderlich.[91] Aber auch Entwicklungen auf bestimmten Märkten haben dazu geführt, dass die öffentliche Hand ihr unternehmerisches Engagement verstärkt. Ein paradigmatisches Beispiel hierfür ist der Bereich der Energieversorgung, in dem infolge der Marktliberalisierung und der mit der Energiewende einhergehenden Dezentralisierung eine verstärkte wirtschaftliche Betätigung der Kommunen zu verzeichnen war und immer noch ist.[92]

3. Öffentlich-rechtliche oder privatrechtliche Organisationsform

Entscheidet sich der Staat oder die Kommune dazu, eine gewisse Leistung selbst zu erbringen, und dafür unternehmerisch tätig zu werden, stellt sich in einem zweiten Schritt die Frage nach der Wahl der Organisationsform. Zwar kann sich die öffentliche Hand auch durch eigene Behörden und Ämter unternehmerisch betätigen.[93] In der Regel erfolgt dies jedoch durch verselbstständigte Einheiten.[94] Diese können in öffentlich-rechtlicher oder privatrechtlicher Rechtsform organisiert sein. Während zur Zeit der Weimarer Republik öffentlich-rechtliche Organisationsformen absolut dominierend waren,[95] erfreuen sich heutzutage privatrechtliche Organisationsformen großer Beliebtheit.[96] Derweil findet

---

88 Vgl. *Burgi*, in: Herrler (Hg.), Aktuelle gesellschaftsrechtliche Herausforderungen, 2016, S. 49 (54).

89 So *Gaß/Popp*, Die Gemeinde als Unternehmer, 3. Aufl. 2021, S. 4.

90 Ausführlich dazu etwa *Gröpl*, VerwArch 93 (2002), 459 ff.

91 Dazu *Burgi*, Kommunalrecht, 6. Aufl. 2019, § 17 Rn. 6; *Gaß/Popp*, Die Gemeinde als Unternehmer, 3. Aufl. 2021, S. 4.

92 Dazu *Gaß/Popp*, Die Gemeinde als Unternehmer, 3. Aufl. 2021, S. 2.

93 Vgl. dazu bereits oben 1. Kapitel A.I.

94 Vgl. *Fabry*, in: dies./Augsten (Hg.), Unternehmen der öffentlichen Hand, 2. Aufl. 2011, Teil 1 Rn. 2; *Burgi*, Kommunalrecht, 6. Aufl. 2019, § 17 Rn. 4, 71. Ausführlich zu den Argumenten für und gegen die Gründung eines (kommunalen) Unternehmens und der damit verbundenen Verselbstständigung der Aufgabenerfüllung *Cronauge*, Kommunale Unternehmen, 6. Aufl. 2016, Kap. III Rn. 131 ff.

95 Vgl. *Ambrosius*, Der Staat als Unternehmer, 1984, S. 82 f.; *Mann*, VR 1996, 230; *Mann*, Die öffentlich-rechtliche Gesellschaft, 2002, S. 149; *Ruthig/Storr*, Öffentliches Wirtschaftsrecht, 5. Aufl. 2020, § 8 Rn. 713.

96 Vgl. *Ruthig/Storr*, Öffentliches Wirtschaftsrecht, 5. Aufl. 2020, § 8 Rn. 713; *Wollenschläger*, in: Wurzel/Schraml/Gaß (Hg.), Rechtspraxis der kommunalen Unternehmen, 4. Aufl. 2021, Kap. B Rn. 52.

auf kommunaler Ebene auch die rechtsfähige Anstalt des öffentlichen Rechts (auch bezeichnet als Kommunalunternehmen[97]) zunehmend Verbreitung.[98] Diese Rechtsform wurde im Zuge der Reform des kommunalen Wirtschaftsrechts seit Mitte der 1990er Jahre nach und nach durch zahlreiche Landesgesetzgeber eingeführt[99] und kann als öffentlich-rechtliches Pendant zur GmbH bezeichnet werden.[100] Die Frage nach der optimalen Rechtsform für eine wirtschaftliche Tätigkeit der öffentlichen Hand kann nicht losgelöst vom konkreten Einzelfall beantwortet werden, ist sie doch von vielen Determinanten wie Unternehmenszweck und -größe, Marktsituation oder sozialpolitischen Belangen abhängig.[101]

Dennoch lassen sich für die Wahl einer privatrechtlichen Rechtsform einige bereichsübergreifende Motive in der Diskussion ausmachen, von denen die wesentlichen hier veranschaulicht werden sollen. Mit der Wahl der Privatrechtsform ist regelmäßig die Hoffnung auf eine höhere Effektivität und Flexibilität verbunden:[102] Während öffentlich-rechtliche Rechtsformen von hierarchischen Verwaltungsstrukturen geprägt seien, die schnelle Arbeits- und Entscheidungsabläufe behindern, zeichne sich das privatrechtliche Organisationsrecht durch größere Anpassungs- und Reaktionsfähigkeit aus,[103] was eine unbürokratische und marktorientierte

---

97 So etwa in Bayern, Sachsen-Anhalt, Mecklenburg-Vorpommern, Schleswig-Holstein und Bremen. Die Bezeichnungen in anderen Bundesländern variieren jedoch, vgl. *Schraml*, in: Wurzel/Schraml/Gaß (Hg.), Rechtspraxis der kommunalen Unternehmen, 4. Aufl. 2021, Kap. D Rn. 119.

98 Vgl. *Gaß/Popp*, Die Gemeinde als Unternehmer, 3. Aufl. 2021, S. 159.

99 Vgl. *Schraml*, in: Wurzel/Schraml/Gaß (Hg.), Rechtspraxis der kommunalen Unternehmen, 4. Aufl. 2021, Kap. D Rn. 118; *Gaß*, in: Burgi/Habersack (Hg.), Handbuch Öffentliches Recht des Unternehmens, 2023, § 21 Rn. 22.

100 Vgl. *Gaß/Popp*, Die Gemeinde als Unternehmer, 3. Aufl. 2021, S. 159.

101 Vgl. *Mann*, Die öffentlich-rechtliche Gesellschaft, 2002, S. 153; *Strobel*, Verschwiegenheits- und Auskunftspflicht kommunaler Vertreter im Aufsichtsrat öffentlicher Unternehmen, 2002, S. 48 f.; *Pitschas/Schoppa*, in: Mann/Püttner (Hg.), Handbuch der kommunalen Wissenschaft und Praxis, Bd. 2, 3. Aufl. 2011, § 43 Rn. 9 ff.; *Uechtritz/Reck*, in: Hoppe/Uechtritz/Reck (Hg.), Handbuch kommunale Unternehmen, 3. Aufl. 2012, § 16 Rn. 7.

102 Siehe *Mann*, Die öffentlich-rechtliche Gesellschaft, 2002, S. 153; *Rittner/Dreher*, Europäisches und deutsches Wirtschaftsrecht, 3. Aufl. 2008, § 7 Rn. 88; *Uechtritz/Reck*, in: Hoppe/Uechtritz/Reck (Hg.), Handbuch kommunale Unternehmen, 3. Aufl. 2012, § 16 Rn. 5; *Kämmerer*, in: Ehlers/Fehling/Pünder (Hg.), Besonderes Verwaltungsrecht, Bd. 1, 4. Aufl. 2019, § 13 Rn. 38.

103 Siehe *Pitschas/Schoppa*, in: Mann/Püttner (Hg.), Handbuch der kommunalen Wissenschaft und Praxis, Bd. 2, 3. Aufl. 2011, § 43 Rn. 29; mit Blick auf die GmbH *Fabry*, in: dies./Augsten (Hg.), Unternehmen der öffentlichen Hand, 2. Aufl. 2011, Teil 1 Rn. 41; *Maurer/Waldhoff*, Allgemeines Verwaltungsrecht, 20. Aufl. 2020, § 23 Rn. 63; kritisch *Mann*, Die öffentlich-rechtliche Gesellschaft, 2002, S. 157.

Aufgabenerfüllung ermöglichen solle.[104] Dazu trage auch die Befreiung von den haushaltsrechtlichen Bindungen[105] und den Vorgaben des öffentlichen Dienstrechtes bei, das aufgrund seiner durchstrukturierten Stellenpolitik und seines nicht ausreichend leistungsorientierten Besoldungs- und Entlohnungssystems die Einstellung qualifizierten Personals erschwere.[106] Ferner werden die Entpolitisierung der Entscheidungsprozesse,[107] die relativ unkomplizierte Gründung bzw. Auflösung der Gesellschaft[108] sowie die höhere Kooperationsfähigkeit[109] als Vorteile der privatrechtlichen Organisationsform angeführt. Gerade für eine Kooperation mit Privatrechtssubjekten sind öffentlich-rechtliche Organisationsformen wenig attraktiv.[110] Gleichzeitig wächst mit Umfang und Komplexität der öffentlichen Aufgaben auch das Bedürfnis danach, privates Personal und Know-how zu mobilisieren.[111] Nicht zuletzt wird auf den Vorteil hingewiesen, dass bei Kapitalgesellschaften die Haftung der Trägerkörper-

---

104 Vgl. *Engellandt*, Die Einflußnahme der Kommunen auf ihre Kapitalgesellschaften über das Anteilseignerorgan, 1995, S. 6; *Strobel*, Verschwiegenheits- und Auskunftspflicht kommunaler Vertreter im Aufsichtsrat öffentlicher Unternehmen, 2002, S. 49.

105 Siehe *Pitschas/Schoppa*, in: Mann/Püttner (Hg.), Handbuch der kommunalen Wissenschaft und Praxis, Bd. 2, 3. Aufl. 2011, § 43 Rn. 61; *Uechtritz/Reck*, in: Hoppe/Uechtritz/Reck (Hg.), Handbuch kommunale Unternehmen, 3. Aufl. 2012, § 16 Rn. 92 ff.

106 Siehe etwa *Ehlers*, Verwaltung in Privatrechtsform, 1984, S. 304 f.; *Strobel*, Verschwiegenheits- und Auskunftspflicht kommunaler Vertreter im Aufsichtsrat öffentlicher Unternehmen, 2002, S. 51 f.; *Maurer/Waldhoff*, Allgemeines Verwaltungsrecht, 20. Aufl. 2020, § 23 Rn. 63. Dem hält *Pitschas/Schoppa*, in: Mann/Püttner (Hg.), Handbuch der kommunalen Wissenschaft und Praxis, Bd. 2, 3. Aufl. 2011, § 43 Rn. 48, jedoch die Sicherheit und Krisenfestigkeit entgegen, die den öffentlichen Dienst attraktiv mache. Kritisch auch *Mann*, Die öffentlich-rechtliche Gesellschaft, 2002, S. 160 f.

107 Vgl. *Ehlers*, Verwaltung in Privatrechtsform, 1984, S. 313 f.; *Strobel*, Verschwiegenheits- und Auskunftspflicht kommunaler Vertreter im Aufsichtsrat öffentlicher Unternehmen, 2002, S. 52 f.; *Uechtritz/Reck*, in: Hoppe/Uechtritz/Reck (Hg.), Handbuch kommunale Unternehmen, 3. Aufl. 2012, § 16 Rn. 17.

108 Siehe *Pitschas/Schoppa*, in: Mann/Püttner (Hg.), Handbuch der kommunalen Wissenschaft und Praxis, Bd. 2, 3. Aufl. 2011, § 43 Rn. 24 ff.; *Ruthig/Storr*, Öffentliches Wirtschaftsrecht, 5. Aufl. 2020, § 8 Rn. 715.

109 Dazu *Strobel*, Verschwiegenheits- und Auskunftspflicht kommunaler Vertreter im Aufsichtsrat öffentlicher Unternehmen, 2002, S. 50 f.; *Pitschas/Schoppa*, in: Mann/Püttner (Hg.), Handbuch der kommunalen Wissenschaft und Praxis, Bd. 2, 3. Aufl. 2011, § 43 Rn. 40 ff.; *Ruthig/Storr*, Öffentliches Wirtschaftsrecht, 5. Aufl. 2020, § 8 Rn. 715.

110 Siehe *Ehlers*, Verwaltung in Privatrechtsform, 1984, S. 346; *Mann*, Die öffentlich-rechtliche Gesellschaft, 2002, S. 167.

111 Vgl. *Becker*, Die Erfüllung öffentlicher Aufgaben durch gemischtwirtschaftliche Unternehmen, 1997, S. 88; *Burgi*, in: Ehlers/Pünder (Hg.), Allgemeines Verwaltungsrecht, 16. Aufl. 2022, § 10 Rn. 9.

schaft regelmäßig auf das Vermögen der privaten juristischen Person beschränkt ist.[112]

4. Zwischenergebnis

Obschon gewisse „Formalziele" wie die Verbesserung der eigenen Effizienz bei der Entscheidung für die wirtschaftliche Betätigung eine Rolle spielen mögen,[113] sind öffentliche Unternehmen als Instrumente zur Erledigung von Verwaltungsaufgaben zu verstehen und somit auf bestimmte „Sachziele" ausgerichtet.[114] Ziel des Einsatzes öffentlicher Unternehmen muss dabei die bestmögliche Versorgung der Bevölkerung sein.[115] Es geht im weiteren Verlauf also nicht um die seit Jahrzehnten kontrovers geführte Debatte darüber, ob und in welchem Ausmaß es in einer marktwirtschaftlichen Ordnung öffentlicher Unternehmen bedarf,[116] sondern welchen Rahmen die geltende Rechtsordnung im Hinblick auf das „Ob" und das „Wie" einer unternehmerischen Tätigkeit der öffentlichen Hand aufstellt.

B. Grenzen der unternehmerischen Tätigkeit der öffentlichen Hand

Letztlich wird über eine wirtschaftliche Betätigung der öffentlichen Hand seit jeher durch die Politik entschieden, während das Recht die Rahmenbedingungen dafür festlegt.[117] Das Unionsrecht, das nationale Verfassungsrecht sowie das einfache Recht statuieren diverse Anforderungen an öffentliche Unternehmen.[118]

---

112 Vgl. *Engellandt*, Die Einflußnahme der Kommunen auf ihre Kapitalgesellschaften über das Anteilseignerorgan, 1995, S. 6; *Pitschas/Schoppa*, in: Mann/Püttner (Hg.), Handbuch der kommunalen Wissenschaft und Praxis, Bd. 2, 3. Aufl. 2011, § 43 Rn. 53; *Uechtritz/Reck*, in: Hoppe/Uechtritz/Reck (Hg.), Handbuch kommunale Unternehmen, 3. Aufl. 2012, § 16 Rn. 68.

113 Vgl. dazu *Burgi*, in: ders./Habersack (Hg.), Handbuch Öffentliches Recht des Unternehmens, 2023, § 18 Rn. 7.

114 Vgl. *Burgi*, in: ders./Habersack (Hg.), Handbuch Öffentliches Recht des Unternehmens, 2023, § 18 Rn. 8.

115 So *Henneke*, in: Wurzel/Schraml/Gaß (Hg.), Rechtspraxis der kommunalen Unternehmen, 4. Aufl. 2021, Kap. A Rn. 23e.

116 Dazu *Püttner*, Die öffentlichen Unternehmen, 2. Aufl. 1985, S. 4 ff.; *Cronauge*, Kommunale Unternehmen, 6. Aufl. 2016, Kap. I Rn. 66 ff.

117 So *Kluth*, in: Mann/Püttner (Hg.), Handbuch der kommunalen Wissenschaft und Praxis, Bd. 2, 3. Aufl. 2011, § 39 Rn. 2; *Burgi*, NdsVBl. 2012, 225 ff.

118 Vgl. z. B. *Suerbaum*, in: Ehlers/Fehling/Pünder (Hg.), Besonderes Verwaltungsrecht, Bd. 1, 4. Aufl. 2019, § 16 Rn. 15 ff.

I. Europarecht

In Bezug auf die Frage nach der Statthaftigkeit einer Wirtschaftsbetätigung der öffentlichen Hand verhält sich das EU-Primärrecht neutral: Nach Art. 345 AEUV bleiben die Eigentumsordnungen der Mitgliedstaaten unberührt, sodass die Mitgliedstaaten frei darüber bestimmen können, ob bestimmte Unternehmen in staatlichem oder privatem Eigentum stehen sollen.[119] Ferner gelten gem. Art. 106 Abs. 1 AEUV die Bestimmungen der Verträge für öffentliche Unternehmen genauso wie für private Unternehmen.[120] Die Existenz öffentlicher Unternehmen wird in Art. 106 AEUV also ausdrücklich anerkannt.[121] Die europäischen Verträge sind insofern von Neutralität und Gestaltungsfreiheit geprägt:[122] Öffentliche Unternehmen werden weder verboten noch gefordert, dennoch haben sie sich in den unionsrechtlichen Rahmen einzuordnen.[123] Dieser Rahmen bezieht sich auf das „Wie", also die Art und Weise der unternehmerischen Tätigkeit. Mit Blick auf das Primärrecht sind insbesondere Art. 101 und 102 AEUV relevant, die das Verhalten im Wettbewerb betreffen, das Beihilfenrecht der Art. 107 und 108 AEUV sowie die Grundfreiheiten.[124] Letztere spielen jedoch in der Praxis keine besondere Rolle für die Frage der Zulässig-

119 Ausführlich zu Art. 345 AEUV *Traut*, Die Corporate Governance von Kapitalgesellschaften der öffentlichen Hand, 2013, S. 181 f.; *Stober/Korte*, Öffentliches Wirtschaftsrecht – Allgemeiner Teil, 20. Aufl. 2023, § 24 Rn. 771; *Burgi*, Kommunalrecht, 6. Aufl. 2019, § 17 Rn. 23.

120 Darin wird vom EuGH und Teilen der Literatur ein Grundsatz der Gleichbehandlung privater und öffentlicher Unternehmen gesehen, vgl. EuGH, Urteil vom 21. März 1991, Rs. C – 303/88 (Kommission/Italien), Slg. 1991, I-1433 Rn. 19; Urteil vom 16. Mai 2002, Rs. C – 482/99 (Frankreich/Kommission – Stardust Marine), Slg. 2002, I-4397 Rn. 39; *Jung*, in: Calliess/Ruffert (Hg.), EUV/AEUV, 6. Aufl. 2022, Art. 106 AEUV Rn. 3; kritisch *Krajewski*, in: Pechstein/Nowak/Häde (Hg.), Frankfurter Kommentar EUV/GRC/AEUV, Bd. 3, 2017, Art. 106 AEUV Rn. 12; *Kühling*, in: Streinz (Hg.), EUV/AEUV, 3. Aufl. 2018, Art. 106 AEUV Rn. 2, die darin ein Besserstellungsverbot sehen.

121 Vgl. *Wollenschläger*, in: Wurzel/Schraml/Gaß (Hg.), Rechtspraxis der kommunalen Unternehmen, 4. Aufl. 2021, Kap. B Rn. 3.

122 Siehe dazu *Burgi*, Kommunalrecht, 6. Aufl. 2019, § 17 Rn. 23, mit Verweis auf die Mitteilung der EU-Kommission vom 20.09.2000 (KOM [2000], 580 endg.), Leistungen der Daseinsvorsorge in Europa, S. 3 f.

123 Vgl. *Suerbaum*, in: Ehlers/Fehling/Pünder (Hg.), Besonderes Verwaltungsrecht, Bd. 1, 4. Aufl. 2019, § 16 Rn. 16; *Ziekow*, Öffentliches Wirtschaftsrecht, 5. Aufl. 2020, § 8 Rn. 729; *Röhl*, in: Schoch/Eifert (Hg.) Besonderes Verwaltungsrecht, 2. Aufl. 2023, Kap. 2 Rn. 195.

124 Ausführlich *Wollenschläger*, in: Kirchhof/Korte/Magen (Hg.), Öffentliches Wettbewerbsrecht, 2014, § 6 Rn. 43 ff.; *Burgi*, Kommunalrecht, 6. Aufl. 2019, § 17 Rn. 29; *Ziekow*, Öffentliches Wirtschaftsrecht, 5. Aufl. 2020, § 8 Rn. 734; *Röhl*, in: Schoch/Eifert (Hg.) Besonderes Verwaltungsrecht, 2. Aufl. 2023, Kap. 2 Rn. 195.

keit einer unternehmerischen Betätigung der öffentlichen Hand.[125] Im Übrigen erlaubt Art. 106 Abs. 2 S. 1 AEUV in den darin näher statuierten Grenzen Abweichungen von den unternehmensbezogenen Vorschriften der europäischen Verträge für Unternehmen, die mit Dienstleistungen von allgemeinem wirtschaftlichem Interesse betraut sind, und normiert insofern einen Kompromiss zwischen dem Vertragsziel des unverfälschten Wettbewerbs einerseits und der wirtschaftspolitischen Gestaltungskompetenz der Mitgliedstaaten hinsichtlich der Verfolgung von Gemeinwohlzielen andererseits.[126]

II. Nationales Verfassungsrecht

1. Neutralität des Grundgesetzes

Auch das Grundgesetz steht einer unternehmerischen Tätigkeit von Staat und Kommunen neutral gegenüber: Es enthält weder explizite Regelungen zur Zulässigkeit noch zur Unzulässigkeit öffentlicher Unternehmen.[127] Vielmehr zeigt eine Zusammenschau verschiedener Bestimmungen, dass das Grundgesetz die Existenz öffentlicher Unternehmen (auch in Rechtsformen des privaten Rechts) jedenfalls anerkennt.[128] In Art. 87e Abs. 3 S. 1 GG ist etwa ausdrücklich vorgesehen, dass „Eisenbahnen des Bundes (…) als Wirtschaftsunternehmen in privat-rechtlicher Form geführt“ werden. Selbstverständlich muss sich die wirtschaftliche Betätigung von Staat und Kommunen innerhalb der verfassungsrechtlichen Ordnung bewegen.[129]

Wie jede andere Staatstätigkeit muss auch das unternehmerische Tätigwerden des Staates, das lediglich einen möglichen Modus der Erfül-

125 So *Wollenschläger*, in: Wurzel/Schraml/Gaß (Hg.), Rechtspraxis der kommunalen Unternehmen, 4. Aufl. 2021, Kap. B Rn. 10.

126 Vgl. *Klotz*, in: von der Groeben/Schwarze/Hatje (Hg.), Europäisches Unionsrecht, 7. Aufl. 2015, Art. 106 AEUV Rn. 56; *Kühling*, in: Streinz (Hg.), EUV/AEUV, 3. Aufl. 2018, Art. 106 AEUV Rn. 4; *Jung*, in: Calliess/Ruffert (Hg.), EUV/AEUV, 6. Aufl. 2022, Art. 106 AEUV Rn. 34.

127 Vgl. *Ehlers*, Verwaltung in Privatrechtsform, 1984, S. 89; *Mann*, Die öffentlich-rechtliche Gesellschaft, 2002, S. 16 ff.; *Burgi*, Kommunalrecht, 6. Aufl. 2019, § 17 Rn. 24; *Knauff*, in: Schmidt/Wollenschläger (Hg.), Kompendium Öffentliches Wirtschaftsrecht, 5. Aufl. 2019, § 6 Rn. 20; *Suerbaum*, in: Ehlers/Fehling/Pünder (Hg.), Besonderes Verwaltungsrecht, Bd. 1, 4. Aufl. 2019, § 16 Rn. 29.

128 Vgl. *Mann*, Die öffentlich-rechtliche Gesellschaft, 2002, S. 18 ff.; *Mann*, NdsVBl. 2022, 197 (198) mit Fn. 11.

129 Vgl. *Wollenschläger*, in: Wurzel/Schraml/Gaß (Hg.), Rechtspraxis der kommunalen Unternehmen, 4. Aufl. 2021, Kap. B Rn. 41.

lung von Staatsaufgaben darstellt, dem Gemeinwohl dienen:[130] Während Private kraft der ihnen zustehenden Privatautonomie beliebige Ziele verfolgen können, folgt aus dem Rechtsstaatsprinzip, dass staatliches Handeln – auch wenn es privatrechtliche Formen annimmt[131] – demgegenüber stets auf das Gemeinwohl als Legitimationsgrund aller Staatlichkeit ausgerichtet sein muss.[132] Demnach ist Zulässigkeitsvoraussetzung einer unternehmerischen Betätigung der öffentlichen Hand, dass sie gemeinwohlbezogenen Erwägungen dient.[133]

Die Grundsätze des Rechtsstaatsprinzips gelten über das Homogenitätsgebot des Art. 28 Abs. 1 S. 1 GG auch für Länder und Kommunen.[134] Auf kommunaler Ebene ist daneben die Selbstverwaltungsgarantie des Art. 28 Abs. 2 GG zu beachten. Deren Gewährleistungsbereich ist gem. Art. 28 Abs. 2 S. 1 GG auf Ebene der Gemeinden eröffnet, wenn es sich bei der wahrgenommenen Aufgabe um eine Angelegenheit der örtlichen Gemeinschaft handelt.[135] Auch die Gemeindeverbände haben gem. Art. 28 Abs. 2 S. 2 GG das Recht der Selbstverwaltung, allerdings lediglich im Rahmen ihres gesetzlichen Aufgabenbereichs, sodass der Gewährleistungsbereich von vornherein an eine Aufgabenzuweisung durch den Gesetzgeber gebunden ist.[136]

Damit ist die wirtschaftliche Betätigung zwar nicht als Selbstzweck, jedoch als Mittel zur Erfüllung einer solchen Aufgabe geschützt, da die Kommunen im Rahmen der Gesetze eigenverantwortlich über das Ob

---

130 Vgl. *Löwer*, in: VVDStRL 60 (2001), 416 (418 ff.); *Burgi*, VerwArch 93 (2002), 255 (260 f.); *Meßmer*, in: Fabry/Augsten (Hg.), Unternehmen der öffentlichen Hand, 2. Aufl. 2011, Teil 2 Rn. 17; *Suerbaum*, in: Ehlers/Fehling/Pünder (Hg.), Besonderes Verwaltungsrecht, Bd. 1, 4. Aufl. 2019, § 16 Rn. 30; *Knauff*, in: Schmidt/Wollenschläger (Hg.), Kompendium öffentliches Wirtschaftsrecht, 5. Aufl. 2019, § 6 Rn. 26.

131 Vgl. *Ehlers*, Verwaltung in Privatrechtsform, 1984, S. 86 f.

132 Siehe *Isensee*, in: ders./Kirchhof (Hg.), Handbuch des Staatsrechts, Bd. IV, 3. Aufl. 2006, § 71 Rn. 12, 132.

133 Vgl. *Mann*, Die öffentlich-rechtliche Gesellschaft, 2002, S. 80 f.; *Traut*, Die Corporate Governance von Kapitalgesellschaften der öffentlichen Hand, 2013, S. 4 f. Siehe zu der Frage, welche Zielsetzungen dabei grundsätzlich in Betracht kommen etwa *Storr*, Der Staat als Unternehmer, 2001, S. 103 ff.

134 Vgl. *Mann*, JZ 2002, 819 (820).

135 Darunter sind nach BVerfGE 79, 127 (151 f.) diejenigen Bedürfnisse und Interessen zu verstehen, „die in der örtlichen Gemeinschaft wurzeln oder auf sie einen spezifischen Bezug haben“, „die also den Gemeindeeinwohnern gerade als solchen gemeinsam sind, indem sie das Zusammenleben und -wohnen der Menschen in der (politischen) Gemeinde betreffen“.

136 Vgl. *Burgi*, Kommunalrecht, 6. Aufl. 2019, § 20 Rn. 12; *Wollenschläger*, in: Wurzel/Schraml/Gaß (Hg.), Rechtspraxis der kommunalen Unternehmen, 4. Aufl. 2021, Kap. B Rn. 48.

und das Wie der Aufgabenwahrnehmung entscheiden dürfen.[137] Das Recht, überhaupt eine wirtschaftliche Betätigung ausüben zu können, dürfte daher zum Kernbereich der Selbstverwaltungsgarantie zählen.[138]

Schließlich lässt sich auch aus den Grundrechten privater Wirtschaftsakteure keine Unzulässigkeit der wirtschaftlichen Betätigung der öffentlichen Hand ableiten (siehe dazu unten 2. Kapitel B.I.1.).

2. Grundsätzliche Freiheit der Rechtsformenwahl

Da eine wirtschaftliche Tätigkeit der öffentlichen Hand dem Grunde nach verfassungsrechtlich statthaft ist, bleibt zu klären, welche Anforderungen die Verfassung an die organisatorische Ausgestaltung stellt.

Das Grundgesetz enthält keine ausdrücklichen Vorgaben im Hinblick darauf, welche Organisationsformen für eine wirtschaftliche Betätigung der öffentlichen Hand verwendet werden sollen.[139] Dass sich die Verwaltung zur Erfüllung ihrer Aufgaben auch privatrechtlicher Rechtsformen bedienen kann, ist mittlerweile allgemein anerkannt.[140] Die herrschende Literatur und Rechtsprechung gehen innerhalb der Grenzen, die die Rechtsordnung der öffentlichen Hand bei der Entscheidung über die Rechtsform aufzeigt,[141] von einer grundsätzlichen Formenwahlfreiheit der öffentlichen Verwaltung aus,[142] welche auch

---

137 Vgl. *Pfeifer*, Möglichkeiten und Grenzen der Steuerung kommunaler Aktiengesellschaften durch ihre Gebietskörperschaften, 1991, S. 3 f.; *Burgi*, Kommunalrecht, 6. Aufl. 2019, § 17 Rn. 8; *Wollenschläger*, in: Wurzel/Schraml/Gaß (Hg.), Rechtspraxis der kommunalen Unternehmen, 4. Aufl. 2021, Kap. B Rn. 46. Die Eigenverantwortlichkeitsgarantie steht auch den Gemeindeverbänden ohne Weiteres zu, vgl. *Burgi*, Kommunalrecht, 6. Aufl. 2019, § 20 Rn. 12.

138 Vgl. *Nierhaus*, in: Mann/Püttner (Hg.), Handbuch der kommunalen Wissenschaft und Praxis, Bd. 2, 3. Aufl. 2011, § 40 Rn. 28; *Burgi*, Kommunalrecht, 6. Aufl. 2019, § 17 Rn. 9.

139 Siehe *Püttner*, Die öffentlichen Unternehmen, 2. Aufl. 1985, S. 86 f.; *Mann*, Die öffentlich-rechtliche Gesellschaft, 2002, S. 39 ff.

140 Siehe OVG Lüneburg, NJW 1977, 450; *Ehlers*, Verwaltung in Privatrechtsform, 1984, S. 64; *Erbguth/Stollmann*; DÖV 1993, 798 (799); *Hellermann*, in: Hoppe/Uechtritz/Reck (Hg.), Handbuch kommunale Unternehmen, 3. Aufl. 2012, § 7 Rn. 10.

141 Einfachgesetzliche Schranken finden sich insbesondere im kommunalen Unternehmensrecht, während auf verfassungsrechtlicher Ebene etwa der Funktionsvorbehalt des Art. 33 Abs. 4 GG zu beachten ist, vgl. *Wollenschläger*, in: Wurzel/Schraml/Gaß (Hg.), Rechtspraxis der kommunalen Unternehmen, 4. Aufl. 2021, Kap. B Rn. 50 f.

142 Vgl BVerwGE 92, 56 (64); 94, 229 (231 f.); *Ehlers*, Verwaltung in Privatrechtsform, 1984, S. 64 ff.; *Pitschas/Schoppa*, in: Mann/Püttner (Hg.), Handbuch der kommunalen Wissenschaft und Praxis, Bd. 2, 3. Aufl. 2011, § 43 Rn. 7; *Uechtritz/Reck*, in: Hoppe/Uechtritz/Reck (Hg.), Handbuch kommunale Unternehmen, 3. Aufl. 2012, § 16 Rn. 10; a. A. etwa *Weiß*, Privatisierung und Staatsaufgaben, 2002, S. 278, der

für die Organisation öffentlicher Unternehmen greift.[143] Auf kommunaler Ebene ist dies darüber hinaus durch die von der Selbstverwaltungsgarantie des Art. 28 Abs. 2 S. 1 GG umfassten Organisationshoheit geschützt, d. h. der Befugnis, eigenverantwortlich über den Einsatz bestimmter Organisationsformen zu entscheiden.[144]

III. Zwischenergebnis

Die bisherigen Ausführungen haben gezeigt, dass das Unions- bzw. Verfassungsrecht der öffentlichen Hand einen weiten Spielraum für eine unternehmerische Betätigung eröffnet und das öffentliche Unternehmen insofern als legitimes Instrument zur Erfüllung öffentlicher Aufgaben zu begreifen ist.

Die grundsätzliche Rechtsformenwahlfreiheit gestattet es der Verwaltung überdies, sich privatrechtlicher Organisationsformen wie die der GmbH oder der Aktiengesellschaft zu bedienen.[145] Ob davon Gebrauch gemacht wird, ist wiederum eine politische Frage.[146]

Die lange Tradition des Einsatzes öffentlicher Unternehmen (siehe 1. Kapitel, A.II.) zeigt, dass in der Praxis das Bedürfnis besteht, solche Unternehmen aus der hierarchischen Behördenstruktur auszugliedern.[147] Die Gründe dafür divergieren im konkreten Einzelfall, doch verbindet sich damit meist die Erwartung einer effektiveren, unbürokratischen und flexiblen Aufgabenerfüllung. Gleichzeitig muss sichergestellt werden, dass sich die verselbstständigte Einheit im Rahmen ihrer öffentlich-rechtlichen Bindungen bewegt.

---

die Abweichung von einer öffentlich-rechtlichen Organisationsform als begründungsbedürftig erachtet.

143 Siehe *Püttner*, Die öffentlichen Unternehmen, 2. Aufl. 1985, S. 85; *Mann*, Die öffentlich-rechtliche Gesellschaft, 2002, S. 42; *Wollenschläger*, in: Kirchhof/Korte/Magen (Hg.), Öffentliches Wettbewerbsrecht, 2014, § 6 Rn. 20; *Knauff*, in: Schmidt/Wollenschläger (Hg.), Kompendium öffentliches Wirtschaftsrecht, 5. Aufl. 2019, § 6 Rn. 51.

144 Siehe *Mann*, Die öffentlich-rechtliche Gesellschaft, 2002, S. 42 ff.; *Hellermann*, in: Hoppe/Uechtritz/Reck (Hg.), Handbuch kommunale Unternehmen, 3. Aufl. 2012, § 7 Rn. 13 ff.; *Dreier*, in: ders. (Hg.), GG, Bd. 2, 3. Aufl. 2015, Art. 28 Rn. 125; *Burgi*, Kommunalrecht, 6. Aufl. 2019, § 17 Rn. 73.

145 Vgl. auch *Shaverdov*, Pflichtenbindungen und Pflichtenkollisionen der Gemeindevertreter, 2021, S. 105.

146 Vgl. *Britz*, NVwZ 2001, 380 (382).

147 Siehe auch *Löwer*, in: VVDStRL 60 (2001), 416 (443).

Im weiteren Verlauf der Arbeit gilt es daher, die Kontrollzusammenhänge bei der unternehmerischen Tätigkeit von Staat und Kommunen zu untersuchen.

2. Kapitel: Kontrollzusammenhänge bei der unternehmerischen Tätigkeit von Staat und Kommune

Es wurde festgestellt, dass öffentliche Unternehmen als Instrumente zur Erledigung von Verwaltungsaufgaben benutzt werden. Daher müssen sie einer hinreichend effektiven Kontrolle zugeführt werden. In diesem *2. Kapitel* sollen die verschiedenen Facetten der Kontrolle öffentlicher Unternehmen aufgezeigt werden (A.), um dann auf die Gründe einzugehen, aus denen das Kontrollerfordernis resultiert (B.). Zuletzt soll auf die Gefahr möglicher Dysfunktionalitäten infolge exzessiver Kontrolle[148] hingewiesen werden (C.).

A. Facetten der Kontrolle öffentlicher Unternehmen

Zur genaueren Bestimmung des Untersuchungsgegenstands wird für diese Arbeit in einem ersten Schritt ein Kontrollbegriff zugrunde gelegt und von anderen, nicht behandelten Themen abgegrenzt (I.). In einem zweiten Schritt erfolgt eine Typologisierung der vielfältigen Aspekte der Kontrolle (II.). Zum einen dient dies der Einordnung des Untersuchungsgegenstands in den Gesamtkontext der Kontrolle öffentlicher Unternehmen. Zum anderen wird dadurch verdeutlicht, dass öffentliche Unternehmen Gegenstand diverser Arten von Kontrolle sind.

I. Der Kontrollbegriff – Bedeutung und Abgrenzung

1. Der Begriff der Kontrolle

Aus der Vieldeutigkeit des Begriffs „*Kontrolle*", sowohl im alltäglichen Sprachgebrauch als auch in unterschiedlichen Wissenschaf-

148 Vgl. zu dysfunktionalen Effekten von Kontrolle *Kahl*, in: Voßkuhle/Eifert/Möllers (Hg.), Grundlagen des Verwaltungsrechts, Bd. II, 3. Aufl. 2022, § 45 Rn. 203 ff.

ten[149],[150] resultiert die Notwendigkeit, einen Bedeutungsgehalt des Begriffs für die weitere Untersuchung festzulegen.

Seinen Ursprung findet der Begriff im altfranzösischen „contre rôle" bzw. im lateinischen „contra rotulus", was so viel bedeutet wie „Gegen-Rolle" oder „Gegen-Register", d.h. die Betrachtung eines bereits vorhandenen Objekts aus einer Gegenposition heraus.[151] Diese Wurzeln lassen auf ein enges Begriffsverständnis schließen, bei dem es rein um die Richtigkeit eines bestimmten Sachverhalts geht.[152] Grundlegender Bestandteil der Kontrolle ist mithin ein Soll-Ist-Vergleich zwischen einem Richtmaß und der Wirklichkeit.[153] Im angelsächsischen Sprachgebrauch wird Kontrolle in einem weiteren Sinne als Einflussnahme und Verhältnis der kritischen und berichtigenden Einwirkung verstanden.[154] In juristischer Hinsicht ist Kontrolle ein Phänomen, „dem die Staats- und Verwaltungsrechtslehre eine überragende Bedeutung für das gesamte Staatswesen zuweist"[155]. Gleichwohl gibt es auch in der Rechtswissenschaft keine einheitliche

149 Beispielsweise wird in der Betriebswirtschaftslehre zwischen „Überwachung", „Kontrolle" und „Prüfung" unterschieden. „Überwachung" bildet den Oberbegriff, während unter „Kontrolle" typischerweise eine interne Überwachung verstanden wird, bei der die überwachende Person in den Arbeitsprozess integriert ist. Wenn die überwachende Person eine unabhängige, nicht am Ist-Zustand beteiligte Dritte Person ist, handelt es sich hingegen um eine „Prüfung", vgl. *Eichhorn*, in: Gesellschaft für Öffentliche Wirtschaft und Gemeinwirtschaft (Hg.), Kontrolle öffentlicher Unternehmen, Band 1, 1980, S. 19 (23); vgl. auch *Mühlenkamp*, Öffentliche Unternehmen, 1994, S. 46f.; *Mann*, Die öffentlich-rechtliche Gesellschaft, 2002, S. 121 Fn. 149.

150 Siehe zur Bedeutungsvielfalt etwa *Krebs*, Kontrolle in staatlichen Entscheidungsprozessen, 1984, S. 4ff.; *Machura*, Die Kontrolle öffentlicher Unternehmen, 1993, S. 16ff.; *Mann*, Die öffentlich-rechtliche Gesellschaft, 2002, S. 120f.; *Kahl*, in: Voßkuhle/Eifert/Möllers (Hg.), Grundlagen des Verwaltungsrechts, Bd. II, 3. Aufl. 2022, § 45 Rn. 1ff.

151 Vgl. dazu und für eine ausführliche Darstellung unterschiedlicher Definitionsansätze *Krebs*, Kontrolle in staatlichen Entscheidungsprozessen, 1984, S. 4ff.; *Kahl*, in: Voßkuhle/Eifert/Möllers (Hg.), Grundlagen des Verwaltungsrechts, Bd. II, 3. Aufl. 2022, § 45 Rn. 3. *Hufen*, Verwaltungsprozessrecht, 12. Aufl. 2021 § 1 Rn. 43 spricht hingegen vom lateinischen „*contra rotula*".

152 Siehe *Krebs*, Kontrolle in staatlichen Entscheidungsprozessen, 1984, S. 4; *Schmidt*, Die demokratische Legitimationsfunktion der parlamentarischen Kontrolle, 2007, S. 21.

153 So *Kahl*, in: Voßkuhle/Eifert/Möllers (Hg.), Grundlagen des Verwaltungsrechts, Bd. II, 3. Aufl. 2022, § 45 Rn. 4; vgl. auch *Krebs*, Kontrolle in staatlichen Entscheidungsprozessen, 1984, S. 14f.; *Kempny*, Verwaltungskontrolle, 2017, S. 16.

154 Siehe *Scheuner*, in: FS Gebhard Müller, 1970, S. 379 (390); siehe auch *Machura*, Die Kontrolle öffentlicher Unternehmen, 1993, S. 17; *Morlok*, in: Dreier (Hg.), GG, Bd. 2, 3. Aufl. 2015, Art. 43 Rn. 8 zum sog. Zitierrecht.

155 *Krebs*, Kontrolle in staatlichen Entscheidungsprozessen, 1984, S. 1.

Begriffsdefinition.[156] Um die vielfältigen Erscheinungsformen der Kontrolle staatlicher bzw. kommunaler Entscheidungen erfassen zu können, ist gegenüber dem oben beschriebenen, ursprünglich engen Verständnis ein weiter Begriff vorzugswürdig.[157] Danach kann Kontrolle als Abweichungsanalyse verstanden werden, durch die die kontrollierende Instanz zur Steigerung der Sachrichtigkeit der Entscheidung auf das Objekt der Kontrolle einwirkt.[158]

2. Der Unterschied zwischen Steuerung und Kontrolle

Unter Steuerung versteht man in der Verwaltungsrechtswissenschaft eine bewusste Einflussnahme auf Organisationen zur Erreichung vorgegebener oder selbst gesetzter Ziele.[159] Sie dient der Vermeidung unerwünschter bzw. der Herbeiführung erwünschter Wirkungen.[160] Steuerung ist ein Oberbegriff für viele Phasen der Einflussnahme, von denen die Kontrolle, ebenso wie etwa die Leitung und Lenkung, Unterfälle bilden.[161] Als Steuerungsphasen können die Planung, die Entscheidung, die Durchführung, die Kontrolle und die Revision unterschieden werden.[162] Die Kontrolle dient dabei in der Regel der nachträglichen Über-

156 Siehe *Eichhorn*, in: Gesellschaft für Öffentliche Wirtschaft und Gemeinwirtschaft (Hg.), Kontrolle öffentlicher Unternehmen, Band 1, 1980, S. 19 (27); *Schneider*, in: Schmidt-Aßmann/Hoffmann-Riem (Hg.), Verwaltungskontrolle, 2001, S. 271 (273); *Kahl*, in: Voßkuhle/Eifert/Möllers (Hg.), Grundlagen des Verwaltungsrechts, Bd. II, 3. Aufl. 2022, § 45 Rn. 1 ff.

157 Vgl. *Krebs*, Kontrolle in staatlichen Entscheidungsprozessen, 1984, S. 4; *Schulze-Fielitz*, in: Schmidt-Aßmann/Hoffmann-Riem (Hg.), Verwaltungskontrolle, 2001, S. 291 (298).

158 Vgl. *Scheuner*, in: FS Gebhard Müller, 1970, S. 379 (390); *Krebs*, Kontrolle in staatlichen Entscheidungsprozessen, 1984, S. 48 ff.; *Schulze-Fielitz*, in: Schmidt-Aßmann/Hoffmann-Riem (Hg.), Verwaltungskontrolle, 2001, S. 291 (298); *Kahl*, in: Voßkuhle/Eifert/Möllers (Hg.), Grundlagen des Verwaltungsrechts, Bd. II, 3. Aufl. 2022, § 45 Rn. 6.

159 Vgl. *v. Mutius*, in: VVDStRL 42 (1984), 147 (153); *Mann*, Die öffentlich-rechtliche Gesellschaft, 2002, S. 121.

160 Vgl. *Hoffmann-Riem*, in: Schmidt-Aßmann/Hoffmann-Riem (Hg.), Verwaltungskontrolle, 2001, S. 325 (333).

161 Vgl. *Gersdorf*, Öffentliche Unternehmen im Spannungsfeld zwischen Demokratie- und Wirtschaftlichkeitsprinzip, 2000, S. 225 Fn. 7; *Mann*, Die öffentlich-rechtliche Gesellschaft, 2002, S. 121; *Tomerius/Breitkreuz*, DVBl 2003, 426 (431); *Kahl*, in: Voßkuhle/Eifert/Möllers (Hg.), Grundlagen des Verwaltungsrechts, Bd. II, 3. Aufl. 2022, § 45 Rn. 10.

162 So *Kahl*, in: Voßkuhle/Eifert/Möllers (Hg.), Grundlagen des Verwaltungsrechts, Bd. II, 3. Aufl. 2022, § 45 Rn. 10.

prüfung bereits getroffener Verwaltungsentscheidungen[163] in Abgrenzung zu einer steuernden Einwirkung ex ante.[164]

Mit Blick auf öffentliche Unternehmen ist eine trennscharfe Abgrenzung zwischen einer steuernden Einwirkung und Kontrolle jedoch kaum möglich, da sich einige Einwirkungsrechte[165] sowohl zur Steuerung als auch zur Kontrolle eignen.[166] Steuernden Charakter haben beispielsweise Entsendungsrechte, die der Teilhabe an der personellen Besetzung der Leitungs- und Aufsichtsorgane dienen.[167] Der staatliche bzw. kommunale Anteilseigner kann sich auf diese Weise personellen Einfluss sichern, indem demokratisch legitimierte Vertretungspersonen dessen Stimmrechte in der Gesellschafter- bzw. Hauptversammlung ausüben und diese in die Leitungs- oder Aufsichtsorgane der Gesellschaft entsendet werden.[168]

3. Der Unterschied zwischen Aufsicht und Kontrolle

Geprägt wurde der rechtswissenschaftliche Begriff der Aufsicht durch *Heinrich Triepel*, der ausgehend vom Sprachgefühl zunächst feststellte: „Beaufsichtigen ist mehr als von oben „besichtigen", ist mehr als beobachten. (...) Beaufsichtigung ist aber ferner – auch dadurch unterscheidet sie sich von der bloßen Beobachtung – ein Hinsehen zu dem besonderen Zwecke, das Objekt der Beobachtung mit irgend einem [sic] Richtmaß in Übereinstimmung zu bringen oder zu erhalten.

---

163 Vgl. *Mann*, Die öffentlich-rechtliche Gesellschaft, 2002, S. 121; *Kahl*, in: Voßkuhle/Eifert/Möllers (Hg.), Grundlagen des Verwaltungsrechts, Bd. II, 3. Aufl. 2022, § 45 Rn. 10.

164 Vgl. *Burgi*, in: ders./Habersack (Hg.), Handbuch Öffentliches Recht des Unternehmens, 2023, § 18 Rn. 57.

165 Eine systematische Gruppierung der sich aus dem einfachen Recht und den in der Praxis üblichen gesellschaftsvertraglichen Gestaltungen ergebenden Einwirkungsrechten findet sich bei *Burgi*, in: ders./Habersack (Hg.), Handbuch Öffentliches Recht des Unternehmens, 2023, § 18 Rn. 58.

166 Vgl. *Burgi*, in: ders./Habersack (Hg.), Handbuch Öffentliches Recht des Unternehmens, 2023, § 18 Rn. 57, der als Beispiel für ein solches Einwirkungsrecht die Erteilung von Weisungen nennt.

167 Vgl. etwa *Mann*, Die öffentlich-rechtliche Gesellschaft, 2002, S. 190 ff. *Burgi*, in: ders./Habersack (Hg.), Handbuch Öffentliches Recht des Unternehmens, 2023, § 18 Rn. 57 sieht etwa die Bestimmung des Bürgermeisters zum Geschäftsführer als ein der Steuerung dienendes Einwirkungsrecht.

168 Zur Rechtsform der Aktiengesellschaft BVerfGE 147, 50 (136 f.); siehe auch *Traut*, Die Corporate Governance von Kapitalgesellschaften der öffentlichen Hand, 2013, S. 19 f.; *Grzeszick*, in: Dürig/Herzog/Scholz, GG, 97. EL 2022, Art. 20 Rn. 227. Ausführlich zur Bedeutung des Demokratieprinzips für die Zusammensetzung des Aufsichtsrats *Neudenberger*, Der Aufsichtsrat in staatlichen Eigen- und Beteiligungsgesellschaften, 2023, S. 104 ff.

Es lässt sich keine Aufsicht ohne diesen Zweck denken."[169] *Triepel* kommt zum Ergebnis, dass Staatsaufsicht dementsprechend alle staatlichen Handlungen umfasst, die den Zweck haben, das Verhalten der dem Staat Unterstellten in Übereinstimmung mit einem feststehenden Richtmaß zu setzen oder zu erhalten.[170]

In Anlehnung daran wird der rechtswissenschaftliche Aufsichtsbegriff auch heute überwiegend formal-zweckbezogen definiert.[171] Danach versteht man darunter in einem engeren Sinne die Aufsicht über verselbstständigte Verwaltungseinheiten, namentlich die Träger mittelbarer Selbstverwaltung.[172] Im Unterschied zum Kontrollbegriff setzt Aufsicht stets das Bestehen eines Über- und Unterordnungsverhältnisses zwischen der beaufsichtigenden und der aufsichtsunterworfenen Instanz voraus.[173] So kann das Vorhandensein einer hierarchischen Einbindung und Subordination ein Merkmal zur Abgrenzung der Begriffe Aufsicht und Kontrolle sein, dennoch bleibt die Abgrenzung schwierig und umstritten.[174]

Nimmt der Staat oder eine Kommune Aufgaben durch öffentliche Unternehmen wahr, ist die Einwirkungspflicht (zu dieser noch näher 2. Kapitel B.) gerade das Korrelat zu der im Falle einer Aufgabenwahrnehmung durch eigene Behörden eingreifenden Staatsaufsicht.[175] Die staatliche Rechtsaufsicht über die Kommunen ist zwar nicht unmittelbarer Untersuchungsgegenstand der vorliegenden Arbeit, wird jedoch als Instrument zur Durchsetzung bestehender Informationspflichten relevant werden (vgl. 6. Kapitel E.II.).

II. Typologisierung

Anhand unterschiedlicher Parameter, etwa Objekte oder Instrumente der Kontrolle, können die vielzähligen Phänomene, die sich unter den

169 *Triepel*, Die Reichsaufsicht, 1917, S. 111.

170 Vgl. *Triepel*, Die Reichsaufsicht, 1917, S. 121; dazu *Huber*, in: Voßkuhle/Eifert/Möllers (Hg.), Grundlagen des Verwaltungsrechts, Bd. II, 3. Aufl. 2022, § 43 Rn. 18.

171 So *Kahl*, Die Staatsaufsicht, 2000, S. 353.

172 So etwa *Kahl*, Die Staatsaufsicht, 2000, S. 365; *Huber*, in: Voßkuhle/Eifert/Möllers (Hg.), Grundlagen des Verwaltungsrechts, Bd. II, 3. Aufl. 2022, § 43 Rn. 23.

173 Vgl. *Schröder*, JuS 1986, 371; *Siefken*, Parlamentarische Kontrolle im Wandel, 2018, S. 38; *Huber*, in: Voßkuhle/Eifert/Möllers (Hg.), Grundlagen des Verwaltungsrechts, Bd. II, 3. Aufl. 2022, § 43 Rn. 19.

174 Ausführlich dazu *Kahl*, in: Voßkuhle/Eifert/Möllers (Hg.), Grundlagen des Verwaltungsrechts, Bd. II, 3. Aufl. 2022, § 45 Rn. 14 ff.

175 Vgl. *Burgi*, in: ders./Habersack (Hg.), Handbuch Öffentliches Recht des Unternehmens, 2023, § 18 Rn. 56.

zuvor festgelegten, sehr abstrakten Begriff der Kontrolle fassen lassen, typologisiert werden.[176] Dies soll im Folgenden dazu beitragen, den Untersuchungsgegenstand in den Gesamtkontext der Kontrolle öffentlicher Unternehmen einzuordnen und von den diversen, daneben bestehenden Arten der Kontrolle öffentlicher Unternehmen abzugrenzen.

1. Kontrollobjekt

Als mögliches Kontrollobjekt eignen sich alle Handlungen und Unterlassungen, etwa Entscheidungen, aber auch Verhaltensweisen oder organisatorische Arrangements.[177] In dieser Untersuchung soll es um die Handlungen und Unterlassungen der öffentlichen Hand als Unternehmensträgerin gehen, einschließlich der Tätigkeiten des Unternehmens, die dem öffentlichen Anteilseigner zugerechnet werden können. Diese sind vielen unterschiedlichen Arten von Kontrolle ausgesetzt,[178] die im Folgenden skizziert werden sollen.

2. Allgemeine und spezifische (gerade bei öffentlichen Unternehmen bestehende) Kontrolle

Die „Wirtschaftsaufsicht“[179], also die Einwirkung des Staates auf die grundsätzlich autonomen Unternehmen, umfasst alle Wirtschaftssubjekte eines Wirtschaftszweigs, unabhängig von deren Rechtsform oder den Eigentumsverhältnissen.[180] Sie soll sicherstellen, dass die Teilnahme am Wirtschaftsverkehr mit dem dafür geltenden rechtlichen Rahmen in Einklang steht.[181] Öffentliche wie private Unternehmen unterliegen etwa der Kontrolle durch Wirtschaftsprüfer oder Wirtschaftsprüfungsgesellschaften (vgl. § 316 HGB, § 65 Abs. 1 Nr. 4 BHO bzw. den entsprechenden

---

176 Eine Aufzählung unterschiedlicher Kontrollparameter findet sich bei *Schmidt-Aßmann*, in: ders./Hoffmann-Riem (Hg.), Verwaltungskontrolle, 2001, S. 9 (14 f.); *Kahl*, in: Voßkuhle/Eifert/Möllers (Hg.), Grundlagen des Verwaltungsrechts, Bd. II, 3. Aufl. 2022, § 45 Rn. 30.

177 Siehe *Schmidt-Aßmann*, in: ders./Hoffmann-Riem (Hg.), Verwaltungskontrolle, 2001, S. 9 (11); *Kahl*, in: Voßkuhle/Eifert/Möllers (Hg.), Grundlagen des Verwaltungsrechts, Bd. II, 3. Aufl. 2022, § 45 Rn. 30.

178 Vgl. *Kahl*, in: Voßkuhle/Eifert/Möllers (Hg.), Grundlagen des Verwaltungsrechts, Bd. II, 3. Aufl. 2022, § 45 Rn. 194 ff.

179 Siehe zur Kritik an der Verwendung des Begriffs Aufsicht im Zusammenhang mit der behördlichen Überwachung privater Tätigkeiten *Schröder*, JuS 1986, 371 (371 f.); *Huber*, in: Voßkuhle/Eifert/Möllers (Hg.), Grundlagen des Verwaltungsrechts, Bd. II, 3. Aufl. 2022, § 43 Rn. 28 mit Fn. 100.

180 Vgl. *Ehlers*, Verwaltung in Privatrechtsform, 1984, S. 131; *Püttner*, Die öffentlichen Unternehmen, 2. Aufl. 1985, S. 261; *Kahl*, in: Voßkuhle/Eifert/Möllers (Hg.), Grundlagen des Verwaltungsrechts, Bd. II, 3. Aufl. 2022, § 45 Rn. 131.

181 Vgl. *Kahl*, Die Staatsaufsicht, 2000, S. 362.

Vorschriften in den Landeshaushaltsordnungen).[182] Daneben gibt es solche Kontrollmöglichkeiten, denen sich speziell die öffentliche Hand ausgesetzt sieht, wenn sie sich unternehmerisch betätigt. Die folgenden Ausführungen drehen sich nur um jene spezifisch für öffentliche Unternehmen bestehende Kontrollmöglichkeiten.

3. Kontrollierende Instanz

Als kontrollierende Instanz ist die Einheit anzusehen, der das bewertende menschliche Verhalten zugerechnet wird.[183] Kontrollierende Instanz kann auch eine natürliche Person sein, wenn es im konkreten Fall keine solche Zurechnung zu einer Einheit gibt.[184]

Zunächst kann zwischen „internen" und „externen" Kontrollinstanzen unterschieden werden. Dabei beschränkt sich die nachfolgende Arbeit auf eine Kontrolle durch „Externe" und befasst sich nicht mit der „internen" Kontrolle. Für diese Untersuchung ist unter Letzterer die Beziehung der verschiedenen Organe des öffentlichen Unternehmens zueinander (z. B. die Überwachungstätigkeit des Aufsichtsrats) zu verstehen.[185]

Innerhalb der Kontrolle durch „Externe" kann es sich bei der kontrollierenden Instanz um Gerichte, um Rechnungshöfe (bzw. Rechnungsprüfungsämter der Kommunen) oder um den Bundestag, die Landtage bzw. die Gemeinderäte handeln.[186] Ferner können öffentliche Unternehmen Gegenstand einer Kontrolle durch private Dritte oder Journalisten sein.[187] Dies ist der Fall bei der im Interesse einer demokratischen Öffentlichkeit und der Transparenz staatlichen Handelns erfolgenden[188] Kontrolle auf Grundlage der Informationsfreiheits- und Umweltinformationsgesetze des Bundes bzw. der Länder oder der landesrechtlichen Pressegesetze.[189] Durch diese Aufzählung wird deut-

182 Dazu etwa *Breitenbach*, in: Wurzel/Schraml/Gaß (Hg.), Rechtspraxis der kommunalen Unternehmen, 4. Aufl. 2021, Kap. E Rn. 160 ff.

183 Zum Beispiel wird das amtliche Verhalten eines Verwaltungsrichters seinem Gericht zugerechnet, vgl. *Kempny*, Verwaltungskontrolle, 2017, S. 18.

184 So *Kempny*, Verwaltungskontrolle, 2017, S. 18.

185 Siehe dazu etwa *Cronauge*, Kommunale Unternehmen, 6. Aufl. 2016, Kap. VI Rn. 274 ff.; *Machura*, Die Kontrolle öffentlicher Unternehmen, 1993, S. 266 ff.

186 Vgl. zu den Akteuren auf Ebene der Gebietskörperschaft *Burgi*, in: ders./Habersack (Hg.), Handbuch Öffentliches Recht des Unternehmens, 2023, § 23 Rn. 10 ff.

187 Zur Kontrolle durch die Öffentlichkeit siehe *Kahl*, in: Voßkuhle/Eifert/Möllers (Hg.), Grundlagen des Verwaltungsrechts, Bd. II, 3. Aufl. 2022, § 45 Rn. 172 ff.

188 Siehe dazu etwa *Wiebe/Ahnefeld*, CR 2015, 127 (128).

189 Monografisch befasst sich mit diesen Themen etwa *Dörr*, Informationsansprüche gegenüber dem Staat zuzurechnenden Unternehmen, 2015; siehe zu diesen auch *Burgi*, in: ders./Habersack (Hg.), Handbuch Öffentliches Recht des Unternehmens, 2023, § 23 Rn. 77 ff.

lich, dass öffentliche Unternehmen vielfach Adressaten von Kontrolle nach unterschiedlichen Maßstäben sind. Daraus können dysfunktionale Effekte resultieren, die den gewünschten Steuerungseffekt hemmen, insbesondere aufgrund unklarer Kontrollstrukturen, die beim Adressaten zu Rechtsunsicherheit führen.[190]

Die vorliegende Arbeit widmet sich der Kontrolle durch den Bundestag und die Landtage (3. bis 5. Kapitel) bzw. die Gemeinderäte (6. Kapitel). Diesen gegenüber verantwortlich ist zunächst die jeweilige Regierung bzw. der Bürgermeister.[191] Auf einer zweiten Ebene wird jedoch die (mitgliedschaftliche) Beziehung zwischen dem öffentlichen Unternehmen und dem öffentlichen Anteilseigner dann relevant, wenn Informationen betreffend das öffentliche Unternehmen beschafft werden müssen.[192] Als öffentliche Anteilseignerin agiert im öffentlichen Unternehmen die jeweilige Gebietskörperschaft (Bund, Land oder Kommune), die die Beteiligung wiederum durch ein beteiligungsführendes Ministerium[193] bzw. auf der kommunalen Ebene durch den Bürgermeister[194] verwaltet.

4. Kontrollinstrumente

Bei den Kontrollinstrumenten bzw. -mitteln handelt es sich um Befugnisse der kontrollierenden Instanz, die diese erst in die Lage versetzen, die Kontrolle auszuüben bzw. sie dabei fördern.[195] Zu den Kontrollinstrumenten zählen neben der Ermächtigung zur Durchführung der Kontrollmaßnahme selbst auch die Berechtigung, von anderen die Mitwirkung bei entsprechenden Maßnahmen zu verlangen, was wiederum eine entsprechende Verpflichtung voraussetzt.[196]

190 Vgl. *Kahl*, in: Voßkuhle/Eifert/Möllers (Hg.), Grundlagen des Verwaltungsrechts, Bd. II, 3. Aufl. 2022, § 45 Rn. 209.

191 Vgl. *Burgi*, in: ders./Habersack (Hg.), Handbuch Öffentliches Recht des Unternehmens, 2023, § 23 Rn. 14, 35.

192 Vgl. *Burgi*, in: ders./Habersack (Hg.), Handbuch Öffentliches Recht des Unternehmens, 2023, § 23 Rn. 36. Darstellungen zu den Einwirkungs- und Kontrollmöglichkeiten des staatlichen Gesellschafters gegenüber dem Unternehmen finden sich bei *Püttner*, Die öffentlichen Unternehmen, 2. Aufl. 1985, S. 235 ff.; *Pfeifer*, Möglichkeiten und Grenzen der Steuerung kommunaler Aktiengesellschaften durch ihre Gebietskörperschaften, 1991, S. 106 ff.; *Mann*, Die öffentlich-rechtliche Gesellschaft, 2002, S. 189 ff.; *Fabry*, in: dies./Augsten (Hg.), Unternehmen der öffentlichen Hand, 2. Aufl. 2011, Teil 1 Rn. 62 ff.; *Traut*, Die Corporate Governance von Kapitalgesellschaften der öffentlichen Hand, 2013, S. 39 ff.

193 Vgl. *Burgi*, in: ders./Habersack (Hg.), Handbuch Öffentliches Recht des Unternehmens, 2023, § 23 Rn. 10.

194 Vgl. *Burgi*, in: ders./Habersack (Hg.), Handbuch Öffentliches Recht des Unternehmens, 2023, § 23 Rn. 13.

195 Vgl. *Kempny*, Verwaltungskontrolle, 2017, S. 19.

196 So *Kempny*, Verwaltungskontrolle, 2017, S. 19.

Kontrollinstrumente sind beispielsweise Hinweise, Beratung, Beanstandung oder Ressourcenzuweisungen.[197] Grundvoraussetzung jeder Kontrolle ist jedoch die Möglichkeit, sich die notwendigen Informationen[198] zu beschaffen.[199] Damit ist die Beschaffung von Informationen zugleich Voraussetzung und Instrument der Kontrolle.[200] Gleichzeitig verbessern Informationsrechte die Steuerungsfähigkeit.[201] Mittel der Informationsgewinnung sind etwa die Anforderung von Akten, Anzeige- und Berichtspflichten, Rechnungslegung oder informelle Interaktionen.[202]

Auch die öffentliche Hand benötigt eine ausreichende Informationsgrundlage, um eine Entscheidung darüber treffen zu können, ob Kontrollmaßnahmen gegenüber ihrem Unternehmen erforderlich sind.[203] Denn die Organe des Unternehmens genießen einen Informationsvorsprung gegenüber der Trägergebietskörperschaft, welche für die Erfüllung der auf das öffentliche Unternehmen übertragenen Aufgabe letztlich jedoch die Verantwortung trägt.[204]

Indem die vorliegende Arbeit sich mit öffentlichen Unternehmen als Gegenstand von Informationspflichten gegenüber Parlamenten bzw. Gemeinderäten beschäftigt, setzt sie gleichsam an der Wurzel jeglicher Kontrolltätigkeit an. Zunächst gilt es jedoch aufzuzeigen, woraus

---

197 Vgl. *Hoffmann-Riem*, in: Schmidt-Aßmann/Hoffmann-Riem (Hg.), Verwaltungskontrolle, 2001, S. 325 (352).

198 Die Rechtswissenschaft kennt keine allgemeingültige Definition des Begriffes Information, vgl. *Teuber*, Parlamentarische Informationsrechte, 2007, S. 38 f. Ausführlich zum Informationsbegriff *Vesting*, in: Voßkuhle/Eifert/Möllers (Hg.), Grundlagen des Verwaltungsrechts, Bd. II, 3. Aufl. 2022, § 20 Rn. 18 ff.

199 Vgl. *Machura*, Die Kontrolle öffentlicher Unternehmen, 1993, S. 49; *Morlok*, in: Dreier (Hg.), GG, Bd. 2, 3. Aufl. 2015, Art. 38 Rn. 44; *ders.*, Die Kontrollfunktion des Parlaments – Verfassungsrechtliche Grundlagen im Geflecht der Gewaltenteilung, in: Bitburger Gespräche Jahrbuch, 2019, S. 15 (20); *Kahl*, in: Voßkuhle/Eifert/Möllers (Hg.), Grundlagen des Verwaltungsrechts, Bd. II, 3. Aufl. 2022, § 45 Rn. 200.

200 Vgl. *Kahl*, in: Voßkuhle/Eifert/Möllers (Hg.), Grundlagen des Verwaltungsrechts, Bd. II, 3. Aufl. 2022, § 45 Rn. 30, 200; *Burgi*, in: ders./Habersack (Hg.), Handbuch Öffentliches Recht des Unternehmens, 2023, § 23 Rn. 6.

201 Informatorische Einwirkungsrechte eignen sich mithin sowohl zur Steuerung als auch zur Kontrolle, vgl. *Burgi*, in: ders./Habersack (Hg.), Handbuch Öffentliches Recht des Unternehmens, 2023, § 18 Rn. 57.

202 Siehe *Hoffmann-Riem*, in: Schmidt-Aßmann/Hoffmann-Riem (Hg.), Verwaltungskontrolle, 2001, S. 325 (352); *Kahl*, in: Voßkuhle/Eifert/Möllers (Hg.), Grundlagen des Verwaltungsrechts, Bd. II, 3. Aufl. 2022, § 45 Rn. 30.

203 Vgl. *Schnuch*, Compliance-Verantwortung des Staates für gemischtwirtschaftliche Unternehmen, 2023, S. 164 f.; *Burgi*, in: ders./Habersack (Hg.), Handbuch Öffentliches Recht des Unternehmens, 2023, § 23 Rn. 6.

204 Vgl. *Burgi*, in: ders./Habersack (Hg.), Handbuch Öffentliches Recht des Unternehmens, 2023, § 23 Rn. 6.

sich die Kontrollnotwendigkeit einer unternehmerischen Tätigkeit von Staat und Kommune ergibt.

B. Kontrollnotwendigkeiten

Öffentliche Unternehmen unterliegen einer Vielzahl an rechtlichen Vorgaben, die sich je nach beteiligtem Hoheitsträger überdies unterscheiden.[205] Bedient sich die öffentliche Hand zur Erfüllung ihrer Aufgaben einer verselbstständigten Gesellschaft, darf die Wahl dieser Organisationsform nicht dazu führen, dass sie sich ihrer öffentlich-rechtlichen Bindungen entledigt.[206] Vielmehr hat sich die öffentliche Hand gewisse Einwirkungs- und Kontrollrechte gegenüber der jeweiligen Gesellschaft vorzubehalten und diese wahrzunehmen, um die Einhaltung der im Folgenden entfalteten öffentlich-rechtlichen Bindungen sicherzustellen.[207] Diese sog. Ingerenzpflichten sind im Grundgesetz nicht ausdrücklich verankert, doch lassen sie sich insbesondere aus dem Demokratieprinzip herleiten.[208]

I. Grundrechtliche Vorgaben

Betätigt sich die öffentliche Hand unternehmerisch, wirft dies grundrechtliche Fragen auf. In einem ersten Schritt muss geklärt werden, ob öffentliche Unternehmen der Grundrechtsbindung des Art. 1 Abs. 3 GG unterfallen. Soweit dies zu bejahen ist, muss in einem zweiten Schritt gefragt werden, inwiefern dies der unternehmerischen Betätigung der öffentlichen Hand Grenzen zieht.

---

205 Vgl. *Cronauge*, Kommunale Unternehmen, 6. Aufl. 2016, Kap. II Rn. 79; *Suerbaum*, in: Ehlers/Fehling/Pünder (Hg.), Besonderes Verwaltungsrecht, Bd. 1, 4. Aufl. 2019, § 16 Rn. 15.

206 Vgl. *Kahl*, in: Voßkuhle/Eifert/Möllers (Hg.), Grundlagen des Verwaltungsrechts, Bd. II, 3. Aufl. 2022, § 45 Rn. 194.

207 Dazu *Ehlers*, Verwaltung in Privatrechtsform, 1984, S. 124; *Strobel*, Verschwiegenheits- und Auskunftspflicht kommunaler Vertreter im Aufsichtsrat öffentlicher Unternehmen, 2002, S. 69; *Fabry*, in: dies./Augsten (Hg.), Unternehmen der öffentlichen Hand, 2. Aufl. 2011, Teil 1 Rn. 59; *Weber*, in: Wurzel/Schraml/Gaß (Hg.), Rechtspraxis der kommunalen Unternehmen, 4. Aufl. 2021, Kap. D Rn. 347.

208 Vgl. BVerfGE 147, 50 (135). Daneben können sie aus dem Rechtsstaatsprinzip und dem Funktionsvorbehalt des Art. 33 Abs. 4 GG abgeleitet werden, vgl. etwa *Hamdorf/Moradi Karkaj*, DVBl 2018, 823 (828). Zur kommunalen Ebene siehe *Strobel*, Verschwiegenheits- und Auskunftspflicht kommunaler Vertreter im Aufsichtsrat öffentlicher Unternehmen, 2002, S. 69 ff.

1. Grundrechtsbindung staatlicher und kommunaler Unternehmenstätigkeit

Gem. Art. 1 Abs. 3 GG sind Gesetzgebung, vollziehende Gewalt und Rechtsprechung an die Grundrechte gebunden. Als grundrechtlich gebundene Staatsgewalt ist in diesem Zusammenhang in einem weiten Sinne „jedes Handeln staatlicher Organe oder Organisationen, weil es in Wahrnehmung ihres dem Gemeinwohl verpflichteten Auftrags erfolgt“[209] zu verstehen.[210] Dieser Bindung kann sich die öffentliche Hand auch nicht durch die Wahl privater Handlungs- oder Organisationsformen entziehen, denn die Grundrechtsbindung darf nicht zur Disposition des Staates stehen.[211] Ist demnach die unternehmerische Tätigkeit der öffentlichen Hand grundrechtsgebundene Staatsgewalt i. S. v. Art. 1 Abs. 3 GG,[212] können sich Staat und Kommunen als Unternehmensträger umgekehrt[213] auch nicht auf Grundrechte berufen.[214] Überwiegend Einigkeit besteht darüber, dass die Grundrechte im Falle eines vollständig im Eigentum der öffentlichen Hand stehenden Unternehmens nicht nur den öffentlichen Unternehmensträger, sondern auch das juristisch von der öffentlichen Hand verselbstständigte Unternehmen selbst binden.[215]

209 BVerfGE 128, 226 (244).

210 Siehe dazu auch *Jarass*, in: ders./Pieroth, GG, 17. Aufl. 2022, Art. 1 Rn. 35; *Sauer*, in: Brosius-Gersdorf (Hg.), Dreier GG-Kommentar, Bd. I, 4. Aufl. 2023, Art. 1 Abs. 3 Rn. 64.

211 Siehe BVerfGE 128, 226 (244); *Möstl*, Grundrechtsbindung öffentlicher Wirtschaftstätigkeit, 1999, S. 73; *Kahl*, in: Bonner Kommentar, 218. Aktualisierung 2022, Art. 1 Abs. 3 Rn. 256.

212 Dazu *Spannowsky*, ZGR 1996, 400 (408); *Möstl*, Grundrechtsbindung öffentlicher Wirtschaftstätigkeit, 1999, S. 73, 89; *Weiß*, Privatisierung und Staatsaufgaben, 2002, S. 213 f.; *Huber*, in: FS Peter Badura, 2004, S. 897 (910 f.).

213 Zum sog. Konfusionsargument siehe BVerfGE 21, 362 (369 f.); 45, 63 (78 ff.); *Huber*, in: FS Peter Badura, 2004, S. 897 (911); *Kapteina*, Öffentliche Unternehmen in Privatrechtsform und ihre demokratische Legitimation, 2017, S. 45; *Wollenschläger*, in: Kirchhof/Korte/Magen (Hg.), Öffentliches Wettbewerbsrecht, 2014, § 6 Rn. 60; *Ruthig/Storr*, Öffentliches Wirtschaftsrecht, 5. Aufl. 2020, § 8 Rn. 683.

214 Vgl. BVerfGE 128, 226 (247 f.); ausführlich dazu *Storr*, Der Staat als Unternehmer, S. 187 ff.; *Kahl/Hilbert*, in: Bonner Kommentar, 197. Aktualisierung 2019, Art. 19 Abs. 3 Rn. 268 ff.; *Ruthig/Storr*, Öffentliches Wirtschaftsrecht, 5. Aufl. 2020, § 8 Rn. 683, 685 f.; *Sachs*, in: ders. (Hg.), GG, 9. Aufl. 2021, Art. 19 Rn. 110 ff.

215 Vgl. BVerfGE 113, 208 (211); 128, 226 (245); *Suerbaum*, in: Ehlers/Fehling/Pünder (Hg.), Besonderes Verwaltungsrecht, Bd. 1, 4. Aufl. 2019, § 16 Rn. 35; *Wollenschläger*, in: Wurzel/Schraml/Gaß (Hg.), Rechtspraxis der kommunalen Unternehmen, 4. Aufl. 2021, Kap. B Rn. 57; *Jarass*, in: ders./Pieroth, GG, 17. Aufl. 2022, Art. 1 Rn. 40; *Sauer*, in: Brosius-Gersdorf (Hg.), Dreier GG-Kommentar, Bd. I, 4. Aufl. 2023, Art. 1 Abs. 3 Rn. 76; a. A. *Püttner*, Die öffentlichen Unternehmen, 2. Aufl. 1985, S. 119 f., 234, der aber eine Einwirkungspflicht des staatlichen Anteilseigners zur Durchsetzung dieser Bindungen vorsieht.

Gleiches gilt nach überwiegender Auffassung[216] für sog. gemischt-öffentliche Unternehmen, also solche, deren Anteile von verschiedenen Trägern der öffentlichen Gewalt gehalten werden.[217] Bei gemischt-wirtschaftlichen Unternehmen, an denen nicht nur öffentliche, sondern auch private Anteilseigner beteiligt sind,[218] wird zum Teil vertreten, dass nur der öffentliche Anteilseigner, nicht aber das Unternehmen als solches, der Grundrechtsbindung des Art. 1 Abs. 3 GG unterliegt.[219] Die Grundrechtsbindung des öffentlichen Anteilseigners soll dann über dessen gesellschaftsrechtliche Einwirkungsmöglichkeiten auf das Unternehmen gewährleistet werden.[220] Auf diese Weise würden die Interessen der privaten Anteilseigner, die sich in Ausübung ihrer grundrechtlichen Freiheiten an dem Unternehmen beteiligen, hinreichend berücksichtigt.[221]

Das Bundesverfassungsgericht hat demgegenüber in seiner Fraport-Entscheidung festgestellt, dass auch ein gemischt-wirtschaftliches Unternehmen der unmittelbaren Grundrechtsbindung unterliegt, wenn es von den öffentlichen Anteilseignern beherrscht[222] wird.[223] Es sieht die Geltendmachung grundrechtlicher Bindungen über den

216 Vgl. BVerfGE 128, 226 (245 f.); *Rüfner*, in: Isensee/Kirchhof (Hg.), Handbuch des Staatsrechts, Bd. IX, 3. Aufl. 2011, § 197 Rn. 81; *Suerbaum*, in: Ehlers/Fehling/Pünder (Hg.), Besonderes Verwaltungsrecht, Bd. 1, 4. Aufl. 2019, § 16 Rn. 35; *Burgi*, in: ders./Habersack (Hg.), Handbuch Öffentliches Recht des Unternehmens, 2023, § 18 Rn. 66; *Sauer*, in: Brosius-Gersdorf (Hg.), Dreier GG-Kommentar, Bd. I, 4. Aufl. 2023, Art. 1 Abs. 3 Rn. 76.

217 Siehe *Püttner*, Die öffentlichen Unternehmen, 2. Aufl. 1985, S. 26; *Storr*, Der Staat als Unternehmer, 2001, S. 51.

218 Zum Begriff *Burgi*, in: Ehlers/Pünder (Hg.), Allgemeines Verwaltungsrecht, 16. Aufl. 2022, § 10 Rn. 14.

219 So etwa *Suerbaum*, in: Ehlers/Fehling/Pünder (Hg.), Besonderes Verwaltungsrecht, Bd. 1, 4. Aufl. 2019, § 16 Rn. 36 ff.; *Höfling*, in: Sachs (Hg.), GG, 9. Aufl. 2021, Art. 1 Rn. 108.

220 Vgl. *Suerbaum*, in: Ehlers/Fehling/Pünder (Hg.), Besonderes Verwaltungsrecht, Bd. 1, 4. Aufl. 2019, § 16 Rn. 36; *Höfling*, in: Sachs (Hg.), GG, 9. Aufl. 2021, Art. 1 Rn. 108; *Ehlers/Pünder*, in: dies. (Hg.), Allgemeines Verwaltungsrecht, 16. Aufl. 2022, § 3 Rn. 82.

221 Dazu *Rüfner*, in: Isensee/Kirchhof (Hg.), Handbuch des Staatsrechts, Bd. IX, 3. Aufl. 2011, § 196 Rn. 139; *Suerbaum*, in: Ehlers/Fehling/Pünder (Hg.), Besonderes Verwaltungsrecht, Bd. 1, 4. Aufl. 2019, § 16 Rn. 36; *Höfling*, in: Sachs (Hg.), GG, 9. Aufl. 2021, Art. 1 Rn. 108.

222 Zu den mit der Konkretisierung des Beherrschungskriteriums einhergehenden Schwierigkeiten *Kaufhold*, in: Brosius-Gersdorf (Hg.), Dreier GG-Kommentar, Bd. I, 4. Aufl. 2023, Art. 19 Abs. 3 Rn. 75

223 Vgl. BVerfGE 128, 226 (246), dies bestätigend BVerfGE 147, 50 (144 f.); ebenso etwa *Knauff*, in: Schmidt/Wollenschläger (Hg.), Kompendium öffentliches Wirtschaftsrecht, 5. Aufl. 2019, § 6 Rn. 109; *Huber*, in: v. Mangoldt/Klein/Starck, GG, Bd. 1, 7. Aufl. 2018, Art. 19 Rn. 286; *Jarass*, in: ders./Pieroth, GG, 17. Aufl. 2022, Art. 1 Rn. 41; kritisch etwa *Schockenhoff*, NZG 2018, 521 (523 f.).

Umweg der gesellschaftsrechtlichen Einwirkungsrechte als ungeeignet an, um einen effektiven Grundrechtsschutz sicherzustellen.[224] Die unmittelbare Bindung des Unternehmens durch die Grundrechte stelle auch keine ungerechtfertigte Beeinträchtigung der Rechte der privaten Anteilseigner dar, da diese sich frei für oder gegen eine Beteiligung an gemischt-wirtschaftlichen Unternehmen entscheiden können.[225] Die Grundrechtsbindung gilt unabhängig von der Art der von dem Unternehmen zu erfüllenden Aufgabe.[226]

Teilweise wird in Abweichung von diesen Grundsätzen unter Berufung auf Art. 87e Abs. 3 S. 1 GG die Grundrechtsberechtigung der Eisenbahnunternehmen des Bundes bejaht.[227] Das Bundesverfassungsgericht hat dem jedoch überzeugenderweise eine Absage erteilt und nicht nur eine Grundrechtsberechtigung verneint,[228] sondern auch im Hinblick auf eine grundrechtsähnliche Freiheit gegenüber dem Staat als Eigentümer festgestellt, dass „für eine beabsichtigte subjektiv-rechtliche Ermächtigung der Deutschen Bahn AG (...) nichts ersichtlich (ist)“[229].

2. Konsequenzen für die wirtschaftliche Betätigung der öffentlichen Hand

Somit stellt sich die Frage, inwiefern Grundrechte privater Wirtschaftsakteure eine wirtschaftliche Betätigung der öffentlichen Hand begrenzen.

Art. 12 Abs. 1 GG schützt zwar die Teilhabe am Wettbewerb nach Maßgabe seiner Funktionsbedingungen,[230] gewährleistet jedoch keinen

224 Siehe BVerfGE 128, 226 (246); kritisch dazu *Ehlers/Pünder*, in: dies. (Hg.), Allgemeines Verwaltungsrecht, 16. Aufl. 2022, § 3 Rn. 82.

225 So BVerfGE 128, 226 (247). Ausführlich dazu *Huber*, in: v. Mangoldt/Klein/Starck, GG, Bd. 1, 7. Aufl. 2018, Art. 19 Rn. 291.

226 Das BVerfG stellte mit Blick auf staatlich beherrschte öffentliche Unternehmen fest: „Für sie gelten unabhängig von ihrem Zweck oder Inhalt die allgemeinen Bindungen staatlicher Aufgabenwahrnehmung“, vgl. BVerfGE 128, 226 (247); dazu *Kapteina*, Öffentliche Unternehmen in Privatrechtsform und ihre demokratische Legitimation, 2017, S. 49; *Huber*, in: v. Mangoldt/Klein/Starck, GG, Bd. 1, 7. Aufl. 2018, Art. 19 Rn. 282 f.; *Möstl*, in: Dürig/Herzog/Scholz, GG, 82. EL 2018, Art. 87e Rn. 197.

227 Vgl. *Lang*, NJW 2004, 3601 (3604 f.); *Möstl*, in: Dürig/Herzog/Scholz, GG, 80. EL 2017, Art. 87e Rn. 102; *ders.*, in: Dürig/Herzog/Scholz, GG, 82. EL 2018, Art. 87e Rn. 197; *Windthorst*, in: Sachs (Hg.), GG, 9. Aufl. 2021, Art. 87e GG Rn. 49.

228 Vgl. BVerfGE 147, 50 (153 ff.), ebenso *Burgi*, NVwZ 2018, 601 (602); *Uerpmann-Wittzack*, in: v. Münch/Kunig, GG, Bd. 2, 7. Aufl. 2021, Art. 87e Rn. 18.

229 BVerfGE 147, 50 (156).

230 Vgl. BVerfGE 105, 252 (265); 115, 205 (229); *Jarass*, in: ders./Pieroth, GG, 17. Aufl. 2022, Art. 12 Rn. 26.

Schutz vor Konkurrenz.[231] Gleiches gilt nach h. M. für die unternehmerische Tätigkeit der öffentlichen Hand, die grundsätzlich keinen rechtfertigungsbedürftigen Eingriff in die Wettbewerbsfreiheit des Art. 12 Abs. 1 GG darstelle.[232] Das Hinzutreten des Staates als Konkurrent sei „lediglich eine weitgehend systemimmanente Verschärfung des marktwirtschaftlichen Konkurrenzdrucks“[233], „solange dadurch nicht die private Konkurrenz unmöglich gemacht wird.“[234] Auch die Stimmen, die die Gleichstellung von privater und staatlicher Konkurrenz monieren und daher für ein Absenken der Eingriffsschwelle gegenüber der Rechtsprechung des BVerwG plädieren, erachten die unternehmerische Tätigkeit des Staates jedoch nicht als grundsätzlich verfassungswidrig, sondern lediglich als rechtfertigungsbedürftig.[235]

Im Ergebnis sind die Grundrechtsbestimmungen des Grundgesetzes für eine unternehmerische Tätigkeit der öffentlichen Hand beachtlich, doch sind die dadurch gezogenen Grenzen weit gefasst.

II. Gebot der demokratischen Legitimation

1. Das Erfordernis demokratischer Legitimation

a) Bundesstaatliche Ebene

Das in Art. 20 Abs. 1 GG verankerte Demokratieprinzip wird durch die Vorgaben des Art. 20 Abs. 2 GG zur Volkssouveränität konkretisiert.[236]

231 Siehe BVerfGE 34, 252 (256); 55, 261 (269); *Kämmerer*, in: v. Münch/Kunig, GG, Bd. 1, 7. Aufl. 2021, Art. 12 Rn. 76; *Mann*, in: Sachs (Hg.), GG, 9. Aufl. 2021, Art. 12 Rn. 16. Kritisch dazu *Weiß*, Privatisierung und Staatsaufgaben, 2002, S. 257 ff., der aber den Ausgleich zwischen den kollidierenden Grundrechten der im Wettbewerb stehenden Personen auf Rechtfertigungsebene vornimmt, sodass die Unterschiede zur h. M. marginal sind.

232 Vgl. BVerwGE 39, 329 (336); BVerwG NJW 1995, 2938 (2939); ebenso HessVGH, NVwZ 1996, 816 (817); RhPfVerfGH NVwZ 2000, 801 (802); *Kämmerer*, in: v. Münch/Kunig, GG, Bd. 1, 7. Aufl. 2021, Art. 12 Rn. 102; *Jarass*, in: ders./Pieroth, GG, 17. Aufl. 2022, Art. 12 Rn. 29; differenzierend *Wollenschläger*, in: Brosius-Gersdorf (Hg.), Dreier GG-Kommentar, Bd. I, 4. Aufl. 2023, Art. 12 Rn. 83 ff.

233 BVerwG NJW 1985, 2775 (2776); ebenso BVerwG NJW 1995, 2938 (2939).

234 BVerwG NJW 1995, 2938 (2939) unter Verweis auf BVerwGE 39, 329 (336).

235 So etwa *Ehlers*, Verwaltung in Privatrechtsform, 1984, S. 102 ff.; *Weiß*, Privatisierung und Staatsaufgaben, 2002, S. 259 ff.; *Suerbaum*, in: Ehlers/Fehling/Pünder (Hg.), Besonderes Verwaltungsrecht, Bd. 1, 4. Aufl. 2019, § 16 Rn. 46; *Ruthig/Storr*, Öffentliches Wirtschaftsrecht, 5. Aufl. 2020, § 8 Rn. 696 ff.; *Wollenschläger*, in: Wurzel/Schraml/Gaß (Hg.), Rechtspraxis der kommunalen Unternehmen, 4. Aufl. 2021, Kap. B Rn. 65 ff.

236 Vgl. *Jarass*, in: ders./Pieroth, GG, 17. Aufl. 2022, Art. 20 Rn. 1.

Gem. Art. 20 Abs. 2 S. 1 GG geht alle Staatsgewalt vom Volke aus. Des Weiteren übt das Volk die von ihm konstituierte Staatsgewalt gem. Art. 20 Abs. 2 S. 2 GG aus.[237] Außer durch Wahlen und Abstimmungen geschieht dies durch besondere Organe der Gesetzgebung, der vollziehenden Gewalt und der Rechtsprechung. Nach dem Grundsatz der Volkssouveränität ist ein „Zurechnungszusammenhang zwischen Volk und staatlicher Herrschaft"[238] in dem Sinne erforderlich, „dass das Volk einen effektiven Einfluss auf die Ausübung der Staatsgewalt durch diese Organe hat"[239]. Die Akte dieser Organe müssen sich auf den Willen des Volkes zurückführen lassen und ihm gegenüber verantwortet werden.[240] Voraussetzung dafür ist ein hinreichend enger Legitimationszusammenhang zu dem durch die Wahlen bekundeten Volkswillen.[241] Demnach bedarf das gesamte Handeln der Verwaltung demokratischer Legitimation, unabhängig davon, in welcher Rechtsform sie tätig wird.[242] Das klassische Modell geht von drei Mitteln aus, mit denen zulässigerweise die Zurechnung der Staatsgewalt zum Volk bewirkt werden kann.[243]

Die *funktionell-institutionelle* Legitimation bringt zum Ausdruck, dass die gesetzgebende, vollziehende und rechtsprechende Gewalt als je eigene Funktionen und Organe in der Verfassung verankert und daher durch den Verfassungsgeber selbst legitimiert ist.[244] Sie weist große Überschneidungsbereiche mit der Gewaltenteilung auf und macht deutlich, dass die Gewalten eigenständig ausgeformt und mit spezifischen Aufgaben verfasst sind.[245] Daraus kann für den Legitimations-

237 Vgl. *Sachs*, in: ders. (Hg.), GG, 9. Aufl. 2021, Art. 20 Rn. 28.

238 BVerfGE 83, 60 (72).

239 BVerfGE 147, 50 (127).

240 Vgl. BVerfGE 83, 60 (72); 93, 37 (66); 139, 194 (224).

241 Siehe *Dreier*, in: ders. (Hg.), GG, Bd. 2, 3. Aufl. 2015, Art. 20 (Demokratie) Rn. 109; *Sachs*, in: ders. (Hg.), GG, 9. Aufl. 2021, Art. 20 Rn. 35; *Jarass*, in: ders./Pieroth, GG, 17. Aufl. 2022, Art. 20 Rn. 7.

242 Vgl. *Mann*, Die öffentlich-rechtliche Gesellschaft, 2002, S. 58 f.; *Böckenförde*, in: Isensee/Kirchhof (Hg.), Handbuch des Staatsrechts, Bd. II, 3. Aufl. 2004, § 24 Rn. 13; *Traut*, Die Corporate Governance von Kapitalgesellschaften der öffentlichen Hand, 2013, S. 12; *Dreier*, in: ders. (Hg.), GG, Bd. 2, 3. Aufl. 2015, Art. 20 (Demokratie) Rn. 87.

243 Vgl. BVerfGE 83, 60 (72); *Böckenförde*, in: Isensee/Kirchhof (Hg.), Handbuch des Staatsrechts, Bd. II, 3. Aufl. 2004, § 24 Rn. 14 ff.; *Trute*, in: Voßkuhle/Eifert/Möllers (Hg.), Grundlagen des Verwaltungsrechts, Bd. I, 3. Aufl. 2022, § 9 Rn. 7 ff.

244 Siehe BVerfGE 49, 89 (125); 68, 1 (88 ff.); *Böckenförde*, in: Isensee/Kirchhof (Hg.), Handbuch des Staatsrechts, Bd. II, 3. Aufl. 2004, § 24 Rn. 15; *Dreier*, in: ders. (Hg.), GG, Bd. 2, 3. Aufl. 2015, Art. 20 (Demokratie) Rn. 110.

245 Vgl. *Trute*, in: Voßkuhle/Eifert/Möllers (Hg.), Grundlagen des Verwaltungsrechts, Bd. I, 3. Aufl. 2022, § 9 Rn. 31.

strang vom Volk zu diesen Staatsorganen jedoch keine weitere Konsequenz gezogen werden.[246]

Hinzutreten müssen vielmehr die *personell-organisatorische* Legitimation, die das Bestehen einer letztlich auf das Volk rückführbaren ununterbrochenen Legitimationskette für den einzelnen Amtswalter verlangt,[247] sowie die *sachlich-inhaltliche* Legitimation, die durch eine Bindung der Verwaltung an die von der Volksvertretung erlassenen Gesetze und durch die parlamentarische Kontrolle der Regierung vermittelt wird.[248]

b) Länder- und kommunale Ebene

Obschon die Länder im föderativ gestalteten Staatswesen der Bundesrepublik Deutschland Verfassungsautonomie genießen,[249] soll Art. 28 Abs. 1 S. 1 GG ein Mindestmaß an Homogenität[250] sichern, das für das Funktionieren eines Bundesstaates unerlässlich ist. Das Homogenitätsgebot schreibt vor, dass die verfassungsmäßige Ordnung in den Ländern den Grundsätzen des republikanischen, demokratischen und sozialen Rechtsstaates im Sinne dieses Grundgesetzes entsprechen muss.[251]

Mit der Bezugnahme auf demokratische Grundsätze werden somit auch die Länder auf die Grundentscheidung des Art. 20 Abs. 2 S. 1 GG für die Volkssouveränität und die daraus folgenden Grundsätze der demokratischen Organisation und Legitimation von Staatsgewalt verpflichtet.[252]

---

246 So *Trute*, in: Voßkuhle/Eifert/Möllers (Hg.), Grundlagen des Verwaltungsrechts, Bd. I, 3. Aufl. 2022, § 9 Rn. 8; *Sommermann*, in: v. Mangoldt/Klein/Starck, GG, Bd. 2, 7. Aufl. 2018, Art. 20 Rn. 169.

247 Dazu BVerfGE 147, 50 (136); *Böckenförde*, in: Isensee/Kirchhof (Hg.), Handbuch des Staatsrechts, Bd. II, 3. Aufl. 2004, § 24 Rn. 16; *Dreier*, in: ders. (Hg.), GG, Bd. 2, 3. Aufl. 2015, Art. 20 (Demokratie) Rn. 111; *Sachs*, in: ders. (Hg.), GG, 9. Aufl. 2021, Art. 20 Rn. 41; *Jarass*, in: ders./Pieroth, GG, 17. Aufl. 2022, Art. 20 Rn. 8.

248 BVerfGE 93, 37 (66); 137, 185 (232); 147, 50 (136); *Brenner*, AöR 127 (2002), 222 (227); *Böckenförde*, in: Isensee/Kirchhof (Hg.), Handbuch des Staatsrechts, Bd. II, 3. Aufl. 2004, § 24 Rn. 21; *Dreier*, in: ders. (Hg.), GG, Bd. 2, 3. Aufl. 2015, Art. 20 (Demokratie) Rn. 112; *Sachs*, in: ders. (Hg.), GG, 9. Aufl. 2021, Art. 20 Rn. 41.

249 Vgl. BVerfGE 4, 178 (189); 103, 332 (350).

250 Vgl. BVerfGE 9, 268 (279); 36, 342 (361); 90, 60 (84 f.).

251 Dazu ausführlich *Dittmann*, in: Isensee/Kirchhof (Hg.), Handbuch des Staatsrechts, Bd. VI, 3. Aufl. 2008, § 127 Rn. 10 f.; siehe auch *Engels*, in: Sachs (Hg.), GG, 9. Aufl. 2021, Art. 28 Rn. 1.

252 Vgl. BVerfGE 9, 268 (281), 83, 60 (71); 93, 37 (66); *Dittmann*, in: Isensee/Kirchhof (Hg.), Handbuch des Staatsrechts, Bd. VI, 3. Aufl. 2008, § 127 Rn. 11; *Dreier*, in: ders. (Hg.), GG, Bd. 2, 3. Aufl. 2015, Art. 28 Rn. 55; *Engels*, in: Sachs (Hg.), GG, 9. Aufl. 2021, Art. 28 Rn. 15.

Art. 28 Abs. 1 S. 2 GG regelt darüber hinaus, dass das Volk in den Ländern, Kreisen und Gemeinden eine Vertretung haben muss, die aus allgemeinen, unmittelbaren, freien, gleichen und geheimen Wahlen hervorgegangen ist. Kommunen sind im zweigliedrigen Staatsaufbau des Grundgesetzes staatsorganisationsrechtlich Teil der Länder.[253] Durch Art. 28 Abs. 1 S. 2 GG erfährt das in Art. 20 Abs. 2 und Art. 28 Abs. 1 S. 1 GG für die staatliche Ebene verankerte demokratische Prinzip auch für die Gemeinden und Kreise seine Ausgestaltung.[254] Nicht nur den Ländern, sondern auch diesen Gebietskörperschaften wird durch Art. 28 Abs. 1 S. 2 GG ein „Volk“[255] als Legitimationssubjekt zugeordnet, das eine Vertretung haben soll, die nach denselben Grundsätzen zu wählen ist, wie sie für die Wahlen zum Bundestag und zu den Landesparlamenten gelten.[256] Art. 28 Abs. 1 S. 2 GG stellt mithin für alle Gebietskörperschaften auf dem Territorium der Bundesrepublik Deutschland die Einheitlichkeit der demokratischen Legitimationsgrundlage sicher.[257]

Das Grundgesetz schreibt die Beachtung des Demokratieprinzips also auch für Kommunen vor, indem ihre Organe und Vertretungen, soweit sie Staatsgewalt ausüben, einer Legitimation bedürfen.[258] Demokratische Legitimation wird den Kommunen in doppelter Hinsicht zuteil: sachlich-inhaltlich aus der Bindung an staatliche Gesetze sowie unmittelbar aus der Volkswahl der Kommunalvertretungen (und meist auch der Hauptverwaltungsbeamten).[259]

2. Tätigkeit öffentlicher Unternehmen als Ausübung von „Staatsgewalt“ i. S. v. Art. 20 Abs. 2 GG

Um Erkenntnisse darüber zu erlangen, welche Anforderungen dem Demokratieprinzip im Hinblick auf die Einwirkung und Kontrolle

253 Siehe BVerfGE 86, 148 (215); *Engels*, in: Sachs (Hg.), GG, 9. Aufl. 2021, Art. 28 Rn. 34.

254 So BVerfGE 83, 37 (55).

255 Zum Begriff des Volkes in diesem Zusammenhang siehe etwa *Ernst*, in: v. Münch/Kunig, GG, Bd. 1, 7. Aufl. 2021, Art. 28 Rn. 31 f.

256 So BVerfGE 83, 37 (55); 83, 60 (75).

257 So BVerfGE 83, 37 (55); *Ernst*, in: v. Münch/Kunig, GG, Bd. 1, 7. Aufl. 2021, Art. 28 Rn. 18.

258 Vgl. BVerfGE 47, 253 (272); siehe auch *Strobel*, Verschwiegenheits- und Auskunftspflicht kommunaler Vertreter im Aufsichtsrat öffentlicher Unternehmen, 2002, S. 70; *Schwarz*, in: v. Mangoldt/Klein/Starck, GG, Bd. 2, 7. Aufl. 2018, Art. 28 Rn. 95; *Lenz*, Kommunalverwaltung und Demokratieprinzip, 2020, S. 160 f.; *Weiser-Saulin*, Public Corporate Governance kommunaler Unternehmen, 2021, S. 31 f.

259 Siehe dazu *Pape*, Das kommunale Aufsichtsratsmandat, 2020, S. 79; *Engels*, in: Sachs (Hg.), GG, 9. Aufl. 2021, Art. 28 Rn. 18. Ausführlich *Lenz*, Kommunalverwaltung und Demokratieprinzip, 2020, S. 163 ff.

öffentlicher Unternehmen entnommen werden können, ist in Bezug auf die im Rahmen dieser Arbeit zu untersuchenden privatrechtlich organisierten Unternehmen der öffentlichen Hand zunächst zu klären, inwieweit diese Staatsgewalt i. S. v. Art. 20 Abs. 2 S. 1 GG ausüben. „*Staatsgewalt*“[260] i. d. S. ist nicht auf hoheitliches Handeln beschränkt, es umfasst vielmehr jegliches Handeln in Erfüllung einer Staatsaufgabe.[261] Darunter ist „jedenfalls alles amtliche Handeln mit Entscheidungscharakter“[262] zu verstehen.

a) Eigengesellschaften

Unzweifelhaft davon erfasst sind die Beiträge der Trägerkörperschaft im Rahmen einer Beteiligung an privatwirtschaftlichen Unternehmen.[263]

Vom öffentlichen Anteilseigner zu unterscheiden bleibt jedoch das Unternehmen als solches, dem als juristische Person des Privatrechts immerhin eigene Rechtsfähigkeit zukommt.[264] Es bleibt also fraglich, ob der öffentlichen Hand auch die Unternehmenstätigkeit als Ausübung von Staatsgewalt zuzurechnen ist.[265] Anknüpfungspunkt des Art. 20 Abs. 2 GG ist einzig das Vorliegen von Staatsgewalt im oben genannten Sinne, sodass dem Wortlaut der Norm keine Differenzierung nach der Rechts- bzw. Handlungsform entnommen werden kann.[266]

260 Ausführlich zur Frage, was als Legitimationsobjekt grundgesetzlicher Demokratie zu betrachten ist *Jestaedt*, Demokratieprinzip und Kondominialverwaltung, 1993, S. 225 ff.

261 Vgl. *Böckenförde*, in: Isensee/Kirchhof (Hg.), Handbuch des Staatsrechts, Bd. II, 3. Aufl. 2004, § 24 Rn. 12; *Teuber*, Parlamentarische Informationsrechte, 2007, S. 193; *Grzeszick*, in: Dürig/Herzog/Scholz, GG, 97. EL 2022, Art. 20 Rn. 92; *Jarass*, in: ders./Pieroth, GG, 17. Aufl. 2022, Art. 20 Rn. 3.

262 BVerfGE 47, 253 (273); 83, 60 (73); ausführlich auch *Böckenförde*, in: Isensee/Kirchhof (Hg.), Handbuch des Staatsrechts, Bd. II, 3. Aufl. 2004, § 24 Rn. 12. Kritisch zu diesem Begriff, der das Problem nur verschiebe, *Lenz*, Kommunalverwaltung und Demokratieprinzip, 2020, S. 75.

263 Vgl. BVerfGE 147, 50 (134 f.); *Storr*, Der Staat als Unternehmer, 2001, S. 88; *Dreier*, in: ders. (Hg.), GG, Bd. 2, 3. Aufl. 2015, Art. 20 (Demokratie) Rn. 135; *Grzeszick*, in: Dürig/Herzog/Scholz, GG, 97. EL 2022, Art. 20 Rn. 101; *Jarass*, in: ders./Pieroth, GG, 17. Aufl. 2022, Art. 20 Rn. 11.

264 Dies betonen etwa *Püttner*, Die öffentlichen Unternehmen, 2. Aufl. 1985, S. 119 und *Heise*, Die Deutsche Bahn AG zwischen Wirtschaftlichkeit und Gemeinwohlverantwortung, 2013, S. 167 f.

265 Zur Frage, unter welchen Voraussetzungen ein Unternehmen der staatlichen Sphäre zuzuordnen ist, siehe auch *Dörr*, Informationsansprüche gegenüber dem Staat zuzurechnenden Unternehmen, 2015, S. 13 ff.

266 Vgl. *Böckenförde*, in: Isensee/Kirchhof (Hg.), Handbuch des Staatsrechts, Bd. II, 3. Aufl. 2004, § 24 Rn. 13; *Dreier*, in: ders. (Hg.), GG, Bd. 2, 3. Aufl. 2015, Art. 20 (Demokratie) Rn. 87; *Jarass*, in: ders./Pieroth, GG, 17. Aufl. 2022, Art. 20 Rn. 3.

Staatsgewalt ist also nicht auf hoheitliches Handeln beschränkt.[267] Damit kann jedes Organ, das sich dem Bund oder einem Land zuordnen lässt, als dem Staat zugehörig angesehen werden, und zwar unabhängig von der Rechtsform seines Trägers.[268]

Dahingehend besteht Einigkeit, dass sich die öffentliche Hand durch die Wahl einer privatrechtlichen Organisationsform ihren verfassungsrechtlichen Bindungen nicht entziehen kann, sondern sich das Gebot demokratischer Legitimation ebenso auf privatrechtliche Rechtsformen erstreckt, mithin nach überwiegender Ansicht auch auf das Handeln der privatrechtlich organisierten Gesellschaft selbst, wenn eine Gebietskörperschaft alle Anteile an ihr hält.[269] Denn im Falle der sog. Organisationsprivatisierung ist das einzig private Element die Rechtsform.[270] Dies ist nicht gleichbedeutend damit, dass der Staat auch Privatautonomie genießt, wie es „echte" Private tun.[271]

Ist das Handeln der privatrechtlich organisierten Gesellschaft als Ausübung legitimationsbedürftiger Staatsgewalt anzusehen, trifft dies auch auf das Handeln ihrer Organe zu.[272] Legitimationsbedürftig ist auch behördeninternes Handeln, das lediglich die Voraussetzung für die Wahrnehmung der Amtsaufgaben schafft.[273] Folglich kann selbst das regelmäßig im Binnenbereich der Gesellschaft stattfindende Handeln des Aufsichtsrats, sofern diesem Entscheidungscharakter zukommt, als Ausübung von Staatsgewalt angesehen werden.[274]

---

267 So *Jarass*, in: ders./Pieroth, GG, 17. Aufl. 2022, Art. 20 Rn. 3.

268 So *Lenz*, Kommunalverwaltung und Demokratieprinzip, 2020, S. 78.

269 Siehe BVerfGE 147, 50 (151), wonach „grundsätzlich von der Legitimationsbedürftigkeit der Geschäftstätigkeit öffentlicher Unternehmen auszugehen (ist)"; siehe auch *Jestaedt*, Demokratieprinzip und Kondominialverwaltung, 1993, S. 243 ff.; *Mayen*, DÖV 2001, 110 (113); *Storr*, Der Staat als Unternehmer, 2001, S. 86; *Brenner*, AöR 127 (2002), 222 (227); *Teuber*, Parlamentarische Informationsrechte, 2007, S. 194 f.; *Dreier*, in: ders. (Hg.), GG, Bd. 2, 3. Aufl. 2015, Art. 20 (Demokratie) Rn. 133; *Wollenschläger*, in: Wurzel/Schraml/Gaß (Hg.), Rechtspraxis der kommunalen Unternehmen, 4. Aufl. 2021, Kap. B Rn. 85; *Schnuch*, Compliance-Verantwortung des Staates für gemischtwirtschaftliche Unternehmen, 2023, S. 115; a. A. *Püttner*, Die öffentlichen Unternehmen, 2. Aufl. 1985, S. 136 f.

270 Vgl. *Burgi*, Funktionale Privatisierung und Verwaltungshilfe, 1999, S. 77.

271 Vgl. *Burgi*, in: Ehlers/Pünder (Hg.), Allgemeines Verwaltungsrecht, 16. Aufl. 2022, § 10 Rn. 11.

272 Vgl. *Neudenberger*, Der Aufsichtsrat in staatlichen Eigen- und Beteiligungsgesellschaften, 2023, S. 73.

273 Vgl. BVerfGE 83, 60 (73); 93, 37 (68); *Jarass*, in: ders./Pieroth, GG, 17. Aufl. 2022, Art. 20 Rn. 3.

274 Dazu und zur Frage des Entscheidungscharakters der Handlungen des Aufsichtsrats *Neudenberger*, Der Aufsichtsrat in staatlichen Eigen- und Beteiligungsgesellschaften, 2023, S. 72 f.

b) Gemischt-wirtschaftliche Unternehmen

Schwieriger ist die Einordnung der Tätigkeit des Unternehmens als Ausübung von Staatsgewalt dann, wenn neben der öffentlichen Hand auch Private daran beteiligt sind.[275]

Der damit zusammenhängende Diskurs weist deutliche Parallelen zu der Frage nach der Grundrechtsgebundenheit gemischt-wirtschaftlicher Unternehmen auf.[276] Ob der Bedeutungsgehalt des Begriffs der Staatsgewalt des Art. 1 Abs. 1 S. 2, Abs. 3 GG mit dem Begriff des Art. 20 Abs. 2 GG identisch ist, ist umstritten.[277]

In beiden Fällen verbirgt sich dahinter jedoch der Gegensatz von „gebundenem Staat auf der einen Seite und freiheitsberechtigter Gesellschaft auf der anderen Seite"[278].[279] Die freiheitssichernde Funktion der Grundrechte und die Ausübung demokratisch legitimationsbedürftiger Staatsgewalt schließen sich gegenseitig aus: Grundrechtliche Freiheiten garantieren in ihrer klassischen Funktion einen staatsfreien Raum, während der demokratisch legitimationsbedürftige Staat umgekehrt keine derartige Freiheit besitzt, sondern vielmehr dem Volk gegenüber verantwortlich ist.[280] Die Frage, ob das gemischt-wirtschaftliche Unternehmen selbst dem Gebot demokratischer Legitimation unterfällt, kann folglich parallel zu der Frage beantwortet werden, ob ihm nach Art. 19 Abs. 3 GG Grundrechtssubjektivität zukommt oder es nach Art. 1 Abs. 3 GG grundrechtsgebunden ist.[281] Im Ergebnis ist die

---

275 Vgl. zu dieser Problematik *Schnuch*, Compliance-Verantwortung des Staates für gemischtwirtschaftliche Unternehmen, 2023, S. 115 ff.

276 Vgl. *Mann*, Die öffentlich-rechtliche Gesellschaft, 2002, S. 264; *Dreier*, in: ders. (Hg.), GG, Bd. 2, 3. Aufl. 2015, Art. 20 (Demokratie) Rn. 132; ausführlich *Kapteina*, Öffentliche Unternehmen in Privatrechtsform und ihre demokratische Legitimation, 2017, S. 43 ff.

277 Ausführlich dazu *Gersdorf*, Öffentliche Unternehmen im Spannungsfeld zwischen Demokratie- und Wirtschaftlichkeitsprinzip, 2000, S. 54 ff.; siehe auch *Schmidt*, Die demokratische Legitimationsfunktion der parlamentarischen Kontrolle, 2007, S. 129 m. w. N.

278 *Kapteina*, Öffentliche Unternehmen in Privatrechtsform und ihre demokratische Legitimation, 2017, S. 44.

279 Siehe auch *Jestaedt*, Demokratieprinzip und Kondominialverwaltung, 1993, S. 235 ff.; *Schmidt*, Die demokratische Legitimationsfunktion der parlamentarischen Kontrolle, 2007, S. 126.

280 Ausführlich *Gersdorf*, Öffentliche Unternehmen im Spannungsfeld zwischen Demokratie- und Wirtschaftlichkeitsprinzip, 2000, S. 60 ff.; siehe auch *Huber*, in: Voßkuhle/Eifert/Möllers (Hg.), Grundlagen des Verwaltungsrechts, Bd. II, 3. Aufl. 2022, § 43 Rn. 179.

281 Vgl. *Gersdorf*, Öffentliche Unternehmen im Spannungsfeld zwischen Demokratie- und Wirtschaftlichkeitsprinzip, 2000, S. 63. Siehe zur Grundrechtsfähigkeit öffentlicher Unternehmen 2. Kapitel B.I.1.

Tätigkeit des gemischt-wirtschaftlichen Unternehmens danach als Ausübung von Staatsgewalt, die den Bindungen des Art. 20 Abs. 2 S. 2 GG genügen muss, anzusehen, wenn es durch die öffentliche Hand beherrscht wird (dazu oben 2. Kapitel, B.I.1.).[282] Denn in diesem Fall nutzt die öffentliche Hand das Unternehmen zum Zwecke der Erfüllung öffentlicher Aufgaben, sodass ihr die Handlungen des Unternehmens zugerechnet werden können.[283]

c) Gemischt-öffentliche Unternehmen

Wie bereits festgestellt,[284] handelt es sich bei gemischt-öffentlichen Unternehmen um solche, deren Anteile von verschiedenen Trägern der öffentlichen Gewalt gehalten werden. So sind etwa Gesellschafter der Flughafen München GmbH der Freistaat Bayern mit 51 Prozent, die Bundesrepublik Deutschland mit 26 Prozent und die Landeshauptstadt München mit 23 Prozent.[285] Im Hinblick auf gemischt-öffentliche Unternehmen wird einhellig davon ausgegangen, dass sie im Ergebnis als Ausübung von demokratisch legitimationsbedürftiger Staatsgewalt zu qualifizieren sind.[286] Denn aus dem Zusammenwirken mehrerer Träger von Staatsgewalt kann keine nichtstaatliche Einrichtung entstehen.[287] Folglich müssten sich auch die Entscheidungen gemischt-öffentlicher Unternehmen auf den Willen des jeweiligen „(Teil-)Volks"

---

282 So auch BVerfGE 147, 50 (135); *Gersdorf*, Öffentliche Unternehmen im Spannungsfeld zwischen Demokratie- und Wirtschaftlichkeitsprinzip, 2000, S. 166; *Storr*, Der Staat als Unternehmer, 2001, S. 88 f.; *Teuber*, Parlamentarische Informationsrechte, 2007, S. 195; *Dreier*, in: ders. (Hg.), GG, Bd. 2, 3. Aufl. 2015, Art. 20 (Demokratie) Rn. 134; *Kapteina*, Öffentliche Unternehmen in Privatrechtsform und ihre demokratische Legitimation, 2017, S. 57; a. A. *Schmidt-Aßmann*, AöR 116 (1991), 329 (346). Zum Kriterium der Beherrschung *Koch*, in: Burgi/Habersack (Hg.), Handbuch Öffentliches Recht des Unternehmens, 2023, § 16 Rn. 10 ff.

283 Vgl. *Schnuch*, Compliance-Verantwortung des Staates für gemischtwirtschaftliche Unternehmen, 2023, S. 116 m. w. N.

284 Siehe zum Begriff und deren Grundrechtsbindung 2. Kapitel B.I.1.

285 Vgl. https://www.munich-airport.de/unternehmensportraet-86400 (zuletzt abgerufen am 15.11.2023).

286 So etwa *Kluth*, Grenzen kommunaler Wettbewerbsteilnahme, 1988, S. 21; *Pfeifer*, Möglichkeiten und Grenzen der Steuerung kommunaler Aktiengesellschaften durch ihre Gebietskörperschaften, 1991, S. 21 f.; *Gersdorf*, Öffentliche Unternehmen im Spannungsfeld zwischen Demokratie- und Wirtschaftlichkeitsprinzip, 2000, S. 135 f.; *Schmidt*, Die demokratische Legitimationsfunktion der parlamentarischen Kontrolle, 2007, S. 399; *Kapteina*, Öffentliche Unternehmen in Privatrechtsform und ihre demokratische Legitimation, 2017, S. 197.

287 So zutreffend *Schmidt*, Die demokratische Legitimationsfunktion der parlamentarischen Kontrolle, 2007, S. 377; *Neudenberger*, Der Aufsichtsrat in staatlichen Eigen- und Beteiligungsgesellschaften, 2023, S. 72.

zurückführen lassen.[288] Die Struktur ihrer demokratischen Legitimation weist jedoch Besonderheiten auf, die es noch zu entfalten gilt (siehe 2. Kapitel B.II.4).[289]

3. Anforderungen an die demokratische Legitimation

Für die Vermittlung eines angemessenen Niveaus an demokratischer Legitimation kommt es nicht auf die volle Verwirklichung der oben genannten Legitimationsstränge an, sondern auf deren Zusammenwirken: So kann „eine verminderte Legitimation über den einen Legitimationsstrang (...) durch eine verstärkte Legitimation über andere Stränge ausgeglichen werden"[290]. Laut Bundesverfassungsgericht ist also „nicht die Form der Legitimation, sondern die Effektivität, mit der die Entscheidungsprozesse demokratisch gesteuert werden"[291], entscheidend. Im Ergebnis muss kein Legitimationsmaximum, sondern ein bestimmtes Legitimationsniveau erreicht werden, das je nach Erscheinungsform von Staatsgewalt und Anforderungen des Aufgabenbereiches unterschiedlich ausgestaltet sein und auch neue Gestaltungsformen annehmen kann.[292] Entscheidend ist allein die aufgabenbezogene Effektivität.[293] Insbesondere das Handeln der Verwaltung ist von einer Vielfalt an Organisationsformen geprägt, sodass auch im Hinblick auf

---

288 Vgl. *Gersdorf*, Öffentliche Unternehmen im Spannungsfeld zwischen Demokratie- und Wirtschaftlichkeitsprinzip, 2000, S. 362 zu institutionellen Kooperationsformen; *Neudenberger*, Der Aufsichtsrat in staatlichen Eigen- und Beteiligungsgesellschaften, 2023, S. 71.

289 Vgl. dazu *Püttner*, Die öffentlichen Unternehmen, 2. Aufl. 1985, S. 167 f.; *Pfeifer*, Möglichkeiten und Grenzen der Steuerung kommunaler Aktiengesellschaften durch ihre Gebietskörperschaften, 1991, S. 22; *Schmidt*, Die demokratische Legitimationsfunktion der parlamentarischen Kontrolle, 2007, S. 399; *Kapteina*, Öffentliche Unternehmen in Privatrechtsform und ihre demokratische Legitimation, 2017, S. 197.

290 BVerfGE 135, 317 (430); siehe dazu auch *Gersdorf*, Öffentliche Unternehmen im Spannungsfeld zwischen Demokratie- und Wirtschaftlichkeitsprinzip, 2000, S. 171 f.; *Dreier*, in: ders. (Hg.), GG, Bd. 2, 3. Aufl. 2015, Art. 20 (Demokratie) Rn. 113; *Jarass*, in: ders./Pieroth, GG, 17. Aufl. 2022, Art. 20 Rn. 7.

291 BVerfGE 135, 317 (430).

292 Vgl. BVerfGE 83, 60 (72); 107, 59 (92); *Schmidt-Aßmann*, Das allgemeine Verwaltungsrecht als Ordnungsidee, 2. Aufl. 2006, Kap. 5 Rn. 52; *Dreier*, in: ders. (Hg.), GG, Bd. 2, 3. Aufl. 2015, Art. 20 (Demokratie) Rn. 113 ff.; *Sachs*, in: ders. (Hg.), GG, 9. Aufl. 2021, Art. 20 Rn. 35; siehe auch *Traut*, Die Corporate Governance von Kapitalgesellschaften der öffentlichen Hand, 2013, S. 13. Durch die Anerkennung des Legitimationsniveaus können konkurrierende Gesichtspunkte zur Geltung gebracht werden, so *Trute*, in: Voßkuhle/Eifert/Möllers (Hg.), Grundlagen des Verwaltungsrechts, Bd. I, 3. Aufl. 2022, § 9 Rn. 16.

293 Vgl. *Wollenschläger*, in: Wurzel/Schraml/Gaß (Hg.), Rechtspraxis der kommunalen Unternehmen, 4. Aufl. 2021, Kap. B Rn. 89.

die Anforderungen und Ausprägungen demokratischer Legitimation differenziert werden muss.[294]

Für die Frage nach dem „Wie“, also dem Grad demokratischer Legitimationsbedürftigkeit, ist also nach der Art der zu erfüllenden Aufgabe zu unterscheiden und sind die Anforderungen adäquat an die Art der zu erfüllenden Aufgabe anzupassen.[295]

4. Konsequenzen für die Ausgestaltung privatrechtlicher Organisationsformen

Für die Ausgestaltung privatrechtlicher Organisationsformen ergibt sich daraus die Konsequenz, dass das Grundgesetz die Erfüllung von Staatsaufgaben in privatrechtlicher Form bzw. im Modus des unternehmerischen zwar nicht ausschließt, aber zwingend eine Kontrolle durch Einwirkung erfolgen muss.[296] Die für die Gesellschaft gewählte Rechtsform muss so ausgestaltet sein, dass deren Handeln auf den Willen des Volkes rückführbar ist und diesem gegenüber verantwortet werden kann.

Zunächst bedeutet das, dass das zur Erfüllung öffentlicher Zwecke eingesetzte Unternehmen an den öffentlichen Zweck gebunden werden muss, etwa durch Verankerung in der Satzung der Aktiengesellschaft oder dem Gesellschaftsvertrag der GmbH.[297] Ferner muss sich die jeweilige Trägerkörperschaft ausreichende Einfluss- und Kontrollrechte vorbehalten, um sicherzustellen, dass die der Gesellschaft übertragene öffentliche Aufgabe ordnungsgemäß erfüllt wird.[298] Die konkrete Ausgestaltung und Reichweite der Ingerenzpflichten ist verfassungsrechtlich freilich nicht geregelt, sondern bedarf der Ausgestaltung durch den einfachen Gesetzgeber.[299]

---

294 So *Dreier*, in: ders. (Hg.), GG, Bd. 2, 3. Aufl. 2015, Art. 20 (Demokratie) Rn. 120.

295 Vgl. *Storr*, Der Staat als Unternehmer, 2001, S. 70 ff.; *Ruthig/Storr*, Öffentliches Wirtschaftsrecht, 5. Aufl. 2020, § 8 Rn. 721.

296 So *Burgi*, in: Scherzberg/Can/Do an (Hg.), Das Recht der öffentlichen Unternehmen und der öffentlich-rechtlichen Banken, 2012, S. 45 (52).

297 Dazu *Mann*, Die öffentlich-rechtliche Gesellschaft, 2002, S. 183 ff.; *Burgi*, in: Herrler (Hg), Aktuelle gesellschaftsrechtliche Herausforderungen, 2016, S. 49 (59); *Suerbaum*, in: Ehlers/Fehling/Pünder (Hg.), Besonderes Verwaltungsrecht, Bd. 1, 4. Aufl. 2019, § 16 Rn. 89.

298 Siehe *Ehlers*, Verwaltung in Privatrechtsform, 1984, S. 130; *Machura*, Die Kontrolle öffentlicher Unternehmen, 1993, S. 22; *Dreier*, in: ders. (Hg.), GG, Bd. 2, 3. Aufl. 2015, Art. 20 (Demokratie) Rn. 133.

299 Vgl. *Brenner*, AöR 127 (2002), 222 (234 f.); *Mann*, Die öffentlich-rechtliche Gesellschaft, 2002, S. 67; *Kapteina*, Öffentliche Unternehmen in Privatrechtsform und ihre demokratische Legitimation, 2017, S. 107 f.; siehe auch *Schockenhoff*, in: MüKoAktG, Bd. 6, 5. Aufl. 2021, Vor § 394 Rn. 25: „Richtig ist vielmehr, dass es

Jedoch lässt sich den verfassungsrechtlichen Vorgaben ein Mindestmaß an Einwirkungs- und Kontrollrechten entnehmen, das nicht unterschritten werden darf: Um dem Demokratieprinzip zu genügen, muss dem staatlichen Anteilseigner im Ergebnis eine Letztentscheidungskompetenz in wichtigen Fragen zustehen.[300] Es ist nicht erforderlich, dass dieser darüber hinaus alle Unternehmensentscheidungen an sich ziehen kann, denn dies würde den Sinn einer Verselbstständigung der Organisationseinheit konterkarieren.[301] Privatrechtlich organisierte öffentliche Unternehmen sind im Gegensatz zu öffentlich-rechtlichen Organisationseinheiten nicht der staatlichen Aufsicht unterworfen, sondern können nur mit den Instrumenten des Gesellschaftsrechts gesteuert werden.[302]

Inwieweit der staatliche Anteilseigner neben der bereits angesprochenen personellen Einflussnahme[303] auch inhaltlich auf die laufende Geschäftsführung Einfluss nehmen kann, hängt davon ab, ob und in welchem Umfang ihm Weisungsrechte gegenüber seinen Vertretungspersonen in den Organen der Gesellschaft eingeräumt sind.[304] Gesellschaftsrechtlich bietet dabei die Rechtsform der GmbH[305] im Vergleich zur Aktiengesellschaft[306] die größeren Spiel-

---

sich beim Ingerenzprinzip um einen Gestaltungsauftrag handelt, dessen Ergebnisse verfassungsrechtlich nicht im Einzelnen vorgezeichnet sind. Die Aufgabe der weiteren Konkretisierung obliegt zuvörderst dem Gesetzgeber, der denn auch ein ganzes Spektrum an Rechtsformen und Gestaltungsmöglichkeiten zur Verfügung gestellt hat.".

300 Ausführlich *Grzeszick*, in: Dürig/Herzog/Scholz, GG, 97. EL 2022, Art. 20 Rn. 228 ff.; siehe auch *Machura*, Die Kontrolle öffentlicher Unternehmen, 1993, S. 26; *Mann*, Die öffentlich-rechtliche Gesellschaft, 2002, S. 67; *Dreier*, in: ders. (Hg.), GG, Bd. 2, 3. Aufl. 2015, Art. 20 (Demokratie) Rn. 133.

301 Vgl. *Ehlers*, Verwaltung in Privatrechtsform, 1984, S. 131; *Mann*, Die öffentlich-rechtliche Gesellschaft, 2002, S. 67; *Kapteina*, Öffentliche Unternehmen in Privatrechtsform und ihre demokratische Legitimation, 2017, S. 93 ff.

302 Vgl. *Gusy*, ZRP 1998, 265 (267); *Suerbaum*, in: Ehlers/Fehling/Pünder (Hg.), Besonderes Verwaltungsrecht, Bd. 1, 4. Aufl. 2019, § 16 Rn. 49; *Huber*, in: Voßkuhle/Eifert/Möllers (Hg.), Grundlagen des Verwaltungsrechts, Bd. II, 3. Aufl. 2022, § 43 Rn. 182.

303 Vgl. 2. Kapitel A.I.2.

304 Zur Rechtsform der Aktiengesellschaft BVerfGE 147, 50 (136 f.); vgl. auch *Mann*, Die öffentlich-rechtliche Gesellschaft, 2002, S. 197 ff.

305 Zu den gesellschaftsrechtlichen Ingerenzmöglichkeiten im Hinblick auf die Rechtsform der GmbH *Brenner*, AöR 127 (2002), 222 (245 ff.); *Burgi*, in: Herrler (Hg), Aktuelle gesellschaftsrechtliche Herausforderungen, 2016, S. 49 (63 ff.).

306 Zu den gesellschaftsrechtlich zulässigen Möglichkeiten der Einflussnahme auf Aktiengesellschaften *Brenner*, AöR 127 (2002), 222 (240 ff.); Steuerungsdefizite zeigt *Wollenschläger*, in: Kirchhof/Korte/Magen (Hg.), Öffentliches Wettbewerbsrecht, 2014, § 6 Rn. 36 auf.

räume.[307] Schließlich ermöglichen Berichts- und Prüfungspflichten eine effektive Kontrolle des Unternehmens.[308]

Speziell im Hinblick auf gemischt-öffentliche Unternehmen ist jede an einem solchen Unternehmen beteiligte Gebietskörperschaft Legitimationsobjekt des eigenen Bundes-, Landes- oder Gemeindevolks.[309] Dadurch kann zwar die Ausübung der Mitgliedschafts- bzw. Anteilsrechte der einzelnen Gebietskörperschaft als demokratisch legitimiert gelten.[310] Dennoch kommt der einzelnen Gebietskörperschaft für sich genommen meist nur eine Minderheitsposition in der Gesellschaft zu mit der Folge, dass Unternehmensentscheidungen nicht autonom von einer Gebietskörperschaft getroffen werden können[311] und sich das Handeln der Gesellschaft an sich nicht auf ein einheitliches Legitimationssubjekt und damit auf den Willen des jeweiligen Teilvolkes zurückführen lässt.[312]

Dennoch ist diese Form der Aufgabenerfüllung als zulässig zu erachten.[313] Bereits mit Blick auf den Realbereich ist dies insofern begrüßens-

---

307 Vgl. *Mayen*, DÖV 2001, 110 (113); *Brenner*, AöR 127 (2002), 222 (245); *Suerbaum*, in: Ehlers/Fehling/Pünder (Hg.), Besonderes Verwaltungsrecht, Bd. 1, 4. Aufl. 2019, § 16 Rn. 85 f.

308 Dazu etwa *Mann*, Die öffentlich-rechtliche Gesellschaft, 2002, S. 230 ff.; *Traut*, Die Corporate Governance von Kapitalgesellschaften der öffentlichen Hand, 2013, S. 25 ff.

309 Vgl. *Pfeifer*, Möglichkeiten und Grenzen der Steuerung kommunaler Aktiengesellschaften durch ihre Gebietskörperschaften, 1991, S. 22; *Schmidt*, Die demokratische Legitimationsfunktion der parlamentarischen Kontrolle, 2007, S. 399; *Kapteina*, Öffentliche Unternehmen in Privatrechtsform und ihre demokratische Legitimation, 2017, S. 197.

310 Vgl. *Schmidt*, Die demokratische Legitimationsfunktion der parlamentarischen Kontrolle, 2007, S. 399.

311 Vgl. *Pfeifer*, Möglichkeiten und Grenzen der Steuerung kommunaler Aktiengesellschaften durch ihre Gebietskörperschaften, 1991, S. 22; *Kapteina*, Öffentliche Unternehmen in Privatrechtsform und ihre demokratische Legitimation, 2017, S. 197.

312 Vgl. *Püttner*, Die öffentlichen Unternehmen, 2. Aufl. 1985, S. 167, der daher Bedenken im Hinblick auf die Intensität der demokratisch-parlamentarischen Kontrolle äußert; *Gersdorf*, Öffentliche Unternehmen im Spannungsfeld zwischen Demokratie- und Wirtschaftlichkeitsprinzip, 2000, S. 362 f.; *Schmidt*, Die demokratische Legitimationsfunktion der parlamentarischen Kontrolle, 2007, S. 399.

313 Vgl. *Püttner*, Die öffentlichen Unternehmen, 2. Aufl. 1985, S. 167 f.; *Pfeifer*, Möglichkeiten und Grenzen der Steuerung kommunaler Aktiengesellschaften durch ihre Gebietskörperschaften, 1991, S. 22; *Gersdorf*, Öffentliche Unternehmen im Spannungsfeld zwischen Demokratie- und Wirtschaftlichkeitsprinzip, 2000, S. 363, der zur Rechtfertigung von Einbußen im Gefüge demokratischer Legitimation durch Kooperationsformen zwischen Bund und Ländern, den Ländern untereinander sowie zwischen kommunalen Gebietskörperschaften das Bundesstaatsprinzip heranzieht; *Dreier*, in: ders. (Hg.), GG, Bd. 2, 3. Aufl. 2015, Art. 20 Rn. 136;

wert, als sich eine Vielzahl staatlicher oder kommunaler Dienstleistungen aufgrund des damit verbundenen Finanz- und Verwaltungsaufwands oder des überregionalen Charakters nicht effizient durch eine Gebietskörperschaft alleine erledigen lassen.[314] Im Hinblick auf das Erfordernis demokratischer Legitimation reicht es aus, dass die Beiträge der jeweiligen Gebietskörperschaft ihrerseits demokratisch legitimiert sind, wenn mit dem gemischt-öffentlichen Unternehmen ein gemeinsamer öffentlicher Zweck verfolgt wird und der einzelnen beteiligten Gebietskörperschaft effektive Mitwirkungs- und Kontrollrechte eingeräumt werden.[315] Die Beschaffung der dafür erforderlichen Informationen kann sich jedoch als schwierig erweisen, insbesondere wenn nicht jede beteiligte Körperschaft in den Organen des Unternehmens vertreten sein kann.[316]

Daher ist die zugrunde liegende Unternehmensverfassung so auszugestalten, dass eine wirksame Mitwirkung und Kontrolle der einzelnen beteiligten Gebietskörperschaften gewährleistet bleibt,[317] beispielsweise über die Vorschriften zum Schutz der Minderheit in der jeweiligen Organisationsform oder durch den Abschluss eines sog. Konsortialvertrages.[318]

Kapteina, Öffentliche Unternehmen in Privatrechtsform und ihre demokratische Legitimation, 2017, S. 198 f.

314 Vgl. *Püttner*, Die öffentlichen Unternehmen, 2. Aufl. 1985, S. 168; *Pfeifer*, Möglichkeiten und Grenzen der Steuerung kommunaler Aktiengesellschaften durch ihre Gebietskörperschaften, 1991, S. 23; *Gersdorf*, Öffentliche Unternehmen im Spannungsfeld zwischen Demokratie- und Wirtschaftlichkeitsprinzip, 2000, S. 403.

315 Vgl. *Pfeifer*, Möglichkeiten und Grenzen der Steuerung kommunaler Aktiengesellschaften durch ihre Gebietskörperschaften, 1991, S. 22; *Schmidt*, Die demokratische Legitimationsfunktion der parlamentarischen Kontrolle, 2007, S. 419; *Kapteina*, Öffentliche Unternehmen in Privatrechtsform und ihre demokratische Legitimation, 2017, S. 198 f.

316 Vgl. *Dietlmeier*, Rechtsfragen der Publizität im kommunalen Unternehmensrecht, 2015, S. 473.

317 Vgl. *Püttner*, Die öffentlichen Unternehmen, 2. Aufl. 1985, S. 168; *Schmidt*, Die demokratische Legitimationsfunktion der parlamentarischen Kontrolle, 2007, S. 419 f.; *Kapteina*, Öffentliche Unternehmen in Privatrechtsform und ihre demokratische Legitimation, 2017, S. 198 f.

318 Vgl. *Pfeifer*, Möglichkeiten und Grenzen der Steuerung kommunaler Aktiengesellschaften durch ihre Gebietskörperschaften, 1991, S. 22. Zu den kommunalrechtlichen Regelungen und gesellschaftsrechtlichen Möglichkeiten, möglichst weitreichenden Einfluss zu sichern *Dietlmeier*, Rechtsfragen der Publizität im kommunalen Unternehmensrecht, 2015, S. 473 ff. Ausführlich zum sog. Konsortialvertrag *Kapteina*, Öffentliche Unternehmen in Privatrechtsform und ihre demokratische Legitimation, 2017, S. 199 ff.

III. Staatszielbestimmungen

Betätigt sich der Staat oder eine Kommune in Form eines öffentlichen Unternehmens, können sich verfassungsrechtliche Vorgaben aus Staatszielbestimmungen[319] ergeben.[320] Staatszielbestimmungen schreiben allen drei Staatsgewalten[321] die Erfüllung oder Beachtung bestimmter Aufgaben vor und binden sie an die jeweilige Zielvorgabe, während ihnen die Wahl der Mittel zur Zielverwirklichung freisteht.[322] Aus Art. 20a GG kann beispielsweise eine Verpflichtung öffentlicher Unternehmen zu umweltbewusstem Handeln hergeleitet werden.[323] Setzt der Staat zur Erfüllung sozialer Aufgaben ein öffentliches Unternehmen ein, bleibt er dem Sozialstaatsprinzip unterworfen.[324]

IV. Einfach-rechtliche Vorgaben

Neben den verfassungsrechtlichen Bindungen bestehen auch auf einfach-gesetzlicher Ebene Vorgaben für eine unternehmerische Tätigkeit der öffentlichen Hand, insbesondere im Haushaltsrecht und in den Kommunalgesetzen.

So soll sich der Bund etwa gem. § 65 Abs. 1 BHO an der Gründung eines Unternehmens in einer Rechtsform des privaten Rechts oder an einem bestehenden Unternehmen in einer solchen Rechtsform nur beteiligen, wenn ein wichtiges Interesse des Bundes vorliegt und sich der vom Bund angestrebte Zweck nicht besser und wirtschaftlicher auf andere Weise erreichen lässt (Nr. 1), die Einzahlungsverpflichtung des Bundes auf einen bestimmten Betrag begrenzt ist (Nr. 2), der Bund einen angemessenen Einfluss, insbesondere im Aufsichtsrat oder in einem entsprechenden Überwachungsorgan, erhält (Nr. 3) und bestimmte Anforderungen an den Jahresabschluss und

319 Der Begriff geht zurück auf *H.P. Ipsen*, Über das Grundgesetz, 1950, S. 14 ff. Ausführlich zur Begriffsentwicklung *Schladebach*, JuS 2018, 118 (119).

320 Vgl. *Burgi*, in: ders./Habersack (Hg.), Handbuch Öffentliches Recht des Unternehmens, 2023, § 18 Rn. 45.

321 Vgl. *Merten*, DÖV 1993, 368 (370); *Schladebach*, JuS 2018, 118 (120).

322 Vgl. *Mann/Schnuch*, DÖV 2019, 417 (422); *Murswiek*, in: Sachs (Hg.), GG, 9. Aufl. 2021, Art. 20a Rn. 17.

323 So *Mann/Schnuch*, DÖV 2019, 417 (423).

324 Vgl. *Mann*, Die öffentlich-rechtliche Gesellschaft, 2002, S. 86 f.; *Burgi*, in: ders./Habersack (Hg.), Handbuch Öffentliches Recht des Unternehmens, 2023, § 18 Rn. 45.

Lagebericht gewährleistet sind (Nr. 4). In den Haushaltsordnungen der Länder existieren entsprechende Parallelnormen.[325]

Das Gemeindewirtschaftsrecht der landesrechtlichen Kommunalgesetze ähnelt den haushaltsrechtlichen Vorgaben und enthält in allen Flächenländern die sog. Schrankentrias in ihren Grundzügen.[326] Demnach dürfen gemeindliche Unternehmen nur errichtet oder wesentlich erweitert werden, wenn die wirtschaftliche Betätigung einem öffentlichen Zweck dient, nach Art und Umfang in einem angemessenen Verhältnis zur Leistungsfähigkeit der Gemeinde und zum voraussichtlichen Bedarf steht, sowie der Zweck nicht besser und wirtschaftlicher durch einen anderen erfüllt wird oder werden kann.[327] Zusätzliche Anforderungen stellen die Gemeindeordnungen[328] an die Errichtung von oder Beteiligung an einem Unternehmen in Privatrechtsform.[329] Beteiligen sich mehrere Hoheitsträger an einem gemeinsamen (gemischt-öffentlichen) Unternehmen, bestimmt sich die haushaltsrechtliche Zulässigkeit der Gründung nach der für die jeweilige Gebietskörperschaft geltenden Haushaltsordnung.[330]

C. Funktionsbedingungen einer unternehmerischen Tätigkeit der öffentlichen Hand

Agiert die öffentliche Hand nun im statthaften Modus des Unternehmerischen als Akteur am Markt, so muss sie ihr Handeln auch wirt-

325 So etwa in § 65 Abs. 1 LHO BW; Art. 65 Abs. 1 BayHO, § 65 Abs. 1 LHO NRW; vgl. zu Abweichungen im Landesrecht *Wernsmann*, in: Gröpl (Hg.), BHO/LHO, 2. Aufl. 2019, § 65 BHO Rn. 29.

326 Vgl. *Burgi*, Kommunalrecht, 6. Aufl. 2019, § 17 Rn. 41; *Gaß/Popp*, Die Gemeinde als Unternehmer, 3. Aufl. 2021, S. 11.

327 Ausführlich dazu *Oebbecke*, in: Mann/Püttner (Hg.), Handbuch der kommunalen Wissenschaft und Praxis, Bd. 2, 3. Aufl. 2011, § 41 Rn. 28 ff.; *Burgi*, Kommunalrecht, 6. Aufl. 2019, § 17 Rn. 42 ff.; *Gaß/Popp*, Die Gemeinde als Unternehmer, 3. Aufl. 2021, S. 11.

328 Obschon die landesrechtliche Bezeichnung des Kommunalgesetzes je nach Bundesland variiert, wird im weiteren Verlauf der Arbeit im Interesse der besseren Lesbarkeit der Begriff der Gemeindeordnung verwendet. Zu den unterschiedlichen Bezeichnungen siehe *Burgi*, Kommunalrecht, 6. Aufl. 2019, § 1 Rn. 17.

329 Siehe *Knauff*, in: Schmidt/Wollenschläger (Hg.), Kompendium Öffentliches Wirtschaftsrecht, 5. Aufl. 2019, § 6 Rn. 98 ff.; *Gaß/Popp*, Die Gemeinde als Unternehmer, 3. Aufl. 2021, S. 20.

330 Vgl. *Mann*, in: Burgi/Habersack (Hg.), Handbuch Öffentliches Recht des Unternehmens, 2023, § 19 Rn. 138.

schaftlich ausrichten können,[331] was wiederum eine gewisse Selbstständigkeit und Eigenverantwortlichkeit der Leitungskräfte voraussetzt.[332] Die Funktionalität dieser Form der Aufgabenerfüllung hängt demnach von einer daran angepassten Organisationsstruktur ab, die dem Unternehmen das Maß an Autonomie in der Geschäftsführung gewährt, das für eine wirtschaftlich effiziente Unternehmensführung notwendig ist.[333] Denn „es kann nicht sinnvoll sein, auf das Spezifische dieser privatrechtlichen Organisationsform Hoffnungen zu setzen und zugleich die Bedingungen dieser Entfaltungsmöglichkeit möglichst restriktiv zu beschneiden“[334]. Verfassungsrechtliche Rechtfertigung erlangt dieses Bestreben durch den in Art. 114 Abs. 2 S. 1 GG verankerten Grundsatz der Wirtschaftlichkeit.[335] Für manche Bereiche schreibt die Verfassung der öffentlichen Hand die Teilnahme am Wirtschaftsverkehr durch privatrechtlich organisierte Unternehmen überdies ausdrücklich vor, wie in Art. 87e Abs. 3 S. 1 GG für die Eisenbahnen des Bundes.[336] Die Verfassung scheint insoweit also davon auszugehen, dass die bestehenden privatrechtlichen Organisationsformen den Anforderungen an eine hinreichende, aufgabenadäquate Legitimation gerecht werden können.[337]

Das Kriterium der Kontroll- und Steuerungsmöglichkeit steht in einem direkten Gegensatz zum Kriterium der Autonomie und Eigenständigkeit

331 Vgl. *Löwer*, in: VVDStRL 60 (2001), 416 (443); *Schmidt-Aßmann*, Das allgemeine Verwaltungsrecht als Ordnungsidee, 2. Aufl. 2006, S. 268 f.

332 So *Gaß/Wurzel*, in: Wurzel/Schraml/Gaß (Hg.), Rechtspraxis der kommunalen Unternehmen, 4. Aufl. 2021, Kap. K Rn. 4. Zu den Essentialia unternehmerischer Entscheidungsrationalität *Windthorst*, in: Sachs (Hg.), GG, 9. Aufl. 2021, Art. 87e Rn. 45.

333 Zum Gebot einer aufgabenadäquaten Auslegung des Demokratieprinzips *Wollenschläger*, in: Kirchhof/Korte/Magen (Hg.), Öffentliches Wettbewerbsrecht, 2014, § 6 Rn. 37; siehe auch *Löwer*, in: VVDStRL 60 (2001), 416 (443); *Kapteina*, Öffentliche Unternehmen in Privatrechtsform und ihre demokratische Legitimation, 2017, S. 94. Siehe auch unten 4. Kapitel A.II.3.b) aa).

334 *Wahl*, in: Hoffmann-Riem/ Schmidt-Aßmann (Hg.), Verwaltungsorganisationsrecht als Steuerungsressource, 1997, S. 301 (307 f.).

335 Grundlegend *Gersdorf*, Öffentliche Unternehmen im Spannungsfeld zwischen Demokratie- und Wirtschaftlichkeitsprinzip, 2000, S. 408 ff.; siehe auch *Löwer*, in: VVDStRL 60 (2001), 416 (443); *Schmidt-Aßmann*, Das allgemeine Verwaltungsrecht als Ordnungsidee, 2. Aufl. 2006, S. 269; *Kapteina*, Öffentliche Unternehmen in Privatrechtsform und ihre demokratische Legitimation, 2017, S. 95; *Wollenschläger*, in: Wurzel/Schraml/Gaß (Hg.), Rechtspraxis der kommunalen Unternehmen, 4. Aufl. 2021, Kap. B Rn. 89.

336 Siehe *Schmidt-Aßmann*, Das allgemeine Verwaltungsrecht als Ordnungsidee, 2. Aufl. 2006, S. 269.

337 Vgl. *Möstl*, in: Dürig/Herzog/Scholz, GG, 82. EL 2018, Art. 87e Rn. 198.

der Unternehmensleitung.[338] Um das Interesse des staatlichen Anteilseigners an einer effektiven Erfüllung seiner Aufgaben zu wahren, muss das Unternehmen mehr Selbstständigkeit genießen als eine in den hierarchischen Verwaltungsaufbau eingegliederte Behörde.[339] Dies legitimiert auch größere Spielräume eigenverantwortlichen Handelns.[340]

Gleichzeitig kann ein öffentliches Unternehmen nicht die gleiche Handlungsfreiheit genießen wie ein privates Unternehmen, denn der Staat unterliegt – wie soeben dargestellt[341] – auch im Modus des Unternehmerischen und ungeachtet der Wahl privatrechtlicher Organisationsformen seinen verfassungsrechtlichen Bindungen. Ziel muss also ein Maß an Kontrolle sein, das sowohl ein dem Demokratieprinzip entsprechendes Legitimationsniveau sicherstellt, gleichzeitig aber ein aufgabenadäquates Niveau an Autonomie gewährleistet. Die demokratische Legitimation der Verwaltung kann nicht dazu dienen, die Erfüllung der Aufgabe zu erschweren oder gar unmöglich zu machen.[342] Der Kontrollaufwand muss daher den verfassungsrechtlichen Anforderungen entsprechen, aber auch wirtschaftlich vertretbar bleiben und dem Unternehmen nicht den notwendigen Handlungsspielraum nehmen.[343] Letzterer muss umso größer sein, je stärker das öffentliche Unternehmen bei der Erfüllung seiner Aufgabe im Wettbewerb mit anderen Unternehmen steht.[344] Ein kommunales Energieversorgungsunternehmen, das mit zahlreichen anderen Energieversorgern konkurriert, muss beispielsweise flexibler reagieren können, als ein kommunales Unternehmen zur Abwasserbeseitigung, das eine Monopolstellung in der jeweiligen Gemeinde hat oder eine soziale bzw. kulturelle Einrichtung der Gemeinde, die das jeweilige Angebot möglichst vielen Bürgerinnen und Bürgern zugänglich machen soll.[345]

---

338 *Uechtritz/Reck*, in: Hoppe/Uechtritz/Reck (Hg.), Handbuch kommunale Unternehmen, 3. Aufl. 2012, § 16 Rn. 44.

339 Der öffentlichen Hand stehen gegenüber ihren Unternehmen gerade keine Aufsichtsrechte auf dem Hierarchieprinzip zu, vgl. *Gusy*, ZRP 1998, 265 (267).

340 So *Trute*, in: Voßkuhle/Eifert/Möllers (Hg.), Grundlagen des Verwaltungsrechts, Bd. I, 3. Aufl. 2022, § 9 Rn. 78.

341 Vgl. 2. Kapitel B.

342 Vgl. *Trute*, in: Voßkuhle/Eifert/Möllers (Hg.), Grundlagen des Verwaltungsrechts, Bd. I, 3. Aufl. 2022, § 9 Rn. 78.

343 So mit Blick auf die Beteiligungsverwaltung *Hermesmeier*, Staatliche Beteiligungsverwaltung, 2010, S. 265. Vgl. auch mit Blick auf kommunale Unternehmen *Gaß/Popp*, Die Gemeinde als Unternehmer, 3. Aufl. 2021, S. 251, wonach die Herausforderung bei der Übertragung der Erfüllung gemeindlicher Aufgaben auf rechtlich verselbständigte Unternehmen darin besteht, „die richtige Balance zwischen mehr unternehmerischer Freiheit und Wirtschaftlichkeit einerseits und notwendiger gemeindlicher Einflussnahme andererseits zu finden".

344 Vgl. *Gaß/Popp*, Die Gemeinde als Unternehmer, 3. Aufl. 2021, S. 55.

345 Diese Beispiele nennt *Gaß/Popp*, Die Gemeinde als Unternehmer, 3. Aufl. 2021, S. 55 f.

Zweiter Teil:

Öffentliche Unternehmen als Gegenstand parlamentarischer Informationspflichten auf der Ebene des Staates

3. Kapitel: Parlamentarische Informationspflichten betreffend öffentliche Unternehmen

Die für das parlamentarische Regierungssystem charakteristische parlamentarische Kontrolle von Regierung und Verwaltung ist Ausfluss des rechtsstaatlichen Grundsatzes der Gewaltenteilung und Ausdruck der aus dem Demokratieprinzip folgenden Verantwortlichkeit der Regierung gegenüber dem Parlament.[346] Sie dient der Aufrechterhaltung des von Art. 20 Abs. 2 GG geforderten Legitimationszusammenhangs zwischen Volk und staatlicher Herrschaft.[347] Dabei stellen Informationsrechte einen Ausschnitt des vielfältigen Instrumentariums parlamentarischer Kontrolle dar.[348]

Da die von der öffentlichen Hand beherrschten öffentlichen Unternehmen dem Gebot demokratischer Legitimation unterfallen (siehe 2. Kapitel B.II.2.), müssen auch diese letztlich durch das Parlament steuerbar sein.[349] Grundlegende Voraussetzung dafür, dass das Parlament dieser Aufgabe tatsächlich nachkommen kann, ist eine Teilhabe am Wissen der Regierung und Verwaltung, mithin die Fähigkeit, sich die erforderlichen Informationen zu beschaffen.[350] Dementsprechend steht jedem einzelnen Abgeordneten ein Anspruch auf Erteilung der für seine Aufgabenerfüllung notwendigen Informationen zu,[351] der grundsätzlich

346 Vgl. *Teuber*, Parlamentarische Informationsrechte, 2007, S. 46; *Wolf*, Informationsansprüche des Parlaments gegenüber der Regierung, 2017, S. 9 ff.

347 Ausführlich *Schmidt*, Die demokratische Legitimationsfunktion der parlamentarischen Kontrolle, 2007, S. 63 ff.; siehe auch *Schliesky*, in: Morlok/Schliesky/Wiefelspütz (Hg.), Parlamentsrecht, 2016, § 5 Rn. 67.

348 Zu den Instrumenten parlamentarischer Kontrolle siehe statt vieler die Übersicht bei *Siefken*, Parlamentarische Kontrolle im Wandel, 2018, S. 105 ff.

349 Vgl. BVerfGE 147, 50 (134 f.); *Huber/Fröhlich*, in: FS Dagmar Coester-Waltjen, 2015, S. 1127 (1133).

350 So etwa *Teuber*, Parlamentarische Informationsrechte, 2007, S. 51; *Brenner*, Reichweite und Grenzen des parlamentarischen Fragerechts, 2009, S. 17; *Morlok*, in: Dreier (Hg.), GG, Bd. 2, 3. Aufl. 2015, Art. 38 Rn. 44; *Burgi*, in: ders./Habersack (Hg.), Handbuch Öffentliches Recht des Unternehmens, 2023, § 23 Rn. 22.

351 Vgl. *Schliesky*, in: Morlok/Schliesky/Wiefelspütz (Hg.), Parlamentsrecht, 2016, § 5 Rn. 72; *Wolf*, Informationsansprüche des Parlaments gegenüber der Regierung, 2017, S. 13 f.; *Müller*, in: v. Mangoldt/Klein/Starck, GG, Bd. 2, 7. Aufl. 2018, Art. 38 Rn. 29.

mit einer entsprechenden Informationspflicht seitens der Regierung korrespondiert.[352]

Beziehen sich die angeforderten Informationen auf eine von der öffentlichen Hand beherrschte Gesellschaft, konfligiert dies gegebenenfalls mit dem Interesse der Gesellschaft an der Geheimhaltung vertraulicher Informationen. Aber auch öffentliche Belange oder Belange Dritter können einem entsprechenden Informationsbegehren entgegenstehen. Es gilt daher zu untersuchen, ob diese Belange die Informationspflicht der Bundesregierung bzw. der jeweiligen Landesregierung begrenzen können. Es soll im Folgenden nicht schwerpunktmäßig um das Vorliegen der Anspruchsvoraussetzungen einer Informationspflicht gehen. Von Interesse ist vielmehr die Frage, wie der Umfang und die Grenzen der jeweiligen Informationspflicht zu bestimmen sind.

Gleichwohl sollen in diesem Kapitel gewissermaßen als Ausgangspunkt zunächst die normativen Grundlagen (A.) der Informationspflicht der Bundesregierung gegenüber dem Bundestag aufgezeigt und ein Überblick über die unterschiedlichen Regelungen zu den Informationspflichten der jeweiligen Landesregierung gegenüber dem Landtag gegeben werden. Sodann ist ein Blick darauf zu werfen, wer genau Adressat der Informationspflicht ist (B.). Schließlich ist für die hiesige Untersuchung von Relevanz, inwieweit auch Informationen betreffend ein öffentliches Unternehmen zum Gegenstand der parlamentarischen Informationspflicht der Regierung gemacht werden können (C.).

A. Normative Grundlagen der Informationsrechte und -pflichten

I. Parlamentarische Informationsbeziehungen auf Bundesebene

Verfassungsrechtlich ist das Frage- und Informationsrecht des Deutschen Bundestages gegenüber der Bundesregierung, mit dem grundsätzlich eine Antwortpflicht der Bundesregierung korrespondiert, in Art. 38 Abs. 1 S. 2 und Art. 20 Abs. 2 S. 2 GG verankert, wobei die einzelnen Abgeordneten und die Fraktionen als Zusammenschlüsse von

352 Vgl. *Lennartz/Kiefer*, DÖV 2006, 185; *Wolf*, Informationsansprüche des Parlaments gegenüber der Regierung, 2017, S. 38; *Jarass*, in: ders./Pieroth, GG, 17. Aufl. 2022, Art. 38 Rn. 58.

Abgeordneten an diesem Frage- und Informationsrecht teilhaben.[353] Während das Informationsrecht früher insbesondere aus Art. 38 Abs. 1 S. 2 GG, der grundlegenden Regelung zum Status *der Abgeordneten* des Bundestages,[354] abgeleitet wurde, hat das Bundesverfassungsgericht daneben nunmehr auch ein aus Art. 38 Abs. 1 S. 2 GG und Art. 20 Abs. 2 S. 2 GG folgendes Frage- und Informationsrecht *des Bundestages* anerkannt.[355] Die Antwort der Regierung auf parlamentarische Anfragen soll dazu dienen, dem Bundestag und den einzelnen Abgeordneten die für ihre Tätigkeit nötigen Informationen auf rasche und zuverlässige Weise zu verschaffen.[356]

Das Informationsrecht des Abgeordneten kann durch die Geschäftsordnung ausgestaltet und zugunsten gleichrangiger Güter, wie dem Schutz der Funktionsfähigkeit der Regierung, eingeschränkt werden.[357] Dabei begründet die Geschäftsordnung nicht die den einzelnen Abgeordneten aus ihrem verfassungsrechtlichen Status zufließenden Rechte, sondern regelt vielmehr die Art und Weise ihrer Ausübung.[358] Wollen also einzelne Abgeordnete Informationen über eine von der Bundesregierung beherrschte Gesellschaft in Erfahrung bringen, können sie zwischen den verschiedenen Formen parlamentarischer Anfragen in der Geschäftsordnung des Bundestages (GOBT) wählen.[359]

Im Folgenden soll daher knapp skizziert werden, welche geschäftsordnungsrechtliche Ausgestaltung die parlamentarischen Anfragen[360] in den §§ 100 bis 106 GOBT sowie in den Richtlinien für die Frage-

353 Ständige Rechtsprechung des BVerfG, vgl. BVerfGE 124, 161 (188); 137, 185 (230 f.); siehe auch *Austermann/Waldhoff*, Parlamentsrecht, 2020, § 10 Rn. 535; *Deutelmoser/Pieper*, NVwZ 2020, 839 ff. Die ältere Lehre sah die verfassungsrechtliche Grundlage im Zitierrecht des Art. 43 Abs. 1 GG, vgl. *Klein/Schwarz*, in: Dürig/Herzog/Scholz, GG, 96. EL 2021, Art. 43 Rn. 79 f. Ausführlich zur Antwortpflicht der Regierung *Ritzel/Bücker/Schreiner*, Handbuch für die Parlamentarische Praxis, Nov. 2002, Vorb. zu §§ 100–106 GO BT, IV. 1.

354 Vgl. *Jarass*, in: ders./Pieroth, GG, 17. Aufl. 2022, Art. 38 Rn. 38.

355 Vgl. *Schliesky*, in: Morlok/Schliesky/Wiefelspütz (Hg.), Parlamentsrecht, 2016, § 5 Rn. 72.

356 Vgl. BVerfGE 137, 185 (231).

357 Vgl. BVerfGE 80, 188 (219); *Poppenhäger*, ThürVBl. 2000, 121 (123); *Morlok*, in: Dreier (Hg.), GG, Bd. 2, 3. Aufl. 2015, Art. 40 Rn. 7; *Glauben*, DVBl 2018, 751 (752).

358 So BVerfGE 80, 188 (219).

359 Vgl. *Lorz/Richterich*, in: Morlok/Schliesky/Wiefelspütz (Hg.), Parlamentsrecht, 2016, § 35 Rn. 70.

360 Die folgende Darstellung fokussiert sich auf die (im Bundestag) am häufigsten angewandten Kontrollinstrumente der parlamentarischen Anfragen, vgl. Datenhandbuch des Deutschen Bundestages, Stand: 31.05.2022, Kapitel 11.1, S. 1 abrufbar unter https://www.bundestag.de/resource/blob/196220/5599048c131fed3fc52b316aad5518fb/Kapitel_11_01_Anfragen-data.pdf (zuletzt abgerufen am 15.11.2023).

stunde (Anlage 4 zur GOBT) und für die Aktuelle Stunde (Anlage 5) erfahren haben.[361]

Durch sog. Große Anfragen (§§ 100 ff. GOBT) können Abgeordnete Auskunft zu wichtigen politischen Fragen und Gegenständen verlangen, allen voran Grundsatzproblemen und politischen Richtlinienfragen.[362]

Im Rahmen von Kleinen Anfragen „kann von der Bundesregierung Auskunft über bestimmt bezeichnete Bereiche verlangt werden" (§ 104 Abs. 1 S. 1 GOBT). Sie dienen im Wesentlichen der Sachaufklärung.[363] Ferner besteht in der Parlamentspraxis der Unterschied zwischen Kleinen und Großen Anfragen vor allem darin, dass Große Anfragen regelmäßig zu einer Plenaraussprache führen (vgl. § 101 S. 2, 3 GOBT).[364] Dagegen ist dies bei Kleinen Anfragen nicht möglich (vgl. § 75 Abs. 3 Hs. 2 GOBT).[365] Eine trennscharfe Abgrenzung dahingehend, welche Gegenstände sich nur für eine Kleine oder nur für eine Große Anfrage eignen, ist praktisch kaum möglich.[366] Denn die Unterscheidung zwischen Großen und Kleinen Anfragen ist keine Frage des Inhalts oder des Umfangs.[367] Beide Anfragen können nur von einer Fraktion oder von mindestens fünf Prozent der Mitglieder des Bundestages eingebracht werden, vgl. §§ 75 Abs. 1 Buchst. f bzw. § 75 Abs. 3 i. V. m. § 76 Abs. 1 GOBT.

Gem. § 105 S. 1 GOBT ist jedes Mitglied des Bundestages berechtigt, „kurze Einzelfragen zur mündlichen oder schriftlichen Beantwortung an die Bundesregierung zu richten". Eine sehr detaillierte Regelung hat die Fragestunde in der Anlage 4 der Geschäftsordnung erfahren,[368] der zufolge in jeder Sitzungswoche eine Fragestunde mit einer Dauer von höchstens 90 Minuten durchgeführt wird, in der die jeweiligen Fragen beantwortet werden (I.1. Anlage 4 GOBT).

---

361 Vgl. *Klein/Schwarz*, in: Dürig/Herzog/Scholz, GG, 96. EL 2021, Art. 43 Rn. 89.

362 Siehe *Teuber*, Parlamentarische Informationsrechte, 2007, S. 267; *Austermann/Waldhoff*, Parlamentsrecht, 2020, § 10 Rn. 540; *Deutelmoser/Pieper*, NVwZ 2020, 839.

363 Vgl. *Klein/Schwarz*, in: Dürig/Herzog/Scholz, GG, 96. EL 2021, Art. 43 Rn. 91; *Teuber*, Parlamentarische Informationsrechte, 2007, S. 269.

364 Vgl. *Deutelmoser/Pieper*, NVwZ 2020, 839 (840).

365 Vgl. *Zeh*, in: Isensee/Kirchhof (Hg.), HStR, Bd. III, 3. Aufl. 2005, § 53 Rn. 49; *Deutelmoser/Pieper*, NVwZ 2020, 839 (840).

366 So *Magiera*, in: Schneider/Zeh (Hg.), Parlamentsrecht und Parlamentspraxis, 1989, § 52 Rn. 19; *Austermann/Walhoff*, Parlamentsrecht, 2020, § 10 Rn. 540; *Deutelmoser/Pieper*, NVwZ 2020, 839 (839 f.).

367 Vgl. *Ritzel/Bücker/Schreiner*, Handbuch für die Parlamentarische Praxis, Aug. 2004, § 100 GO BT, 1. b).

368 Ausführlich dazu *Zeh*, in: Isensee/Kirchhof (Hg.), HStR, Bd. III, 3. Aufl. 2005, § 53 Rn. 51.

Das Instrument der Aktuellen Stunde zielt nach § 106 Abs. 1 GOBT i. V. m. der Anlage 5 GOBT auf eine Debatte mit schnellem Wechsel von Rede und Gegenrede.[369] In Sitzungswochen findet mittwochs um 13.00 Uhr ferner eine Befragung der Bundesregierung statt, bei der die Mitglieder des Bundestages Fragen von aktuellem Interesse an die Bundesregierung im Rahmen ihrer Verantwortlichkeit stellen können (vgl. § 106 Abs. 2 i. V. m. der Anlage 7 GOBT).

II. Parlamentarische Informationsbeziehungen auf Landesebene

1. Regelungen in den Landesverfassungen

Anders als im Grundgesetz ist das parlamentarische Fragerecht[370] und die damit korrespondierende Antwortpflicht der Regierung[371] in den meisten Landesverfassungen ausdrücklich verankert.

In den Ländern, in denen keine ausdrückliche Verankerung besteht, ist das parlamentarische Fragerecht und die damit korrespondierende Antwortpflicht der Regierung allgemein anerkannt, mithin auch in den Ländern Baden-Württemberg, Bayern und Hessen, deren Landesverfassungen keine explizite Regelung aufweisen.[372] Das Fragerecht

---

369 Vgl. *Zeh*, in: Isensee/Kirchhof (Hg.), HStR, Bd. III, 3. Aufl. 2005, § 53 Rn. 54; *Teuber*, Parlamentarische Informationsrechte, 2007, S. 272.

370 Ausdrückliche Regelungen des parlamentarischen Fragerechts finden sich in Art. 45 BlnVerf, Art. 56 Abs. 2 Bbg-Verf, Art. 100 BremVerf, Art. 25 HmbVerf, Art. 40 MVVerf, Art. 24 NdsVerf, Art. 30 Abs. 2, 3 NRW Verf, Art. 89a RhPfVerf, Art. 76 Abs. 1 SaarlVerf, Art. 53, 56 Abs. 4 LSAVerf, Art. 51 SächsVerf, Art. 29 SHVerf, Art. 67 ThürVerf.

371 Die Antwortpflicht der Regierung wurde jew. in Art. 45 Abs. 1 S. 4 BlnVerf, Art. 56 Abs. 2 S. 2 Bbg-Verf, Art. 25 Abs. 2 S. 2, Abs. 3 S. 2 HmbVerf, Art. 40 Abs. 1 S. 1 MVVerf, Art. 24 Abs. 1 NdsVerf, Art. 89a Abs. 1 RhPfVerf, Art. 53 Abs. 2 S. 1 LSAVerf, Art. 51 Abs. 1 S. 1 SächsVerf, Art. 29 Abs. 1 S. 1 SHVerf und Art. 67 Abs. 1 ThürVerf explizit geregelt.

372 Vgl. *Huber/Unger*, NordÖR 2007, 479 (480); *Wünsch/Harks*, LKV 2014, 438; *Glauben*, DVBl 2018, 751 f. In Bayern leitet es der VerfGH etwa aus Art. 13 Abs. 2 BV ab, vgl. BayVerfGH, NVwZ 2002, 715; dazu *Möstl*, in: Lindner/Möstl/Wolff (Hg.), Verfassung des Freistaates Bayern, 2. Aufl. 2017, Art. 13 Rn. 18. Siehe im Hinblick auf Baden-Württemberg auch *Haug*, in: ders. (Hg.), Verfassung des Landes Baden-Württemberg, 2018, Art. 27 Rn. 35, wonach das Fragerecht der Abgeordneten auf das freie Abgeordnetenmandat gem. Art. 27 Abs. 3 i. V. m. Art. 25 Abs. 1 S. 2 LV BW gestützt werden kann.

und die mit ihm korrespondierende Antwortpflicht der Regierung zählen insofern zum gemeindeutschen Verfassungsrecht.[373]

Ein Vergleich der Regelungen, in denen das parlamentarische Fragerecht ausdrücklich in den Landesverfassungen verankert wurde, offenbart Unterschiede in der konkreten Ausgestaltung. Die Unterschiede der normativen Grundlagen für parlamentarische Informationsrechte sowie die Antwortpflicht der jeweiligen Landesregierung sollen daher überblicksartig dargestellt werden.

Eine Frist zur Beantwortung der Anfragen ist nur in den Verfassungen der Länder Berlin und Hamburg geregelt.[374] In einigen Landesverfassungen ist vorgesehen, dass die Fragen nach bestem Wissen unverzüglich und vollständig zu beantworten sind.[375]

Die Verfassungen der Länder Berlin, Brandenburg, Niedersachsen, Sachsen-Anhalt und Schleswig-Holstein sehen eine Erweiterung dieses Fragerechtes vor. Die Verfassung des Landes Berlin sieht das grundsätzliche Recht jedes Abgeordneten vor, Einsicht in Akten und sonstige amtliche Unterlagen der Verwaltung zu nehmen.[376] Gemäß der Verfassung des Landes Brandenburg ist den Abgeordneten Zugang zu den Behörden und Dienststellen des Landes zu gewähren, die ihnen auf Verlangen auch Auskünfte aus Dateien zu erteilen sowie Akten und sonstige amtliche Unterlagen vorzulegen haben.[377] Nach der Niedersächsischen Verfassung hat die Landesregierung auf Verlangen von mindestens einem Fünftel der Ausschussmitglieder Akten zum Gegenstand einer Ausschusssitzung unverzüglich und vollständig vorzulegen und Zugang zu öffentlichen Einrichtungen zu gewähren.[378] In der Verfassung des Landes Sachsen-Anhalt ist das Recht jedes Mitglieds des Landtages geregelt, Zugang zu öffentlichen Ein-

---

373 So *Klein/Schwarz*, in: Dürig/Herzog/Scholz, GG, 96. EL 2021, Art. 43 Rn. 86; siehe dazu auch *Kirschniok-Schmidt*, Das Informationsrecht des Abgeordneten nach der brandenburgischen Landesverfassung, 2010, S. 40; *Glauben*, DVBl 2018, 751 (752).

374 Gem. Art. 45 Abs. 1 S. 4 BlnVerf sind schriftliche Anfragen durch den Senat grundsätzlich innerhalb von drei Wochen schriftlich zu beantworten. Die HmbVerf sieht in Art. 25 Abs. 2 S. 2 für Große Anfragen eine Frist von vier Wochen vor sowie in Art. 25 Abs. 3 S. 2 eine Frist von acht Tagen für Kleine Anfragen.

375 So in Art. 56 Abs. 2 S. 2 Bbg-Verf, Art. 40 Abs. 1 S. 1 MVVerf, Art. 24 Abs. 1 NdsVerf, Art. 53 Abs. 2 S. 1 LSAVerf, Art. 51 Abs. 1 S. 1 SächsVerf, Art. 29 Abs. 1 S. 1 SHVerf. Die Verfassungen der Länder Rheinland-Pfalz und Thüringen sehen keine ausdrückliche Vorgabe zur „vollständigen" Beantwortung der Frage vor. Dort ist vorgesehen, dass die Anfragen „unverzüglich zu beantworten" sind, vgl. Art. 89a Abs. 1 RhPfVerf, Art. 67 Abs. 1 ThürVerf.

376 Siehe. Art. 45 Abs. 2 S. 1 BlnVerf.

377 Vgl. Art. 56 Abs. 3 S. 1, 2 Bbg-Verf.

378 Vgl. Art. 24 Abs. 2 S. 1 NdsVerf.

richtungen zu erhalten, die diesem auf Verlangen Auskünfte erteilen und Akten vorzulegen haben.[379] Ein entsprechendes Recht steht auch den Abgeordneten in den Ausschüssen zu, wenn mindestens ein Viertel der Ausschussmitglieder es verlangt.[380] Schließlich sieht die Verfassung des Landes Schleswig-Holstein die Pflicht der Landesregierung vor, dem Landtag und den von ihm eingesetzten Ausschüssen auf Verlangen eines Viertels der jeweils vorgesehenen Mitglieder Akten vorzulegen.[381]

Wie später zu zeigen sein wird (dazu unten, 4. Kapitel), unterliegt die Pflicht zur Beantwortung parlamentarischer Anfragen verfassungsrechtlichen Grenzen. In einigen Ländern wurden solche Konstellationen, in denen die Antwort der Landesregierung verweigert werden darf, in der Landesverfassung festgeschrieben. Unter den Rechtsgütern, die einer Antwortpflicht der Landesregierung entgegenstehen können, werden Staatsgeheimnisse[382] bzw. Belange des Geheimnisschutzes[383], entgegenstehende gesetzliche Vorschriften[384], schutzwürdige Interessen Dritter[385], die Funktionsfähigkeit und die Eigenverantwortung der Landesregierung[386], Nachteile für das Wohle des Landes oder des Bundes[387] sowie der Kernbereich exekutiver Eigenverantwortung[388] aufgeführt.

2. Ausgestaltung in den Geschäftsordnungen der Landtage

Nähere Ausgestaltung hat das parlamentarische Fragerecht und die damit korrespondierende Antwortpflicht der Landesregierung in den jeweiligen Geschäftsordnungen der Landtage erfahren. Dabei unterscheiden sich die geschäftsordnungsrechtlichen Regelungen hinsichtlich der formellen Anforderungen und der Begrifflichkeiten.[389] Bei-

379 Vgl. Art. 53 Abs. 2a S. 1 LSAVerf.
380 Siehe Art. 53 Abs. 3 LSAVerf.
381 Vgl. Art. 29 Abs. 2 S. 2 SHVerf.
382 Siehe Art. 40 Abs. 3 S. 1 MVVerf, Art. 89a Abs. 3 Nr. 1 RhPfVerf, Art. 29 Abs. 3 S. 1 SHVerf, Art. 67 Abs. 3 Nr. 1 ThürVerf.
383 Vgl. Art. 45 Abs. 2 S. 2 BlnVerf, Art. 56 Abs. 4 Bbg-Verf, Art. 51 Abs. 2 SächsVerf.
384 Siehe Art. 40 Abs. 3 S. 1 MVVerf, Art. 51 Abs. 2 SächsVerf, Art. 29 Abs. 3 S. 1 SHVerf, Art. 67 Abs. 3 Nr. 1 ThürVerf.
385 Vgl. Art. 40 Abs. 3 S. 1 MVVerf, Art. 24 Abs. 3 S. 1 NdsVerf, Art. 89a Abs. 3 Nr. 1 RhPfVerf, Art. 53 Abs. 4 S. 1 LSAVerf, Art. 51 Abs. 2 SächsVerf, Art. 29 Abs. 3 S. 1 SHVerf, Art. 67 Abs. 3 Nr. 1 ThürVerf.
386 Siehe Art. 40 Abs. 3 S. 1 MVVerf, Art. 24 Abs. 3 S. 1 NdsVerf, Art. 89a Abs. 3 Nr. 2 RhPfVerf, Art. 53 Abs. 4 S. 1 LSAVerf, Art. 29 Abs. 3 S. 1 SHVerf, Art. 67 Abs. 3 Nr. 2 ThürVerf.
387 Vgl. Art. 24 Abs. 3 S. 1 NdsVerf, Art. 53 Abs. 4 S. 1 LSAVerf.
388 Siehe Art. 51 Abs. 2 SächsVerf.
389 Vgl. *Glauben*, DVBl 2018, 751 (752).

spielsweise gewähren die meisten Geschäftsordnungen[390] jedem und jeder Abgeordneten das Recht, Kleine Anfragen an die Regierung zu richten, wohingegen in Bremen[391] Kleine Anfragen nur von Mitgliedern der Bürgerschaft in Fraktionsstärke an den Senat gerichtet werden können.

In den Geschäftsordnungen der Landtage finden sich ferner unterschiedliche Fristen, innerhalb derer die Anfragen beantwortet werden sollen. So sollen Große Anfragen in Nordrhein-Westfalen gem. § 90 Abs. 1 GO-LT NRW innerhalb eines Vierteljahres beantwortet werden, wohingegen in Baden-Württemberg gem. § 63 Abs. 3 GO-LT BW die Anfrage zur Besprechung auf die Tagesordnung der nächsten Sitzung gesetzt wird, wenn sie nicht innerhalb von 6 Wochen von der Regierung beantwortet wurde. Kleine Anfragen sind in Thüringen gem. § 90 Abs. 4 S. 1 ThürLTGO innerhalb von 6 Wochen nach Eingang bei der Landesregierung von dieser zu beantworten, während in Hamburg § 19 BürgGO HA vorsieht, dass Kleine Anfragen vom Senat binnen acht Tagen zu beantworten sind.

Schließlich begrenzen einige Geschäftsordnungen ausdrücklich den Umfang der Kleinen Anfrage etwa im Hinblick auf die Anzahl der Fragen je Anfrage[392], der Anzahl der Unterfragen[393] oder der Anzahl der Kleinen Anfragen pro Mitglied während der laufenden Wahlperiode[394].

In begrifflicher Hinsicht ist dieses Recht in den Geschäftsordnungen der Länder Berlin[395] und Saarland[396] schlicht als „Anfrage" bezeichnet, wohingegen in der Geschäftsordnung des Bayerischen Landtags die Rede von „Schriftlichen Anfragen"[397] ist.

---

390 So etwa § 61 Abs. 1 GO-LT BW, § 58 Abs. 1 GO-LT Bbg, § 18 Abs. 1 BürgGO HA, § 35 Abs. 1 S. 1 GO-LT Hess, § 62 Abs. 1, § 62 Abs. 1 GO-LT MV, § 46 Abs. 1 S. 1 GO-LT Nds, § 92 Abs. 1 GO-LT NRW, § 97 Abs. 1 S. 1 GO-LT RhPf, § 56 Abs. 1 S. 1 SächsGOLT, § 44 Abs. 1 S. 1 GO-LT SA, § 36 Abs. 1 GO-LT SH, § 90 Abs. 1 ThürLTGO.

391 Vgl. § 24 Abs. 2 S. 1 BremGOBürgsch.

392 Vgl. beispielsweise § 61 Abs. 2 GO-LT BW, § 35 Abs. 1 S. 5 GO-LT Hess.

393 So etwa § 64 Abs. 2 S. 3 GO-LT MV, § 92 Abs. 2 S. 1 GO-LT NRW.

394 Siehe § 97 Abs. 1 S. 2 GO-LT RhPf: „Jedes Mitglied des Landtags ist gehalten, während der laufenden Wahlperiode nicht mehr als 400 Kleine Anfragen zu stellen; sofern sich eine Überschreitung abzeichnet, sucht der Präsident das Gespräch mit dem betreffenden Mitglied des Landtags".

395 Siehe § 50 GOAbghs.

396 Vgl. § 58 GO-LT Saarl.

397 Vgl. § 71 BayLTGO.

B. Informationsverpflichteter

Adressat der Antwortpflicht und somit informationsverpflichtet ist die jeweilige Regierung als Kollegialorgan.[398]

Betrifft die angefragte Information ein öffentliches Unternehmen, dann ist also nicht das jeweilige Unternehmen bzw. Mitarbeitende dieses Unternehmens, sondern die Regierung als staatlicher Anteilseigner zur Information verpflichtet.[399] Das Unternehmen selbst ist vielmehr Gegenstand des Informationsanspruchs.[400] Es ist daher weiter zu untersuchen, ob und unter welchen Voraussetzungen ein Unternehmen Gegenstand der parlamentarischen Informationspflicht der jeweiligen Regierung gegenüber dem Parlament sein kann.

C. Umfang und Gegenstand der Informationspflicht

Grundsätzlich ist eine Regierung verpflichtet, parlamentarische Anfragen vollständig und zutreffend zu beantworten.[401] Die Antwort der jeweiligen Regierung soll dem Bundestag und den einzelnen Abgeordneten die für ihre Tätigkeit nötigen Informationen auf rasche und zuverlässige Weise verschaffen.[402] Ferner ist der parlamentarische Informationsanspruch auf Beantwortung in der Öffentlichkeit angelegt, da nur so auch die Kontrolle durch die Bürgerinnen und Bürger ermög-

---

398 Vgl. *Hölscheidt*, Frage und Antwort im Parlament, 1992, S. 29; *Ritzel/Bücker/Schreiner*, Handbuch für die Parlamentarische Praxis, Nov. 2002, Vorb. zu §§ 100–106 GO BT, IV. 2. b); *Schmidt*, Die demokratische Legitimationsfunktion der parlamentarischen Kontrolle, 2007, S. 100; mit Blick auf das Fragerecht in der Niedersächsischen Verfassung *Ipsen*, NdsVBl. 2013, 265 (266); *Neudenberger*, Der Aufsichtsrat in staatlichen Eigen- und Beteiligungsgesellschaften, 2023, S. 287.

399 Siehe *Burgi*, NVwZ 2018, 601 (604); *Lieber*, in: ders./Iwers/Ernst (Hg.), Verfassung des Landes Brandenburg, Kommentar, 2012, Art. 56, S. 380; *Burgi*, in: ders./Habersack (Hg.), Handbuch Öffentliches Recht des Unternehmens, 2023, § 23 Rn. 26.

400 Vgl. *Koch*, ZHR 183 (2019), 7 (10).

401 Vgl. NWVerfGH NVwZ-RR 2009, 41 (43); *Lennartz/Kiefer*, DÖV 2006, 185 (193 f.); *Brenner*, Reichweite und Grenzen des parlamentarischen Fragerechts, 2009, S. 31; *Harks*, JuS 2014, 979 (980); *Glauben*, DVBl 2018, 751 (754); *Müller*, in: v. Mangoldt/Klein/Starck, GG, Bd. 2, 7. Aufl. 2018, Art. 38 Rn. 87.

402 So BVerfGE 139, 194 (223); ähnlich *Haug*, in: ders. (Hg.), Verfassung des Landes Baden-Württemberg, 2018, Art. 27 Rn. 74, der aus der Funktion des Fragerechts folgert, dass die Antwort zügig erteilt werden muss.

licht wird.[403] Somit dient der Grundsatz der Parlamentsöffentlichkeit der effektiven Verantwortlichkeit des Parlaments gegenüber den Wählerinnen und Wählern.[404]

Zu klären ist im weiteren Verlauf, inwiefern Informationen betreffend ein öffentliches Unternehmen zum Gegenstand des dem Grunde nach umfassend ausgestalteten[405] parlamentarischen Informationsanspruchs der jeweiligen Regierung gegenüber dem Parlament gemacht werden können.

I. Begrenzung auf Informationen im Verantwortungsbereich der Regierung

Das Grundgesetz kennt ebenso wenig wie die meisten Landesverfassungen eine explizite Aussage zum Gegenstand der parlamentarischen Informationspflicht.[406]

Tauglicher Gegenstand der in Rede stehenden Informationspflicht ist grundsätzlich das Regierungs- und Exekutivhandeln.[407] Die Antwortpflicht der Regierung ist insofern begrenzt,[408] als dass die jeweilige Information sowohl in vertikaler als auch in horizontaler Hinsicht in den Verantwortungsbereich der jeweiligen Bundes- oder Landesregierung fallen muss.[409] Ein Unternehmen kann also nur dann Gegenstand

403 Vgl. BVerfGE 147, 50 (128 f.); *Glauben*, DVBl 2018, 751 (754 f.); *Müller*, in: v. Mangoldt/Klein/Starck, GG, Bd. 2, 7. Aufl. 2018, Art. 38 Rn. 89; *Klein/Schwarz*, in: Dürig/Herzog/Scholz, GG, 94. EL 2021, Art. 42 Rn. 29.

404 So BVerfGE 147, 50 (129) mit Verweis auf BVerfGE 125, 104 (124); BVerfGE 130, 318 (344); vgl. auch *Schliesky*, in: Morlok/Schliesky/Wiefelspütz (Hg.), Parlamentsrecht, 2016, § 5 Rn. 37; *Klein/Schwarz*, in: Dürig/Herzog/Scholz, GG, 99. EL 2022, Art. 42 Rn. 10.

405 So *Teuber*, Parlamentarische Informationsrechte, 2007, S. 217; *Poppenhäger*, ThürVBl. 2000, 121 (123).

406 Dazu *Wünsch/Harks*, LKV 2014, 438 (439).

407 So *Meyer*, in: Schneider/Zeh (Hg.), Parlamentsrecht und Parlamentspraxis, 1989, § 4 Rn. 70 f.; *Schliesky*, in: Morlok/Schliesky/Wiefelspütz (Hg.), Parlamentsrecht, 2016, § 5 Rn. 68.

408 Vgl. *Ritzel/Bücker/Schreiner*, Handbuch für die Parlamentarische Praxis, Nov. 2002, Vorb. zu §§ 100–106 GO BT, III. 3.; *Lennartz/Kiefer*, DÖV 2006, 185 (187 f.); *Huber*, in: Meder/Brechmann, BV, 6. Aufl. 2020, Art. 13 Rn. 17.

409 Siehe BVerfGE 124, 161 (196); 137, 185 (233); *Schliesky*, in: Morlok/Schliesky/Wiefelspütz (Hg.), Parlamentsrecht, 2016, § 5 Rn. 73; *Glauben*, DVBl 2018, 751 (753); *Jarass*, in: ders./Pieroth, GG, 17. Aufl. 2022, Art. 38 Rn. 59. Eine Parallele lässt sich hier zu Untersuchungsausschüssen als dem traditionellen Instrument parlamentarischer Kontrolle ziehen. Die Reichweite des Untersuchungsrechts bestimmt sich heute allgemein nach der auf *Egon Zweig* zurückgehenden Korol-

der Informationspflicht sein, wenn dessen Aktivitäten dem Verantwortungsbereich der jeweiligen Regierung zuzuordnen sind.[410]

1. Abgrenzung zum Verantwortungsbereich anderer Hoheitsträger

Im föderal verfassten Staat des Grundgesetzes kann demokratische Legitimation grundsätzlich nur durch das Bundes- oder Landesvolk für seine jeweilige Ebene vermittelt werden.[411] Daher besteht keine Verantwortlichkeit der jeweiligen Regierung gegenüber dem Parlament in solchen Angelegenheiten, die ausschließlich in der Kompetenz anderer Hoheitsträger liegen, sodass etwa gegenüber einer Landesregierung die Angelegenheiten anderer Länder oder der ausschließlichen Bundeskompetenz nicht zum Gegenstand des Fragerechts gemacht werden können.[412] Unzulässig sind daher auch sog. Dreiecksfragen, in denen etwa die Bundesregierung über das Wissen eines Organs der Länder Auskunft geben soll.[413] Demzufolge kann ein Landesparlament von der Landesregierung grundsätzlich keine Informationen über ein Unternehmen verlangen, das vom Bund oder von einem anderen Bundesland getragen wird und umgekehrt.

Dennoch kann es zu Überschneidungen zwischen den Verantwortungsbereichen von Bund und Land kommen.[414] So hat das Bundesverfassungsgericht beispielsweise im Hinblick auf Unterstützungseinsätze der Bundespolizei nach Art. 35 Abs. 2 S. 1 GG entschieden, dass sich parlamentarische Anfragen (nur) auf solche Angelegenheiten beziehen können, die nach der im Grundgesetz angelegten und im Gesetz über die Bundespolizei näher geregelten Verteilung der

lartheorie (von lat. *corollarium* = „Geschenk, Zugabe"), der zufolge der Untersuchungsgegenstand in die Kompetenz des Bundes und die des Bundestages fallen muss, vgl. dazu *Austermann/Waldhoff*, Parlamentsrecht, 2020, § 10 Rn. 551; *Unger*, in: v. Mangoldt/Klein/Starck, GG, Bd. 2, 7. Aufl. 2018, Art. 44 Rn. 8.

410 Vgl. *Koch*, ZHR 183 (2019), 7 (11).

411 Vgl. BVerfGE 119, 331 (366); 139, 194 (225); *Trute*, in: Voßkuhle/Eifert/Möllers (Hg.), Grundlagen des Verwaltungsrechts, Bd. I, 3. Aufl. 2022, § 9 Rn. 5.

412 Siehe BVerfGE 139, 194 (225 ff.); *Weis*, DVBl 1988, 268 (271); *Vogelgesang*, ZRP 1988, 5 (8); *Ritzel/Bücker/Schreiner*, Handbuch für die Parlamentarische Praxis, Nov. 2002, Vorb. zu §§ 100–106 GO BT, III. 3 j); *Lennartz/Kiefer*, DÖV 2006, 185 (187); *Brenner*, Reichweite und Grenzen des parlamentarischen Fragerechts, 2009, S. 23; *Wünsch/Harks*, LKV 2014, 438 (440); *Haug*, in: ders. (Hg.), Verfassung des Landes Baden-Württemberg, 2018, Art. 27 Rn. 80.

413 So *Weis*, DVBl 1988, 268 (271); *Ritzel/Bücker/Schreiner*, Handbuch für die Parlamentarische Praxis, Nov. 2002, Vorb. zu §§ 100–106 GO BT, III. 3 d).

414 Vgl. *Ritzel/Bücker/Schreiner*, Handbuch für die Parlamentarische Praxis, Nov. 2002, Vorb. zu §§ 100–106 GO BT, III. 3 j); *Wünsch/Harks*, LKV 2014, 438 (440).

Zuständigkeiten in den Verantwortungsbereich des Bundes fallen.[415] Ferner hat das Gericht entschieden, dass sich die Bundesregierung nicht von vornherein mit Blick auf ihren Verantwortungsbereich darauf berufen kann, sich nicht zu der Tätigkeit der Landesverfassungsschutzbehörden äußern zu müssen.[416]

Zu solchen Überschneidungen zwischen verschiedenen Gebietskörperschaften mag es wohl auch im Falle gemischt-öffentlicher Unternehmen kommen. Wenn die zugrunde liegende Unternehmensverfassung so ausgestaltet ist, dass eine wirksame Mitwirkung und Kontrolle aller beteiligten Gebietskörperschaften gewährleistet bleibt,[417] so ist die Tätigkeit des gemischt-öffentlichen Unternehmens in der Konsequenz auch jeder einzelnen beteiligten Gebietskörperschaft als Ausübung von Staatsgewalt zuzurechnen.[418]

2. Begrenzung in sachlicher Hinsicht

Nach der Rechtsprechung des Bundesverfassungsgerichts unterfällt dem Verantwortungsbereich der Bundesregierung in sachlicher Hinsicht „die Tätigkeit der ihr unmittelbar nachgeordneten Behörden einschließlich der diesen von Dritten zur Verfügung gestellten Informationen, wenn und soweit sie für Entscheidungen oder sonstige Verwaltungsvorgänge relevant sind“[419]. Dieser geht also über ihre Zuständigkeit im engeren Sinne hinaus.[420] Verantwortlichkeit setzt die Möglichkeit der Einflussnahme voraus.[421] Der Verantwortungsbereich der Regierung ist daher in

415 Vgl. BVerfGE 139, 194 (227). Siehe dazu auch *Hamdorf/Moradi Karkaj*, DVBl 2018, 823 (825).

416 „Denn [b]ereits die durch § 5 Abs. 1 BVerfSchG dem Bundesamt für Verfassungsschutz eröffnete Möglichkeit, Daten der Landesverfassungsschutzbehörden zu nutzen, sowie die in § 6 BVerfSchG geregelte gegenseitige Unterrichtung der Verfassungsschutzbehörden sprechen dafür, dass der Verantwortungsbereich der Bundesregierung auch bei Fragen, die sich auf ihre Erkenntnisse über die Tätigkeit und Informationen von Verfassungsbehörden der Länder beziehen, berührt sein kann“, BVerfGE 146, 1 Rn. 90.

417 Vgl. dazu bereits 2. Kapitel B.II.4.

418 Denn es besteht Einigkeit dahingehend, dass gemischt-öffentliche Unternehmen i.E. als Ausübung von demokratisch legitimationsbedürftiger Staatsgewalt zu qualifizieren sind, siehe 2. Kapitel B.II.2.c).

419 BVerfGE 147, 50 (133).

420 Vgl. BVerfGE 147, 50 (133 f.); *Geck*, Die Fragestunde im Deutschen Bundestag, 1986, S. 81; *Ritzel/Bücker/Schreiner*, Handbuch für die Parlamentarische Praxis, Nov. 2002, Vorb. zu §§ 100–106 GO BT, III. 3. c); *Glauben*, DVBl 2018, 751 (754); *Hamdorf/Moradi Karkaj*, DVBl 2018, 823 (825).

421 Vgl. BayVerfGH NVwZ 2007, 204 (205); SächsVerfGH, Beschluss vom 5. November 2009 – Vf. 133-I-08 –, juris Rn. 107 ff.; *Gusy*, ZRP 1998, 265 (266); *Ritzel/Bücker/Schreiner*, Handbuch für die Parlamentarische Praxis, Nov. 2002, Vorb.

Akzessorietät zur Funktion des Informationsrechts des Parlaments zu sehen und in den Kontext demokratischer Legitimation zu setzen.[422]

Für die Tätigkeit eines Unternehmens kann die jeweilige Regierung demnach nur dann verantwortlich gemacht werden, wenn ihr diese Tätigkeit als Ausübung von Staatsgewalt zugerechnet werden kann.[423] Das ist zu bejahen, wenn es sich um eine Eigengesellschaft, eine gemischt-öffentliche Gesellschaft oder um ein gemischt-wirtschaftliches Unternehmen handelt, auf das die jeweilige Regierung einen beherrschenden Einfluss hat (siehe dazu 2. Kapitel B. II. 2.).[424]

II. Informationen bezüglich des Regierungshandelns

Die Informationspflicht der jeweiligen Regierung schließt jedenfalls die Handlungen der Regierung selbst, also die Ausübung der Beteiligungsverwaltung im Hinblick auf das in Rede stehende Unternehmen, ein.[425] Davon umfasst sind Informationen bezüglich der Ausübung der Einwirkungsmöglichkeiten des staatlichen Trägers gegenüber dem Unternehmen.[426] Denkbar wären etwa Fragen bezüglich des Verhaltens der

---

zu §§ 100–106 GO BT, III. 3. c); *Wünsch/Harks*, LKV 2014, 438 (440); *Glauben*, DVBl 2018, 751 (754).

422 So auch das BVerfG in BVerfGE 147, 50 (134 f.), siehe dazu auch *Hamdorf/Moradi Karkaj*, DVBl 2018, 823 (827). Ebenso *Teuber*, Parlamentarische Informationsrechte, 2007, S. 191 f.

423 Ebenso *Teuber*, Parlamentarische Informationsrechte, 2007, S. 191 f. Anders etwa BayVerfGH NVwZ 2007, 204 (206), der (im Hinblick auf die unmittelbare Staatsverwaltung und juristische Personen des öffentlichen Rechts) auf das Kriterium der Staatsaufsicht abstellt; kritisch dazu *Teuber*, Parlamentarische Informationsrechte, 2007, S. 187 ff. Auch der BayVerfGH sieht die Frage im Hinblick auf gemischt-wirtschaftliche Unternehmen vor dem Hintergrund demokratischer Legitimation, vgl. BayVerfGH NVwZ 2007, 204 (206).

424 So BVerfGE 147, 50 (134); BayVerfGH NVwZ 2007, 204 (206); *Lennartz/Kiefer*, DÖV 2006, 185 (188); *Möstl*, in: Lindner/Möstl/Wolff (Hg.), Verfassung des Freistaates Bayern, 2. Aufl. 2017, Art. 13 Rn. 21; *Haug*, in: ders. (Hg.), Verfassung des Landes Baden-Württemberg, 2018, Art. 27 Rn. 72; *Huber*, in: Meder/Brechmann, Die Verfassung des Freistaates Bayern, 6. Aufl. 2020, Art. 13 Rn. 17; *Bogan*, in: Butzer/Epping (Hg.), Hannoverscher Kommentar zur Niedersächsischen Verfassung, 2. Aufl. 2021, Art. 24 Rn. 10; *Jarass*, in: ders./Pieroth, GG, 17. Aufl. 2022, Art. 38 Rn. 59.

425 Vgl. BVerfGE 147, 50 (151); *Koch*, ZHR 183 (2019), 7 (12 f.).

426 Vgl. *Koch*, ZHR 183 (2019), 7 (13); *Burgi*, in: ders./Habersack (Hg.), Handbuch Öffentliches Recht des Unternehmens, 2023, § 23 Rn. 30.

vom staatlichen Träger entsandten Mitglieder im Aufsichtsrat des Unternehmens oder dem Erlass von Weisungen.[427]

III. Informationen bezüglich der unternehmerischen Tätigkeit

Einer genaueren Untersuchung bedarf allerdings die Frage, ob auch die unternehmerische Tätigkeit Gegenstand der Informationspflicht sein kann, etwa Informationen im Hinblick auf Investitionsplanungen im Unternehmen oder die Ausgestaltung des konkreten Angebots des Unternehmens.

1. Begrenzung durch tatsächliche und rechtliche Einflussmöglichkeiten der Informationspflichtigen?

Denkbar wäre eine Begrenzung der Verantwortlichkeit der jeweiligen Regierung und damit auch der Informationspflicht durch die tatsächlichen und rechtlichen Einflussmöglichkeiten im konkreten Fall.[428] Das Bundesverfassungsgericht hat diese Ansicht zurückgewiesen und ausdrücklich festgestellt, dass bei der Aufgabenwahrnehmung in privatrechtlichen Organisationsformen die Verantwortlichkeit der Regierung nicht auf die ihr gesetzlich eingeräumten Einwirkungs- und Kontrollrechte beschränkt ist und die Regierung dem Parlament nicht nur für ihre Amtsführung im Sinne einer Rechenschafts- und Einstandspflicht für eigenes Handeln verantwortlich ist.[429] Vielmehr erstrecke sich die Verantwortlichkeit der Regierung im Kontext demokratischer Legitimation auch auf die Tätigkeit des Unternehmens.[430] Mitzuteilen sind dabei nicht nur Informationen, die bei der jeweiligen Regierung tat-

---

427 Vgl. *Burgi*, in: ders./Habersack (Hg.), Handbuch Öffentliches Recht des Unternehmens, 2023, § 23 Rn. 30.

428 So SachsAnhVerfG, NVwZ 2000, 671 (672), wonach die Regierung „dem Parlament aber nur für ihre Amtsführung im Sinne einer Rechenschafts- und Einstandspflicht für eigenes Handeln verantwortlich" ist; ebenso VerfGH Leipzig, Beschluss vom 5. November 2009 – Vf. 133-I-08 –, juris; *Zapfe*, in: Classen/Sauthoff (Hg.), Verfassung des Landes Mecklenburg-Vorpommern, 3. Aufl. 2023, Art. 40 Rn. 32. So wohl auch *Edinger*, in: Brocker/Droege/Jutzi, Verfassung für Rheinland-Pfalz, 2. Aufl. 2022, Art. 89a Rn. 10, wonach die Antwortpflicht so weit reicht wie der personelle und sachliche Einflussbereich der Landesregierung.

429 Vgl. BVerfGE 147, 50 (135); ebenso *Müller*, in: v. Mangoldt/Klein/Starck, GG, Bd. 2, 7. Aufl. 2018, Art. 38 Rn. 87.

430 Vgl. BVerfGE 147, 50 (151); dazu *Schwill*, NVwZ 2019, 109 (111), der dies als „Zuspitzung der bisherigen Rechtsprechung" bezeichnet; *Burgi*, in: ders./Habersack (Hg.), Handbuch Öffentliches Recht des Unternehmens, 2023, § 23 Rn. 31.

sächlich vorhanden sind, sondern die jeweilige Regierung ist auch verpflichtet, die ihr zur Verfügung stehenden rechtlichen und faktischen Einwirkungsrechte auf das privatrechtlich organisierte Unternehmen zu nutzen, um die erfragten Informationen zu beschaffen.[431]

2. Unternehmerische Tätigkeit als Informationsgegenstand

Offen bleibt an dieser Stelle der Entscheidung, in welcher Detailtiefe Unternehmensinformationen vom Parlament abgefragt werden können[432] und auf was das Gericht rekurriert, wenn es von den zur Verfügung stehenden rechtlichen Einwirkungsrechten spricht.[433] Wie bereits festgestellt, erstreckt sich der Verantwortungsbereich der jeweiligen Regierung auf alles, was ihr als Ausübung von Staatsgewalt zugerechnet werden kann. Dies ist wiederum im Kontext demokratischer Legitimation zu sehen (s. o. 3. Kapitel C.I.1.). Da sich das Gebot demokratischer Legitimation ebenso auf das Handeln eines öffentlichen Unternehmens selbst erstreckt (dazu 2. Kapitel B.II.2.), ist es nur konsequent, auch die unternehmerische Tätigkeit als solche als tauglichen Gegenstand parlamentarischer Informationspflichten anzusehen.[434]

Umso mehr ist bei einem entsprechend weiten Verständnis des Verantwortungsbereichs der Regierung und damit der Informationspflicht von Interesse, wo deren Grenzen verlaufen.

IV. (Kein) Sonderfall: Deutsche Bahn AG

Fraglich ist, ob die Tätigkeit der Deutsche Bahn AG in den Verantwortungsbereich der Bundesregierung fällt und somit Gegenstand des parlamentarischen Fragerechts sein kann. Dem könnte Art. 87e Abs. 3 S. 1 GG entgegenstehen, wonach Eisenbahnen des Bundes „als Wirtschaftsunternehmen in privat-rechtlicher Form" geführt werden. Denn Teile der Literatur sehen darin eine Aufgabenprivatisierung.[435] Doch selbst für den Fall, dass eine solche intendiert wäre, hätte dies richtigerweise

---

431 Vgl. BVerfGE 147, 50 (163); siehe auch *Burgi*, NVwZ 2018, 601 (604).

432 Vgl. *Koch*, ZHR 183 (2019), 7 (13).

433 Siehe *Burgi*, NVwZ 2018, 601 (604).

434 Vgl. *Neudenberger*, Der Aufsichtsrat in staatlichen Eigen- und Beteiligungsgesellschaften, 2023, S. 283. Ebenso für die landeseigenen Gesellschaften der Landesregierung in Thüringen *Poppenhäger*, ThürVBl. 2000, 152 (153).

435 Vgl. *Heise*, Die Deutsche Bahn AG zwischen Wirtschaftlichkeit und Gemeinwohlverantwortung, 2013, S. 344; *Windthorst*, in: Sachs (Hg.), GG, 9. Aufl. 2021, Art. 87e Rn. 42; *Möstl*, in: Dürig/Herzog/Scholz, GG, 99. EL 2022, Art. 87e Rn. 171; a. A. *Kment*, in: Jarass/Pieroth, GG, 17. Aufl. 2022, Art. 87e Rn. 4.

keine Auswirkungen auf die Zuordnung der Deutsche Bahn AG zum Verantwortungsbereich der Bundesregierung, jedenfalls solange der Bund als Alleineigentümer die Geschäftspolitik beeinflussen kann.[436] Die Deutsche Bahn AG wäre erst dann nicht mehr dem Verantwortungsbereich der Bundesregierung zuzuordnen, wenn der Bund die entsprechenden Anteile veräußern würde.[437] Dem stünde indes Art. 87e Abs. 3 S. 2 GG entgegen, wonach die Unternehmen i. S. v. Art. 87e Abs. 3 S. 1 GG im Eigentum des Bundes stehen und Art. 87e Abs. 3 S. 3 Hs. 2 GG, wonach die Mehrheit der Anteile an diesen Unternehmen beim Bund verbleibt.[438] Im Ergebnis unterfällt „bei dem derzeitigen Stand der Verflechtung von Staat und Unternehmen"[439] also auch die unternehmerische Tätigkeit der Deutsche Bahn AG dem Verantwortungsbereich der Bundesregierung und kann damit prinzipiell zum Gegenstand parlamentarischer Anfragen gemacht werden.[440]

V. Zwischenergebnis

Die bisherigen Ausführungen haben gezeigt, dass Informationen betreffend öffentliche Unternehmen tauglicher Gegenstand einer parlamentarischen Anfrage sein können und zwar nicht nur im Hinblick auf das Handeln des staatlichen Unternehmensträgers, sondern auch hinsichtlich solcher Informationen, die sich auf die Tätigkeit des öffentlichen Unternehmens selbst beziehen. Daher wird der Blick im weiteren Verlauf auch auf die Informationsbeschaffungsmöglichkeiten des beteiligungsverwaltenden Ministeriums gegenüber dem jeweiligen Unternehmen zu werfen sein, die sich maßgeblich nach den gesellschaftsrechtlichen Bestimmungen richten.[441]

---

436 Vgl. BVerfGE 147, 50 (151 ff.); *Burgi*, NVwZ 2018, 601 (602); *Gersdorf*, DÖV 2018, 789 (796), der jedoch die auf die Gewährleistungsverantwortung aus Art. 87e Abs. 4 GG gestützte Argumentation des BVerfG kritisiert; *Sachs*, JuS 2018, 308 (309).

437 Vgl. *Burgi*, NVwZ 2018, 601 (602).

438 So auch *Burgi*, NVwZ 2018, 601 (602).

439 BVerfGE 147, 50 (153).

440 Vgl. BVerfGE 147, 50 (151 ff.); dazu *Burgi*, in: ders./Habersack (Hg.), Handbuch Öffentliches Recht des Unternehmens, 2023, § 18 Rn. 69.

441 Siehe dazu *Burgi*, in: ders./Habersack (Hg.), Handbuch Öffentliches Recht des Unternehmens, 2023, § 23 Rn. 36.

4. Kapitel: Grenzen der parlamentarischen Informationspflicht

Es ist allgemein anerkannt, dass die Antwortpflicht der Regierung gegenüber dem jeweiligen Parlament nicht grenzenlos besteht.[442]

Diese Grenzen sind nur schwer einer abstrakten Bestimmung zugänglich, vielmehr erfordert eine genaue Grenzziehung die Würdigung des Einzelfalls.[443] In einigen Landesverfassungen sind die Gründe, die eine Verweigerung der Beantwortung rechtfertigen, ausdrücklich festgeschrieben.[444] Im Übrigen kann auf die in der verfassungsgerichtlichen Rechtsprechung herausgebildeten Fallgruppen zurückgegriffen werden.[445] Im weiteren Verlauf soll untersucht werden, welche Grenzen für parlamentarische Anfragen betreffend öffentliche Unternehmen in Betracht kommen.[446] Hierbei wird es um die Frage gehen, ob die zu untersuchenden Informationspflichten so ausgestaltet sind, dass ein Ausgleich zwischen der verfassungsrechtlich geforderten Kontrolle und dem Interesse der öffentlichen Hand als Unternehmensträgerin an einer effektiven Erfüllung ihrer Aufgaben hergestellt wird.

In einem ersten Schritt werden dafür die Grenzen der Informationspflicht der Bundesregierung untersucht (A.). Sodann wird vergleichend ein Überblick über die Rechtslage auf Landesebene gegeben (B.). Schließlich werden die Anforderungen an eine Antwortverweigerung der jeweiligen Regierung dargestellt (C.).

---

442 Vgl. BVerfGE 124, 161 (188); BayVerfGH NVwZ 2007, 204 (205); *Lennartz/Kiefer*, DÖV 2006, 185 (186); *Harks*, JuS 2014, 979 (980); *Klein/Schwarz*, in: Dürig/Herzog/Scholz, GG, 97. EL 2022, Art. 43 Rn. 96.

443 Vgl. BVerfGE 124, 161 (189); BayVerfGH NVwZ 2007, 204 (205); *Magiera*, in: Sachs (Hg.), GG, 9. Aufl. 2021, Art. 38 Rn. 42.

444 Vgl. etwa Art. 105 Abs. 4 S. 4 BremVerf, Art. 24 Abs. 3 NdsVerf oder Art. 89a Abs. 3 S. 1 RhPfVerf; dazu *Glauben*, DVBl 2018, 751 (755 mit Fußnote 128).

445 Vgl. *Lennartz/Kiefer*, DÖV 2006, 185 (186); *Glauben*, DVBl 2018, 751 (755); zur diesbezüglichen Rechtsprechung des BVerfG siehe etwa *Kluth*, in: Schmidt-Bleibtreu/Hofmann/Henneke, GG, 15. Aufl. 2022, Art. 38 Rn. 93.

446 Siehe dazu auch *Burgi*, in: ders./Habersack (Hg.), Handbuch Öffentliches Recht des Unternehmens, 2023, § 23 Rn. 38 ff.

A. Grenzen der Informationspflicht der Bundesregierung

Im weiteren Verlauf beschäftigt sich die Arbeit mit den Grenzen, die einer Informationspflicht der Bundesregierung entgegenstehen können. Dabei kann unterschieden werden zwischen Belangen des Unternehmens selbst (I.), öffentlichen Belangen (II.) sowie kollidierenden Geheimhaltungsinteressen Dritter (III.).

I. Entgegenstehende Belange des öffentlichen Unternehmens: Schutz von Betriebs- und Geschäftsgeheimnissen

Der aus Art. 38 Abs. 1 S. 2 und Art. 20 Abs. 2 S. 2 GG abgeleitete parlamentarische Informationsanspruch und die damit korrespondierende Informationspflicht der Bundesregierung können zunächst im Spannungsverhältnis zu dem Interesse des Unternehmens stehen, seine Betriebs- und Geschäftsgeheimnisse zu wahren.[447]

Als Betriebs- und Geschäftsgeheimnisse werden im verfassungsrechtlichen Sinne alle auf ein Unternehmen bezogenen Tatsachen, Umstände und Vorgänge verstanden, die nicht offenkundig, sondern nur einem begrenzten Personenkreis zugänglich sind und an deren Nichtverbreitung der Rechtsträger ein berechtigtes Interesse hat.[448] *Betriebsgeheimnisse* umfassen dabei im Wesentlichen technisches Wissen im weitesten Sinne.[449] *Geschäftsgeheimnisse* betreffen demgegenüber vornehmlich kaufmännisches Wissen;[450] zu diesen zählen etwa Kundenlisten, Geschäftsbücher, Umsätze oder Marktstrategien.[451] Zwar unterfallen Betriebs- und Geschäftsgeheimnisse dem grundrechtlichen Schutz des Art. 12 Abs. 1 GG,[452] jedoch sind juristische Personen des Privatrechts,

447 Vgl. *Koch*, in: FS Schmidt-Preuß, 2018, S. 367; *Schockenhoff*, NZG 2018, 521.

448 So BVerfGE 115, 205 (230); 128, 1 (56); BVerwG NVwZ 2014, 790 (791); *Burgi*, in: Bonner Kommentar, 196. Aktualisierung 2019, Art. 12 Abs. 1 Rn. 260; *Jarass*, in: ders./Pieroth, GG, 17. Aufl. 2022, Art. 12 Rn. 12.

449 Vgl. BVerfGE 115, 205 (230); BVerwG NVwZ 2014, 790 (791); *Burgi*, in: Bonner Kommentar, 196. Aktualisierung 2019, Art. 12 Abs. 1 Rn. 260.

450 Vgl. BVerfGE 115, 205 (230 f.); BVerwG NVwZ 2014, 790 (791); *Burgi*, in: Bonner Kommentar, 196. Aktualisierung 2019, Art. 12 Abs. 1 Rn. 260.

451 Vgl. BVerfGE 115, 205 (231); *Schwill*, NVwZ 2019, 109 (110).

452 Vgl. BVerfGE 115, 205 (229); 128, 1 (56); 147, 50 (141); *Manssen*, in: v. Mangoldt/Klein/Starck, GG, Bd. 1, 7. Aufl. 2018, Art. 12 Rn. 69; zur Abgrenzung zu Art. 14 GG *Burgi*, in: Bonner Kommentar, 196. Aktualisierung 2019, Art. 12 Abs. 1 Rn. 259.

deren Anteile sich vollständig in den Händen des Staates befinden oder solche, die von der öffentlichen Hand beherrscht werden, nicht grundrechtsfähig, sondern grundrechtsgebunden.[453] Mithin kann einer parlamentarischen Anfrage, die sich auf unternehmensinterne Informationen eines öffentlichen Unternehmens bezieht, nicht entgegengehalten werden, die Anfrage betreffe *grundrechtlich* geschützte Betriebs- und Geschäftsgeheimnisse.[454]

Wie bereits dargelegt, ist die Informationspflicht nicht auf diejenigen Informationen begrenzt, die der jeweiligen Regierung vorliegen. Stattdessen muss diese die Informationen ggf. von dem entsprechenden Unternehmen einholen (s. 3. Kapitel C. III.). Konkret müsste das für die Beteiligungsverwaltung zuständige Bundesministerium die seitens des Parlaments angefragten Informationen von den Organen des jeweiligen Unternehmens beschaffen. Fraglich ist, ob einem solchen Informationsbegehren gesellschaftsrechtliche Verschwiegenheitspflichten entgegenstehen können. Dafür ist zunächst die Rechtslage bei Beteiligung des Bundes an einer Aktiengesellschaft in den Blick zu nehmen (1. bis 3.). In einem letzten Schritt wird dies mit dem GmbH-Recht verglichen, das bezüglich der Weitergabe von Informationen an die Gesellschafter weniger restriktiv ist als das Aktienrecht (4.).[455]

1. Verschwiegenheitspflichten im Aktienrecht

Grundsätzlich haben Vorstandsmitglieder gem. § 93 Abs. 1 S. 3 AktG über vertrauliche Angaben und Geheimnisse der Gesellschaft, namentlich Betriebs- oder Geschäftsgeheimnisse, die ihnen durch ihre Tätigkeit im Vorstand bekanntgeworden sind, Stillschweigen zu bewahren.[456] Auch die Aufsichtsratsmitglieder einer Aktiengesellschaft unterliegen

---

453 Vgl. BVerfGE 147, 50 (144 f.); dazu *Burgi*, NVwZ 2018, 601 (602); ausführlich zur Grundrechtsbindung öffentlicher Unternehmen 2. Kapitel B. I. 1.

454 Vgl. BVerfGE 147, 50 (144 ff.); dazu *Schwill*, NVwZ 2019, 109 (111). Dies steht einem einfachrechtlich ausgestalteten Schutz von Betriebs- und Geschäftsgeheimnissen etwa in den Informationsfreiheitsgesetzen nicht grundsätzlich entgegen, vgl. etwa *Krüger*, Transparenzverlust durch Wahl privater Rechtsformen?, 2016, S. 205 ff. Mit Blick auf § 9 Abs. 1 S. 1 Nr. 3 UIG hat das BVerwG insofern entschieden, dass es „dem Gesetzgeber unbenommen (bleibt), den Schutz einfachrechtlich auch Personen zu gewähren, die nicht grundrechtsfähig sind“, NVwZ 2017, 1775 (1784); dazu *Burgi*, NVwZ 2018, 601 (603).

455 Vgl. *Teichmann*, in: Burgi/Habersack (Hg.), Handbuch Öffentliches Recht des Unternehmens, 2023, § 25 Rn. 141.

456 Dogmatisch handelt es sich dabei um eine Präzisierung der organschaftlichen Treuepflicht, siehe etwa *Hüffer/Koch*, AktG, 17. Aufl. 2023, § 93 Rn. 62.

als Ausfluss ihrer organschaftlichen Treuepflichten[457] nach § 116 S. 1 i. V. m. § 93 Abs. 1 S. 3 AktG und § 116 S. 2 AktG einer umfassenden Verschwiegenheitspflicht, insbesondere hinsichtlich vertraulicher Berichte und Beratungen,[458] die grundsätzlich auch gegenüber Aktionären gilt.[459] Da sich die Verschwiegenheitspflicht bereits aus § 116 S. 1 i. V. m. § 93 Abs. 1 S. 3 AktG ergibt, hat § 116 S. 2 AktG insofern deklaratorischen Charakter.[460]

Die Verschwiegenheitspflicht erstreckt sich demnach zunächst auf Geheimnisse der Gesellschaft. Unter den aktienrechtlichen Geheimnisbegriff fallen nicht allgemein bekannte (offenkundige) Tatsachen, für die ein objektives Geheimhaltungsinteresse des Unternehmens besteht.[461] Unter vertraulichen Angaben sind alle Informationen zu verstehen, deren Weitergabe der Aktiengesellschaft einen materiellen oder immateriellen Schaden zufügen könnte, auch wenn sie kein Geheimnis (mehr) sind.[462]

Diese Verschwiegenheitspflicht ist notwendiges Korrelat zu den umfassenden Informationsrechten des Aufsichtsrats gegenüber dem Vorstand (vgl. §§ 90, 111 Abs. 2 S. 1 AktG).[463] Die Gesetzesbegründung zur Einfü-

---

457 Ausführlich zur Dogmatik und Rechtsnatur der organschaftlichen Verschwiegenheitspflicht *Knöbber-Griesz*, Aktienrechtliche Aufsichtsverschwiegenheit und Informationsprivileg der öffentlichen Hand, 2023, S. 34 ff.

458 Vgl. *Huber/Fröhlich*, in: Großkommentar zum AktG, 4. Aufl. 2015, § 394 Rn. 8; *Schockenhoff*, in: MüKoAktG, Bd. 6, 5. Aufl. 2021, Vor § 394 Rn. 1; *Hüffer/Koch*, AktG, 17. Aufl. 2023, § 116 Rn. 9.

459 Vgl. *Schmidt-Aßmann/Ulmer*, BB 1988, Beilage 13, 1 (4); *Mann*, AG 2018, 57 (58); *Grigoleit/Tomasic*, in: Grigoleit (Hg.), AktG, 2. Aufl. 2020, § 116 Rn. 21; *Habersack*, in: MüKoAktG, Bd. 2, 6. Aufl. 2023, § 116 Rn. 53.

460 Vgl. die Regierungsbegründung BT-Drs. 14/8769, S. 18 „Die ausdrückliche Hervorhebung wird die bereits nach bisherigem Recht bestehende Pflicht deutlicher vor Augen führen.“; vgl. auch *Grigoleit/Tomasic*, in: Grigoleit (Hg.), AktG, 2. Aufl. 2020, § 116 Rn. 16; *Henssler*, in: ders./Strohn (Hg.), Gesellschaftsrecht, 5. Aufl. 2021, § 116 AktG Rn. 9; *Habersack*, in: MüKoAktG, Bd. 2, 6. Aufl. 2023, § 116 Rn. 48, 52.

461 Vgl. BGH NJW 2016, 2569 (2570) mit Verweis auf BGHZ 64, 325 (329); *Habersack*, in: MüKoAktG, Bd. 2, 6. Aufl. 2023, § 116 Rn. 55; *Hüffer/Koch*, AktG, 17. Aufl. 2023, § 93 Rn. 64. Ausführlich auch zum sachlichen Tatbestand der aktienrechtlichen Verschwiegenheitspflicht *Knöbber-Griesz*, Aktienrechtliche Aufsichtsverschwiegenheit und Informationsprivileg der öffentlichen Hand, 2023, S. 85 ff.

462 Vgl. *Bürgers*, in: ders./Körber/Lieder, Aktiengesetz, 5. Aufl. 2021, § 93 Rn. 49; *Hüffer/Koch*, AktG, 17. Aufl. 2023, § 93 Rn. 63; *Spindler*, in: MüKoAktG, Bd. 2, 6. Aufl. 2023, § 93 Rn. 150. Ausführlich auch *Knöbber-Griesz*, Aktienrechtliche Aufsichtsverschwiegenheit und Informationsprivileg der öffentlichen Hand, 2023, S. 92 ff.

463 Vgl. BGH NJW 2016, 2569 Rn. 32; *Schick*, in: Wachter (Hg.), AktG, 4. Aufl. 2022, § 116 Rn. 12; *Habersack*, in: MüKoAktG, Bd. 2, 6. Aufl. 2023, § 116 Rn. 52. Aus-

gung des § 116 S. 2 AktG durch das Transparenz- und Publizitätsgesetz bringt diesen Zusammenhang zum Ausdruck:

„Besteht auch nur ein latenter Verdacht, wichtige und noch nicht öffentliche, dem Aufsichtsrat zur Erfüllung seiner Kontrollaufgaben durch den Vorstand gegebene, vertrauliche Informationen könnten unmittelbar anschließend und zum Schaden der Gesellschaft an Medien, Analysten, Konkurrenten, politische Parteien, Organisationen oder Belegschaften weitergereicht werden, so führt dies dazu, dass die Vorstände Informationen nur zögerlich, nur mündlich oder nur dem Aufsichtsratsvorsitzenden geben. Langfristig führt dies zu einer Aushöhlung und Entwertung des Aufsichtsrats in seiner Funktion als Kontrollorgan.“[464]

Von den Verschwiegenheitspflichten des AktG kann auch nicht durch Satzungsvorschriften abgewichen werden.[465] Informationen kann sich der Aktionär somit grundsätzlich nur über sein begrenztes Auskunftsrecht in der Hauptversammlung nach § 131 AktG beschaffen.[466]

2. Gesellschaftsrechtlicher Ausgangspunkt: (Eingeschränkte) Lockerung der Verschwiegenheitspflichten bei Beteiligung von Gebietskörperschaften, §§ 394 f. AktG

Um seinen verfassungsrechtlich begründeten Einwirkungspflichten[467] gegenüber dem öffentlichen Unternehmen nachzukommen, benötigt der staatliche Anteilseigner, konkret das beteiligungsführende Bundesministerium,[468] hinreichend Informationen.[469]

---

führlich zum Schutzzweck der Schweigepflicht auch *Knöbber-Griesz*, jM 2023, 90 (93), der den Schutz der gesellschaftsrechtlichen Binnenkommunikation betont. Zu den Informationsrechten des Aufsichtsrats gegenüber dem Vorstand *Neudenberger*, Der Aufsichtsrat in staatlichen Eigen- und Beteiligungsgesellschaften, 2023, S. 217 ff.

464 BT-Drs. 14/8769, S. 18.

465 So BGH NJW 1975, 1412; ebenso *Bürgers*, in: ders./Körber/Lieder, Aktiengesetz, 5. Aufl. 2021, § 93 Rn. 47; *Spindler*, in: MüKoAktG, Bd. 2, 6. Aufl. 2023, § 93 Rn. 143.

466 Vgl. *Koch*, ZHR 183 (2019), 7 (14); beispielsweise wird das Auskunftsrecht durch die Voraussetzung der Erforderlichkeit zur sachgemäßen Beurteilung von Gegenständen der Tagesordnung beschränkt, siehe dazu etwa *Spindler*, in: Schmidt/Lutter (Hg.), AktG, 4. Aufl. 2020, § 131 Rn. 29 ff. Ferner regelt § 131 Abs. 3 S. 1 Nr. 1–7 AktG ein Auskunftsverweigerungsrecht zugunsten der Gesellschaft, ausführlich zu diesen *Kubis*, in: MüKoAktG, Bd. 3, 5. Aufl. 2022, § 131 Rn. 120 ff.

467 Dazu 2. Kapitel B. II. 4.

468 Vgl. *Mann*, in: Burgi/Habersack (Hg.), Handbuch Öffentliches Recht des Unternehmens, 2023, § 19 Rn. 100.

469 Siehe etwa *Huber/Fröhlich*, in: Großkommentar zum AktG, 4. Aufl. 2015, Vor §§ 394, 395 Rn. 29 m. w. N.; *Mann*, AG 2018, 57 (58); *Tayaranian*, NZG 2023, 1353 (1354).

Diesem Interesse an einer effektiven Steuerung und Kontrolle des öffentlichen Unternehmens trägt § 394 AktG Rechnung, indem er eine Lockerung der Verschwiegenheitspflichten der auf Veranlassung einer Gebietskörperschaft entsandten oder gewählten Aufsichtsratsmitglieder vorsieht, um für diese die Erfüllung ihrer gegenüber der Gebietskörperschaft bestehenden Berichtspflichten zu gewährleisten.[470] Damit werden der öffentlichen Hand in ihrer Rolle als Aktionärin Sonderrechte eingeräumt, die über die Rechte anderer Aktionäre hinausgehen.[471] Gleichzeitig trägt § 395 AktG dem Vertraulichkeits- und Geheimhaltungsinteresse der Gesellschaft Rechnung, indem er die Verschwiegenheitspflicht auf die Berichtsadressaten erstreckt.[472]

Fraglich ist, ob diese Sondervorschriften der Bundesregierung im Falle einer parlamentarischen Anfrage aus aktienrechtlicher Sicht die Weitergabe von Informationen betreffend vertrauliche Angaben oder Betriebs- bzw. Geschäftsgeheimnisse eines öffentlichen Unternehmens an den Bundestag auch wirklich ermöglichen.

a) Voraussetzungen des § 394 AktG

aa) Beteiligung einer Gebietskörperschaft

Das Erfordernis der Beteiligung einer Gebietskörperschaft ergibt sich nicht aus dem Wortlaut des § 394 AktG, sondern aus dessen systematischer Stellung im ersten Teil des vierten Buches des Aktiengesetzes mit der Überschrift „Sondervorschriften bei Beteiligung von Gebietskörperschaften".[473] Zu den Gebietskörperschaften zählen neben dem Bund auch die Länder, die Gemeinden sowie die Gemeindeverbände.[474] Obschon der Wortlaut des § 394 AktG keine Beteiligungsmindesthöhe voraussetzt, wurde im Schrifttum vereinzelt eine Mehrheitsbeteiligung der öffentlichen Hand gefordert.[475] Die herrschende Auffassung sieht hingegen auch eine Minderheitsbeteiligung einer

470 Vgl. *Huber/Fröhlich*, in: Großkommentar zum AktG, 4. Aufl. 2015, Vor §§ 394, 395 Rn. 29; *Mann*, AG 2018, 57 (58); *Schockenhoff*, in: MüKoAktG, Bd. 6, 5. Aufl. 2021, Vor § 394 Rn. 2.

471 So *Rachlitz*, in: Grigoleit (Hg.), AktG, 2. Aufl. 2020, § 395 Rn. 2.

472 Vgl. *Schockenhoff*, in: MüKoAktG, Bd. 6, 5. Aufl. 2021, § 395 Rn. 1; *Rachlitz*, in: Grigoleit (Hg.), AktG, 2. Aufl. 2020, § 395 Rn. 47.

473 Vgl. *Huber/Fröhlich*, in: Großkommentar zum AktG, 4. Aufl. 2015, § 394 Rn. 16; *Kersting*, in: Kölner Kommentar zum AktG, Bd. 7, 3. Aufl. 2016, §§ 394, 395 Rn. 110; *Schockenhoff*, in: MüKoAktG, Bd. 6, 5. Aufl. 2021, § 394 Rn. 13.

474 Vgl. *Früchtl*, in: Wachter (Hg.), AktG, 4. Aufl. 2022, § 394 Rn. 6; *Hüffer/Koch*, AktG, 17. Aufl. 2023, § 394 Rn. 33.

475 So *Martens*, AG 1984, 29 (36), der sich auf eine Zusammenschau verschiedener haushaltsrechtlicher Vorschriften beruft.

Gebietskörperschaft für das Eingreifen der §§ 394, 395 AktG als ausreichend an.[476] Denn das AktG fordert etwa im Gegensatz zu den §§ 53 f. HGrG explizit gerade keine Mehrheitsbeteiligung der öffentlichen Hand.[477] Auch die Entstehungsgeschichte der §§ 394, 395 AktG spricht gegen ein solches Erfordernis, da sich ein Vorschlag des Bundesrates, der für mittelbare Beteiligungen eine Mindestbeteiligung der Gebietskörperschaft von mehr als 50% gefordert hat, nicht durchsetzen konnte.[478] Auch wenn aus verfassungsrechtlicher Sicht das Demokratieprinzip eine Einwirkungspflicht der öffentlichen Hand erst gebietet, wenn diese das Unternehmen beherrscht (siehe 2. Kapitel B. II. 2. b), sprechen somit Wortlaut und Entstehungsgeschichte dafür, dass der Gesetzgeber über die dem Demokratieprinzip zu entnehmenden Mindestvorgaben hinausgehen wollte.[479]

Teilweise wird gefordert, dass es sich jedenfalls um eine „ins Gewicht fallende Beteiligung" handeln müsse, um einen legitimen Grund für das Informationsprivileg der Gebietskörperschaft zu schaffen.[480] Dafür spreche auch der für die Frage nach dem Erfordernis einer bestimmten Beteiligungshöhe zur Auslegung des Beteiligungsbegriffs heranzuziehende § 271 Abs. 1 HGB.[481] Dass nicht schon jede Kleinstbeteiligung das Informationsprivileg der §§ 394, 395 AktG auslöst, ist jedoch bereits durch das Tatbestandsmerkmal der „Veranlassung" der Wahl bzw. Entsendung der Aufsichtsratsmitglieder gewährleistet.[482] Da sich die vorliegende Untersuchung auf solche Unternehmen konzentriert,

476 Vgl. *Lampert*, Einflussnahme auf Aufsichtsratsmitglieder durch die öffentliche Hand als Gesellschafterin, 2012, S. 47 f.; *Huber/Fröhlich*, in: Großkommentar zum AktG, 4. Aufl. 2015, § 394 Rn. 20; *Pelz*, in: Bürgers/Körber/Lieder (Hg.), AktG, 5. Aufl. 2021, § 394 Rn. 2; *Adenauer*, in: Backhaus/Tielmann (Hg.), Der Aufsichtsrat, 2. Aufl. 2023, § 394 AktG Rn. 16; *Hüffer/Koch*, AktG, 17. Aufl. 2023, § 394 Rn. 33; *Mann*, in: Burgi/Habersack (Hg.), Handbuch Öffentliches Recht des Unternehmens, 2023, § 19 Rn. 102.

477 So etwa *Huber/Fröhlich*, in: Großkommentar zum AktG, 4. Aufl. 2015, § 394 Rn. 20; *Schockenhoff*, in: MüKoAktG, Bd. 6, 5. Aufl. 2021, § 394 Rn. 14.

478 Siehe BT-Drs. 17/8989, S. 25 u. 27; vgl. auch *Huber/Fröhlich*, in: Großkommentar zum AktG, 4. Aufl. 2015, § 394 Rn. 20; *Schockenhoff*, in: MüKoAktG, Bd. 6, 5. Aufl. 2021, § 394 Rn. 14 mit Fn. 42.

479 Vgl. *Huber/Fröhlich*, in: Großkommentar zum AktG, 4. Aufl. 2015, § 394 Rn. 20.

480 So *Vogel*, Städte- und Gemeinderat 1996, 252 (254); *Kersting*, in: Kölner Kommentar zum AktG, Bd. 7, 3. Aufl. 2016, §§ 394, 395 Rn. 113.

481 Vgl. *Kersting*, in: Kölner Kommentar zum AktG, Bd. 7, 3. Aufl. 2016, §§ 394, 395 Rn. 111 ff.; a. A. *Hüffer/Koch*, AktG, 17. Aufl. 2023, § 394 Rn. 33, wonach der Beteiligungsbegriff nach § 271 Abs. 1 HGB aufgrund der anders gelagerten bilanzrechtlichen Teleologie bei der Auslegung der §§ 394, 395 AktG nicht zugrunde gelegt werden dürfe.

482 So *Huber/Fröhlich*, in: Großkommentar zum AktG, 4. Aufl. 2015, § 394 Rn. 21; *Schockenhoff*, in: MüKoAktG, Bd. 6, 5. Aufl. 2021, § 394 Rn. 14; *Müller-Michaels*,

die von der öffentlichen Hand beherrscht werden, wäre die Voraussetzung der Beteiligung einer Gebietskörperschaft mit Blick auf solche Unternehmen jedenfalls gegeben.

bb) Auf Veranlassung einer Gebietskörperschaft in den Aufsichtsrat gewählte oder entsandte Mitglieder

Wie oben bereits ausgeführt (siehe 2. Kapitel A.I.2.), kann die öffentliche Hand zur Sicherung eines angemessenen Einflusses auf das Unternehmen dadurch beitragen, dass sie auf die Besetzung des Aufsichtsrates Einfluss nimmt (siehe auch § 65 Abs. 1 Nr. 3 BHO/LHO).[483] Gem. § 101 Abs. 1 S. 1 AktG werden die Aufsichtsratsmitglieder grundsätzlich durch Wahlbeschluss der Hauptversammlung bestellt, soweit sie nicht in den Aufsichtsrat zu entsenden oder als Aufsichtsratsmitglieder der Arbeitnehmer nach den besonderen Vorschriften des Mitbestimmungsrechts zu wählen sind.[484] Die öffentliche Hand kann also durch ihr Stimmrecht in der Hauptversammlung auf die Auswahl der Aufsichtsratsmitglieder einwirken oder als Aktionärin Mitglieder in den Aufsichtsrat entsenden, wenn die Gesellschaftssatzung ihr entsprechende Entsendungsrechte einräumt (vgl. § 101 Abs. 2 AktG).[485]

Darauf nimmt § 394 AktG Bezug, wenn er voraussetzt, dass die Aufsichtsratsmitglieder auf Veranlassung einer Gebietskörperschaft in den Aufsichtsrat gewählt oder entsandt worden sein müssen.[486] Eine Veranlassung der Bestellung durch die Gebietskörperschaft setzt voraus, dass ihre gezielte Einflussnahme ursächlich für die Bestellung des Aufsichts-

---

in: Hölters/Weber (Hg.), AktG, 4. Aufl. 2022, § 394 Rn. 17; a. A. *Kersting*, in: Kölner Kommentar zum AktG, Bd. 7, 3. Aufl. 2016, §§ 394, 395 Rn. 114.

483 Dies sehen auch die Grundsätze guter Unternehmens- und aktiver Beteiligungsführung im Bereich des Bundes vor, die vom Bundesministerium der Finanzen herausgegeben werden: Bundesministerium der Finanzen (Hg.), Grundsätze guter Unternehmens- und aktiver Beteiligungsführung im Bereich des Bundes, abrufbar unter: https://www.bundesfinanzministerium.de/Content/DE/Standardartikel/Themen/Bundesvermoegen/grundsaetze-beteiligunsfuehrung-2020.pdf?__blob=publicationFile&v=6 (zuletzt abgerufen am 15.11.2023), S. 37, 42 vor; vgl. auch *Kersting*, in: Kölner Kommentar zum AktG, Bd. 7, 3. Aufl. 2016, §§ 394, 395 Rn. 75; *Mann*, in: ders./Püttner (Hg.), Handbuch der kommunalen Wissenschaft und Praxis, Bd. 2, 3. Aufl. 2011, § 46 Rn. 22; *Weber*, in: Wurzel/Schraml/Gaß (Hg.), Rechtspraxis der kommunalen Unternehmen, 4. Aufl. 2021, Kap. D Rn. 686 ff.

484 Siehe auch *Habersack*, in: MüKoAktG, Bd. 2, 6. Aufl. 2023, § 101 Rn. 1, 7.

485 Vgl. *Cronauge*, Kommunale Unternehmen, 6. Aufl. 2016, Kap. VI Rn. 282; *Kersting*, in: Kölner Kommentar zum AktG, Bd. 7, 3. Aufl. 2016, §§ 394, 395 Rn. 76.

486 Vgl. *Adenauer*, in: Backhaus/Tielmann (Hg.), Der Aufsichtsrat, 2. Aufl. 2023, § 394 AktG Rn. 17.

ratsmitglieds geworden ist.[487] Danach liegt eine Veranlassung jedenfalls dann vor, wenn die Bestellung des Aufsichtsratsmitglieds durch die Ausübung eines Entsenderechts[488] erfolgte oder aus einer Wahl mit eigener Mehrheit in der Hauptversammlung resultiert.[489]

Bei gemischt-öffentlichen Unternehmen, an denen mehrere Gebietskörperschaften beteiligt sind, ist zu beachten, dass nur gegenüber derjenigen Gebietskörperschaft die Rechtsfolge des § 394 AktG ausgelöst wird, die das betreffende Aufsichtsratsmitglied in den Aufsichtsrat entsandt oder auf deren Veranlassung das Aufsichtsratsmitglied in den Aufsichtsrat gewählt wurde.[490]

cc) Berichtspflicht des Aufsichtsratsmitglieds

Weitere Voraussetzung für die Entbindung von der Verschwiegenheitspflicht ist das Bestehen einer Berichtspflicht gegenüber der beteiligten Gebietskörperschaft (im vorliegenden Beispiel dem Bund), da § 394 AktG nach allgemeiner Auffassung eine solche nicht begründet, sondern eine anderweitig begründete Berichtspflicht voraussetzt.[491] Das zeigt bereits der Wortlaut „hinsichtlich der Berichte, die sie der Gebietskörperschaft zu erstatten haben".[492] Ferner dient § 394 AktG gerade der Auflösung einer Pflichtenkollision, die daraus resultiert, dass das betroffene Aufsichtsratsmitglied sowohl öffentlich-rechtlichen Berichtspflichten, als auch aktienrechtlichen Verschwiegenheitspflichten unterliegt.[493]

---

487 Vgl. bereits *Kropff*, in: FS Hefermehl, 1976, S. 327 (330); vgl. auch *Stehlin*, in: Heidel (Hg.), Aktienrecht und Kapitalmarktrecht, 5. Aufl. 2020, § 394 AktG Rn. 3; *Hüffer/Koch*, AktG, 17. Aufl. 2023, § 394 Rn. 34.

488 Siehe zu diesen *Teichmann*, in: Burgi/Habersack (Hg.), Handbuch Öffentliches Recht des Unternehmens, 2023, § 25 Rn. 91.

489 So *Rachlitz*, in: Grigoleit (Hg.), AktG, 2. Aufl. 2020, § 395 Rn. 18; *Schockenhoff*, in: MüKoAktG, Bd. 6, 5. Aufl. 2021, § 394 Rn. 14; *Adenauer*, in: Backhaus/Tielmann (Hg.), Der Aufsichtsrat, 2. Aufl. 2023, § 394 AktG Rn. 19. Ausführlich zur Beurteilung des Veranlassungskriteriums bei Wahl der Aufsichtsratsmitglieder *Neudenberger*, Der Aufsichtsrat in staatlichen Eigen- und Beteiligungsgesellschaften, 2023, S. 242 ff., der dafür plädiert, bei der Auslegung des Begriffs die personell-demokratische Legitimation zu berücksichtigen.

490 Vgl. *Meier/Wieseler*, Der Gemeindehaushalt 1993, 174 (176).

491 Vgl. *Land/Hallermayer*, AG 2011, 114; *Wilting*, AG 2012, 529 (530); *Pape*, Das kommunale Aufsichtsratsmandat, 2020, S. 225; *Rachlitz*, in: Grigoleit (Hg.), AktG, 2. Aufl. 2020, § 395 Rn. 21; *Früchtl*, in: Wachter (Hg.), AktG, 4. Aufl. 2022, § 394 Rn. 8; *Schall*, in: Henssler/Spindler/Stilz (Hg.), BeckOGK AktG, Stand: 01.01.2023, § 394 Rn. 10.

492 Vgl. *Mann*, Die öffentlich-rechtliche Gesellschaft, 2002, S. 242; *Land/Hallermayer*, AG 2011, 114; *Wilting*, AG 2012, 529 (530).

493 Vgl. *Huber/Fröhlich*, in: Großkommentar zum AktG, 4. Aufl. 2015, § 394 Rn. 26; *Kersting*, in: Kölner Kommentar zum AktG, Bd. 7, 3. Aufl. 2016, §§ 394, 395 Rn. 123.

Es war lange umstritten, welche Anforderungen an die Grundlage für die Berichtspflicht zu stellen sind.[494] Während früher überwiegend eine gesetzliche Grundlage gefordert wurde,[495] stellte der Gesetzgeber anlässlich der Aktienrechtsnovelle 2016 durch Einfügung des § 394 S. 3 AktG klar, „dass eine Berichtspflicht (…) auf Gesetz, Rechtsverordnung, Gesellschaftssatzung, aber auch auf einem Rechtsgeschäft beruhen kann“[496].[497] Besteht keine entsprechende Berichtspflicht, lässt sich eine solche nicht unmittelbar aus der Verfassung ableiten.[498]

(1) Auf Gesetz beruhende Berichtspflicht

Als Gesetz im Sinne von § 394 S. 3 AktG kommt nach Art. 2 EGBGB jede Rechtsnorm, also auch eine Rechtsverordnung in Betracht.[499] Anders als auf kommunaler Ebene[500] (dazu noch 6. Kapitel C.I.) existieren auf Bundesebene keine speziell auf § 394 AktG zugeschnittenen gesetzlichen Berichtspflichten.

---

494 Siehe etwa die Darstellung von *Land/Hallermayer*, AG 2011, 114 (115 ff.); *Pape*, Das kommunale Aufsichtsratsmandat, 2020, S. 225 f.

495 Vgl. *Lutter/Grunewald*, WM 1984, 385 (397); *Schmidt-Aßmann/Ulmer*, BB 1988, Beilage 13, 1 (8); *Mann*, Die öffentlich-rechtliche Gesellschaft, 2002, S. 242 ff.; *Schürnbrand*, in: MüKoAktG, Bd. 6, 3. Aufl. 2011, § 394 Rn. 16 f.; *Hüffer/Koch*, AktG, 11. Aufl. 2014, § 394 Rn. 36 f.; *Huber/Fröhlich*, in: Großkommentar zum AktG, 4. Aufl. 2015, § 394 Rn. 29.

496 So die Begründung des Gesetzentwurfes der Bundesregierung BT-Drs. 18/4349, S. 33; dazu *Schockenhoff*, in: MüKoAktG, Bd. 6, 5. Aufl. 2021, § 394 Rn. 22.

497 Kritisch hinsichtlich des Begriffs „Klarstellung“ *Belcke/Mehrhoff*, GmbHR 2016, 576 (577 f.); *Schall*, in: Henssler/Spindler/Stilz (Hg.), BeckOGK AktG, Stand: 01.01.2023, § 394 Rn. 10.

498 Vgl. *Brenner*, AöR 127 (2002), 222 (248); *Schmidt*, Die demokratische Legitimationsfunktion der parlamentarischen Kontrolle, 2007, S. 395. So aber eine breite Auffassung in der Literatur, siehe etwa *v. Danwitz*, AöR 120 (1995), 595 (623 f.); *Glauben*, ZParl 1998, 496 (504). Die kommunalverfassungsrechtliche Kontrollkompetenz als Berichtspflicht i. S. v. § 394 S. 1 AktG anerkennend auch *Strobel*, Verschwiegenheits- und Auskunftspflicht kommunaler Vertreter im Aufsichtsrat öffentlicher Unternehmen, 2002, S. 168.

499 Vgl. *Kersting*, in: Kölner Kommentar zum AktG, Bd. 7, 3. Aufl. 2016, §§ 394, 395 Rn. 125; *Schockenhoff*, in: MüKoAktG, Bd. 6, 5. Aufl. 2021, § 394 Rn. 23; *Hüffer/Koch*, AktG, 17. Aufl. 2023, § 394 Rn. 38.

500 Jedenfalls diese speziell auf § 394 AktG zugeschnittenen kommunalrechtlichen Berichtspflichten sind in jedem Fall „Gesetz“ i. S. v. § 394 AktG, vgl. *Rachlitz*, in: Grigoleit (Hg.), AktG, 2. Aufl. 2020, § 395 Rn. 22; *Stehlin*, in: Heidel (Hg.), Aktienrecht und Kapitalmarktrecht, 5. Aufl. 2020, § 394 AktG Rn. 5; *Schockenhoff*, in: MüKoAktG, Bd. 6, 5. Aufl. 2021, § 394 Rn. 23.

Umstritten ist insofern, ob eine spezielle Norm erforderlich ist[501] oder auch eine allgemein objektiv-rechtlich geregelte Pflicht als gesetzliche Grundlage ausreichen soll.[502] Untauglich ist jedenfalls § 69 S. 1 Nr. 2 BHO, da diese Norm schon keine Berichterstattungspflicht begründet, sondern eine solche selbst tatbestandlich voraussetzt.[503]

Die Diskussion dreht sich vielmehr um die Frage, ob auch die beamtenrechtliche Weisungsbindung[504], etwa aus § 62 Abs. 1 BBG, genügt, um eine entsprechende Berichtspflicht zu begründen.[505] Dagegen wird teilweise vorgebracht, dass Beamte, soweit sie als Aufsichtsratsmitglieder tätig werden, in dieser Eigenschaft nicht der vorausgesetzten Befolgungspflicht unterlägen, da sich die beamtenrechtlichen Pflichten nur auf das der verbeamteten Person übertragene konkrete Amt, nicht aber auf das zusätzlich übernommene Aufsichtsratsmandat, beziehen.[506] Vorzugswürdig ist die in der Literatur überwiegende Ansicht, der zufolge die beamtenrechtliche Weisungsbindung als Berichtspflicht i. S. v. § 394 S. 3 AktG genügt.[507] Insbesondere ist die Tätigkeit im Aufsichtsrat auch dem Amtskreis der Beamtinnen und Beamten zuzurechnen, da diese

---

501 So etwa *Zöllner*, AG 1984, 147 (148); *Mann*, in: GS Peter J. Tettinger, 2007, S. 295 (304 f.); *Kersting*, in: Kölner Kommentar zum AktG, Bd. 7, 3. Aufl. 2016, §§ 394, 395 Rn. 127; *Oetker*, in: Schmidt/Lutter (Hg.), AktG, 4. Aufl. 2020, § 394 Rn. 22.

502 Vgl. *Martens*, AG 1984, 29 (33); *Schmidt-Aßmann/Ulmer*, BB 1988, Beilage 13, 1 (8); *Huber/Fröhlich*, in: Großkommentar zum AktG, 4. Aufl. 2015, § 394 Rn. 29; *Schall*, in: Henssler/Spindler/Stilz (Hg.), BeckOGK AktG, Stand: 01.01.2023, § 394 Rn. 10.

503 Vgl. *Kropff*, in: FS Hefermehl, 1976, S. 327 (328); *Martens*, AG 1984, 29 (30); *Huber/Fröhlich*, in: Großkommentar zum AktG, 4. Aufl. 2015, § 394 Rn. 31; *Wernsmann*, in: Gröpl (Hg.), BHO/LHO, 2. Aufl. 2019, § 69 BHO Rn. 7; *Oetker*, in: Schmidt/Lutter (Hg.), AktG, 4. Aufl. 2020, § 394 Rn. 20; *Schockenhoff*, in: MüKoAktG, Bd. 6, 5. Aufl. 2021, § 394 Rn. 20; a. A. wohl BGHZ 69, 334 (345); *Schall*, in: Henssler/Spindler/Stilz (Hg.), BeckOGK AktG, Stand: 01.01.2023, § 394 Rn. 10.

504 Zur normativen Verortung der Informationsverpflichtung statt vieler *Huber/Fröhlich*, in: Großkommentar zum AktG, 4. Aufl. 2015, § 394 Rn. 36.

505 Vgl. *Wilting*, AG 2012, 529 (530); *Huber/Fröhlich*, in: Großkommentar zum AktG, 4. Aufl. 2015, § 394 Rn. 36; *Hüffer/Koch*, AktG, 17. Aufl. 2023, § 394 Rn. 36, 40 m. w. N.

506 Vgl. *Mann*, Die öffentlich-rechtliche Gesellschaft, 2002, S. 242; so noch *Hüffer* (Hg.), AktG, 10. Aufl. 2012, § 394 Rn. 41; *Kersting*, in: Kölner Kommentar zum AktG, Bd. 7, 3. Aufl. 2016, §§ 394, 395 Rn. 128; *Oetker*, in: Schmidt/Lutter (Hg.), AktG, 4. Aufl. 2020, § 394 Rn. 19.

507 Vgl. *Martens*, AG 1984, 29 (33); *v. Danwitz*, AöR 120 (1995), 595 (623); *Thode*, AG 1997, 547 (549); *Huber/Fröhlich*, in: Großkommentar zum AktG, 4. Aufl. 2015, § 394 Rn. 38; *Schmolke*, WM 2018, 1913 (1918); *Rachlitz*, in: Grigoleit (Hg.), AktG, 2. Aufl. 2020, § 395 Rn. 22; *Mann*, in: Burgi/Habersack (Hg.), Handbuch Öffentliches Recht des Unternehmens, 2023, § 19 Rn. 103; *Schall*, in: Henssler/Spindler/Stilz (Hg.), BeckOGK AktG, Stand: 01.01.2023, § 394 Rn. 11.

gerade mit Blick auf ihre Amtsstellung dazu berufen wurden.[508] Ferner kann das Argument der Weisungsfreiheit mit Blick auf die gesetzgeberische Grundentscheidung des § 394 AktG für die Lockerung der aktienrechtlichen Verschwiegenheitspflicht nicht überzeugen.[509]

Gegenüber der Gebietskörperschaft Bund würde die Lockerung der Verschwiegenheitspflicht des Aufsichtsratsmitglieds nach § 394 AktG also greifen, wenn das auf Veranlassung des zuständigen Bundesministeriums in den Aufsichtsrat der Aktiengesellschaft gewählte oder entsandte Mitglied bereits der allgemeinen beamtenrechtlichen Weisungsbindung nach § 62 Abs. 1 BBG unterliegt. Anderenfalls bedürfte es einer „auf Satzung" (siehe unten (b)) oder einer „auf [einem] dem Aufsichtsrat in Textform mitgeteilte[n] Rechtsgeschäft" (siehe unten (c)) beruhenden Berichtspflicht.

(2) Auf Satzung beruhende Berichtspflicht

§ 394 S. 3 AktG lässt auch eine durch Satzung begründete Berichtspflicht für die Lockerung der Verschwiegenheitspflicht ausreichen. Unter „Satzung" i. d. S. ist die Gesellschaftssatzung zu verstehen.[510] Nicht gemeint sind Satzungen der Gebietskörperschaft, die jedoch zu den Gesetzen i. S. d. § 394 S. 3 AktG gezählt werden können.[511] Wurde die Berichtspflicht nicht bereits bei Gründung der Gesellschaft in die Gesellschaftssatzung aufgenommen, kann sie nachträglich durch sat-

---

508 So *Schockenhoff*, in: MüKoAktG, Bd. 6, 5. Aufl. 2021, § 394 Rn. 24; *Hüffer/Koch*, AktG, 17. Aufl. 2023, § 394 Rn. 40. Vgl. auch *Will*, VerwArch 94 (2003), 248 (262), nach dem „die Aufsichtsratsmitgliedschaft des Beamten, wenn sie auch nicht seinem unmittelbaren Amtskreis zugeordnet ist, mit der Amtstätigkeit doch hinreichend nahe verbunden ist, um die Beratungs- und Unterstützungspflicht auch auf sie zu erstrecken". *Adenauer*, in: Backhaus/Tielmann (Hg.), Der Aufsichtsrat, 2. Aufl. 2023, § 394 AktG Rn. 23 zufolge sei der dienstliche Bezug hinreichend klar.

509 Vgl. *Huber/Fröhlich*, in: Großkommentar zum AktG, 4. Aufl. 2015, § 394 Rn. 38; *Rachlitz*, in: Grigoleit (Hg.), AktG, 2. Aufl. 2020, § 395 Rn. 22; *Schockenhoff*, in: MüKoAktG, Bd. 6, 5. Aufl. 2021, § 394 Rn. 24; *Schall*, in: Henssler/Spindler/Stilz (Hg.), BeckOGK AktG, Stand: 01.01.2023, § 394 Rn. 11.

510 So explizit die Begründung des Gesetzentwurfes der Bundesregierung BT-Drs. 18/4349, S. 33; siehe auch *Kersting*, in: Kölner Kommentar zum AktG, Bd. 7, 3. Aufl. 2016, §§ 394, 395 Rn. 129; *Rachlitz*, in: Grigoleit (Hg.), AktG, 2. Aufl. 2020, § 395 Rn. 23; *Hüffer/Koch*, AktG, 17. Aufl. 2023, § 394 Rn. 38.

511 Vgl. *Kersting*, in: Kölner Kommentar zum AktG, Bd. 7, 3. Aufl. 2016, §§ 394, 395 Rn. 126; *Oetker*, in: Schmidt/Lutter (Hg.), AktG, 4. Aufl. 2020, § 394 Rn. 23; *Rachlitz*, in: Grigoleit (Hg.), AktG, 2. Aufl. 2020, § 395 Rn. 23; *Schockenhoff*, in: MüKoAktG, Bd. 6, 5. Aufl. 2021, § 394 Rn. 25. A. A. *Pape*, Das kommunale Aufsichtsratsmandat, 2020, S. 227 f.

zungsändernden Beschluss der Hauptversammlung gem. § 179 AktG begründet werden.[512]

(3) Auf Rechtsgeschäft beruhende Berichtspflicht

Nach § 394 S. 3 AktG kann die Berichtspflicht auch auf Rechtsgeschäft beruhen. Laut Begründung des Gesetzentwurfes sollte die Einfügung des neuen § 394 S. 3 AktG mit dem Begriff „Rechtsgeschäft" bezwecken, dass damit alle denkbaren Varianten abgedeckt werden können, etwa eine vertragliche Vereinbarung, ein Auftrag oder eine Nebenabrede mit der Gebietskörperschaft.[513] Voraussetzung ist allerdings, dass das Rechtsgeschäft dem Aufsichtsrat in Textform mitgeteilt wird. Die Anforderungen der Textform ergeben sich aus § 126b BGB.[514] Das Textformerfordernis gilt dem insofern klaren Wortlaut zufolge nur für die Mitteilung, nicht aber für das Rechtsgeschäft selbst.[515] Bezüglich der inhaltlichen Ausgestaltung der Berichtspflicht formuliert § 394 S. 3 AktG zwar keine Vorgaben, doch ist zu fordern, dass die Berichtspflicht einen Bezug zu den mit der Beteiligung einhergehenden Aufgaben der Gebietskörperschaft hat.[516] Auf Ebene des Bundes sehen die Richtlinien für eine aktive Beteiligungsführung bei Unternehmen mit Bundesbeteiligung unter Tz. 66 ff. entsprechende Berichtspflichten vor.[517] In Tz. 68 ist etwa geregelt: „Über Angelegenheiten von besonderer Bedeutung sollen die auf Vorschlag des Bundes gewählten oder entsandten Mitglieder des Überwachungsorgans das beteiligungsführende Ministerium frühzeitig unterrichten; entsprechende Vereinba-

512 Vgl. *Kersting*, in: Kölner Kommentar zum AktG, Bd. 7, 3. Aufl. 2016, §§ 394, 395 Rn. 129; *Schockenhoff*, in: MüKoAktG, Bd. 6, 5. Aufl. 2021, § 394 Rn. 25.

513 Vgl. BT-Drs. 18/4349, S. 33.

514 Siehe etwa *Oetker*, in: Schmidt/Lutter (Hg.), AktG, 4. Aufl. 2020, § 394 Rn. 25.

515 Vgl. *Oetker*, in: Schmidt/Lutter (Hg.), AktG, 4. Aufl. 2020, § 394 Rn. 19; *Hüffer/Koch*, AktG, 17. Aufl. 2023, § 394 Rn. 38; *Schall*, in: Henssler/Spindler/Stilz (Hg.), BeckOGK AktG, Stand: 01.01.2023, § 394 Rn. 10; a. A. mit Blick auf den Zweck des Mitteilungserfordernisses *Belcke/Mehrhoff*, GmbHR 2016, 576 (579); *Kersting*, in: Kölner Kommentar zum AktG, Bd. 7, 3. Aufl. 2016, §§ 394, 395 Rn. 143; *Schockenhoff*, in: MüKoAktG, Bd. 6, 5. Aufl. 2021, § 394 Rn. 27.

516 Vgl. *Belcke/Mehrhoff*, GmbHR 2016, 576 (578 f.); *Kersting*, in: Kölner Kommentar zum AktG, Bd. 7, 3. Aufl. 2016, §§ 394, 395 Rn. 138; *Oetker*, in: Schmidt/Lutter (Hg.), AktG, 4. Aufl. 2020, § 394 Rn. 24.

517 Siehe Bundesministerium der Finanzen (Hg.), Grundsätze guter Unternehmens- und aktiver Beteiligungsführung im Bereich des Bundes, S. 50 ff., abrufbar unter: https://www.bundesfinanzministerium.de/Content/DE/Standardartikel/Themen/Bundesvermoegen/grundsaetze-beteiligunsfuehrung-2020.pdf?__blob=publicationFile&v=6 (zuletzt abgerufen am 15.11.2023); dazu *Burgi*, in: ders./Habersack (Hg.), Handbuch Öffentliches Recht des Unternehmens, 2023, § 23 Rn. 55.

rungen sind mit ihnen zu treffen“[518]. Diese Richtlinien sind laut Tz. 3 interne Verwaltungsvorschriften und daher von den maßgeblichen Stellen zu beachten.[519] Die Anlagen 5 bis 7 zu den Richtlinien für eine aktive Beteiligungsführung bei Unternehmen mit Bundesbeteiligung (Stand: 16. August 2021)[520] enthalten entsprechende Mustervereinbarungen zwischen dem beteiligungsführenden Bundesministerium und dem Mitglied des Überwachungsorgans.

(4) Zwischenergebnis

Da auf Bundesebene keine speziell auf § 394 AktG zugeschnittenen gesetzlichen Berichtspflichten bestehen, hat das jeweilige beteiligungsführende Bundesministerium entsprechende Vorkehrungen zu treffen, die einen hinreichenden Informationsfluss ermöglichen. So sollte etwa darauf hingewirkt werden, dass Berichtspflichten der auf Veranlassung einer Gebietskörperschaft in den Aufsichtsrat gewählten oder entsandten Aufsichtsratsmitglieder bereits bei Gründung einer Gesellschaft in die Gesellschaftssatzung aufgenommen oder auf Grundlage der oben genannten Mustervereinbarungen zwischen dem beteiligungsführenden Bundesministerium und dem Mitglied des Überwachungsorgans rechtsgeschäftlich vereinbart werden.

dd) Bedeutung für die Zwecke der Berichte, § 394 S. 2 AktG

Gem. § 394 S. 2 AktG gilt die Lockerung der Verschwiegenheitspflicht für vertrauliche Angaben und Geheimnisse der Gesellschaft, namentlich Betriebs- oder Geschäftsgeheimnisse, nicht, wenn ihre Kenntnis für die Zwecke der Berichte nicht von Bedeutung ist.[521] Die Aufsichts-

518 Vgl. Bundesministerium der Finanzen (Hg.), Grundsätze guter Unternehmens- und aktiver Beteiligungsführung im Bereich des Bundes, S. 51, abrufbar unter: https://www.bundesfinanzministerium.de/Content/DE/Standardartikel/Themen/Bundesvermoegen/grundsaetze-beteiligunsfuehrung-2020.pdf?__blob=publicationFile&v=6 (zuletzt abgerufen am 15.11.2023).

519 Siehe Bundesministerium der Finanzen (Hg.), Grundsätze guter Unternehmens- und aktiver Beteiligungsführung im Bereich des Bundes, S. 34, abrufbar unter: https://www.bundesfinanzministerium.de/Content/DE/Standardartikel/Themen/Bundesvermoegen/grundsaetze-beteiligunsfuehrung-2020.pdf?__blob=publicationFile&v=6 (zuletzt abgerufen am 15.11.2023).

520 Siehe Bundesministerium der Finanzen (Hg.), Grundsätze guter Unternehmens- und aktiver Beteiligungsführung im Bereich des Bundes, S. 157 ff., abrufbar unter: https://www.bundesfinanzministerium.de/Content/DE/Standardartikel/Themen/Bundesvermoegen/grundsaetze-beteiligunsfuehrung-2020.pdf?__blob=publicationFile&v=6 (zuletzt abgerufen am 15.11.2023).

521 Vgl. *Oetker*, in: Schmidt/Lutter (Hg.), AktG, 4. Aufl. 2020, § 394 Rn. 28; *Schall*, in: Henssler/Spindler/Stilz (Hg.), BeckOGK AktG, Stand: 01.01.2023, § 394 Rn. 13.

ratsmitglieder sind nur in den von § 394 S. 2 AktG erfassten Fällen zur Verschwiegenheit verpflichtet (§ 394 S. 2 AktG nimmt insofern Bezug auf § 93 Abs. 1 S. 3, § 116 S. 1 AktG, siehe dazu oben 4. Kapitel A. I.1.).[522] § 394 S. 2 AktG gilt daher für sämtliche Fälle, in denen eine aktienrechtliche Verschwiegenheitspflicht mit einer öffentlich-rechtlichen Berichtspflicht des Aufsichtsratsmitglieds kollidiert.[523] Im Ergebnis unterwirft § 394 S. 2 AktG das Informationsprivileg der öffentlichen Hand einer funktionalen Bindung.[524]

Das Aufsichtsratsmitglied hat im Einzelfall zu prüfen, ob der Zweck des Berichts die Weitergabe der Information erfordert.[525] Zur Beurteilung der Erforderlichkeit bedarf es einer Abwägung des Geheimhaltungsinteresses der Gesellschaft mit dem Informationsinteresse der Gebietskörperschaft im Einzelfall.[526]

Als Zweck der Berichterstattung werden mitunter die haushaltsrechtliche Überwachung der unternehmerischen Betätigung der Gebietskörperschaft (vgl. § 44 HGrG, § 92 BHO)[527] sowie die Übermittlung der für die Beteiligungsverwaltung notwendigen Kenntnisse an die Gebietskörperschaft[528]

---

522 Vgl. *Rachlitz*, in: Grigoleit (Hg.), AktG, 2. Aufl. 2020, § 395 Rn. 27.

523 So *Schmidt-Aßmann/Ulmer*, BB 1988, Beilage 13, 1 (9); *Rachlitz*, in: Grigoleit (Hg.), AktG, 2. Aufl. 2020, § 395 Rn. 27; *Schockenhoff*, in: MüKoAktG, Bd. 6, 5. Aufl. 2021, § 394 Rn. 31, die ferner betonen, dass auch die Fälle des durch das TransPuG eingeführten § 116 S. 2 AktG, der die ohnehin geltende Rechtslage lediglich unterstreichen und konkretisieren sollte, dem § 394 S. 2 AktG unterfallen.

524 Vgl. *Kersting*, in: Kölner Kommentar zum AktG, Bd. 7, 3. Aufl. 2016, §§ 394, 395 Rn. 171; *Oetker*, in: Schmidt/Lutter (Hg.), AktG, 4. Aufl. 2020, § 394 Rn. 28; *Schockenhoff*, in: MüKoAktG, Bd. 6, 5. Aufl. 2021, § 394 Rn. 31.

525 Vgl. *Mann*, in: GS Peter J. Tettinger, 2007, S. 295 (305); *Huber/Fröhlich*, in: Großkommentar zum AktG, 4. Aufl. 2015, § 394 Rn. 49; *Schockenhoff*, in: *Kersting*, in: Kölner Kommentar zum AktG, Bd. 7, 3. Aufl. 2016, §§ 394, 395 Rn. 174; *Schockenhoff*, in: MüKoAktG, Bd. 6, 5. Aufl. 2021, § 394 Rn. 31 ff.; *Hüffer/Koch*, AktG, 17. Aufl. 2023, § 394 Rn. 44.

526 Vgl. *Huber/Fröhlich*, in: Großkommentar zum AktG, 4. Aufl. 2015, § 394 Rn. 51; *Oetker*, in: Schmidt/Lutter (Hg.), AktG, 4. Aufl. 2020, § 394 Rn. 28.

527 Vgl. *Land/Hallermayer*, AG 2011, 114 (117); *Belcke/Mehrhoff*, GmbHR 2016, 576 (578); *Stehlin*, in: Heidel (Hg.), Aktienrecht und Kapitalmarktrecht, 5. Aufl. 2020, § 394 AktG Rn. 9; *Schockenhoff*, in: MüKoAktG, Bd. 6, 5. Aufl. 2021, § 394 Rn. 32; *Früchtl*, in: Wachter (Hg.), AktG, 4. Aufl. 2022, § 394 Rn. 15; *Hüffer/Koch*, AktG, 17. Aufl. 2023, § 394 Rn. 44.

528 Vgl. *Kropff*, in: FS Hefermehl, 1976, S. 327 (334 f.); *Land/Hallermayer*, AG 2011, 114 (117); *Belcke/Mehrhoff*, GmbHR 2016, 576 (578); *Rachlitz*, in: Grigoleit (Hg.), AktG, 2. Aufl. 2020, § 395 Rn. 28; *Oetker*, in: Schmidt/Lutter (Hg.), AktG, 4. Aufl. 2020, § 394 Rn. 28; *Schockenhoff*, in: MüKoAktG, Bd. 6, 5. Aufl. 2021, § 394 Rn. 32.

genannt. Richtigerweise kommen hier aber auch andere im öffentlichen Interesse liegende Zwecke in Betracht.[529]

Die öffentliche Hand trifft nicht nur eine haushaltsrechtliche Kontrollverpflichtung gegenüber dem öffentlichen Unternehmen, vielmehr ergibt sich eine entsprechende Kontrollnotwendigkeit bereits aus dem Verfassungsrecht (siehe dazu 2. Kapitel B.).[530] Ist die Tätigkeit eines Unternehmens, auf das die öffentliche Hand einen beherrschenden Einfluss hat, tauglicher Gegenstand eines verfassungsrechtlich begründeten, parlamentarischen Informationsanspruchs, so muss auch der Zweck, dem beteiligungsverwaltenden Ministerium die parlamentarischen Anfragen bezüglich des öffentlichen Unternehmens zu beantworten, tauglicher Berichtszweck i.S.v. §394 S. 2 AktG sein.[531] Das Aufsichtsratsmitglied muss also im Einzelfall prüfen, ob der Zweck des Berichts, eine konkrete parlamentarische Anfrage zu beantworten, die Weitergabe der angefragten Information erfordert.

b) Rechtsfolge des § 394 AktG

Liegen die Tatbestandsvoraussetzungen vor, befreit § 394 S. 1 AktG die auf Veranlassung der Gebietskörperschaft in den Aufsichtsrat gewählten oder entsandten Aufsichtsratsmitglieder hinsichtlich der Berichte, die sie der Gebietskörperschaft zu erstatten haben, von der Verschwiegenheitspflicht („unterliegen […] keiner Verschwiegenheitspflicht"). Das Aufsichtsratsmitglied ist gegenüber der Gebietskörperschaft also berechtigt, solche Informationen weiterzugeben, die ansonsten der Verschwiegenheitspflicht unterlägen.[532] Die Weitergabe der entsprechen-

---

529 So auch *Schmidt-Aßmann/Ulmer*, BB 1988, Beilage 13, 1 (6, 9 f.), der zwar von „haushaltsrechtlichen Gründen" spricht, davon aber auch Informationen umfasst sieht, „die der Gebietskörperschaft die Möglichkeit planender und auf die Unternehmensziele einwirkender Tätigkeit verschaffen sollen"; *Huber/Fröhlich*, in: Großkommentar zum AktG, 4. Aufl. 2015, § 394 Rn. 50; *Kersting*, in: Kölner Kommentar zum AktG, Bd. 7, 3. Aufl. 2016, §§ 394, 395 Rn. 175; *Adenauer*, in: Backhaus/Tielmann (Hg.), Der Aufsichtsrat, 2. Aufl. 2023, § 394 AktG Rn. 26; *Neudenberger*, Der Aufsichtsrat in staatlichen Eigen- und Beteiligungsgesellschaften, 2023, S. 260 f.; a. A. *Martens*, AG 1984, 29 (31), nach dem mit Blick auf den haushaltsrechtlichen Kontext die Sondervorschriften der §§ 394, 395 AktG nur so weit reichen sollen, „wie es der haushaltsrechtliche Informations- oder Einflussbedarf der den Beteiligungsbesitz verwaltenden Gebietskörperschaft erfordert".

530 Vgl. auch *Rachlitz*, in: Grigoleit (Hg.), AktG, 2. Aufl. 2020, § 395 Rn. 1; *Adenauer*, in: Backhaus/Tielmann (Hg.), Der Aufsichtsrat, 2. Aufl. 2023, § 394 AktG Rn. 31.

531 So auch *Teuber*, Parlamentarische Informationsrechte, 2007, S. 206; *Traut*, Die Corporate Governance von Kapitalgesellschaften der öffentlichen Hand, 2013, S. 126 f.; *Mann*, AG 2018, 57 (58).

532 Vgl. *Schockenhoff*, in: MüKoAktG, Bd. 6, 5. Aufl. 2021, § 394 Rn. 30; *Hüffer/Koch*, AktG, 17. Aufl. 2023, § 394 Rn. 41.

den Informationen kann sowohl mündlich als auch in Form schriftlicher Unterlagen erfolgen.[533]

Dem Wortlaut des § 394 AktG zufolge ist Adressatin der Berichte die Gebietskörperschaft. Wer konkret als Berichtsadressat oder Berichtsadressatin in Betracht kommt, richtet sich nach dem Organisationsrecht der jeweiligen Körperschaft.[534] Dies ist auf Bundesebene in der Regel das für den mit der Beteiligung verfolgten Zweck fachpolitisch zuständige Bundesministerium.[535] Dem systematischen Zusammenhang mit § 395 Abs. 1 AktG ist zu entnehmen, dass als Berichtsadressat nur in Betracht kommt, wer auch Adressat dieser verlagerten Verschwiegenheitspflicht ist.[536] Das sind nach § 395 Abs. 1 Hs. 1 AktG „Personen, die damit betraut sind, die Beteiligungen einer Gebietskörperschaft zu verwalten oder für eine Gebietskörperschaft die Gesellschaft, die Betätigung der Gebietskörperschaft als Aktionär oder die Tätigkeit der auf Veranlassung der Gebietskörperschaft gewählten oder entsandten Aufsichtsratsmitglieder zu prüfen".

Darüber hinaus wird aus dem Zusammenhang mit § 395 AktG teilweise ein ungeschriebenes Tatbestandsmerkmal abgeleitet, wonach Berichtsadressat nur sein könne, wer seinerseits die Gewähr biete, die auf ihn erstreckte Verschwiegenheitspflicht auch zu erfüllen.[537] Dies sei insbesondere bei Parlamenten und Gemeinderäten problematisch.[538] Insofern wäre auch zu bezweifeln, dass die für die Beteiligungsverwaltung

---

533 So die allgemeine Auffassung, siehe statt vieler *Oetker*, in: Schmidt/Lutter (Hg.), AktG, 4. Aufl. 2020, § 394 Rn. 27 m. w. N.

534 Vgl. *Hüffer/Koch*, AktG, 17. Aufl. 2023, § 394 Rn. 42; *Mann*, in: Burgi/Habersack (Hg.), Handbuch Öffentliches Recht des Unternehmens, 2023, § 19 Rn. 106.

535 So Tz. 2 der Richtlinien für eine aktive Beteiligungsführung bei Unternehmen mit Bundesbeteiligung, siehe Bundesministerium der Finanzen (Hg.), Grundsätze guter Unternehmens- und aktiver Beteiligungsführung im Bereich des Bundes, S. 33, abrufbar unter: https://www.bundesfinanzministerium.de/Content/DE/Standardartikel/Themen/Bundesvermoegen/grundsaetze-beteiligunsfuehrung-2020.pdf?__blob=publicationFile&v=6 (zuletzt abgerufen am 15.11.2023).

536 Vgl. *Schmidt-Aßmann/Ulmer*, BB 1988, Beilage 13, 1 (8 f.); *Kersting*, in: Kölner Kommentar zum AktG, Bd. 7, 3. Aufl. 2016, §§ 394, 395 Rn. 176; *Rachlitz*, in: Grigoleit (Hg.), AktG, 2. Aufl. 2020, § 395 Rn. 29; *Schockenhoff*, in: MüKoAktG, Bd. 6, 5. Aufl. 2021, § 394 Rn. 37.

537 Vgl. grundlegend *Schmidt-Aßmann/Ulmer*, BB 1988, Beilage 13, 1 (9); *Schwintowski*, NJW 1990, 1009 (1014); *Will*, VerwArch 94 (2003), 248 (263); *Weber-Rey/Buckel*, ZHR 177 (2013), 13 (18); *Kersting*, in: Kölner Kommentar zum AktG, Bd. 7, 3. Aufl. 2016, §§ 394, 395 Rn. 177; *Koch*, in: FS Schmidt-Preuß, 2018, S. 367 (370); *Schockenhoff*, in: MüKoAktG, Bd. 6, 5. Aufl. 2021, § 394 Rn. 38; *Müller-Michaels*, in: Hölters/Weber (Hg.), AktG, 4. Aufl. 2022, § 394 Rn. 26; *Hüffer/Koch*, AktG, 17. Aufl. 2023, § 394 Rn. 42.

538 Vgl. statt vieler *Hüffer/Koch*, AktG, 17. Aufl. 2023, § 394 Rn. 42 m. w. N.

zuständige Person, welche die seitens des Parlaments angefragten Informationen von einem auf seine Veranlassung in den Aufsichtsrat der Aktiengesellschaft gewählten oder entsandten Mitglied einholen will, taugliche Berichtsadressatin wäre. Denn diese Person ist ihrerseits verpflichtet, die Informationen betreffend das öffentliche Unternehmen zur Beantwortung der parlamentarischen Anfrage an den Bundestag weiterzugeben.

Dem Erfordernis eines entsprechenden ungeschriebenen Tatbestandsmerkmals kann jedoch mit Blick auf den Telos der Norm nicht zugestimmt werden, da eine solche Voraussetzung dem Geheimhaltungsinteresse des Unternehmens pauschal den Vorrang einräumt.[539] Dagegen zielen die §§ 394, 395 AktG auf einen Ausgleich zwischen dem Interesse der öffentlichen Hand an hinreichenden Informationsmöglichkeiten und dem konträren Interesse der Gesellschaft an Geheimhaltung von vertraulichen Angaben und Geschäftsgeheimnissen.[540]

Es bedarf also einer umfassenden Abwägung der widerstreitenden Interessen im Einzelfall.[541] Insofern ist es vorzugswürdig, den Kreis der Berichtsadressaten nicht durch ein ungeschriebenes Tatbestandsmerkmal zu verengen, sondern erst in einem zweiten Schritt zu fragen, ob dem Geheimhaltungsinteresse der Gesellschaft durch entsprechende Vorkehrungen bei Verwendung der Informationen Rechnung getragen werden kann.[542] Das Bundesverfassungsgericht ließ zwar offen, inwie-

539 Vgl. *Huber/Fröhlich*, in: Großkommentar zum AktG, 4. Aufl. 2015, § 394 Rn. 44; *Rachlitz*, in: Grigoleit (Hg.), AktG, 2. Aufl. 2020, § 395 Rn. 30; *Schall*, in: Henssler/Spindler/Stilz (Hg.), BeckOGK AktG, Stand: 01.01.2023, § 394 Rn. 15; a. A. *Tayaranian*, NZG 2023, 1353 (1356).

540 Vgl. *Huber/Fröhlich*, in: Großkommentar zum AktG, 4. Aufl. 2015, § 394 Rn. 9; *Kersting*, in: Kölner Kommentar zum AktG, Bd. 7, 3. Aufl. 2016, §§ 394, 395 Rn. 3; *Stehlin*, in: Heidel (Hg.), Aktienrecht und Kapitalmarktrecht, 5. Aufl. 2020, Vor §§ 394, 395 AktG Rn. 1; *Hüffer/Koch*, AktG, 17. Aufl. 2023, § 394 Rn. 1. Der Informationsbedarf der öffentlichen Hand ergibt sich dabei nicht lediglich aufgrund der Notwendigkeit, haushaltsrechtliche Prüfungen durchzuführen, sondern auch aus verfassungsrechtlich begründeten Ingerenzpflichten, vgl. *Traut*, Die Corporate Governance von Kapitalgesellschaften der öffentlichen Hand, 2013, S. 126 ff.; *Huber/Fröhlich*, in: Großkommentar zum AktG, 4. Aufl. 2015, § 394 Rn. 44 f.; vgl. auch *Rachlitz*, in: Grigoleit (Hg.), AktG, 2. Aufl. 2020, § 395 Rn. 30, nach dem „die Möglichkeit einer Befassung von Parlamenten und Gemeinderäten (…) zum realtypischen Hintergrund der §§ 394 f. (gehört)".

541 Vgl. zur Notwendigkeit der Herstellung praktischer Konkordanz *Traut*, Die Corporate Governance von Kapitalgesellschaften der öffentlichen Hand, 2013, S. 128 f.; *Schall*, in: Henssler/Spindler/Stilz (Hg.), BeckOGK AktG, Stand: 01.01.2023 § 394 Rn. 15; vgl. auch *Huber/Fröhlich*, in: Großkommentar zum AktG, 4. Aufl. 2015, § 394 Rn. 45; *Rachlitz*, in: Grigoleit (Hg.), AktG, 2. Aufl. 2020, § 395 Rn. 7b.

542 Vgl. *Rachlitz*, in: Grigoleit (Hg.), AktG, 2. Aufl. 2020, § 395 Rn. 31; *Schall*, in: Henssler/Spindler/Stilz (Hg.), BeckOGK AktG, Stand: 01.01.2023, § 394 Rn. 15.

fern § 394 AktG auch Berichte gegenüber der Legislative ermöglicht,[543] stellte jedoch fest, dass „die Aufsichtsratsmitglieder (…) gemäß § 394 AktG (…) frei sind, (jedenfalls) den die Beteiligung verwaltenden Stellen der Ministerialverwaltung (vgl. § 395 Abs. 1 AktG) zu berichten"[544]. Da sich der parlamentarische Informationsanspruch auf Bundesebene nicht gegen das Unternehmen als solches richtet, sondern gegen die Bundesregierung (dazu 3. Kapitel B.), die die angeforderten Informationen ggf. beschaffen muss (siehe 3. Kapitel C.III.), ist diese Abwägung erst im Rahmen der Prüfung des § 395 AktG vorzunehmen. Konkret stellt sich bei dieser Prüfung die Frage, ob die mit der Verwaltung der jeweiligen Beteiligung des Bundes betraute Person, die von einem Aufsichtsratsmitglied Auskünfte betreffend das öffentliche Unternehmen einholt, diese Informationen wiederum an den Bundestag zur Beantwortung einer parlamentarischen Anfrage weiterleiten darf.

c) *Ausdehnung der Verschwiegenheitspflicht auf die Berichtsempfänger gem. § 395 AktG*

Dies ist insofern fraglich, als § 395 Abs. 1 AktG, der als Gegenstück zu § 394 AktG fungiert,[545] die aktienrechtliche Verschwiegenheitspflicht auf die Empfänger der Berichte nach § 394 AktG erstreckt.[546] Die Ausdehnung der Verschwiegenheitspflicht auf die Personen, die nicht selbst Organmitglieder sind, aber Berichte nach § 394 AktG empfangen können,[547] dient dem Schutz des Vertraulichkeits- und Geheimhaltungsinteresses der Gesellschaft.[548] Ist also die Person des beteiligungsverwaltenden Ministeriums, die die Berichte nach § 394 AktG empfängt, ihrerseits zur Verschwiegenheit verpflichtet, so wäre eine Weitergabe der Informationen an den Bundestag dem Wortlaut des § 395 Abs. 1 Hs.

543 Vgl. *Mann*, AG. 2018, 57 (60).

544 BVerfGE 147, 50 (137); *Burgi*, in: ders./Habersack (Hg.), Handbuch Öffentliches Recht des Unternehmens, 2023, § 23 Rn. 56 f., sieht die Diskussion um ein entsprechendes ungeschriebenes Tatbestandsmerkmal daher spätestens mit diesem Beschluss als überholt an.

545 Vgl. *Huber/Fröhlich*, in: Großkommentar zum AktG, 4. Aufl. 2015, § 395 Rn. 1; *Oetker*, in: Schmidt/Lutter (Hg.), AktG, 4. Aufl. 2020, § 395 Rn. 1; *Schockenhoff*, in: MüKoAktG, Bd. 6, 5. Aufl. 2021, § 395 Rn. 1; *Tayaranian*, NZG 2023, 1353 (1355).

546 Vgl. *Kersting*, in: Kölner Kommentar zum AktG, Bd. 7, 3. Aufl. 2016, §§ 394, 395 Rn. 189; *Stehlin*, in: Heidel (Hg.), Aktienrecht und Kapitalmarktrecht, 5. Aufl. 2020, § 395 AktG Rn. 1; *Rachlitz*, in: Grigoleit (Hg.), AktG, 2. Aufl. 2020, § 395 Rn. 47.

547 Vgl. *Müller-Michaels*, in: Hölters/Weber (Hg.), AktG, 4. Aufl. 2022, § 395 Rn. 1; *Schall*, in: Henssler/Spindler/Stilz (Hg.), BeckOGK AktG, Stand: 01.01.2023, § 395 Rn. 2.

548 Vgl. statt vieler *Rachlitz*, in: Grigoleit (Hg.), AktG, 2. Aufl. 2020, § 395 Rn. 47.

1 Alt. 1 AktG zufolge grundsätzlich nur dann möglich, wenn diese Verschwiegenheitsanforderungen gewahrt werden könnten.[549]

Jedenfalls bei einer Weitergabe der Informationen an das Plenum des Bundestages wird in der Literatur bislang ganz überwiegend vertreten, dass schon allein aufgrund der Anzahl der Mitglieder diese Vertraulichkeit nicht gewahrt werden könne.[550] Mit Blick auf den „realtypischen Hintergrund“[551] der §§ 394, 395 AktG, die durch die Lockerung der Verschwiegenheitspflicht gerade auch die verfassungsrechtlich geforderte parlamentarische Kontrolle öffentlicher Unternehmen ermöglichen sollen, erkennt die Literatur jedoch überwiegend die Notwendigkeit der Weitergabe von Informationen an das Parlament an.[552] So wird vertreten, dass eine Informationsweitergabe an solche Ausschüsse bzw. Gremien des Parlaments zulässig ist, die aufgrund ihrer Zusammensetzung und Arbeitsweise die Verschwiegenheit gewährleisten.[553]

Nach überwiegender Auffassung greift die Ausnahme von der Verschwiegenheitspflicht des § 395 Abs. 1 Hs. 1 AktG für „Mitteilungen im dienstlichen Verkehr“ nach § 395 Abs. 1 Hs. 2 AktG im Falle der

549 Vgl. auch *Schockenhoff*, in: MüKoAktG, Bd. 6, 5. Aufl. 2021, § 394 Rn. 39.

550 Vgl. *Schmidt-Aßmann/Ulmer*, BB 1988, Beilage 13, 1 (9); *Land/Hallermayer*, AG 2011, 114 (120 f.); *Weber-Rey/Buckel*, ZHR 177 (2013), 13 (17 f.); *Kersting*, in: Kölner Kommentar zum AktG, Bd. 7, 3. Aufl. 2016, §§ 394, 395 Rn. 180; *Koch*, ZHR 183 (2019), 7 (24); *Oetker*, in: Schmidt/Lutter (Hg.), AktG, 4. Aufl. 2020, § 394 Rn. 32; *Stehlin*, in: Heidel (Hg.), Aktienrecht und Kapitalmarktrecht, 5. Aufl. 2020, § 394 AktG Rn. 8; *Hüffer/Koch*, AktG, 17. Aufl. 2023, § 394 Rn. 42; *Schnuch*, Compliance-Verantwortung des Staates für gemischtwirtschaftliche Unternehmen, 2023, S. 169.

551 *Rachlitz*, in: Grigoleit (Hg.), AktG, 2. Aufl. 2020, § 395 Rn. 30.

552 So etwa *Rachlitz*, in: Grigoleit (Hg.), AktG, 2. Aufl. 2020, § 395 Rn. 30; *Pelz*, in: Bürgers/Körber/Lieder (Hg.), AktG, 5. Aufl. 2021, § 395 Rn. 5; *Müller-Michaels*, in: Hölters/Weber (Hg.), AktG, 4. Aufl. 2022, § 395 Rn. 3; *Adenauer*, in: Backhaus/Tielmann (Hg.), Der Aufsichtsrat, 2. Aufl. 2023, § 394 AktG Rn. 29 ff.; *Schall*, in: Henssler/Spindler/Stilz (Hg.), BeckOGK AktG, Stand: 01.01.2023, § 394 Rn. 15; auch nach *Knöbber-Griesz*, jM 2023, 139 (142) stehen die §§ 394 f. AktG parlamentarischen Informationsrechten nicht entgegen.

553 Vgl. *Land/Hallermayer*, AG 2011, 114 (119 ff.) mit Blick auf parlamentarische Fach- und Untersuchungsausschüsse; *Traut*, Die Corporate Governance von Kapitalgesellschaften der öffentlichen Hand, 2013, S. 131 f.; *Weber-Rey/Buckel*, ZHR 177 (2013), 13 (18); *Kersting*, in: Kölner Kommentar zum AktG, Bd. 7, 3. Aufl. 2016, §§ 394, 395 Rn. 180; *Rachlitz*, in: Grigoleit (Hg.), AktG, 2. Aufl. 2020, § 395 Rn. 30 f.; *Pelz*, in: Bürgers/Körber/Lieder (Hg.), AktG, 5. Aufl. 2021, § 395 Rn. 5; *Schockenhoff*, in: MüKoAktG, Bd. 6, 5. Aufl. 2021, § 394 Rn. 39; *Müller-Michaels*, in: Hölters/Weber (Hg.), AktG, 4. Aufl. 2022, § 395 Rn. 3; *Adenauer*, in: Backhaus/Tielmann (Hg.), Der Aufsichtsrat, 2. Aufl. 2023, § 394 AktG Rn. 32. A. A. *Wilting*, AG 2012, 529 (535 ff.).

Weitergabe von Informationen an die Legislative nicht: § 395 Abs. 1 Hs. 2 AktG wird überwiegend ein enges, aus dem Beamtenrecht (§ 67 Abs. 2 Nr. 1 BBG) stammendes Verständnis zugrunde gelegt, wonach unter „Mitteilungen im dienstlichen Verkehr" lediglich solche Mitteilungen zu fassen sind, die innerhalb der für die Verwaltung oder Prüfung von Beteiligungen konkret zuständigen Dienststellen gemacht werden, mithin von Personen, die ihrerseits nach § 395 Abs. 1 Hs. 1 AktG zur Verschwiegenheit verpflichtet sind.[554]

Im Ergebnis wäre nach der überwiegenden Meinung im Schrifttum eine Weitergabe von Informationen an den Bundestag auf Grundlage der §§ 394, 395 AktG zwar prinzipiell möglich, jedoch unter weitreichenden Einschränkungen im Hinblick auf die Frage des „Wie". Insbesondere wäre die öffentliche Beantwortung einer parlamentarischen Anfrage unter Preisgabe von Informationen betreffend vertraulicher Angaben oder Betriebs- bzw. Geschäftsgeheimnisse eines öffentlichen Unternehmens nicht mit §§ 394, 395 AktG vereinbar.

3. Spannungsverhältnis zwischen Verfassungs- und Gesellschaftsrecht

Fraglich ist, ob dieses Ergebnis einer verfassungsrechtlichen Korrektur bedarf.[555]

In dem Urteil des Zweiten Senats vom 7.11.2017[556], das u. a. parlamentarische Anfragen betreffend die Tätigkeit der Deutsche Bahn AG zum Gegenstand hatte, stellte das Bundesverfassungsgericht fest, dass die Grenzen des verfassungsrechtlich garantierten, parlamentarischen Frage- und Informationsrechts ihren Grund ebenfalls im Verfassungsrecht haben müssen, auch soweit diese einfachgesetzlich geregelt sind.[557] Deshalb reichen die einfachgesetzlichen Verschwiegenheitsregelungen des Aktiengesetzes für eine Begrenzung des Frage- und Infor-

---

554 Vgl. *Kropff*, in: FS Hefermehl, 1976, S. 327 (337); *Huber/Fröhlich*, in: Großkommentar zum AktG, 4. Aufl. 2015, § 395 Rn. 7; *Kersting*, in: Kölner Kommentar zum AktG, Bd. 7, 3. Aufl. 2016, §§ 394, 395 Rn. 203; *Rachlitz*, in: Grigoleit (Hg.), AktG, 2. Aufl. 2020, § 395 Rn. 52; *Stehlin*, in: Heidel (Hg.), Aktienrecht und Kapitalmarktrecht, 5. Aufl. 2020, § 395 AktG Rn. 4; *Schockenhoff*, in: MüKoAktG, Bd. 6, 5. Aufl. 2021, § 395 Rn. 8; *Hüffer/Koch*, AktG, 17. Aufl. 2023, § 395 Rn. 7.

555 So die Formulierung bei *Koch*, ZHR 183 (2019), 7 (25), siehe dazu auch *Neudenberger*, Der Aufsichtsrat in staatlichen Eigen- und Beteiligungsgesellschaften, 2023, S. 268.

556 BVerfGE 147, 50.

557 Vgl. BVerfGE 147, 50 (133).

mationsrechts alleine nicht aus.[558] Einfachgesetzliche Regelungen könnten in diesem Zusammenhang jedoch insoweit relevant werden, als sie einen sich innerhalb des Gestaltungsspielraums des Gesetzgebers bewegenden Ausgleich konfligierender (Verfassungs-)Rechte darstellen.[559] Es scheint, als sehe das Bundesverfassungsgericht das Gesellschaftsrecht als vollständig vom Verfassungsrecht überlagert an.[560] In diese Richtung geht die im öffentlich-rechtlichen Schrifttum in Anlehnung an das Verwaltungsprivatrecht[561] entwickelte Lehre vom Verwaltungsgesellschaftsrecht[562]: Demnach werde das Gesellschaftsrecht durch öffentlich-rechtliche Vorschriften ergänzt und modifiziert, um die Erfüllung der verfassungsrechtlich begründeten Ingerenzpflichten auch dann sicherzustellen, wenn die gesellschaftsrechtlichen Instrumente dies nicht gewährleisten.[563]

Die bislang wohl überwiegende Meinung steht dem ablehnend gegenüber.[564] Dieser Ansicht zufolge gelten auch bei Beteiligung einer Gebietskörperschaft an einer Aktiengesellschaft die allgemeinen Regeln des

---

558 So BVerfGE 147, 50 (133); vgl. auch *Klein/Schwarz*, in: Dürig/Herzog/Scholz, GG, 99. EL 2022, Art. 43 Rn. 96.

559 So BVerfGE 147, 50 (133).

560 Vgl. etwa *Kersting*, WPg 2018, 392; *Schockenhoff*, in: MüKoAktG, Bd. 6, 5. Aufl. 2021, Vor § 394 Rn. 28.

561 Diese Anknüpfung ist schon insoweit kritisch zu sehen, als sich das Verwaltungsprivatrecht auf eine Modifikation des Außenrechtsverhältnisses beschränkt, während das Verwaltungsgesellschaftsrecht das Innenverhältnis der Gesellschaft betrifft, vgl. *Habersack*, ZGR 1996, 544 (555); *Mann*, Die öffentlich-rechtliche Gesellschaft, 2002, S. 283 f.; *Schockenhoff*, in: MüKoAktG, Bd. 6, 5. Aufl. 2021, Vor § 394 Rn. 25. Ausführlich dazu auch *Traut*, Die Corporate Governance von Kapitalgesellschaften der öffentlichen Hand, 2013, S. 6 ff.

562 Der Begriff wird jedoch nicht einheitlich verwendet, siehe *Huber/Fröhlich*, in: Großkommentar zum AktG, 4. Aufl. 2015, Vor §§ 394, 395 Rn. 23 m. w. N.; siehe auch *Hüffer/Koch*, AktG, 17. Aufl. 2023, § 394 Rn. 2a, wonach das öffentlich-rechtliche Meinungsbild wesentlich ausdifferenzierter sei, als es im gesellschaftsrechtlichen Schrifttum teilweise wahrgenommen werde.

563 Vgl. dazu *Ballerstedt*, DÖV 1951, 449 (452) und *Ipsen*, JZ 1955, 593 (598), die von einer „Indienstnahme der Unternehmen für öffentliche Verwaltungsaufgaben" ausgingen; später *Kraft*, Das Verwaltungsgesellschaftsrecht, 1982, S. 231 ff.; *v. Danwitz*, AöR 120 (1995), 595 (622 ff.); *Ossenbühl*, ZGR 1996, 504 (514). Ausführlich zum dogmatischen Konzept *Mann*, Die öffentlich-rechtliche Gesellschaft, 2002, S. 270 ff. und jüngst *Mann*, NdsVBl. 2022, 197 (201).

564 Mit Blick auf Konzernvorschriften BGH NJW 1978, 104 (105); vgl. auch *Engellandt*, Die Einflußnahme der Kommunen auf ihre Kapitalgesellschaften über das Anteilseignerorgan, 1995, S. 24 ff.; *Habersack*, ZGR 1996, 544 (555 ff.); *Spannowsky*, ZGR 1996, 400 (422 ff.); *Mann*, Die öffentlich-rechtliche Gesellschaft, 2002, S. 280 ff.; *Kersting*, in: Kölner Kommentar zum AktG, Bd. 7, 3. Aufl. 2016, §§ 394, 395 Rn. 62; *Stehlin*, in: Heidel (Hg.), Aktienrecht und Kapitalmarktrecht, 5. Aufl. 2020, Vor §§ 394, 395 AktG Rn. 3; *Pelz*, in: Bürgers/Körber/Lieder (Hg.),

abschließend geregelten Gesellschaftsrechts, sodass die Gebietskörperschaft grundsätzlich keinen Sonderstatus genießt.[565] Auch Letzterem scheint das Bundesverfassungsgericht[566] zuzustimmen, wenn es in derselben Entscheidung feststellt, dass die Wahl privater Unternehmensformen für die Wahrnehmung öffentlicher Aufgaben zu einem Kontroll-, Steuerungs- und Legitimationsdefizit führen könne, dies aber nicht bedeute, dass das Gesellschaftsrecht an die Steuerungsbedürfnisse des Staates als Anteilseigner anzupassen sei.[567] Vielmehr habe dieser selbst die Rechtsform für die ihm obliegende Aufgabenwahrnehmung zu wählen, die die erforderlichen Einwirkungsmöglichkeiten gewährleiste.[568] Sollten die gesellschaftsrechtlichen Einwirkungsrechte keine ausreichende parlamentarische Kontrolle ermöglichen, könne sich die Regierung dennoch nicht ihrer Verantwortung entziehen.[569]

Auch wenn diese Aussagen des Bundesverfassungsgerichts widersprüchlich erscheinen, lässt sich das Spannungsverhältnis von Verfassungsrecht und Gesellschaftsrecht dennoch auflösen:[570] Zunächst wirkt sich die Ingerenzpflicht im Sinne einer Eingangskontrolle dahingehend aus, dass die jeweilige Gebietskörperschaft gehalten ist, sich aus der Formenvielfalt des Gesellschaftsrechts ausschließlich solcher Rechtsformen zu bedienen, die die Einhaltung der öffentlich-rechtlichen Bindungen ermöglichen.[571] Anderenfalls ist von der jeweiligen Beteiligung Abstand zu nehmen und eine andere Organisationsform

---

AktG, 5. Aufl. 2021, Vor zu §§ 394 f. Rn. 3; ausführlich *Hüffer/Koch*, AktG, 17. Aufl. 2023, § 394 Rn. 2a ff.

565 Vgl. *Lutter/Grunewald*, WM 1984, 385; *Engellandt*, Die Einflußnahme der Kommunen auf ihre Kapitalgesellschaften über das Anteilseignerorgan, 1995, S. 23 f.; *Habersack*, ZGR 1996, 544 (555); *Schmidt*, ZGR 1996, 345 (350 f.); *Oetker*, in: Schmidt/Lutter (Hg.), AktG, 4. Aufl. 2020, Vor zu. §§ 394, 395 Rn. 9 ff; *Rachlitz*, in: Grigoleit (Hg.), AktG, 2. Aufl. 2020, § 395 Rn. 4 ff.; *Pelz*, in: Bürgers/Körber/Lieder (Hg.), AktG, 5. Aufl. 2021, Vor zu §§ 394 f. Rn. 4; *Schall*, in: Henssler/Spindler/Stilz (Hg.), BeckOGK AktG, Stand: 01.01.2023, § 394 Rn. 4.

566 So BVerfGE 147, 50 (137).

567 Vgl. *Kersting*, WPg 2018, 392 (393); *Schockenhoff*, in: MüKoAktG, Bd. 6, 5. Aufl. 2021, Vor § 394 Rn. 28; vgl. dazu auch *Koch*, ZHR 183 (2019), 7 (15 f.).

568 So BVerfGE 147, 50 (137).

569 So BVerfGE 147, 50 (137); ausführlich dazu *Schockenhoff*, in: MüKoAktG, Bd. 6, 5. Aufl. 2021, Vor § 394 Rn. 27 ff.

570 So auch *Kersting*, WPg 2018, 392 (393); *Koch*, ZHR 183 (2019), 7 (15 f.); *Schockenhoff*, in: MüKoAktG, Bd. 6, 5. Aufl. 2021, Vor § 394 Rn. 29.

571 Vgl. HessVGH, AG 2013, 35 (38), wonach „sich eine Gemeinde vor der Beteiligung an einer privatrechtlichen Gesellschaft die gebotenen Kontroll- und Einflussmöglichkeiten sichern oder von der Beteiligung Abstand nehmen muss“; vgl. auch *Schmidt*, ZGR 1996, 345 (356 f.) und *Spannowsky*, ZGR 1996, 400 (423 f.); *Harbarth*, Anlegerschutz in öffentlichen Unternehmen, 1998, S. 112; *Kersting*, in: Kölner Kommentar zum AktG, Bd. 7, 3. Aufl. 2016, §§ 394, 395

zu wählen.[572] Der Gesetzgeber wiederum ist innerhalb der verfassungs- und europarechtlichen Grenzen frei, die gesellschaftsrechtlichen Rahmenbedingungen an die besonderen Bedürfnisse staatlicher Beteiligung anzupassen.[573] Hat sich die Gebietskörperschaft einer Rechtsform bedient, die den verfassungsrechtlichen Vorgaben nicht genügt, so kann sich die Regierung indes nicht ihrer Verantwortung gegenüber dem Parlament entziehen.[574] Wählt die Gebietskörperschaft etwa die Rechtsform der AG, hat sie die aktienrechtlichen Regelungen jedoch grundsätzlich einzuhalten.[575]

a) Spannungsverhältnis im Hinblick auf die Frage des „Ob" der Antwortpflicht der Bundesregierung?

Das bedeutet zunächst, dass die gewählte Rechtsform dem aus Art. 38 Abs. 1 S. 2 und Art. 20 Abs. 2 GG hergeleiteten Informationsrecht des Bundestages dahingehend Rechnung tragen muss, dass ausreichend Informationswege bestehen, um die Beantwortung parlamentarischer Fragen grundsätzlich zu ermöglichen.[576] Daher stellt das Bundesverfassungsgericht folgerichtig fest, dass im Hinblick auf das „Ob" der (verfassungsrechtlich verankerten) Antwortpflicht der Bundesregierung eine pauschale Antwortverweigerung unter Berufung auf die (einfachrechtlichen) Verschwiegenheitspflichten des Aktienrechts nicht zulässig ist.[577]

Rn. 63; *Rachlitz*, in: Grigoleit (Hg.), AktG, 2. Aufl. 2020, § 395 Rn. 4; *Koch*, ZHR 183 (2019), 7 (16); *Hüffer/Koch*, AktG, 17. Aufl. 2023, § 394 Rn. 2b.

572 Vgl. HessVGH, AG 2013, 35 (38); *Spannowsky*, ZGR 1996, 400 (424); *Huber/Fröhlich*, in: Großkommentar zum AktG, 4. Aufl. 2015, Vor §§ 394, 395 Rn. 23; *Burgi*, in: Herrler (Hg), Aktuelle gesellschaftsrechtliche Herausforderungen, 2016, S. 49 (57 f.); *Koch*, ZHR 183 (2019), 7 (16); *Schockenhoff*, in: MüKoAktG, Bd. 6, 5. Aufl. 2021, Vor § 394 Rn. 25.

573 Vgl. *Schmidt-Aßmann/Ulmer*, BB 1988, Beilage 13, 1 (12); *Mann*, Die öffentlich-rechtliche Gesellschaft, 2002, S. 281; *Rachlitz*, in: Grigoleit (Hg.), AktG, 2. Aufl. 2020, § 395 Rn. 4; *Schockenhoff*, in: MüKoAktG, Bd. 6, 5. Aufl. 2021, Vor § 394 Rn. 23, 25.

574 Dazu *Hamdorf/Moradi Karkaj*, DVBl 2018, 823 (829); *Kersting*, WPg 2018, 392 (393); *Koch*, ZHR 183 (2019), 7 (15 ff.); *Schockenhoff*, in: MüKoAktG, Bd. 6, 5. Aufl. 2021, Vor § 394 Rn. 27.

575 Vgl. *Gersdorf*, Öffentliche Unternehmen im Spannungsfeld zwischen Demokratie- und Wirtschaftlichkeitsprinzip, 2000, S. 261; *Kersting*, in: Kölner Kommentar zum AktG, Bd. 7, 3. Aufl. 2016, §§ 394, 395 Rn. 63; *Rachlitz*, in: Grigoleit (Hg.), AktG, 2. Aufl. 2020, § 395 Rn. 4 ff.; *Schockenhoff*, in: MüKoAktG, Bd. 6, 5. Aufl. 2021, Vor § 394 Rn. 25.

576 Vgl. BVerfGE 147, 50 (137 f.); dazu *Koch*, ZHR 183 (2019), 7 (16).

577 Explizit BVerfGE 147, 50 (160): „Die schlichte Berufung auf die Verschwiegenheitspflichten des Aktienrechts ist zur Begründung der Antwortverweigerung nicht ausreichend"; der Bund hatte im konkreten Fall bestimmte Informationen

Wie zuvor dargelegt,[578] stehen die §§ 394, 395 AktG dem jedoch nicht entgegen, sondern sind einer Auslegung dahingehend zugänglich, dass eine Informationsweitergabe an den Bundestag prinzipiell möglich ist.

b) Spannungsverhältnis im Hinblick auf die Frage des „Wie" der Antwortpflicht der Bundesregierung?

Bezüglich des „Wie" der Antwort wäre nach der überwiegenden Meinung im Schrifttum eine Weitergabe von Informationen an den Bundestag auf Grundlage der §§ 394, 395 AktG nur unter weitreichenden Einschränkungen zur Wahrung der Vertraulichkeit zulässig.[579] Fraglich ist, ob dieses Ergebnis den verfassungsrechtlichen Anforderungen des Frage- und Informationsrechts des Bundestages gerecht wird oder dies anderenfalls durch verfassungskonforme Auslegung der §§ 394, 395 AktG erreicht werden kann.

aa) Kollision der §§ 394, 395 AktG mit Verfassungsrecht

Wie bereits gezeigt, ist die Bundesregierung grundsätzlich dazu verpflichtet, parlamentarische Anfragen vollständig und zutreffend zu beantworten.[580] Darüber hinaus ist der parlamentarische Informationsanspruch auf Beantwortung gestellter Fragen in der Öffentlichkeit gerichtet.[581] Eine Verankerung findet dieser Grundsatz in Art. 42 Abs. 1 GG. Die Öffentlichkeit der Verhandlungen des Parlaments stellt eine wichtige Ausprägung des Demokratieprinzips dar.[582]

Das Bundesverfassungsgericht erkennt zwar verfassungsrechtlich zulässige Formen der Geheimhaltung wie die Beantwortung der Fragen in geheim tagenden parlamentarischen Untergremien[583] an, um einen Ausgleich zwischen dem parlamentarischen Informationsinteresse und dem

---

unter Berufung auf die aktienrechtliche Verschwiegenheitspflicht pauschal verweigert.

578 Siehe oben 4. Kapitel A.I.2.c).

579 Siehe oben 4. Kapitel A.I.2.c).

580 Vgl. dazu oben 3. Kapitel C.; vgl. auch NWVerfGH NVwZ-RR 2009, 41 (43); *Lennartz/Kiefer*, DÖV 2006, 185 (193 f.); *Brenner*, Reichweite und Grenzen des parlamentarischen Fragerechts, 2009, S. 31; *Harks*, JuS 2014, 979 (980); *Glauben*, DVBl 2018, 751 (754); *Müller*, in: v. Mangoldt/Klein/Starck, GG, Bd. 2, 7. Aufl. 2018, Art. 38 Rn. 87.

581 Vgl. BVerfGE 147, 50 (128 f.); *Glauben*, DVBl 2018, 751 (754 f.); *Müller*, in: v. Mangoldt/Klein/Starck, GG, Bd. 2, 7. Aufl. 2018, Art. 38 Rn. 89.

582 Vgl. BVerfGE 70, 324 (355); 84, 304 (329); *Brocker*, „Lux in arcana", 2014, S. 28; *Hyckel*, ThürVBl. 2015, 285 (286).

583 Vgl. BVerfGE 130, 318 (359); 147, 50 (129).

exekutiven Vertraulichkeitsinteresse zu schaffen.[584] Allerdings betont das Gericht, dass dies auf wenige Ausnahmen mit eng begrenztem Anwendungsbereich beschränkt bleiben und zwingend erforderlich sein muss.[585] „Soweit Abgeordnete [...] von der Mitwirkung an der parlamentarischen Entscheidungsfindung ausgeschlossen werden, ist dies nur zum Schutz anderer Rechtsgüter mit Verfassungsrang und unter strikter Wahrung des Grundsatzes der Verhältnismäßigkeit zulässig."[586]

Daneben kommt die Beantwortung parlamentarischer Anfragen unter Anwendung der Geheimschutzordnung als milderes Mittel in Betracht.[587] Nichtsdestotrotz konfligiert auch dies mit der Öffentlichkeitsfunktion des Parlaments:[588] Wird eine Information unter Anwendung der Geheimschutzordnung an das Parlament weitergegeben, ist der Verantwortungszusammenhang zum Volk unterbrochen, da die Information nicht Teil des öffentlichen Meinungsbildungsprozesses werden kann.[589]

Ferner ist das Informationsrecht in seiner Kontrolldimension überwiegend ein Mittel der Opposition, das in seiner Wirksamkeit maßgeblich von Öffentlichkeit abhängt, da anderenfalls in der Praxis jedenfalls eine sanktionierende Kontrolle ausscheidet.[590]

Im Ergebnis ist die Beantwortung parlamentarischer Anfragen unter Anwendung von Vertraulichkeits- bzw. Geheimnisschutzmaßnahmen nur unter engen Voraussetzungen möglich.[591] Insbesondere dürfen angefragte Informationen also nur dann unter dem Vorbehalt der Geheimhaltung bzw. Vertraulichkeit an den Bundestag weitergegeben

584 Vgl. BVerfGE 137, 185 (264); 146, 1 (43 f.); 147, 50 (131); *Singer*, ZParl 2020, 888 (901 f.).

585 Vgl. BVerfGE 130, 318 (360); 147, 50 (129).

586 BVerfGE 131, 230 (235) im Hinblick auf die Übertragung der Wahl der Richter des BVerfG auf den Ausschuss gem. § 6 BVerfGG; BVerfGE 137, 185 (242).

587 Vgl. BVerfGE 137, 185 (264); 146, 1 (43 f.); 147, 50 (131); BVerfG, NVwZ 2023, 239 Rn. 65.

588 Vgl. BVerfGE 137, 185 (264 ff.); 147, 50 (131); *Glauben*, DVBl 2018, 751 (754 f.); *Siems*, GSZ 2020, 1 (2 f.).

589 Vgl. BVerfGE 147, 50 (132); *Schliesky*, in: v. Mangoldt/Klein/Starck, GG, Bd. 2, 7. Aufl. 2018, Art. 42 Rn. 16, bezeichnet die Parlamentsöffentlichkeit als „unverzichtbare Voraussetzungen einer funktionierenden repräsentativen Demokratie".

590 Vgl. BVerfGE 147, 50 (132) mit Verweis auf BVerfGE 137, 185 (264 f.).

591 Vgl. BVerfGE 137, 185 (264 f.); BVerfGE 147, 50 (131 f.), wonach die Informationsrechte des Parlaments nicht dazu führen dürfen, „dass sich über den parlamentarischen Geheimnisschutz die Arbeits- und Funktionsweise des Parlaments in den wichtigen Bereichen grundlegend verschiebt und diese spezifische Öffentlichkeitsfunktion ausgeblendet wird."; siehe auch *Butzer*, in: Epping/Hillgruber (Hg.), BeckOK GG, 56. Edition 2023, Art. 38 Rn. 171.

werden, wenn dies im konkreten Einzelfall zum Schutz verfassungsrechtlicher Rechtsgüter geboten ist, sodass die Berufung auf einfachrechtliche Verschwiegenheitspflichten für sich genommen nicht ausreicht, das Informationsrecht dahingehend zu beschränken.[592] Welche verfassungsrechtlich geschützten Güter im Hinblick auf Anfragen betreffend Interna öffentlicher Unternehmen in Betracht kommen, ist im weiteren Verlauf zu prüfen.

Wird jedoch eine Weitergabe entsprechender Informationen an den Bundestag auf Grundlage der §§ 394, 395 AktG nach der überwiegenden Meinung im Schrifttum nur unter dem Vorbehalt der Geheimhaltung bzw. Vertraulichkeit für möglich gehalten,[593] auch wenn im konkreten Fall keine Rechtsgüter von Verfassungsrang tangiert sind, stehen die §§ 394, 395 AktG im Widerspruch zu den verfassungsrechtlichen Anforderungen.[594]

Eine solche Kollision ist allerdings nur bei Unternehmen denkbar, die von der öffentlichen Hand beherrscht werden. Denn nur diese sind vom Verantwortungsbereich der Bundesregierung, und damit vom parlamentarischen Fragerecht, umfasst.[595] Obschon sich der Untersuchungsgegenstand der vorliegenden Arbeit auf letztere Unternehmen beschränkt, sei an dieser Stelle darauf hingewiesen, dass im Falle eines Unternehmens, an dem die öffentliche Hand eine Minderheitsbeteiligung hält, die §§ 394, 395 AktG bei Bestehen einer entsprechenden Berichtspflicht eingreifen.[596] Dies gilt ungeachtet dessen, dass sich das Erfordernis demokratischer Legitimation in einem solchen Fall mangels Ausübung staatlicher Gewalt nicht auf die Tätigkeit des Unternehmens selbst erstreckt.[597] Daher bleibt es bei einer Minderheitsbeteiligung dabei, dass die Verschwiegenheitspflicht zugunsten des Informationsinteresses der

---

592 Vgl. BVerfGE 147, 50 (133); *Hillgruber*, JA 2018, 238 (240); *Siems*, GSZ 2020, 1 (4); *Kluckert*, in: Stern/Sodan/Möstl (Hg.), Das Staatsrecht der Bundesrepublik Deutschland im europäischen Staatenverbund, Bd. II, 2. Aufl. 2022, § 35 Rn. 73; *Butzer*, in: Epping/Hillgruber (Hg.), BeckOK GG, 56. Edition 2023, Art. 38 Rn. 171. So wohl auch *Mann*, AG 2018, 57 (63). Siehe auch für die Landesebene VerfG LSA, NVwZ-RR 2023, 305 (307), wonach zu solchen Rechtsgütern die Funktionsfähigkeit und Eigenverantwortung der Regierung oder Verwaltung, das Wohl des Landes oder des Bundes sowie schutzwürdige Interessen Dritter zählen.

593 Vgl. oben oben 4. Kapitel A.I.2.c).

594 Vgl. auch *Koch*, ZHR 183 (2019), 7 (29).

595 Vgl. dazu 3. Kapitel C.I.1.

596 Siehe dazu oben 4. Kapitel A.I.2.a) aa); zu den Besonderheiten bei einer Minderheitsbeteiligung *Koch*, in: Burgi/Habersack (Hg.), Handbuch Öffentliches Recht des Unternehmens, 2023, § 16 Rn. 80.

597 Vgl. *Koch*, in: Burgi/Habersack (Hg.), Handbuch Öffentliches Recht des Unternehmens, 2023, § 16 Rn. 14.

öffentlichen Hand durchbrochen, im Gegenzug aber auf die Empfänger der Berichte nach § 394 AktG erstreckt wird.

bb) Möglichkeit der verfassungskonformen Auslegung

Das Bundesverfassungsgericht ließ mangels Entscheidungserheblichkeit die Frage, ob das Informationsrecht des Bundestages gegenüber der Regierung eine verfassungskonforme Auslegung der §§ 394, 395 AktG erfordert, „wonach stets eine öffentliche Information des Bundestages zu erfolgen hat, die auch eine Veröffentlichung als Bundestagsdrucksache erlaubt“[598] ausdrücklich offen.[599]

Die (einfachen) gesellschaftsrechtlichen Vorschriften sind nach allgemeinen Grundsätzen der verfassungskonformen Auslegung zugänglich, sofern es zu einer Kollision mit höherrangigen verfassungsrechtlichen Vorgaben kommt.[600] Danach ist von mehreren möglichen Normdeutungen, die teils zu einem verfassungswidrigen, teils zu einem verfassungsmäßigen Ergebnis führen, diejenige vorzuziehen, die mit dem Grundgesetz in Einklang steht.[601] Dabei sind freilich die Grenzen verfassungskonformer Auslegung zu beachten, die sich grundsätzlich aus dem ordnungsgemäßen Gebrauch der anerkannten Auslegungsmethoden ergeben.[602] Ebenso gebietet der Respekt vor der gesetz-

---

598 BVerfGE 147, 50 (160).

599 Die Bundesregierung hatte ihre Antwort ohnehin unzulässigerweise gänzlich verweigert, dazu *Schall,* in: Henssler/Spindler/Stilz (Hg.), BeckOGK AktG, Stand: 01.01.2023, § 394 Rn. 4.

600 Vgl. *Huber/Fröhlich*, in: Großkommentar zum AktG, 4. Aufl. 2015, Vor §§ 394, 395 Rn. 23; *Kersting*, WPg 2018, 392 (395), wonach eine Kollision zwischen §§ 394, 395 AktG und dem parlamentarischen Fragerecht zugunsten des Verfassungsrechts aufgelöst werden müsse; *Schall,* in: Henssler/Spindler/Stilz (Hg.), BeckOGK AktG, Stand: 01.01.2023, § 394 Rn. 4; a. A. etwa *Schmidt*, ZGR 1996, 345 (351); *Spannowsky*, ZGR 1996, 400 (421 f.); *Schockenhoff*, in: MüKoAktG, Bd. 6, 5. Aufl. 2021, Vor § 394 Rn. 25; *Knöbber-Griesz*, jM 2023, 90 (91). *Mann*, Die öffentlich-rechtliche Gesellschaft, 2002, S. 280 ff. und *Oetker*, in: Schmidt/Lutter (Hg.), AktG, 4. Aufl. 2020, Vor zu §§ 394, 395 Rn. 20, sehen dies jedenfalls als nicht zwingend geboten an. Dies bedeutet freilich nicht, dass neben die im Gesellschaftsrecht geregelten Sondervorschriften für Beteiligungen der öffentlichen Hand weitere, direkt aus der Verfassung abgeleitete Steuerungsmöglichkeiten treten, so auch *Gersdorf*, Öffentliche Unternehmen im Spannungsfeld zwischen Demokratie- und Wirtschaftlichkeitsprinzip, 2000, S. 262.

601 So die st. Rspr. des BVerfG, vgl. BVerfGE 119, 247 (274) mit Verweis auf BVerfGE 32, 373 (383 f.). Ausführlich zur verfassungskonformen Auslegung *Larenz/Canaris*, Methodenlehre der Rechtswissenschaft, 3. Aufl. 1995, S. 159 ff.; *Hesse*, Grundzüge des Verfassungsrechts der Bundesrepublik Deutschland, 20. Aufl. 1999, § 2 Rn. 79 ff.

602 So BVerfGE 119, 247 (274); 138, 64 (93); dazu *Jarass*, in: ders./Pieroth, GG, 17. Aufl. 2022, Art. 20 Rn. 68.

gebenden Gewalt (Art. 20 Abs. 2 GG), in den Grenzen der Verfassung das Maximum dessen aufrechtzuerhalten, was der Gesetzgeber gewollt hat.[603] Der Norm darf kein Verständnis zugrunde gelegt werden, das in Widerspruch zu dem klar erkennbaren geäußerten Willen des Gesetzgebers treten würde.[604]

Wie soeben beschrieben, kann es im Falle einer parlamentarischen Anfrage betreffend vertraulichen Angaben oder Betriebs- bzw. Geschäftsgeheimnissen eines öffentlichen Unternehmens zu einer Kollision der §§ 394, 395 AktG mit verfassungsrechtlichen Vorgaben kommen. Zu untersuchen ist daher, ob es eine Auslegungsmöglichkeit gibt, die zu einem verfassungsgemäßen und demnach vorzugswürdigen Ergebnis gelangt.[605]

Nach vorzugswürdiger Ansicht ist Anknüpfungspunkt einer solchen Auslegung der Begriff der „Mitteilungen im dienstlichen Verkehr" i. S. v. § 395 Abs. 1 Hs. 2 AktG: Dieser Begriff kann verfassungskonform dahingehend ausgelegt werden, dass auch eine Informationsweitergabe an die Legislative davon erfasst wird, um so das Recht auf parlamentarische Kontrolle zu gewährleisten.[606] Denn dann wäre die Person des beteiligungsverwaltenden Ministeriums, die die Berichte nach § 394 AktG empfängt, gegenüber dem Bundestag nicht mehr zur Verschwiegenheit verpflichtet, da § 395 Abs. 1 Hs. 2 AktG insofern eine Ausnahme von der Verschwiegenheitspflicht des § 395 Abs. 1 Hs. 1 AktG statuiert.

---

603 Vgl. BVerfGE 49, 148 (157); 86, 288 (320); dazu *Herresthal*, JuS 2014, 289 (296); *Sachs*, in: ders. (Hg.), GG, 9. Aufl. 2021, Einführung Rn. 55.

604 Vgl. BVerfGE 90, 263 (275); 98, 17 (45); 101, 312 (329); 138, 64 (94), dazu *Herresthal*, JuS 2014, 289 (296).

605 Vgl. zur verfassungskonformen Auslegung der §§ 394, 395 AktG auch *Neudenberger*, Der Aufsichtsrat in staatlichen Eigen- und Beteiligungsgesellschaften, 2023, S. 349 ff.

606 Vgl. *Klug*, in: Großkommentar zum AktG, 3. Aufl. 1975, § 395 Anm. 2, der jedoch einschränkend forderte, dass die Weitergabe an einen nicht-öffentlich tagenden Parlamentsausschuss erfolge; *Thode*, AG 1997, 547 (551 ff.) im Hinblick auf Untersuchungsausschüsse, der dies für parlamentarische Anfragen jedoch bereits deshalb verneint, da diese in der Praxis prinzipiell öffentlich beantwortet werden; *Traut*, Die Corporate Governance von Kapitalgesellschaften der öffentlichen Hand, 2013, S. 128; *Mann*, AG 2018, 57 (62); wohl auch *Schockenhoff*, in: MüKoAktG, Bd. 6, 5. Aufl. 2021, § 395 Rn. 39; *Neudenberger*, Der Aufsichtsrat in staatlichen Eigen- und Beteiligungsgesellschaften, 2023, S. 351. *Teuber*, Parlamentarische Informationsrechte, 2007, S. 207 ff. stellt demgegenüber auf den Personenkreis des § 395 Abs. 1 Hs. 1 AktG ab, der weit genug gefasst sei, um auch die Legislative einzuschließen.

Dem steht zunächst der Wortlaut nicht entgegen, da der unbestimmte Rechtsbegriff[607] trotz seines beamtenrechtlichen Ursprungs aktienrechtlich autonom bestimmt werden kann.[608] Daneben spricht der Zweck der §§ 394, 395 AktG für dieses Auslegungsergebnis: Die Normen sollen einen Ausgleich zwischen der aktienrechtlichen Verschwiegenheitspflicht und dem damit kollidierenden gesteigerten Interesse der öffentlichen Hand an Informationsmöglichkeiten schaffen.[609] Wie bereits dargelegt (s. 3. Kapitel A.I.), ergibt sich ein solches Informationsbedürfnis der öffentlichen Hand infolge ihrer aus Art. 38 Abs. 1 S. 2 und Art. 20 Abs. 2 S. 2 GG fließenden Verpflichtung zur Beantwortung parlamentarischer Anfragen. Die Ermöglichung der Informationsweitergabe an Parlamente gehört gerade „zum realtypischen Hintergrund“[610] der §§ 394, 395 AktG.

Überdies ist die Kritik, dass die aus dem Demokratie- und Rechtsstaatsprinzip fließenden Vorgaben im Hinblick auf die Ingerenzpflichten zu unbestimmt seien, um daraus die Notwendigkeit einer verfassungsrechtlichen Korrektur des Gesellschaftsrechts zu folgern,[611] auf die hiesige Situation der Kollision der Antwortpflicht der Bundesregierung auf parlamentarische Anfragen mit den §§ 394, 395 AktG nicht übertragbar. Denn dabei handelt es sich um konkrete, verfassungsrechtlich verankerte Vorgaben.

Im Ergebnis kann mithin durch verfassungskonforme Auslegung des § 395 Abs. 1 Hs. 2 AktG eine Weitergabe von Informationen an den Bundestag in einer Weise erfolgen, die den verfassungsrechtlichen Anforderungen entspricht.

---

607 So *Leppek/Grandjot*, in: Brinktrine/Schollendorf (Hg.), BeckOK Beamtenrecht Bund, 31. Edition, Stand: 01.10.2023, § 67 BBG Rn. 13.

608 Vgl. *Traut*, Die Corporate Governance von Kapitalgesellschaften der öffentlichen Hand, 2013, S. 128; *Mann*, AG 2018, 57 (62); a. A. etwa *Wilting*, AG 2012, 529 (536 f.); *Huber/Fröhlich*, in: Großkommentar zum AktG, 4. Aufl. 2015, § 395 Rn. 8 f.; *Oetker*, in: Schmidt/Lutter (Hg.), AktG, 4. Aufl. 2020, § 395 Rn. 7; *Hüffer/Koch*, AktG, 17. Aufl. 2023, § 395 Rn. 7.

609 Vgl. etwa *Huber/Fröhlich*, in: Großkommentar zum AktG, 4. Aufl. 2015, § 394 Rn. 9; *Kersting*, in: Kölner Kommentar zum AktG, Bd. 7, 3. Aufl. 2016, §§ 394, 395 Rn. 3; *Schockenhoff*, in: MüKoAktG, Bd. 6, 5. Aufl. 2021, § 394 Rn. 1.

610 *Rachlitz*, in: Grigoleit (Hg.), AktG, 2. Aufl. 2020, § 395 Rn. 30. Vgl. auch *Huber/Fröhlich*, in: Großkommentar zum AktG, 4. Aufl. 2015, § 394 Rn. 4.

611 Vgl. etwa *Harbarth*, Anlegerschutz in öffentlichen Unternehmen, 1998, S. 112; *Ganzer/Tremml*, GewArch 2010, 141 (147); *Schockenhoff*, in: MüKoAktG, Bd. 6, 5. Aufl. 2021, Vor § 394 Rn. 25.

4. Rechtslage bei Beteiligung an einer GmbH

a) *Verschwiegenheitspflicht des Geschäftsführers*

Anders als in § 93 Abs. 1 S. 3 AktG ist eine Verschwiegenheitspflicht der Geschäftsführer im GmbHG nicht ausdrücklich geregelt, wird jedoch in § 85 GmbHG vorausgesetzt. Es ist allgemein anerkannt, dass der Geschäftsführer vertrauliche Angaben und Betriebs- und Geschäftsgeheimnisse der Gesellschaft Dritten gegenüber nicht offenbaren darf.[612] Begrenzt wird die Verschwiegenheitspflicht durch das Informationsrecht der Gesellschafter gem. § 51a GmbHG,[613] das – anders als das Fragerecht der Aktionäre in der Hauptverhandlung gem. § 131 AktG – auch außerhalb der Gesellschafterversammlung und unabhängig von einem besonderen Anlass besteht.[614] Gem. § 51a Abs. 1 GmbHG haben die Geschäftsführer jedem Gesellschafter auf Verlangen unverzüglich Auskunft über die Angelegenheiten der Gesellschaft zu geben und die Einsicht der Bücher und Schriften zu gestatten.

Der Begriff der Angelegenheiten der Gesellschaft ist umfassend zu verstehen.[615] Er umfasst alles, was einen Bezug zur Mitgliedschaft des Gesellschafters aufweist, worunter u. a. alle die Gesellschaftsverhältnisse und die Unternehmensführung betreffenden Tatsachen fallen.[616] Grundsätzlich kann demnach die vertretungsberechtigte Person des beteiligungsführenden Bundesministeriums, das die Rechte des Bundes als Gesellschafter wahrnimmt,[617] über das Auskunftsrecht nach § 51a Abs. 1 GmbHG selbst vertrauliche Angaben bzw. Betriebs- und Geschäftsgeheimnisse der Gesellschaft erlangen, sofern kein Informationsverweigerungsrecht besteht.

612 Vgl. OLG Koblenz NJW-RR 1987, 809; *Fleischer*, in: MüKoGmbHG, Bd. 2, 4. Aufl. 2023, § 43 Rn. 249; *Ziemons*, in: Michalski u.a. (Hg.), GmbHG Kommentar, Bd. 2, 4. Aufl. 2023, § 43 Rn. 291.

613 Vgl. *Fleischer*, in: MüKoGmbHG, Bd. 2, 4. Aufl. 2023, § 43 Rn. 257.

614 Vgl. BGH NJW 1997, 1985 (1987); NZG 2019, 505 (510); *Strohn*, in: Henssler/Strohn (Hg.), Gesellschaftsrecht, 5. Aufl. 2021, § 51a GmbHG Rn. 1.

615 Vgl. statt vieler *Hillmann*, in: MüKoGmbHG, Bd. 2, 4. Aufl. 2023, § 51a Rn. 26.

616 Vgl. etwa *Strohn*, in: Henssler/Strohn (Hg.), Gesellschaftsrecht, 5. Aufl. 2021, § 51a GmbHG Rn. 11; *Altmeppen*, GmbHG Kommentar, 11. Aufl. 2023, § 51a Rn. 6. Eine Aufzählung der darunter fallenden Aspekte findet sich bei *Passarge/Kölln*, NVwZ 2014, 982 (983).

617 So Tz. 52 der Richtlinien für eine aktive Beteiligungsführung bei Unternehmen mit Bundesbeteiligung, siehe Bundesministerium der Finanzen (Hg.), Grundsätze guter Unternehmens- und aktiver Beteiligungsführung im Bereich des Bundes, abrufbar unter: https://www.bundesfinanzministerium.de/Content/DE/Standardartikel/Themen/Bundesvermoegen/grundsaetze-beteiligunsfuehrung-2020.pdf?__blob=publicationFile&v=6 (zuletzt abgerufen am 15.11.2023).

Eine Informationsverweigerung bedarf nach § 51a Abs. 2 S. 2 GmbHG wiederum eines Beschlusses der Gesellschafter. Weiter setzt sie nach § 51a Abs. 2 S. 1 GmbHG voraus, dass zu besorgen ist, dass der Gesellschafter die Auskunft und die Einsicht zu gesellschaftsfremden Zwecken verwenden und dadurch der Gesellschaft oder einem verbundenen Unternehmen einen nicht unerheblichen Nachteil zufügen wird.[618] Unter gesellschaftsfremde Zwecke fallen nicht nur solche, die gesellschaftsschädlich sind, sondern auch solche, die nicht gesellschaftsnützlich sind und außerhalb ordnungsgemäßen mitgliedschaftlichen Verhaltens liegen.[619]

Sollte der Bund alleiniger Gesellschafter der GmbH sein, so würde eine Informationsverweigerung bereits an dem dafür notwendigen Gesellschafterbeschluss scheitern, den es zu Lasten des einzigen Gesellschafters wohl nicht geben wird.[620] In der Ein-Personen-GmbH entscheidet somit der Alleingesellschafter bzw. die Alleingesellschafterin darüber, welche Informationen an die Öffentlichkeit gebracht werden sollen, und zwar auch für den Fall, dass es sich bei der Alleingesellschafterin um eine Gebietskörperschaft handelt.[621] Im Übrigen kann die Verwendung von Informationen betreffend ein öffentliches Unternehmen zur Beantwortung parlamentarischer Anfragen nicht als gesellschaftsfremder Zweck angesehen werden.[622] Es liegt gerade in der Natur eines

618 Nach allgemeiner Auffassung unterliegt die Ausübung des Informationsrechts darüber hinaus auch immanenten Schranken, vgl. dazu ausführlich *Hillmann*, in: MüKoGmbHG, Bd. 2, 4. Aufl. 2023, § 51a Rn. 76 ff.

619 Vgl. *Wicke*, GmbHG Kommentar, 4. Aufl. 2020, § 51a Rn. 8; *Strohn*, in: Henssler/Strohn (Hg.), Gesellschaftsrecht, 5. Aufl. 2021, § 51a GmbHG Rn. 24; *Noack*, in: ders./Servatius/Haas (Hg.), GmbH-Gesetz, 23. Aufl. 2022, § 51a Rn. 33.

620 Vgl. *Altmeppen*, NJW 2003, 2561 (2566); *Ristelhuber*, NWVBl. 2016, 359 (364).

621 Vgl. *Altmeppen*, NJW 2003, 2561 (2566); *Altmeppen*, in: FS Schneider, 2011, S. 1 (11), der den Alleingesellschafter als „Herr“ des „Geheimnisses“ bezeichnet.

622 Im Hinblick auf die kommunale Ebene ThürOVG,ThürVBl. 2015, 166 (169); OVG RP, DVBl 2022, 179 (183); *Bracht*, NVwZ 2016, 108 (110); *Dünchheim*, KommJur 2016, 441 (445); *Shaverdov*, Pflichtenbindungen und Pflichtenkollisionen der Gemeindevertreter, 2021, S. 274. *Engellandt*, Die Einflußnahme der Kommunen auf ihre Kapitalgesellschaften über das Anteilseignerorgan, 1995, S. 148 f., unterscheidet (auf kommunaler Ebene) zwischen der unzulässigen ausschließlichen Verwendung der Informationen zu parteipolitischen Zwecken und der zulässigen Verwendung zur Gremienarbeit, sieht aufgrund der Abgrenzungsschwierigkeiten jedoch regelmäßig letzteres als gegeben an. A. A. *Traut*, Die Corporate Governance von Kapitalgesellschaften der öffentlichen Hand, 2013, S. 145 f. und *Kapteina*, Öffentliche Unternehmen in Privatrechtsform und ihre demokratische Legitimation, 2017, S. 180 f., die nur die interne Verwendung der Informationen, nicht aber die Bekanntgabe in die Öffentlichkeit als zulässig erachten, eine Weitergabe an die Legislative/den Gemeinderat soll aber unter Wahrung der Verschwiegenheit möglich sein.

öffentlichen Unternehmens, dass dessen Gesellschafter öffentlich-rechtlichen Bindungen unterliegen.[623] Regelmäßig wird daher kein Informationsverweigerungsrecht bestehen.

Somit könnten entsprechende Informationen zwar an die vertretungsberechtigte Person des beteiligungsführenden Bundesministeriums weitergegeben werden. Da das Informationsrecht nach § 51a GmbHG jedoch sehr umfassend ausgestaltet ist, besteht als Ausfluss der gesellschaftsrechtlichen Treuepflicht eine verstärkte Verschwiegenheitspflicht des GmbH-Gesellschafters.[624] Über § 51a GmbHG erlangte Informationen sind demnach vertraulich zu behandeln und dürfen nicht an gesellschaftsfremde Dritte weitergegeben werden.[625]

Fraglich ist, ob dies der Beantwortung der parlamentarischen Anfrage unter Wahrung des Grundsatzes der Parlamentsöffentlichkeit entgegensteht. Die Treuepflicht ist eine gesellschaftsrechtliche Generalklausel.[626] Es ist anerkannt, dass bei der Auslegung solcher Generalklauseln auch die höherrangigen Prinzipien und Wertentscheidungen der Verfassung zu beachten sind.[627] Dementsprechend müssen bei der Konkretisierung der Treuepflicht des GmbH-Gesellschafters auch der verfassungsrechtlich begründete parlamentarische Informationsanspruch des Bundestages und die korrespondierende Antwortpflicht der Bundesregierung berücksichtigt werden.[628] Soweit der Weitergabe der Informationen an den Bundestag keine Rechtsgüter von Verfassungs-

623 Vgl. *Bracht*, NVwZ 2016, 108 (110); *Shaverdov*, Pflichtenbindungen und Pflichtenkollisionen der Gemeindevertreter, 2021, S. 274.

624 Vgl. BGH NJW-RR 2003, 830; NZG 2013, 665 (666); OVG RP, DVBl 2022, 179 (183); *Bartl*, in: Bartl u. a. (Hg.), GmbH-Recht, 8. Aufl. 2019, § 51a Rn. 38; *Hillmann*, in: MüKoGmbHG, Bd. 2, 4. Aufl. 2023, § 51a Rn. 11.

625 Vgl. etwa *Merkt*, in: MüKoGmbHG, Bd. 1, 4. Aufl. 2022, § 13 Rn. 176; *Bayer*, in: Lutter/Hommelhoff (Hg.), GmbH-Gesetz Kommentar, 21. Aufl. 2023, § 51a Rn. 31.

626 Vgl. *Bitter*, in: Scholz, GmbHG, 13. Aufl. 2022, § 13 Rn. 50; *Merkt*, in: MüKoGmbHG, Bd. 1, 4. Aufl. 2022, § 13 Rn. 93.

627 Vgl. *Larenz/Canaris*, Methodenlehre der Rechtswissenschaft, 3. Aufl. 1995, S. 159 f.

628 Vgl. *Teuber*, Parlamentarische Informationsrechte, 2007, S. 211; *Bracht*, NVwZ 2016, 108 (110) und *Shaverdov*, Pflichtenbindungen und Pflichtenkollisionen der Gemeindevertreter, 2021, S. 274 f., die im Hinblick auf die kommunale Ebene zum selben Ergebnis kommen, dass die Verschwiegenheitspflicht des Gesellschafters nicht gelten könne, soweit die Kommune gesetzlich zur Auskunft verpflichtet ist. *Koch*, ZHR 183 (2019), 7 (29 f.), entnimmt der Entscheidung des BVerfG (BVerfGE 147, 50), dass eine aus dem einfachgesetzlichen Normbestand abgeleitete mitgliedschaftliche Treuepflicht der Erfüllung des parlamentarischen Informationsanspruchs nicht entgegensteht. A. A. allerdings allgemein im Hinblick auf die Freiheit der Mandatsausübung wohl *Albrecht-Baba*, NWVBl. 2011, 127 (131).

rang entgegenstehen,[629] muss es der vertretungsberechtigten Person des beteiligungsführenden Bundesministeriums daher durch verfassungskonforme Auslegung der gesellschaftsrechtlichen Treuepflicht gestattet sein, die entsprechenden Informationen zur Beantwortung der parlamentarischen Anfrage an den Bundestag weiterzuleiten.

b) *Verschwiegenheitspflicht der Aufsichtsratsmitglieder*

Anders als das Recht der Aktiengesellschaft kennt das GmbHG grundsätzlich keinen obligatorischen Aufsichtsrat, lässt die Einrichtung eines solchen aber durch Satzungsregelung zu (fakultativer Aufsichtsrat).[630] Tz. 38 der Richtlinien für eine aktive Beteiligungsführung bei Unternehmen mit Bundesbeteiligung[631] sieht vor, dass im Gesellschaftsvertrag bzw. in der Satzung auch in Fällen, in denen keine gesetzliche Pflicht zur Einrichtung eines Aufsichtsrats besteht, ein Überwachungsorgan verankert sein soll. Schwerpunktmäßige Aufgabe dieses Organs soll die Überwachung einschließlich der Beratung der Geschäftsführung hinsichtlich der dieser obliegenden Aufgaben sein. Nach Tz. 3 handelt es sich bei diesen Richtlinien um interne Verwaltungsvorschriften, die von den maßgeblichen Stellen zu beachten sind,[632] sodass auch bei Fehlen einer gesetzlichen Verpflichtung zur Einrichtung eines Aufsichtsrates grundsätzlich ein fakultativer Aufsichtsrat zu bilden ist.

In besonderen Fällen ist für die GmbH die Bildung eines Aufsichtsrats allerdings zwingend vorgesehen (obligatorischer Aufsichtsrat). Insbesondere kann sich ein dahingehendes Erfordernis aus mitbestimmungsrechtlichen Gesetzen ergeben.[633] § 1 Abs. 1 Nr. 3 des Gesetzes

---

629 Siehe zur parallelen Konstellation bei aktienrechtlichen Verschwiegenheitspflichten 4. Kapitel A.I.3.b) aa).

630 Vgl. *Spindler*, in: MüKoGmbHG, Bd. 2, 4. Aufl. 2023, § 52 Rn. 1; *Altmeppen*, GmbHG Kommentar, 11. Aufl. 2023, § 52 Rn. 1; *Neudenberger*, Der Aufsichtsrat in staatlichen Eigen- und Beteiligungsgesellschaften, 2023, S. 38 f.

631 Vgl. Bundesministerium der Finanzen (Hg.), Grundsätze guter Unternehmens- und aktiver Beteiligungsführung im Bereich des Bundes, abrufbar unter: https://www.bundesfinanzministerium.de/Content/DE/Standardartikel/Themen/Bundesvermoegen/grundsaetze-beteiligunsfuehrung-2020.pdf?__blob=publicationFile&v=6 (zuletzt abgerufen am 15.11.2023).

632 Vgl. Bundesministerium der Finanzen (Hg.), Grundsätze guter Unternehmens- und aktiver Beteiligungsführung im Bereich des Bundes, abrufbar unter: https://www.bundesfinanzministerium.de/Content/DE/Standardartikel/Themen/Bundesvermoegen/grundsaetze-beteiligunsfuehrung-2020.pdf?__blob=publicationFile&v=6 (zuletzt abgerufen am 15.11.2023).

633 Dazu zählen DrittelbG, MitbestG, MontanMitbestG, MitbestErgG und MgVG, vgl. *Lutter/Krieger/Verse* (Hg.), Rechte und Pflichten des Aufsichtsrats, 7. Aufl. 2020, § 15 Rn. 1091; *Noack*, in: ders./Servatius/Haas (Hg.), GmbH-Gesetz, 23. Aufl. 2022, § 52 Rn. 2.

über die Drittelbeteiligung der Arbeitnehmer im Aufsichtsrat (DrittelbG) sieht beispielsweise vor, dass eine GmbH mit in der Regel mehr als 500 Arbeitnehmern einen Aufsichtsrat zu bilden hat, der gem. § 4 Abs. 1 DrittelbG zu einem Drittel aus Arbeitnehmervertretern bestehen muss.[634]

Damit stellt sich für die vorliegende Arbeit die Frage, ob im Falle einer parlamentarischen Anfrage, die vertrauliche Angaben oder Geheimnisse einer vom Bund beherrschten GmbH zum Gegenstand hat, die entsprechenden Informationen von den „Repräsentanten“[635] des Bundes im Aufsichtsrat erlangt und an den Bundestag weitergegeben werden können.

aa) Rechtslage hinsichtlich des fakultativen Aufsichtsrats

§ 52 Abs. 1 GmbHG bestimmt, welche den Aufsichtsrat betreffenden Vorschriften des AktG entsprechend auf den fakultativen Aufsichtsrat anzuwenden sind.[636] Dabei werden auch die Normen zur Verschwiegenheitspflicht aus § 93 Abs. 1 S. 3 AktG sowie aus § 116 S. 2 AktG gem. § 52 Abs. 1 GmbHG für entsprechend anwendbar erklärt, sodass die Aufsichtsratsmitglieder über vertrauliche Angaben und Geheimnisse der Gesellschaft, die ihnen durch ihre Tätigkeit im Aufsichtsrat bekannt geworden sind, Stillschweigen zu bewahren haben.[637] Fraglich ist, ob dies beim fakultativen Aufsichtsrat einer GmbH auch gegenüber den Gesellschaftern gilt.

Die herrschende Meinung lehnt dies ab, da die Gesellschafter einer GmbH (anders als die Aktionäre einer AG) ohnehin über ein umfassendes Informationsrecht nach § 51a GmbHG verfügen.[638] Somit wäre es

---

634 Zu verfassungsrechtlichen Implikationen bei der paritätischen Mitbestimmung in kommunalen Unternehmen siehe *Dünchheim/Gräler*, NVwZ 2019, 1225.

635 So *Hommelhoff/Bayer*, in: Lutter/Hommelhoff (Hg.), GmbH-Gesetz Kommentar, 21. Aufl. 2023, § 52 Rn. 66.

636 Vgl. *Altmeppen*, GmbHG Kommentar, 11. Aufl. 2023, § 52 Rn. 2.

637 Vgl. statt vieler *Schneider/Seyfarth*, in: Scholz, GmbHG, 13. Aufl. 2022, § 52 Rn. 578.

638 Siehe BGH NJW 1997, 1985 (1987) zu der den Aufsichtsratsmitgliedern einer mitbestimmten GmbH auferlegten Verschwiegenheitspflicht; *Erker/Freund*, GmbHR 2001, 463 (465); *Lampert*, Einflussnahme auf Aufsichtsratsmitglieder durch die öffentliche Hand als Gesellschafterin, 2012, S. 61 f.; *Traut*, Die Corporate Governance von Kapitalgesellschaften der öffentlichen Hand, 2013, S. 145; *Weber-Rey/Buckel*, ZHR 177 (2013), 13 (18); *Wicke*, GmbHG Kommentar, 4. Aufl. 2020, § 52 Rn. 8; *Hommelhoff/Bayer*, in: Lutter/Hommelhoff (Hg.), GmbH-Gesetz Kommentar, 21. Aufl. 2023, § 52 Rn. 64; *Altmeppen*, GmbHG Kommentar, 11. Aufl. 2023, § 52 Rn. 30; *Spindler*, in: MüKoGmbHG, Bd. 2, 4. Aufl. 2023, § 52 Rn. 725; a. A. *Noack*, in: ders./Servatius/Haas (Hg.), GmbH-Gesetz, 23. Aufl. 2022, § 52 Rn. 67,

der Gebietskörperschaft als Gesellschafterin möglich, die zur Beantwortung parlamentarischer Anfragen benötigten Informationen von den Aufsichtsratsmitgliedern eines fakultativen Aufsichtsrats zu erlangen. Allerdings kann das richtigerweise nur für diejenige Person gelten, die zuständig für die Vertretung der Gebietskörperschaft als Gesellschafterin ist, mithin die zuständige Person des beteiligungsverwaltenden Ministeriums.[639] Diese ist in ihrer Funktion als Gesellschafterin wiederum selbst zur Verschwiegenheit verpflichtet.[640]

Die Verschwiegenheitspflicht der Aufsichtsratsmitglieder ist nicht zwingend, denn § 52 Abs. 1 a. E. GmbHG ist zu entnehmen, dass im Gesellschaftsvertrag (anders als im Recht der Aktiengesellschaft) „ein anderes bestimmt" sein kann.[641] Zu klären bleibt daher, ob die Disponibilität der Regelung so weit reicht, dass die Verschwiegenheitspflicht der Aufsichtsratsmitglieder gegenüber dem Parlament gänzlich aufgehoben werden kann. Im Hinblick auf die kommunale GmbH wird teilweise vertreten, dass in der Satzung vorgesehen werden kann, die kommunalen Aufsichtsratsmitglieder gänzlich von der Verschwiegenheitspflicht zu befreien.[642]

Dafür spricht, dass der Gesetzgeber in § 52 Abs. 1 GmbHG eine Regelung getroffen hat, die es ermöglicht, durch Gesellschaftsvertrag von der zwingenden Regelung der Verschwiegenheitspflicht abzuweichen, ohne dafür eine verbindliche Grenze explizit festzuschreiben.[643] Gleichzeitig hat der Gesetzgeber damit zum Ausdruck gebracht, dass er in einer Einschränkung der Verschwiegenheitspflicht der Aufsichtsratsmitglieder keine Gefährdung der Autonomie des fakultati-

der sich für eine zumindest auch partiell gegenüber den Gesellschaftern bestehende Verschwiegenheitspflicht ausspricht.

639 Vgl. *Weber-Rey/Buckel*, ZHR 177 (2013), 13 (19), mit Nachweisen zur Gegenauffassung, die sich jedoch auf kommunale Einpersonen-GmbHs bezieht. Siehe mit Blick auf die kommunale GmbH auch *Lutter/Krieger/Verse* (Hg.), Rechte und Pflichten des Aufsichtsrats, 7. Aufl. 2020, § 20 Rn. 1435.

640 Vgl. zur Verschwiegenheitspflicht der Gesellschafter BGH NJW-RR 2003, 830; NZG 2013, 665 (666); OVG RP, DVBl 2022, 179 (183); *Bartl*, in: Bartl u. a. (Hg.), GmbH-Recht, 8. Aufl. 2019, § 51a Rn. 38; *Hillmann*, in: MüKoGmbHG, Bd. 2, 4. Aufl. 2023, § 51a Rn. 11.

641 Vgl. *Schneider/Seyfarth*, in: Scholz, GmbHG, 13. Aufl. 2022, § 52 Rn. 109; *Spindler*, in: MüKoGmbHG, Bd. 2, 4. Aufl. 2023, § 52 Rn. 10 spricht daher von einem absoluten Vorrang der Satzung vor der Anwendung aktienrechtlicher Normen auf den Aufsichtsrat.

642 Vgl. *Weber-Rey/Buckel*, ZHR 177 (2013), 13 (19); *Schneider/Seyfarth*, in: Scholz, GmbHG, 13. Aufl. 2022, § 52 Rn. 591; *Altmeppen*, GmbHG Kommentar, 11. Aufl. 2023, § 52 Rn. 30.

643 Dies räumt auch das VG Regensburg, LKV 2005, 365 (371) ein.

ven Aufsichtsrats sieht.[644] Dies mag vielleicht für die *Einschränkung* der Verschwiegenheitspflicht gelten, nicht jedoch für deren gänzliche Aufhebung: Erst durch die Sicherstellung einer vertraulichen Beratung wird die Unabhängigkeit der Beratung und Beschlussfassung der Aufsichtsratsmitglieder und damit eine effektive Kontrolle der Geschäftsführung ermöglicht.[645] Eine *gänzliche Aufhebung* der Verschwiegenheitspflicht durch die Satzung wäre ein tiefgreifender Eingriff in den Charakter des Organs Aufsichtsrat.[646] Dementsprechend wird überzeugenderweise vertreten, dass die Verschwiegenheitspflicht in der Satzung gelockert, jedoch nicht vollständig aufgehoben werden könne.[647] Die Grenzen bilden der Kernbereich gesellschaftsrechtlicher Betriebs- und Geschäftsgeheimnisse[648] sowie die unveräußerlichen Wesensbestimmungen des Aufsichtsrats.[649] Eine Ausnahme muss jedoch für die Ein-Personen-GmbH mit fakultativem Aufsichtsrat gelten, in der die Gebietskörperschaft als Alleingesellschafterin ohnehin selbst darüber bestimmen kann, welche Informationen an die Öffentlichkeit gebracht werden sollen (dazu 4. Kapitel A. 4.a)).[650] Gleiches gilt für ein gemischt-öffentliches Unternehmen, an dem mehrere Gebietskörperschaften beteiligt sind.[651]

644 So auch BayVGH, NVwZ-RR 2007, 622 (623); *Lampert*, Einflussnahme auf Aufsichtsratsmitglieder durch die öffentliche Hand als Gesellschafterin, 2012, S. 68 f.

645 So *van Kann/Keiluweit*, DB 2009, 2251 (2254 f.); *Burgi*, NVwZ 2014, 609 (612); ähnlich *Pape*, Das kommunale Aufsichtsratsmandat, 2020, S. 200.

646 So *Knöbber-Griesz*, jM 2023, 90 (94).

647 Vgl. VG Regensburg, LKV 2005, 365 (371 f.); in der Entscheidung BayVGH, NVwZ-RR 2007, 622 (623), wurde die Frage, ob die Verschwiegenheitspflicht gänzlich durch Gesellschaftsvertrag aufgehoben werden dürfte, ausdrücklich offen gelassen; *Mann*, in: GS Peter J. Tettinger, 2007, S. 295 (308 ff.), weist auf die Grenzen des § 51a Abs. 2 GmbHG hin; siehe auch *van Kann/Keiluweit*, DB 2009, 2251 (2254 f.); *Burgi*, NVwZ 2014, 609 (612); mit Ausnahme im Hinblick auf die Einpersonen-GmbH *Noack*, in: ders./Servatius/Haas (Hg.), GmbH-Gesetz, 23. Aufl. 2022, § 52 Rn. 67; *Giedinghagen*, in: Michalski u.a. (Hg.), GmbHG Kommentar, Bd. 2, 4. Aufl. 2023, § 52 Rn. 183a; *Knöbber-Griesz*, jM 2023, 90 (94 ff.).

648 Vgl. VG Regensburg, LKV 2005, 365 (372); *Zieglmeier*, ZGR 2007, 144 (164); *Burgi*, NVwZ 2014, 609 (612); *Shaverdov*, Pflichtenbindungen und Pflichtenkollisionen der Gemeindevertreter, 2021, S. 279; a. A. *Lampert*, Einflussnahme auf Aufsichtsratsmitglieder durch die öffentliche Hand als Gesellschafterin, 2012, S. 68 f.

649 Vgl. *Knöbber-Griesz*, jM 2023, 90 (94).

650 Vgl. *Altmeppen*, NJW 2003, 2561 (2566); *Altmeppen*, in: FS Schneider, 2011, S. 1 (11 ff.); *Dietlmeier*, Rechtsfragen der Publizität im kommunalen Unternehmensrecht, 2015, S. 458 f.; *Noack*, in: ders./Servatius/Haas (Hg.), GmbH-Gesetz, 23. Aufl. 2022, § 52 Rn. 67; *Knöbber-Griesz*, jM 2023, 90 (95 f.).

651 Vgl. *Lampert*, Einflussnahme auf Aufsichtsratsmitglieder durch die öffentliche Hand als Gesellschafterin, 2012, S. 70 f.

Für den Fall, dass der Bund alleiniger Gesellschafter einer GmbH mit fakultativem Aufsichtsrat ist, kann durch Satzungsregelung die Verschwiegenheitspflicht der Aufsichtsratsmitglieder also gänzlich aufgehoben werden, sodass eine Weitergabe der Informationen an das Parlament realisierbar wäre.

Falls eine solche Satzungsregelung nicht besteht oder der Bund nicht alleiniger Gesellschafter ist, könnten die §§ 394, 395 AktG eine Weitergabe der Informationen an das Parlament ermöglichen. Bis zur Aktienrechtsnovelle 2016 war umstritten, ob die §§ 394, 395 AktG auch für die GmbH mit Aufsichtsrat gelten.[652] Mittlerweile ist für den fakultativen Aufsichtsrat jedoch ausdrücklich in § 52 Abs. 1 GmbHG geregelt, dass die §§ 394, 395 AktG entsprechend anwendbar sind.[653] Begründet wurde dies mitunter damit, dass sonst für Mandatsträger der öffentlichen Hand das Risiko einer Strafbarkeit gem. § 85 GmbHG wegen Verstoßes gegen die GmbH-rechtliche Verschwiegenheitspflicht bestünde.[654] Dies ist insofern zu begrüßen, als schwer nachvollziehbar wäre, weshalb im Falle einer Aktiengesellschaft die strengeren Verschwiegenheitspflichten durchbrochen werden sollten, bei Beteiligung an einer GmbH jedoch nicht.[655] Für den fakultativen Aufsichtsrat einer GmbH kann demnach nichts anderes gelten als bei der unmittelbaren Anwendung der §§ 394, 395 AktG für die Rechtsform der Aktiengesellschaft (dazu 4. Kapitel A.I.2., 3.).[656]

Im Ergebnis kann das beteiligungsverwaltende Ministerium (durch verfassungskonforme Auslegung des § 395 AktG) vertrauliche Informationen an das Parlament weiterleiten, wenn die Beantwortung einer parlamentarischen Anfrage dies erfordert.[657]

---

652 Vgl. *Rachlitz*, in: Grigoleit (Hg.), AktG, 2. Aufl. 2020, § 395 Rn. 15. Ausführlich zu dieser Streitigkeit *Huber/Fröhlich*, in: Großkommentar zum AktG, 4. Aufl. 2015, § 394 Rn. 13.

653 Vgl. *Rachlitz*, in: Grigoleit (Hg.), AktG, 2. Aufl. 2020, § 395 Rn. 15.

654 So BT-Drs. 18/4349, S. 34.

655 Vgl. *Huber/Fröhlich*, in: Großkommentar zum AktG, 4. Aufl. 2015, § 394 Rn. 12; *Spindler*, in: MüKoGmbHG, Bd. 2, 4. Aufl. 2023, § 52 Rn. 724.

656 Dies kommt auch in der Gesetzesbegründung zum Ausdruck, wonach für die GmbH mit fakultativem Aufsichtsrat das Bedürfnis besteht, „das Verhältnis der Berichtspflicht gegenüber der Gebietskörperschaft zur gesellschaftsrechtlichen Verschwiegenheitspflicht analog der für die Aktiengesellschaft geltenden Regelung in § 394 und § 395 AktG zu regeln.“, BT/Drs. 18/4349, S. 34. Siehe dazu auch *Schneider/Seyfarth*, in: Scholz, GmbHG, 13. Aufl. 2022, § 52 Rn. 592.

657 Im Ergebnis ebenso *Teuber*, Parlamentarische Informationsrechte, 2007, S. 209 f.

bb) Rechtslage hinsichtlich des obligatorischen Aufsichtsrats

Für die Mitglieder des mitbestimmten Aufsichtsrats verweisen die § 1 Abs. 1 Nr. 3 DrittelbG, § 25 Abs. 1 S. 1 Nr. 2 MitbestG jeweils auf die in § 116 AktG geregelte Verschwiegenheitspflicht.[658]

Die gesetzlich festgelegte Reichweite der Verschwiegenheitspflicht ist für den mitbestimmten Aufsichtsrat zwingend und kann durch die Satzung weder verschärft noch gemildert werden.[659] Anders als § 52 GmbHG für den fakultativen Aufsichtsrat enthalten die § 1 Abs. 1 Nr. 3 DrittelbG und § 25 Abs. 1 Nr. 2 MitbestG keinen Verweis auf die §§ 394, 395 AktG, sodass deren Anwendbarkeit auf den obligatorischen Aufsichtsrat in diesen Fällen unklar bleibt.[660] Eine analoge Anwendung[661] der Vorschriften würde zunächst eine planwidrige Regelungslücke des Gesetzes voraussetzen.[662] Dass eine entsprechende Verweisung im Zuge der Aktienrechtsnovelle 2016 nur in § 52 Abs. 1 GmbHG, nicht jedoch in den Verweisungsketten der § 1 Abs. 1 Nr. 3 DrittelbG und § 25 Abs. 1 Nr. 2 MitbestG ergänzt wurde, entbehrt eines sachlichen Grundes.[663] Es ist nicht ersichtlich, weshalb nur in der mitbestimmten GmbH eine uneingeschränkte Verschwiegenheitspflicht der auf Veranlassung einer Gebietskörperschaft in den Aufsichtsrat gewählten oder entsandten Mitglieder gelten soll.[664] Dass die Gesetzesmaterialien zu diesem Problemkomplex schweigen, lässt auf ein gesetzgeberisches Versehen schließen.[665] Dafür spricht auch, dass ansonsten durch die

658 Vgl. *Lutter/Krieger/Verse* (Hg.), Rechte und Pflichten des Aufsichtsrats, 7. Aufl. 2020, § 20 Rn. 1435; *Spindler*, in: MüKoGmbHG, Bd. 2, 4. Aufl. 2023, § 52 Rn. 720. § 3 Abs. 2 MontanMitbestG erklärt die Vorschriften des AktG pauschal für sinngemäß anwendbar, worauf § 3 Abs. 1 S. 2 MontanMitbestGErgG wiederum verweist.

659 Vgl. *Spindler*, ZIP 2011, 689 (691); *Schneider/Seyfarth*, in: Scholz, GmbHG, 13. Aufl. 2022, § 52 Rn. 590; *Spindler*, in: MüKoGmbHG, Bd. 2, 4. Aufl. 2023, § 52 Rn. 720.

660 Vgl. etwa *Rachlitz*, in: Grigoleit (Hg.), AktG, 2. Aufl. 2020, § 395 Rn. 16; *Schockenhoff*, in: MüKoAktG, Bd. 6, 5. Aufl. 2021, § 394 Rn. 10 ff.; *Neudenberger*, Der Aufsichtsrat in staatlichen Eigen- und Beteiligungsgesellschaften, 2023, S. 237.

661 *Neudenberger*, Der Aufsichtsrat in staatlichen Eigen- und Beteiligungsgesellschaften, 2023, S. 237 ff., zufolge fehlt es nicht an einer gesetzlichen Regelung (da in § 1 Abs. 1 Nr. 3 DrittelbG und § 25 Abs. 1 S. 1 Nr. 2 MitbestG auf die Verschwiegenheitspflicht des § 116 AktG Bezug genommen wird), vielmehr sei nach einer Möglichkeit einer teleologischen Reduktion der Verschwiegenheitspflicht entsprechend des Umfangs der §§ 394 f. AktG zu fragen.

662 Vgl. *Larenz/Canaris*, Methodenlehre der Rechtswissenschaft, 3. Aufl. 1995, S. 194 f.

663 So *Kersting*, in: Kölner Kommentar zum AktG, Bd. 7, 3. Aufl. 2016, §§ 394, 395 Rn. 98 f.; *Oetker*, in: Schmidt/Lutter (Hg.), AktG, 4. Aufl. 2020, § 394 Rn. 5; *Schockenhoff*, in: MüKoAktG, Bd. 6, 5. Aufl. 2021, § 394 Rn. 12.

664 Vgl. *Schockenhoff*, in: MüKoAktG, Bd. 6, 5. Aufl. 2021, § 394 Rn. 12.

665 Vgl. *Kersting*, in: Kölner Kommentar zum AktG, Bd. 7, 3. Aufl. 2016, §§ 394, 395 Rn. 98, mit ausführlichen Argumenten dafür, weshalb die Frage trotz des

pauschale Verweisung des § 3 Abs. 2 MontanMitbestG auf die aktienrechtlichen Vorschriften die §§ 394, 395 AktG bei einer montanmitbestimmten GmbH entsprechend anwendbar wären, im Falle der Mitbestimmung nach dem DrittelbG und dem MitbestG jedoch nicht.[666]

Die Verschwiegenheitspflicht für die Mitglieder des Aufsichtsrates einer mitbestimmten GmbH ist ebenso zwingend wie im Aufsichtsrat einer Aktiengesellschaft. Gleichzeitig hat die öffentliche Hand dasselbe, verfassungsrechtlich begründete Informationsbedürfnis, sodass darüber hinaus von einer vergleichbaren Sach- und Interessenlage auszugehen ist.[667]

Richtigerweise ist daher auch in den Fällen des obligatorischen Aufsichtsrats, in denen eine ausdrückliche Verweisung auf die §§ 394, 395 AktG fehlt, von einer analogen Anwendbarkeit dieser Sonderregelungen auszugehen.[668] Gleichwohl ist dem Gesetzgeber geraten, eine entsprechende Verweisung in § 1 Abs. 1 Nr. 3 DrittelbG und § 25 Abs. 1 Nr. 2 MitbestG zur Klarstellung aufzunehmen.

Im Ergebnis gelten damit auch für den obligatorischen Aufsichtsrat die zu den §§ 394, 395 AktG bereits entfalteten[669] Maßstäbe. Insbesondere ist auch in diesem Zusammenhang § 395 AktG bei einer Kollision des verfassungsrechtlich begründeten Fragerechts mit den gesellschaftsrechtlichen

---

umfassenden Informationsrechts der Gesellschafter nach § 51a GmbHG von Relevanz ist; *Oetker*, in: Schmidt/Lutter (Hg.), AktG, 4. Aufl. 2020, § 394 Rn. 5; *Schockenhoff*, in: MüKoAktG, Bd. 6, 5. Aufl. 2021, § 394 Rn. 12; *Neudenberger*, Der Aufsichtsrat in staatlichen Eigen- und Beteiligungsgesellschaften, 2023, S. 239.

666 Siehe *Lampert*, Einflussnahme auf Aufsichtsratsmitglieder durch die öffentliche Hand als Gesellschafterin, 2012, S. 65; *Kersting*, in: Kölner Kommentar zum AktG, Bd. 7, 3. Aufl. 2016, §§ 394, 395 Rn. 99; *Oetker*, in: Schmidt/Lutter (Hg.), AktG, 4. Aufl. 2020, § 394 Rn. 5.

667 So im Hinblick auf die kommunale GmbH *Noack*, Städte- und Gemeinderat 1995, S. 379 (386); *Strobel*, Verschwiegenheits- und Auskunftspflicht kommunaler Vertreter im Aufsichtsrat öffentlicher Unternehmen, 2002, S. 211 f.

668 Vgl. *Thode*, AG 1997, 547 (553); *Lampert*, Einflussnahme auf Aufsichtsratsmitglieder durch die öffentliche Hand als Gesellschafterin, 2012, S. 67 f.; *Kersting*, in: Kölner Kommentar zum AktG, Bd. 7, 3. Aufl. 2016, §§ 394, 395 Rn. 99; *Habersack*, in: ders./Henssler, Mitbestimmungsrecht, 4. Aufl. 2018, § 25 MitbestG Rn. 100; *Oetker*, in: Schmidt/Lutter (Hg.), AktG, 4. Aufl. 2020, § 394 Rn. 5; *Müller-Michaels*, in: Hölters/Weber (Hg.), AktG, 4. Aufl. 2022, § 394 Rn. 13; *Schockenhoff*, in: MüKoAktG, Bd. 6, 5. Aufl. 2021, § 394 Rn. 12; *Adenauer*, in: Backhaus/Tielmann (Hg.), Der Aufsichtsrat, 2. Aufl. 2023, § 394 AktG Rn. 14. A. A. *Pfeifer*, Möglichkeiten und Grenzen der Steuerung kommunaler Aktiengesellschaften durch ihre Gebietskörperschaften, 1991, S. 192 f.

669 Vgl. 4. Kapitel A.I.2., 3.

Verschwiegenheitspflichten verfassungskonform auszulegen, sodass eine Weitergabe der Informationen an das Parlament möglich wäre.

5. Zwischenergebnis

Bezieht sich eine parlamentarische Anfrage auf unternehmensinterne Informationen eines öffentlichen Unternehmens, so kann die Antwort seitens der Bundesregierung weder mit der Begründung verweigert werden, die Anfrage betreffe grundrechtlich geschützte Betriebs- und Geschäftsgeheimnisse,[670] noch mit der schlichten Berufung auf (einfachgesetzliche) gesellschaftsrechtliche Verschwiegenheitspflichten.[671] Vielmehr ist die beteiligungsführende Stelle gehalten, die angefragten Informationen zu beschaffen und für den Fall, dass der Anfrage keine Güter von Verfassungsrang entgegengehalten werden können, an den Bundestag weiterzuleiten.

Ist der Bund an einer Aktiengesellschaft beteiligt, so hat die beteiligungsführende Stelle zunächst für einen hinreichenden Informationsfluss zu den Aufsichtsratsmitgliedern, die auf Veranlassung des Bundes gewählt oder entsandt worden sind, zu sorgen.[672] Eine gesellschaftsrechtskonforme Weitergabe der entsprechenden Informationen an das Parlament ist sodann durch eine verfassungskonforme Auslegung des Begriffs der „Mitteilungen im dienstlichen Verkehr" i. S. v. § 395 Abs. 1 Hs. 2 AktG zu erreichen.[673]

In der Rechtsform der GmbH hat der Bund bereits als Gesellschafter ein umfassendes Informationsrecht gem. § 51a GmbHG, das es ihm ermöglicht, selbst vertrauliche Angaben bzw. Betriebs- und Geschäftsgeheimnisse der Gesellschaft zu erlangen.[674] Dass die vertretungsberechtigte Person des beteiligungsverwaltenden Unternehmens als Ausfluss der gesellschaftsrechtlichen Treuepflicht einer Verschwiegenheitspflicht gegenüber Dritten unterliegt, steht einer Weitergabe der Informationen an den Bundestag bei verfassungskonformer Auslegung der Treuepflicht nicht entgegen.[675] Existiert in der GmbH ein fakultativer oder obligatorischer Aufsichtsrat, so gilt das zur Rechtsform der Aktiengesellschaft Ausgeführte entsprechend, da die §§ 394, 395 AktG (analog) Anwendung finden.[676] Die gesellschaftsrechtlichen Verschwiegenheits-

670 Vgl. 4. Kapitel A.I.
671 Vgl. 4. Kapitel A.I.3.
672 Dazu *Teichmann*, in: Burgi/Habersack (Hg.), Handbuch Öffentliches Recht des Unternehmens, 2023, § 25 Rn. 136.
673 Vgl. 4. Kapitel A.I.3 b) bb).
674 Vgl. 4. Kapitel A.I.4.a).
675 Vgl. 4. Kapitel A.I.4.a).
676 Vgl. 4. Kapitel A.I.4.b).

pflichten stehen einer Weitergabe von Informationen betreffend ein öffentliches Unternehmen also nicht entgegen.

Dies ändert indes nichts daran, dass auf einfachrechtlicher Ebene noch Aufholbedarf bei der Konkretisierung der verfassungsrechtlichen Vorgaben besteht.[677] Zum einen ist hier der Bundesgesetzgeber gefordert durch eine klarstellende Neufassung der §§ 394, 395 AktG, die den verfassungsrechtlichen Vorgaben Rechnung trägt, für mehr Rechtssicherheit im Umgang mit parlamentarischen Informationspflichten betreffend öffentliche Unternehmen zu sorgen.[678]

Zum anderen wurde festgestellt, dass auf staatlicher Ebene keinerlei speziell auf § 394 AktG zugeschnittene gesetzliche Berichtspflichten existieren, die die abstrakten verfassungsrechtlich verankerten Kontrollerfordernisse präzisieren würden.[679] Zurecht formuliert *Burgi* in diesem Zusammenhang den dringenden rechtspolitischen Appell an den Bundes- bzw. die Landesgesetzgeber, „auf Ebene der BHO bzw. der LHO nachzubessern, um dem durch wiederholte verfassungsgerichtliche Entscheidungen auf Bundes- wie auf Landesebene innerhalb des Gesamtportfolios der Einwirkungsrechte stark betonten parlamentarischen Informationsrecht und den damit verbundenen Pflichten des beteiligungsführenden Ministeriums zur Informationsbeschaffung und -gewährung Rechnung zu tragen“[680].

II. Entgegenstehende öffentliche Belange

1. Der Gewaltenteilungsgrundsatz

Der Grundsatz der Gewaltenteilung ist nicht nur Grund, sondern zugleich Grenze des parlamentarischen Informationsrechts:[681] Parlamentarische Kontrolle soll die Ausübung der Regierungsfunktion in einer Weise sicherstellen, die demokratischen und rechtsstaatlichen Grundsätzen entspricht, bedarf aber gleichzeitig einer Begrenzung auf ein funktionsverträgliches Maß.[682] Als verfassungsrechtliche Grenzen

---

677 Vgl. *Burgi*, in: ders./Habersack (Hg.), Handbuch Öffentliches Recht des Unternehmens, 2023, § 23 Rn. 47.

678 So findet sich bereits bei *Mann*, AG 2018, 57 (63) ein Vorschlag für eine Neufassung des § 394 S. 1 AktG sowie des § 395 Abs. 1 HS 2 AktG.

679 Vgl. 4. Kapitel A.I.2.a) cc) (1).

680 *Burgi*, in: ders./Habersack (Hg.), Handbuch Öffentliches Recht des Unternehmens, 2023, § 23 Rn. 47.

681 Vgl. BVerfGE 110, 199 (219); 124, 78 (122); 137, 185 (233); dazu *Müller*, in: v. Mangoldt/Klein/Starck, GG, Bd. 2, 7. Aufl. 2018, Art. 38 Rn. 29.

682 Vgl. BVerfGE 110, 199 (219).

des parlamentarischen Informationsanspruchs erkennt das Bundesverfassungsgericht demnach den Kernbereich exekutiver Eigenverantwortung sowie den Schutz der Funktionsfähigkeit der Regierung an.[683]

a) *Der Kernbereich exekutiver Eigenverantwortung*

Nach der Rspr. des Bundesverfassungsgerichts setzt die Verantwortung der Regierung gegenüber dem Parlament und dem Volk notwendigerweise einen „Kernbereich exekutiver Eigenverantwortung" voraus, der einen grundsätzlich nicht ausforschbaren Initiativ-, Beratungs- und Handlungsbereich einschließt.[684] Dazu gehöre insbesondere die Willensbildung der Regierung.[685] Diese in Bezug auf einen Untersuchungsausschuss entwickelte Rechtsprechung lässt sich auf das parlamentarische Fragerecht übertragen.[686] Eine Antwortpflicht der Regierung auf parlamentarische Anfragen bestehe daher regelmäßig dann nicht, wenn die Information zu einem Mitregieren Dritter bei Entscheidungen führen kann, die in der alleinigen Kompetenz der Regierung liegen.[687] Diese Gefahr bestehe bei Informationen aus dem Bereich der Vorbereitung von Regierungsentscheidungen regelmäßig, solange die Entscheidung noch nicht getroffen ist.[688] Denn der Regierung muss ein Bereich verbleiben, in dem sie Willensbildungs- und Entscheidungsprozesse unkontrolliert durchlaufen kann.[689]

Die Rechenschaftspflicht der Regierung gegenüber dem Parlament setzt voraus, dass die jeweilige Angelegenheit überhaupt verantwortungsfähige Entscheidungsreife und somit ein gewisses Stadium der Beurteil-

683 Vgl. BVerfGE 143, 101 (136 ff.); *Glauben*, DVBl 2018, 751 (756).

684 Vgl. BVerfGE 67, 100 (139); 110, 199 (214); 124, 178 (120); 143, 101 (137); 147, 50 (138); zurückgehend auf *Scholz*, AöR 105 (1980), 564 (598); siehe zu den Grundsätzen und der Entwicklung der Rechtsprechung *Brocker*, „Lux in arcana", 2014, S. 16 ff. Zur Kritik am Kernbereichsbegriff ausführlich *Teuber*, Parlamentarische Informationsrechte, 2007, S. 220 ff. m. w. N.

685 Siehe BVerfGE 67, 100 (139); 137, 185 (234); 147, 50 (138 f.). Vgl. auch *Weis*, DVBl 1988, 268 (272); *Wolf*, Informationsansprüche des Parlaments gegenüber der Regierung, 2017, S 64 ff.; *Wünsch/Harks*, LKV 2014, 438 (442).

686 So BVerfGE 146, 1 (42 f.); 147, 50 (138 ff.); vgl. auch *Lorz/Richterich*, in: Morlok/Schliesky/Wiefelspütz (Hg.), Parlamentsrecht, 2016, § 35 Rn. 99.

687 Vgl. BVerfGE 143, 101 (137); siehe dazu etwa *Lennartz/Kiefer*, DÖV 2006, 185 (191).

688 Vgl. BVerfGE 110, 199 (214 f.); 137, 185 (234); 143, 101 (137); dazu *Kotzur*, Jura 2007, 52 (56): „Ständiger kontrollierender Beobachtung ausgesetzt, wäre sie in ihren Dispositionen und Beratungen nicht mehr hinreichend frei, würde die offene Kabinettsdiskussion preisgeben".

689 Vgl. *Lorz/Richterich*, in: Morlok/Schliesky/Wiefelspütz (Hg.), Parlamentsrecht, 2016, § 35 Rn. 99.

barkeit erreicht hat.[690] Da der parlamentarische Informationsanspruch schon tatbestandlich nur dann eingreift, wenn eine Angelegenheit als Ausübung von Staatsgewalt i. S. v. Art. 20 Abs. 2 GG anzusehen ist,[691] d. h. im Falle von amtlichem Handeln mit *Entscheidungs*charakter,[692] erscheint es vorzugswürdig, die Fallgruppe der Maßnahmen vorbereitender, beratender oder rein technischer Art als bereits tatbestandlich nicht vom parlamentarischen Fragerecht umfasst anzusehen.[693] Dies entspricht auch dem hier zugrunde liegenden Kontrollbegriff, der in Abgrenzung zur Steuerung in der Regel der nachträglichen Überprüfung bereits getroffener Verwaltungsentscheidungen dient.[694]

Solange parlamentarische Informationsverlangen über ein öffentliches Unternehmen also noch laufende Willensbildungs- und Abstimmungsprozesse der Regierung betreffen, müssen diese seitens der Bundesregierung grundsätzlich nicht beantwortet werden.[695] Denkbar wäre ein solches Antwortverweigerungsrecht etwa hinsichtlich solcher Informationen, die der Vorbereitung einer Kabinettsentscheidung zur Umstrukturierung oder Veräußerung staatlicher Beteiligungen dienen[696] oder den Inhalt von Beratungen der Aufsichtsratsmitglieder mit Mitarbeitenden des beteiligungsführenden Ministeriums im Vorfeld einer Aufsichtsratssitzung betreffen[697].

Diese Grenze des parlamentarischen Informationsrechts schützt dadurch letztlich auch den laufenden vertraulichen Willensbildungsprozess innerhalb des Unternehmens und ermöglicht gleichzeitig, das

---

690 So *Geck*, Die Fragestunde im Deutschen Bundestag, 1986, S. 89; *Lennartz/Kiefer*, DÖV 2006, 185 (191); *Brocker*, „Lux in arcana“, 2014, S. 16; *Haug*, in: ders. (Hg.), Verfassung des Landes Baden-Württemberg, 2018, Art. 27 Rn. 45.

691 Vgl. 3. Kapitel C.I.1.

692 Vgl. 2. Kapitel B.II.2.

693 Vgl. *Burgi*, NVwZ 2018, 601 (603 f.) und zu diesem *Koch*, ZHR 183 (2019), 7 (12) mit Fn. 21; *Neudenberger*, Der Aufsichtsrat in staatlichen Eigen- und Beteiligungsgesellschaften, 2023, S. 302. So wohl auch *Jarass*, in: ders./Pieroth, GG, 17. Aufl. 2022, Art. 38 Rn. 59, der der Ansicht ist, dass die Antwortpflicht „regelmäßig erst bei abgeschlossenen Vorgängen bzw. Entscheidungsreife“ bestehe.

694 Vgl. 2. Kapitel A.I.2.

695 Nach *Burgi*, NVwZ 2018, 601 (604), mussten daher etwa bei den parlamentarischen Anfragen betreffend die Deutsche Bahn, die Gegenstand der Entscheidung BVerfGE 147, 50 waren, die Fragen zu Kostenentwicklung und Terminplänen des Projekts Stuttgart 21 nicht beantwortet werden.

696 Vgl. *Eidam*, NordÖR 2020, 105 (111).

697 Vgl. *Neudenberger*, Der Aufsichtsrat in staatlichen Eigen- und Beteiligungsgesellschaften, 2023, S. 304.

Vertrauensverhältnis zwischen Vorstand und Aufsichtsrat aufrecht zu erhalten.[698]

b) *Die Funktionsfähigkeit der Regierung*

Weitere Grenzen der Antwortpflicht der Bundesregierung können sich ferner aus Gründen der Funktionsfähigkeit der Regierung ergeben.[699] Bei abgeschlossenen Vorgängen kann als funktioneller Belang vor allem die Freiheit und Offenheit der Willensbildung innerhalb der Regierung ins Gewicht fallen, sofern diese durch nachträgliche Auskünfte beeinträchtigt wird.[700] Zwar kann der Gewaltenteilungsgrundsatz demnach auch dem nachträglichen Zugriff des Parlaments auf Informationen aus der Phase der Vorbereitung von Regierungsentscheidungen Grenzen setzen.[701] Doch sind nach der Rechtsprechung des Bundesverfassungsgerichts Informationen aus dem Vorfeld von Regierungsentscheidungen nach Abschluss der jeweiligen Entscheidung nicht mehr im selben Maße geschützt wie in der Phase, in der die Kenntnisnahme Dritter diesen einen unmittelbaren Einfluss auf die Entscheidung verschaffen würde.[702] Ansonsten wäre das Kriterium geeignet, die Kontrollfunktion des Parlaments in weitem Umfang einzuschränken.[703]

Ob die Regierung auch bei einem abgeschlossenen Vorgang die Antwort verweigern kann, bedarf daher einer Betrachtung der jeweiligen Umstände und einer funktionsadäquaten Abwägung der gegenläufigen Belange im konkreten Einzelfall.[704] Informationen aus dem Bereich der Vorbereitung von Regierungsentscheidungen, die Aufschluss über den Prozess der Willensbildung geben, sind umso schutzwürdiger, je näher sie der gubernativen Entscheidung stehen.[705] Entsprechend gewichtiger

698 So *Teichmann*, in: Burgi/Habersack (Hg.), Handbuch Öffentliches Recht des Unternehmens, 2023, § 25 Rn. 140.

699 Vgl. BVerfGE 9, 268 (281); *Magiera*, in: Sachs (Hg.), GG, 9. Aufl. 2021, Art. 38 Rn. 42; *Klein/Schwarz*, in: Dürig/Herzog/Scholz, GG, 99. EL 2022, Art. 43 Rn. 106.

700 So BVerfGE 110, 199 (221); *Kotzur*, Jura 2007, 52 (57).

701 Vgl. BVerfGE 67, 100 (139); 110, 199 (215); 137, 185 (235); 147, 50 (139); *Lennartz/Kiefer*, DÖV 2006, 185 (191); *Kotzur*, Jura 2007, 52 (56); a. A. *Neudenberger*, Der Aufsichtsrat in staatlichen Eigen- und Beteiligungsgesellschaften, 2023, S. 303.

702 Vgl. BVerfGE 110, 199 (215 f.); 137, 185 (249 f.); 147, 50 (140).

703 Vgl. *Kazele*, VerwArch 101 (2010), 469 (472), der deshalb dazu mahnt, dem Kriterium der einengenden Vorwirkung mit besonderer Vorsicht zu begegnen.

704 So BVerfGE 110, 199 (219); 124, 78 (122); 147, 50 (140); *Kotzur*, Jura 2007, 52 (57). Siehe auch *Teuber*, Parlamentarische Informationsrechte, 2007, S. 222: „Erforderlich wird eine Gewichtung und Abwägung im Einzelfall dahingehend, dass sowohl das Parlament als auch die Regierung ihre staatsleitenden Aufgaben adäquat wahrnehmen können".

705 Vgl. BVerfGE 110, 199 (221); 124, 78 (122); 147, 50 (141); dazu *Glauben*, DVBl 2018, 751 (757).

muss das parlamentarische Informationsbegehren sein, um sich gegen das Vertraulichkeitsinteresse der Regierung durchsetzen zu können.[706]

Eine Beeinträchtigung der Funktions- und Arbeitsfähigkeit der Regierung kann daneben aufgrund des Aufwands, den die Beantwortung parlamentarischer Anfragen mit sich bringt, vorliegen.[707] Fraglich ist, ob dahingehend eine Antwortverweigerung in Betracht kommt, wenn etwa in kurzer Zeit sehr viele Anfragen betreffend der vom Bund beherrschten öffentlichen Unternehmen an die Bundesregierung gestellt werden. Allerdings gehört die Beantwortung parlamentarischer Anfragen zu den Aufgaben der Regierung, für die sie die Bindung von Arbeitskapazität einkalkulieren muss, auch wenn die Anfragen in großer Zahl und mit umfangreicher Thematik eingebracht werden.[708] Die Regierung mit dem ihr zugeordneten Verwaltungsapparat ist insofern zur Sammlung, Sichtung und Aufbereitung der für die Wahrnehmung der Staatsaufgaben erforderlichen Informationen auch für die Zwecke des Parlaments verpflichtet.[709]

Ferner trägt die Geschäftsordnung des Deutschen Bundestages der Kapazität und Arbeitsbelastung der Regierung durch verschiedene Vorschriften Rechnung.[710] So sieht § 103 GOBT beispielsweise eine Beschränkung der Beratung über Große Anfragen für den Fall vor, dass diese so zahlreich eingehen, dass sie die ordnungsgemäße Erledigung der Geschäfte gefährden.

Für den Fall, dass eine Anfrage nicht innerhalb der in der GOBT vorgesehenen Frist beantwortet werden kann, gibt es überdies die Möglichkeit, die Frist zur Beantwortung zu verlängern, etwa für Kleine Anfragen nach § 104 Abs. 2 Hs. 2 GOBT durch den Präsidenten des Bundestages im Benehmen mit dem Fragestellenden.[711]

Von einem Antwortverweigerungsrecht der Regierung ist erst dann auszugehen, wenn diese zur vollständigen Beantwortung der parlamentarischen Anfragen ihre sonstigen Aufgaben in einem unvertretbaren Umfang vernachlässigen müsste oder gar ein Zustand der Funktionsunfähigkeit in diesen Bereichen zu befürchten wäre,[712] sodass eine Beru-

706 Vgl. BVerfGE 110, 199 (222); *Kazele*, VerwArch 101 (2010), 469 (472).

707 Vgl. *Huber/Unger*, NordÖR 2007, 479 (484); *Harks*, JuS 2014, 979 (981).

708 Vgl. *Lennartz/Kiefer*, DÖV 2006, 185 (192); *Huber/Unger*, NordÖR 2007, 479 (484); *Harks*, JuS 2014, 979 (981).

709 Vgl. *Magiera*, in: Schneider/Zeh (Hg.), Parlamentsrecht und Parlamentspraxis, 1989, § 52 Rn. 65.

710 Vgl. etwa *Glauben*, DVBl 2018, 751 (756).

711 So auch BVerfGE 147, 50 (159).

712 So NWVerfGH NVwZ 1994, 678 (680); dazu *Gusy*, JuS 1995, 878 (881); *Ritzel/Bücker/Schreiner*, Handbuch für die Parlamentarische Praxis, Nov. 2002, Vor zu §§ 100–106 GO BT, IV.3.b); *Huber/Unger*, NordÖR 2007, 479 (484).

fung auf die Arbeitsbelastung kaum jemals auszureichen vermag.[713] In diesem Sinne stellte das Bundesverfassungsgericht[714] im Hinblick auf eine Kleine Anfrage zu Details über die sog. Fulda-Runden[715] fest, dass die Antwortverweigerung der Bundesregierung dem Rang des parlamentarischen Auskunftsrechts nicht gerecht werde. Diese hatte eine Beantwortung der Fragen mit der Begründung verwehrt, dass der mit der statistischen Aufbereitung der Informationen begründete Aufwand den Zeitrahmen zur Beantwortung von Kleinen Anfragen bei weitem sprenge und erhebliche Teile der personellen Kapazitäten binden würde, ohne zu gewährleisten, dass aus den Ergebnissen tatsächlich die gewünschten Aussagen ableitbar seien.[716]

2. Zumutbarkeit

Das parlamentarische Informationsrecht steht ferner unter dem Vorbehalt der Zumutbarkeit.[717]

Teilweise wird diese Grenze der Antwortpflicht in der Literatur als Teilaspekt der Funktionsfähigkeit der Regierung eingeordnet.[718] Zunächst erstreckt sich die Antwortpflicht auf die Informationen, über die die Regierung tatsächlich verfügt, darüber hinaus aber auch auf diejenigen Informationen, die die Regierung mit zumutbarem Aufwand z. B. durch die nachgeordnete Verwaltung beschaffen kann.[719]

Im Hinblick auf öffentliche Unternehmen bedeutet dies nach der Rechtsprechung des Bundesverfassungsgerichts, dass die Regierung verpflichtet ist, die ihr zur Verfügung stehenden rechtlichen und faktischen Einwirkungsrechte auf das öffentliche Unternehmen zu nutzen, um die erfragten Informationen einzuholen.[720] Im konkreten Urteil ist das Bundesverfassungsgericht nicht weiter auf diese rechtlichen und faktischen Einwirkungsrechte eingegangen, da sich die Bundesregie-

713 So auch *Vogelgesang*, ZRP 1988, 5 (8); *Klein/Schwarz*, in: Dürig/Herzog/Scholz, GG, 99. EL 2022, Art. 43 Rn. 109.

714 So BVerfGE 147, 50 (159 f.).

715 Dabei handelt es sich um die alljährlichen gemeinsamen Gespräche zwischen dem Bundesministerium für Verkehr, Bau und Stadtentwicklung, dem Eisenbahn-Bundesamt und der Deutsche Bahn AG betreffend den Sachstand einzelner Bedarfsplanvorhaben, vgl. BVerfGE 147, 50 (65).

716 Vgl. BVerfGE 147, 50 (67).

717 Vgl. BVerfGE 124, 161 (197 f.); 147, 50 (147).

718 Vgl. *Harks*, JuS 2014, 979 (981); *Wünsch/Harks*, LKV 2014, 438 (442).

719 Vgl. BVerfGE 124, 161 (197); 147, 50 (147); *Harks*, JuS 2014, 979 (981); *Wünsch/Harks*, LKV 2014, 438 (442); *Burgi*, NVwZ 2018, 601 (604).

720 So BVerfGE 147, 50 (163); dazu *Burgi*, NVwZ 2018, 601 (604).

rung überhaupt nicht um die Erlangung der Angaben zu den Zugverspätungen und den diesbezüglichen Gründen bemüht hat.[721]

Für die Deutsche Bahn AG hängt *Burgi* zufolge die Frage, welche rechtlichen Einwirkungsrechte der Bundesregierung „zur Verfügung stehen“, davon ab, ob solche Rechte im Einklang mit Art. 87e Abs. 3 S. 1 GG geschaffen und ausgeübt werden dürfen.[722] Der Vorschrift ist ein objektiv-rechtliches Verfassungsgebot der Nutzung von Unternehmensautonomie und Markt zu entnehmen,[723] wodurch auch die Ausübung gesellschaftsrechtlicher Einwirkungsrechte beschränkt wird.[724]

3. Gefährdung des Wohls des Bundes oder eines Landes

a) Der Begriff des Staatswohls

Eine weitere Grenze der Antwortpflicht der Bundesregierung bildet das Wohl des Bundes oder eines Landes (Staatswohl).[725] Der Begriff des „Staatswohls“ ist ein unbestimmter Rechtsbegriff, dem es an einer gesetzlichen oder allgemein anerkannten Definition mangelt.[726] Davon umfasst werden verschiedene Fallgruppen,[727] von denen das Bekanntwerden geheimhaltungsbedürftiger Informationen die wichtigste darstellt.[728]

Obschon der Grundsatz der Öffentlichkeit ein wesentliches Element des Demokratieprinzips darstellt, kann aus Gründen des Staatswohls eine geheime Behandlung gewisser Informationen geboten sein.[729] Dabei ist zu berücksichtigen, dass das Staatswohl im parlamentarischen Regierungssystem des Grundgesetzes nicht allein der Bundesregierung anvertraut ist, sondern dem Bundestag und der Bundesregierung als gemeinsame Aufgabe.[730] Das Parlament und seine Organe können nicht als Außenstehende behandelt werden, vor denen Informationen zum Schutz

721 Siehe BVerfGE 147, 50 (163).
722 Vgl. *Burgi*, NVwZ 2018, 601 (604).
723 Dies hat wurde durch BVerfGE 147, 50 (152) anerkannt, so *Burgi*, NVwZ 2018, 601 (606).
724 Vgl. *Burgi*, NVwZ 2018, 601 (608); *Gersdorf*, DÖV 2018, 789 (792).
725 Vgl. BVerfGE 67, 100 (134 ff.); 124, 78 (123); 137, 185 (240); 146, 1 (42 f.); 147, 50 (146).
726 Vgl. *Warg*, NVwZ 2014, 1263 (1266); *Haug*, in: ders. (Hg.), Verfassung des Landes Baden-Württemberg, 2018, Art. 27 Rn. 51.
727 Vgl. *Warg*, NVwZ 2014, 1263 (1266 ff.); *Haug*, in: ders. (Hg.), Verfassung des Landes Baden-Württemberg, 2018, Art. 27 Rn. 51.
728 Vgl. *Will*, Staatsrecht I, 2021, § 5 Rn. 25.
729 Vgl. *Lorz/Richterich*, in: Morlok/Schliesky/Wiefelspütz (Hg.), Parlamentsrecht, 2016, § 35 Rn. 103.
730 Vgl. BVerfGE 67, 100 (136); 124, 78 (124); 137, 185 (241); 147, 50 (146 f.); *Magiera*, in: Schneider/Zeh (Hg.), Parlamentsrecht und Parlamentspraxis, 1989, § 52

des Staatswohls geheim zu halten sind.[731] Eine Berufung auf das Wohl des Bundes kann deswegen grundsätzlich dann nicht in Betracht kommen, wenn bereits wirksame Vorkehrungen gegen das Bekanntwerden von Dienstgeheimnissen getroffen wurden.[732]

Allerdings ist die Bundesregierung, die einer eigenen, aus der ihr anvertrauten Regierungsgewalt herrührenden Verantwortung für die Wahrung der Dienstgeheimnisse unterliegt, nicht verpflichtet, Verschlusssachen, die Dienstgeheimnisse enthalten, dem Bundestag vorzulegen, wenn dieser nicht den von der Bundesregierung für notwendig gehaltenen Geheimnisschutz gewährleistet.[733] So darf die Bundesregierung etwa die Antwort auf Fragen zu noch nicht beschiedenen Anträgen auf Erteilung einer Genehmigung für die Ausfuhr von Kriegswaffen ebenso wie die Auskunft über Voranfragen von Rüstungsunternehmen aus Gründen des Staatswohls verweigern.[734]

b) Das (fiskalische) Interesse des Staates am Schutz vertraulicher Informationen seiner (Beteiligungs-)Unternehmen

aa) Schutzgut

Als verfassungsrechtlichen Staatswohlbelang hat das Bundesverfassungsgericht in seiner Entscheidung vom 7.11.2017 betreffend die Deutsche Bahn AG erstmals das (fiskalische) Interesse des Staates am Schutz vertraulicher Informationen seiner (Beteiligungs-)Unternehmen anerkannt.[735] Dazu führt das Gericht aus:

> *„Die Offenlegung von Betriebs- und Geschäftsgeheimnissen des in öffentlicher Hand befindlichen Unternehmens kann Auswirkungen auf den Wert der gehaltenen Anteile oder auf das Geschäftser-*

Rn. 66; *Müller*, in: v. Mangoldt/Klein/Starck, GG, Bd. 2, 7. Aufl. 2018, Art. 38 Rn. 89; *Klein/Schwarz*, in: Dürig/Herzog/Scholz, GG, 99. EL 2022, Art. 43 Rn. 103.

731 Vgl. BVerfGE 137, 185 (241); 146, 1 (43); 147, 50 (146 f.); *Austermann/Waldhoff*, Parlamentsrecht, 2020, § 10 Rn. 536.

732 Vgl. BVerfGE 67, 100 (136); 137, 185 (241); 147, 50 (147). Zu den Vorkehrungen zur Geheimhaltung im Bundestag BVerfGE 146, 1 (43 f.); *Klein/Schwarz*, in: Dürig/Herzog/Scholz, GG, 99. EL 2022, Art. 43 Rn. 104.

733 Vgl. BVerfGE 67, 100 (137); 137, 185 (241); 147, 50 (147); *Müller*, in: v. Mangoldt/Klein/Starck, GG, Bd. 2, 7. Aufl. 2018, Art. 38 Rn. 89; *Klein/Schwarz*, in: Dürig/Herzog/Scholz, GG, 99. EL 2022, Art. 43 Rn. 103.

734 Vgl. BVerfGE 137, 185 (251).

735 Vgl. BVerfGE 147, 50 (156); dazu *Burgi*, NVwZ 2018, 601 (605); *Kersting*, WPg 2018, 392 (393); *Poschmann*, NVwZ 2018, 71 (72 f.); *Schmolke*, WM 2018, 1913 (1918 f.); *Koch*, ZHR 183 (2019), 7 (35); *Bogan*, in: Butzer/Epping (Hg.), Hannoverscher Kommentar zur Niedersächsischen Verfassung, 2. Aufl. 2021, Art. 24 Rn. 38; *Jarass*, in: ders./Pieroth, GG, 17. Aufl. 2022, Art. 38 Rn. 60.

gebnis haben, letzteres mit der Folge, dass sich die Gewinnabschöpfung mindert oder Zuschüsse aus dem öffentlichen Haushalt erforderlich oder umfänglicher werden. Auch wenn privatrechtlich organisierte Unternehmen, die sich ganz oder mehrheitlich in öffentlicher Hand befinden, keinen Grundrechtsschutz genießen, besteht doch zumindest ein auch verfassungsrechtlich anerkennenswertes öffentliches Interesse daran, dass deren Betriebs- und Geschäftsgeheimnisse geschützt werden.“[736]

Damit schafft das Gericht ein Gegengewicht zur weit verstandenen Verantwortung der Regierung für die unternehmerische Tätigkeit öffentlich beherrschter Unternehmen[737] und einen Ausgleich dafür, dass diese sich weder auf einen grundrechtlichen noch für sich genommen auf den durch das (einfache) Gesellschaftsrecht ausgestalteten Schutz der Betriebs- und Geschäftsgeheimnisse berufen können.[738]

Denn wie bereits ausgeführt (s. 2. Kapitel C.), ist die unternehmerische Betätigung der öffentlichen Hand ein grundsätzlich statthafter Modus der Aufgabenerfüllung, dessen Funktionsfähigkeit jedoch maßgeblich davon abhängt, dass dem Unternehmen das Maß an Autonomie gewährleistet wird, das für eine wirtschaftlich effiziente Unternehmensführung notwendig ist.[739] Wäre das öffentliche Unternehmen nun aber neben dem personellen und finanziellen Mehraufwand, den es im Vergleich zu einem privaten Unternehmen durch die Erfüllung diverser Informationsansprüche hat,[740] auch dazu verpflichtet, Betriebs- und Geschäftsgeheimnisse nicht nur gegenüber dem Parlament, sondern gegenüber der Öffentlichkeit und damit potentiell gegenüber konkurrierenden Unternehmen preiszugeben, könnte dies einen massiven Wettbewerbsnachteil nach sich ziehen.[741]

---

736 BVerfGE 147, 50 (156).

737 So *Schwill*, NVwZ 2019, 109 (111).

738 Siehe dazu BVerfGE 147, 50 (156).; vgl. auch *Eidam*, NordÖR 2020, 105 (112); *Neudenberger*, Der Aufsichtsrat in staatlichen Eigen- und Beteiligungsgesellschaften, 2023, S. 322 f.

739 Zum Gebot einer aufgabenadäquaten Auslegung des Demokratieprinzips *Wollenschläger*, in: Kirchhof/Korte/Magen (Hg.), Öffentliches Wettbewerbsrecht, 2014, § 6 Rn. 37; siehe auch *Löwer*, in: VVDStRL 60 (2001), 416 (443); *Kapteina*, Öffentliche Unternehmen in Privatrechtsform und ihre demokratische Legitimation, 2017, S. 94.

740 Siehe zu den verfassungs- und verwaltungsrechtlichen Vorgaben für Informationsbeziehungen betreffend das öffentliche Unternehmen ausführlich *Burgi*, in: ders./Habersack (Hg.), Handbuch Öffentliches Recht des Unternehmens, 2023, § 23.

741 Vgl. *Burgi*, in: ders./Habersack (Hg.), Handbuch Öffentliches Recht des Unternehmens, 2023, § 23 Rn. 3.

Auch das Bundesverfassungsgericht erkennt insofern an, dass der Staat andernfalls, also ohne einen Schutz der Betriebs- und Geschäftsgeheimnisse öffentlicher Unternehmen, nicht über solche Gesellschaften mit dem Ziel wirtschaftlich erfolgreichen Handelns am Markt teilnehmen könne, was das Grundgesetz aber in den Art. 87e und 87 f GG ausdrücklich vorsehe.[742] Danach ist eine verfassungsrechtliche Schutzbedürftigkeit immer dann gegeben, wenn ein Unternehmen mit mehrheitlich staatlicher Beteiligung tatsächlich „am Markt" tätig ist und innerhalb wettbewerblicher Rahmenbedingungen agiert.[743] Denn diese Unternehmen stehen im Wettbewerb etwa um Kunden oder Mitarbeitende und haben daher ein Interesse an einem wettbewerbsgerechten Vertraulichkeitsniveau.[744]

Dass das Bundesverfassungsgericht das Wort „fiskalisch" in Klammern setzt, könnte darauf hindeuten, dass sich das Schutzinteresse nicht auf den Wert der gehaltenen Anteile oder das Geschäftsergebnis beschränkt. Die wirtschaftliche Betätigung der öffentlichen Hand ist nie Selbstzweck, sondern stets Instrument zur Erfüllung öffentlicher Aufgaben, sodass die Effektivität der unternehmerischen Betätigung dem Interesse der erfolgreichen Erfüllung der jeweiligen öffentlichen Aufgabe dient (vgl. 1. Kapitel A.I.). Ist die Funktionsfähigkeit des jeweiligen öffentlichen Unternehmens beeinträchtigt, kann dies zu einer Gefährdung oder gar Vereitelung der durch das Unternehmen zu erfüllenden öffentlichen Aufgabe führen.[745]

Dahingehend kann auch die Aussage des Gerichts verstanden werden, dass auch das Interesse an der Funktionsfähigkeit der Eisenbahninfrastrukturunternehmen (EIU) betroffen sei, welches sich im Gewährleistungsauftrag des Art. 87e Abs. 4 GG niederschlage.[746]

Weiter führt das Gericht in diese Richtung aus: „*Das Grundgesetz geht zwar, wie Art. 87e GG zeigt, davon aus, dass der Staat auch unternehmerisch im Wettbewerb am Markt tätig sein oder sich an privaten Unternehmen beteiligen kann. Damit ist offenbar die Vorstellung verbunden, dass sich der Staat bei der Erfüllung seiner Aufgaben die Kräfte des Marktes zunutze machen oder eine Aufgabe sogar ganz in den Markt entlassen kann. Durch eine hohe Transparenz seiner (Betei-*

742 Vgl. BVerfGE 147, 50 (156).
743 So *Eidam*, NordÖR 2020, 105 (112).
744 Vgl. *Schockenhoff*, NZG 2018, 521.
745 Vgl. *Burgi*, in: ders./Habersack (Hg.), Handbuch Öffentliches Recht des Unternehmens, 2023, § 23 Rn. 3.
746 Vgl. BVerfGE 147, 50 (157).

ligungs-)Unternehmen würden diese (nicht unumstrittenen) positiven Effekte möglicherweise beeinträchtigt oder beseitigt."[747]

Ein weiterer Grund dafür, dass es nicht lediglich auf die anteilsmäßige Beteiligung ankommt, kann darin gesehen werden, dass das Gericht in derselben Entscheidung eine Antwortverweigerung im Hinblick auf Beteiligungen im Finanzsektor verneint.[748] Es begründet dies damit, dass es einen allgemeinen Anspruch des am Markt teilnehmenden Staates auf Werterhalt seiner Beteiligungen nicht gebe und auch nicht geben könne, da damit das Markt- und Wettbewerbsprinzip außer Kraft gesetzt würde.[749] All dies ließe zunächst darauf schließen, dass Betriebs- und Geschäftsgeheimnisse öffentlicher Unternehmen auch für den Fall, dass diese zum Gegenstand einer parlamentarischen Anfrage gemacht werden, doch in einem gewissen Umfang geschützt sind.[750]

bb) Begrenzung der Reichweite des Schutzes durch Relevanzschwelle

Allgemein gilt jedoch, dass das Staatswohl erst bei Erreichung einer gewissen Bedrohungsschwelle betroffen ist.[751]

Das Bundesverfassungsgericht führt insofern in seiner Entscheidung betreffend die Deutsche Bahn AG aus: „*Allerdings dürfte auszuschließen sein, dass der Staat hierdurch gehindert würde, die ihm obliegenden Aufgaben überhaupt noch zu erfüllen. Letztlich stehen also in erster Linie fiskalische Interessen im Raum, die zwar nicht unerheblich, aber mit einer Bedrohung der Sicherheit oder gar des Bestandes des Bundes oder eines Landes nicht vergleichbar sind.*"[752]

Wie diese Aussagen konkret im Hinblick auf die Reichweite der Grenze der Antwortpflicht der Bundesregierung zu verstehen sind, geht aus

---

747 BVerfGE 147, 50 (157). Siehe etwa zu den Auswirkungen, die die Abschwächung der Verschwiegenheitspflicht in öffentlichen Unternehmen auf die Funktionsfähigkeit der Aktiengesellschaft haben könnte *Mann*, AG 2018, 57 (59).

748 Vgl. BVerfGE 147, 50 (169 f.); so auch *Poschmann*, NVwZ 2018, 71 (72 f.).

749 Vgl. BVerfGE 147, 50 (169 f.). Zu dieser Unterscheidung auch *Eidam*, NordÖR 2020, 105 (112).

750 So wohl *Schmolke*, WM 2018, 1913 (1918 f.), wonach die Erhaltung des Unternehmenswerts und das Ziel wirtschaftlich erfolgreichen Handelns als solche geeignet seien, die Beschränkung des an sich bestehenden parlamentarischen Auskunftsanspruchs verfassungsrechtlich zu rechtfertigen; vgl. auch *Kersting*, WPg 2018, 392 (393); zu diesem *Koch*, ZHR 183 (2019), 7 (36).

751 Vgl. *Warg*, NVwZ 2014, 1263 (1267); *Burgi*, NVwZ 2018, 601 (605); *Haug*, in: ders. (Hg.), Verfassung des Landes Baden-Württemberg, 2018, Art. 27 Rn. 52; *Koch*, ZHR 183 (2019), 7 (36).

752 BVerfGE 147, 50 (157).

dem Urteil nicht mit letzter Klarheit hervor.[753] Zum Teil wird die Schutzwirkung dieser Grenze daher eher als gering eingeschätzt.[754] Anderen Stimmen in der Literatur zufolge ist die Anerkennung des (fiskalischen) Interesses des Staates am Schutz vertraulicher Informationen seiner (Beteiligungs-)Unternehmen als verfassungsrechtlicher Staatswohlbelang ausreichend, um berechtigte Geheimhaltungsinteressen zu wahren.[755] Das Gericht geht auf die Grenze des Staatswohls im Subsumtionsteil nicht mehr ein, sondern qualifiziert die Antwortverweigerung der Bundesregierung schon deshalb als rechtswidrig, weil diese zu pauschal und ohne detaillierte Begründung erfolgte.[756]

cc) Differenzierung zwischen Antwortverweigerung („Ob") und Geheimhaltungsvorkehrungen („Wie")

Denkbar wäre an dieser Stelle jedoch auch, zwischen einer gänzlichen Antwortverweigerung und der Weitergabe von Informationen unter dem Vorbehalt, dass wirksame Vorkehrungen für die Gewährleistung der Vertraulichkeit getroffen werden, zu unterscheiden.[757]

Eine gänzliche Antwortverweigerung kommt aufgrund der verfassungsrechtlichen Bedeutung parlamentarischer Kontrolle und der Tatsache, dass das Staatswohl dem Bundestag und der Bundesregierung gemeinsam anvertraut sind, nur unter ganz besonderen Umständen in Betracht.[758] Die hohen Anforderungen, die das Bundesverfassungsgericht an das Erreichen der Bedrohungsschwelle stellt, sind vor dem Hintergrund zu sehen, dass die Regierung im konkreten Fall die Antwort auf die parlamentarischen Anfragen pauschal verweigert hat. Eine solche pauschale Antwortverweigerung käme demnach nur in Betracht, wenn der Staat durch die hohe Transparenz seiner (Beteiligungs-)Unternehmen gehindert wäre, die ihm obliegenden Aufgaben überhaupt noch zu erfüllen.[759] Ein Antwortverweigerungsrecht der öffentlichen Hand würde demzufolge voraussetzen, dass die Offenlegung der Betriebs- und Geschäftsgeheimnisse des in öffentlicher Hand befindlichen Unternehmens die mit der unternehmerischen Betätigung

753 So auch *Koch*, ZHR 183 (2019), 7 (36).
754 Vgl. *Burgi*, NVwZ 2018, 601 (605); *Koch*, ZHR 183 (2019), 7 (36).
755 Vgl. *Schmolke*, WM 2018, 1913 (1918 f.); *Kersting*, WPg 2018, 392 (394).
756 Vgl. BVerfGE 147, 50 (157 ff.); *Burgi*, NVwZ 2018, 601 (605); *Koch*, ZHR 183 (2019), 7 (36); wohl auch *Eidam*, NordÖR 2020, 105 (112), die den Schutz in materieller Hinsicht dem Schutzbereich des grundrechtlich geschützten Geheimnisschutzes gemäß Art. 12 Abs. 1 GG gleichgestellt sieht, gleichzeitig aber auf die scheinbar restriktive Auslegung des BVerfG verweist.
757 So wohl auch *Schmolke*, WM 2018, 1913 (1918 f.).
758 Vgl. *Warg*, NVwZ 2014, 1263 (1268).
759 Vgl. BVerfGE 147, 50 (157); siehe auch *Burgi*, NVwZ 2018, 601 (605).

bezweckte Aufgabenerfüllung als solche vereiteln würde, was in der Tat kaum jemals vorkommen dürfte.[760] Stünden hingegen in erster Linie fiskalische Interessen im Raum, sei das mit einer Bedrohung der Sicherheit oder gar des Bestandes des Bundes oder eines Landes nicht vergleichbar.[761] Eine gänzliche Antwortverweigerung würde daher nach diesen Maßstäben ausscheiden.

Dennoch scheint das Bundesverfassungsgericht die Betriebs- und Geschäftsgeheimnisse eines in öffentlicher Hand befindlichen Unternehmens auch unterhalb dieser Schwelle jedenfalls zu einem gewissen Grad als geschützt anzusehen, wenn es einleitend auch das „nur" „(fiskalische) Interesse des Staates am Schutz vertraulicher Informationen seiner (Beteiligungs-)Unternehmen" als verfassungsrechtlichen Staatswohlbelang anerkennt.[762] Zwar kann nicht jede finanzielle Einbuße auf Unternehmensseite zugleich ein fiskalisches Interesse auf Seiten des Bundes begründen, das eine Geheimhaltung rechtfertigen kann.[763] Auch hier können bloße Unannehmlichkeiten nicht ausreichen, sondern es müssen echte Nachteile zu erwarten sein.[764]

Jedoch kann ein nicht unerhebliches (fiskalisches) Interesse des Staates am Schutz vertraulicher Informationen seiner (Beteiligungs-)Unternehmen als verfassungsrechtliches Rechtsgut die Einschränkung des Grundsatzes der Öffentlichkeit, die mit einer Beantwortung parlamentarischer Anfragen unter Anwendung von Vertraulichkeits- bzw. Geheimnisschutzmaßnahmen einhergeht, rechtfertigen (siehe dazu bereits 4. Kapitel A.I.3. b)aa)).[765] Denn die Anwendung von Vertraulichkeits- bzw. Geheimnisschutzmaßnahmen ermöglicht es, das Interesse des Parlaments an Informationen zu befriedigen, sodass eine parlamentarische Kontrolle grundsätzlich stattfinden kann, gleichzeitig bleibt es aber auch möglich, berechtigte Geheimhaltungsinteressen der Regierung zu wahren.[766]

Zum einen bestünde die Möglichkeit der Übertragung von Aufgaben des Plenums auf geheim tagende Untergremien. Ein solches Vorgehen würde indes das Gebot der gleichberechtigten Mitwirkung aller Abgeordneten beeinträchtigen.[767] Soweit Abgeordnete von der Mitwirkung an der parlamentarischen Entscheidungsfindung ausgeschlossen werden, ist dies

760 So BVerfGE 147, 50 (157).
761 Vgl. BVerfGE 147, 50 (157).
762 Vgl. BVerfGE 147, 50 (156).
763 So auch *Koch*, ZHR 183 (2019), 7 (36).
764 Vgl. *Warg*, NVwZ 2014, 1263 (1267); *Haug*, in: ders. (Hg.), Verfassung des Landes Baden-Württemberg, 2018, Art. 27 Rn. 52.
765 So wohl auch *Schmolke*, WM 2018, 1913 (1918 f.).
766 Vgl. BVerfGE 147, 50 (129); dazu *Schmolke*, WM 2018, 1913 (1918 f.).
767 Vgl. BVerfGE 147, 50 (129 f.).

nur in wenigen Ausnahmefällen zur Wahrung anderer Rechtsgüter von Verfassungsrang und unter strikter Wahrung des Grundsatzes der Verhältnismäßigkeit zulässig.[768] Auch an diese Form der Informationsvermittlung sind mithin sehr hohe Anforderungen zu stellen.

Daneben stellt die Beantwortung parlamentarischer Anfragen unter Anwendung der Geheimschutzordnung ein milderes Mittel dar, das geeignet sein kann, um einen angemessenen Ausgleich zwischen dem Fragerecht der Abgeordneten und konfligierenden Rechtsgütern zu schaffen.[769] Der Bundestag hat in seiner Geheimschutzordnung in detaillierter Weise die Voraussetzungen für die Wahrung von Dienstgeheimnissen bei seiner Aufgabenerfüllung festgelegt.[770] Ein Ausschluss der Öffentlichkeit ist in der Verfassung als eine Möglichkeit zur Wahrung von Geheimschutzinteressen unter gleichzeitiger Einbeziehung des Parlaments angelegt.[771] Wie bereits erläutert,[772] sind aufgrund der Tatsache, dass der Grundsatz der Öffentlichkeit für die parlamentarische Entscheidungsfindung unverzichtbar ist,[773] Beschränkungen dieses Grundsatzes ebenfalls nur zugunsten anderer Verfassungsgüter zulässig.[774]

Die Bundesregierung muss also im Einzelfall im Wege einer auf praktische Konkordanz und schonenden Ausgleich abzielenden Abwägung ermitteln, ob das parlamentarische Fragerecht bzw. der Grundsatz der Öffentlichkeit oder das Interesse des Staates am Schutz vertraulicher Informationen seines (Beteiligungs-)Unternehmens überwiegt.[775] Dem-

768 Vgl. BVerfGE 131, 230 (235); 147, 50 (129).

769 Vgl. BVerfGE 147, 50 (131). Vgl. dazu auch *Bogan*, in: Butzer/Epping (Hg.), Hannoverscher Kommentar zur Niedersächsischen Verfassung, 2. Aufl. 2021, Art. 24 Rn. 39. Ausführlich dazu auch *Neudenberger*, Der Aufsichtsrat in staatlichen Eigen- und Beteiligungsgesellschaften, 2023, S. 325 ff.

770 Vgl. BVerfGE. 67, 100 (135); 137, 185 (240); 147, 50 (146); *Müller*, in: v. Mangoldt/Klein/Starck, GG, Bd. 2, 7. Aufl. 2018, Art. 38 Rn. 29.

771 Dies zeigt „eine systematische Gesamtschau einer Reihe von Grundgesetzbestimmungen – etwa Art. 42 Abs. 1 S. 2, 44 Abs. 1 S. 2, Art. 45a Abs. 3 und Art. 53a GG“, vgl. BVerfGE 147, 50 (131). Siehe auch zur Landesebene LVerfG LSA, NVwZ-RR 2023, 305 (307): „In Fällen, in denen die genannten öffentlichen und privaten Interessen nicht das Interesse an der Information des Parlaments, dessen ungeachtet aber das Interesse an der parlamentarischen Öffentlichkeit überwiegen, erlaubt und gebietet Art. 53 IV 1 LSAVerf eine nichtöffentliche Beantwortung parlamentarischer Fragen unter Vorkehrungen nach der Geheimschutzordnung des Landtages von Sachsen-Anhalt“.

772 Siehe 4. Kapitel A.I.3.b) aa).

773 Vgl. auch BVerfGE 147, 50 (131 f.).

774 So etwa *Hillgruber*, JA 2018, 238 (240); *Poschmann*, NVwZ 2018, 71.

775 BVerfGE 147, 50 (171); *Mann*, AG 2018, 57 (63); *Schockenhoff*, NZG 2018, 521 (527); *Schwill*, NVwZ 2019, 109 (111); *Siems*, GSZ 2020, 1 (3): „Will die Bundesregierung vom Grundsatz der öffentlichen Beantwortung abweichen, hat sie die gegenläufigen Interessen gegeneinander abzuwägen“.

nach werden zwar nicht sämtliche Informationen, die der gesellschaftsrechtlichen Verschwiegenheitspflicht unterfallen, unter derartigen Einschränkungen an den Bundestag weitergegeben werden dürfen.[776] Sofern die Bundesregierung im konkreten Fall jedoch ein nicht unerhebliches (fiskalisches) Interesse am Schutz vertraulicher Informationen ihres (Beteiligungs-)Unternehmens darlegen kann, sollte im Regelfall die Informationsvermittlung gegenüber dem Plenum unter Anwendung der Geheimschutzordnung für ein hinreichendes Schutzniveau sorgen.[777] Solche nicht unerheblichen fiskalischen Interessen sieht das Bundesverfassungsgericht wohl dann als betroffen an, wenn der Staat durch die hohe Transparenz seiner Beteiligungsunternehmen in der Nutzung der Kräfte des Marktes zur Erfüllung seiner Aufgaben beeinträchtigt ist oder diese positiven Effekte sogar beseitigt würden.[778]

c) Zwischenergebnis

Das vom Bundesverfassungsgericht anerkannte verfassungsrechtliche Schutzgut des Interesses am Schutz vertraulicher Informationen der (Beteiligungs-)Unternehmen der öffentlichen Hand vermag zwar in den seltensten Fällen zu einer gänzlichen Antwortverweigerung berechtigen. Es stellt aber einen verfassungsrechtlichen Belang dar, der im Einzelfall eine Einschränkung des Grundsatzes der Öffentlichkeit und damit eine Informationsvermittlung unter Vorkehrungen zur Wahrung der Vertraulichkeit zu rechtfertigen vermag. Dadurch kann ein angemessener Ausgleich zwischen der Antwortpflicht der Regierung auf parlamentarische Anfragen und dem Interesse des Bundes am Schutz vertraulicher Informationen seiner (Beteiligungs-)Unternehmen geschaffen werden.

---

776 Vgl. *Schmolke*, WM 2018, 1913 (1919), allerdings im Hinblick auf die Anforderungen, die das BVerfG an die Übernahme von Aufgaben des Plenums durch geheim tagende parlamentarische Untergremien stellt.

777 Vgl. *Schmolke*, WM 2018, 1913 (1919); siehe auch *Kersting*, WPg 2018, 392 (394), wonach durch die Anerkennung des (fiskalischen) Interesses des Staates am Schutz vertraulicher Informationen seiner (Beteiligungs-)Unternehmen als verfassungsrechtlicher Staatswohlbelang in der praktischen Anwendung kein generelles Überspielen der aktienrechtlichen Verschwiegenheitspflichten droht. Auch *Burgi*, NVwZ 2018, 601 (605), erkennt insofern an, dass dem Staatswohl normalerweise durch die bestehenden Vorkehrungen gegen das Bekanntwerden von Dienstgeheimnissen Rechnung getragen werden könne.

778 Vgl. BVerfGE 147, 50 (157).

III. Entgegenstehende Belange Dritter

Schließlich kann die Antwortpflicht der Bundesregierung auch dadurch begrenzt sein, dass diese gem. Art. 1 Abs. 3 GG die Grundrechte zu beachten hat.[779]

Die Bundesregierung dürfte eine parlamentarische Anfrage demnach nicht in einer Weise beantworten, die zu einer Grundrechtsverletzung führen würde.[780] Dies wäre im hiesigen Kontext denkbar, wenn die vollständige Beantwortung der parlamentarischen Anfrage nicht lediglich die Offenlegung von Informationen über das öffentliche Unternehmen als solches, sondern auch über private Dritte, etwa Kunden oder Geschäftspartner, erfordern würde. In Betracht kommen bei gemischtwirtschaftlichen Unternehmen auch die Grundrechte der privaten Anteilseigner, deren Rechtsstellung als Grundrechtsträger von der Beteiligung an einem öffentlich beherrschten Unternehmen unberührt bleibt.[781] Relevant werden dabei insbesondere das allgemeine Persönlichkeitsrecht (Art. 2 Abs. 1 i. V. m. Art. 1 Abs. 1 GG) bzw. das Recht auf Berufsfreiheit nach Art. 12 Abs. 1 GG.[782]

1. Allgemeines Persönlichkeitsrecht

Der Schutz des vom Bundesverfassungsgericht aus Art. 2 Abs. 1 i. V. m. Art. 1 Abs. 1 GG abgeleiteten[783] allgemeinen Persönlichkeitsrechts[784] umfasst u. a. das Recht auf informationelle Selbstbestimmung.[785] Dieses gewährleistet dem oder der Einzelnen die Befugnis, grundsätzlich selbst zu entscheiden, wann und innerhalb welcher Grenzen persönliche Lebenssachverhalte offenbart werden.[786] Es schützt die einzelne

779 Vgl. BVerfGE 67, 100 (142); 76, 363 (387); 137, 185 (243); 146, 1 (45); 147, 50 (141); *Weis*, DVBl 1988, 268 (272); *Magiera*, in: Schneider/Zeh (Hg.), Parlamentsrecht und Parlamentspraxis, 1989, § 52 Rn. 71; *Raap*, NJW 1997,508; *Ritzel/Bücker/Schreiner*, Handbuch für die Parlamentarische Praxis, Nov. 2002, Vor zu §§ 100–106 GO BT, III. 4; *Glauben*, DVBl 2018, 751 (757); *Singer*, ZParl 2020, 888 (900).

780 Vgl. *Klein/Schwarz*, in: Dürig/Herzog/Scholz, GG, 99. EL 2022, Art. 43 Rn. 113.

781 So BVerfGE 128, 226 (247).

782 Vgl. *Hölscheidt*, Frage und Antwort im Parlament, 1992, S. 39 f.; *Lennartz/Kiefer*, DÖV 2006, 185 (189 f.); *Glauben*, DVBl 2018, 751 (757); *Singer*, ZParl 2020, 888 (900 f.); *Klein/Schwarz*, in: Dürig/Herzog/Scholz, GG, 96. EL 2021, Art. 43 Rn. 113; *Neudenberger*, Der Aufsichtsrat in staatlichen Eigen- und Beteiligungsgesellschaften, 2023, S. 319.

783 Vgl. BVerfGE 35, 202 (220); 54, 148 (153); 147, 1 (18 f.).

784 Vgl. zur Bezeichnung als „allgemeines Persönlichkeitsrecht“ BVerfGE 54, 148 (153); *Rixen*, in: Sachs (Hg.), GG, 9. Aufl. 2021, Art. 2 Rn. 60.

785 Vgl. bereits BVerfGE 65, 1 (41 ff.).

786 Vgl. BVerfGE 65, 1 (43); 85, 219 (224); 96, 171 (181); 128, 1 (42), 147, 50 (142).

Person insbesondere gegen unbegrenzte Erhebung, Speicherung, Verwendung oder Weitergabe der auf sie bezogenen, individualisierten oder individualisierbaren Daten.[787]

Ein Eingriff in dieses Recht liegt vor, wenn die Bundesregierung dem Deutschen Bundestag beispielsweise Informationen über Mitarbeitende oder Geschäftspartner des öffentlichen Unternehmens erteilt und diese Personen bestimmbar oder individualisierbar sind.[788]

Gem. Art. 19 Abs. 3 GG gelten die Grundrechte auch für inländische juristische Personen, soweit sie ihrem Wesen nach auf diese anwendbar sind. Die Frage, ob das allgemeine Persönlichkeitsrecht seinem Wesen nach auf juristische Personen anwendbar ist, erfordert eine differenzierte Beurteilung für die verschiedenen Ausprägungen dieses Grundrechts.[789] Beim Recht auf informationelle Selbstbestimmung wurde die Grundrechtsträgerschaft hinsichtlich der auf die juristische Person bezogenen Daten bejaht, soweit dies auf Art. 2 Abs. 1 GG gestützt ist.[790] Das Schutzniveau ist im Vergleich zu natürlichen Personen bereits deshalb abgesenkt, weil sich juristische Personen nicht auf Art. 1 Abs. 1 GG berufen können.[791] Ferner ist der Tätigkeitskreis juristischer Personen in der Regel durch eine bestimmte (wirtschaftliche) Zwecksetzung begrenzt.[792] Eine grundrechtlich erhebliche Gefährdungslage besteht erst dann, wenn die informationelle Maßnahme die betroffene juristische Person einer Gefährdung hinsichtlich ihrer spezifischen Freiheitsausübung, beispielsweise der wirtschaftlichen Verhaltensfreiheit,[793] aussetzt.[794] Dabei kommt es maßgeblich auf die Bedeutung der betroffenen Information für den grundrechtlich geschützten Tätigkeitskreis der juristischen Person sowie auf den Zweck und die möglichen Folgen der Maßnahme an.[795] Die bloße Erwähnung in einer

---

787 Vgl. BVerfGE 65, 1 (43); 67, 100 (143); 128, 1 (42); 147, 50 (142).

788 Vgl. BVerfGE 128, 1 (46); 147, 50 (142). Ausführlich zum Allgemeinen Persönlichkeitsrecht im Zusammenhang mit dem parlamentarischen Fragerecht *Kestler*, ZParl 2001, 258 ff.

789 Vgl. BVerfGE 118, 168 (203); *Jarass*, in: ders./Pieroth, GG, 17. Aufl. 2022, Art. 2 Rn. 57.

790 Vgl. BVerfGE 118, 168 (203 ff.); 128, 1 (43); 147, 50 (142); *Jarass*, in: ders./Pieroth, GG, 17. Aufl. 2022, Art. 2 Rn. 57

791 Vgl. *Di Fabio*, in: Dürig/Herzog/Scholz, GG, 39. EL 2001, Art. 2 Abs. 1 Rn. 224; *Rixen*, in: Sachs (Hg.), GG, 9. Aufl. 2021, Art. 2 Rn. 77.

792 Vgl. BVerfGE 118, 168 (204).

793 Vgl. mit Blick auf ein Kreditinstitut BVerfGE 118, 168 (204).

794 Vgl. BVerfGE 118, 168 (204); 147, 50 (142); *Singer*, ZParl 2020, 888 (900); *Kestler*, ZParl 2001, 258 (267).

795 So BVerfGE 118, 168 (204).

Bundestagsdrucksache beeinträchtigt juristische Personen daher regelmäßig nicht.[796]

Der Eingriff in das allgemeine Persönlichkeitsrecht kann im Einzelfall gerechtfertigt sein, weshalb eine Abwägung zwischen dem Informationsrecht des Parlaments und dem allgemeinen Persönlichkeitsrecht vorzunehmen ist.[797]

2. Berufsfreiheit

Daneben ist der Schutzbereich von Art. 12 Abs. 1 GG berührt, wenn durch die Beantwortung einer parlamentarischen Anfrage Betriebs- und Geschäftsgeheimnisse, etwa von Geschäftspartnern, durch den Staat offengelegt würden.[798] Denn dadurch wäre die betroffene Person daran gehindert, dieses Wissen ausschließlich für den eigenen Erwerb zu nutzen.[799] Gelangt exklusives wettbewerbserhebliches Wissen in die Hände der Konkurrenz, mindert dies die Möglichkeit, die Berufsausübung unter Rückgriff auf dieses Wissen erfolgreich zu gestalten, da etwa unternehmerische Strategien unterlaufen werden können.[800] Schließlich kann eine Offenlegung von Betriebs- und Geschäftsgeheimnissen dazu führen, dass der Anreiz zu innovativem, unternehmerischem Handeln verloren geht, „weil die Investitionskosten nicht eingebracht werden können, während gleichzeitig Dritte unter Einsparung solcher Kosten das innovativ erzeugte Wissen zur Grundlage ihres eigenen beruflichen Erfolgs in Konkurrenz mit dem Geheimnisträger nutzen“[801].

Nach der st. Rspr. des Bundesverfassungsgerichts ist Art. 12 GG auch auf juristische Personen anwendbar, soweit sie eine Erwerbszwecken dienende Tätigkeit ausüben, die ihrem Wesen und ihrer Art nach in gleicher Weise einer juristischen wie einer natürlichen Person offensteht.[802]

Dieser grundrechtlich gewährleistete (Daten-)Schutz ist allerdings nicht absolut, vielmehr kann ein Eingriff ggf. verfassungsrechtlich gerechtfertigt werden, wobei insbesondere die Prüfung der Verhältnismäßigkeit von Relevanz ist.[803] Demnach ist der Schutz der Grundrechte

---

796 Vgl. *Kestler*, ZParl 2001, 258 (267); *Singer*, ZParl 2020, 888 (901).

797 Dazu ausführlich *Neudenberger*, Der Aufsichtsrat in staatlichen Eigen- und Beteiligungsgesellschaften, 2023, S. 332 ff.

798 Vgl. BVerfGE 115, 205 (230); 128, 1 (56); 137, 185 (243); 147, 50 (141); *Jarass*, in: ders./Pieroth, GG, 17. Aufl. 2022, Art. 12 Rn. 12.

799 Vgl. BVerfGE 147, 50 (141).

800 Vgl. BVerfGE 147, 50 (141 f.).

801 BVerfGE 147, 50 (142) m.V.a. BVerfGE 115, 205 (230); 137, 185 (244 Rn. 155).

802 Vgl. BVerfGE 50, 290 (363); 115, 205 (229); 137, 185 (243); 147, 50 (141).

803 Vgl. BVerfGE 137, 185 (257 f.); 147, 50 (145); *Eidam*, NordÖR 2020, 105 (112); *Klein/Schwarz*, in: Dürig/Herzog/Scholz, GG, 96. EL 2021, Art. 43 Rn. 113.

der betroffenen Personen oder Unternehmen mit dem Frage- und Informationsrecht des Parlaments aus Art. 38 Abs. 1 S. 2 und Art. 20 Abs. 2 S. 2 GG im Wege praktischer Konkordanz unter Würdigung sämtlicher Umstände zu einem schonenden Ausgleich zu bringen.[804] Dabei kommt es maßgeblich darauf an, ob die in Rede stehende Information unter angemessenen Vorkehrungen zum Schutz der Betroffenen erteilt werden kann.[805] Beispielsweise werden durch die Geheimschutzordnung des Deutschen Bundestages auch private Geheimnisse geschützt.[806]

B. Grenzen der Informationspflichten der Landesregierungen

I. Normativer Rahmen: Ausdrücklich geregelte Verweigerungsgründe

Sowohl auf Bundes- als auch auf Landesebene ist allgemein anerkannt, dass die grundsätzliche Antwortpflicht der Regierung auf parlamentarische Anfragen Grenzen kennt.[807]

Auf Ebene der Länder finden sich in den meisten Landesverfassungen explizite Regelungen zu den Gründen, die eine Verweigerung der Beantwortung einer parlamentarischen Anfrage durch die jeweilige Landesregierung rechtfertigen können.[808] Diese betreffen im Wesentlichen die öffentlichen (4. Kapitel A.II.) und privaten (4. Kapitel A.III.) Belange, die auch parallel der Antwortpflicht der Regierung auf Bundesebene entgegenstehen können.[809]

---

804 Vgl. BVerfGE 137, 185 (259 f.); *Lennartz/Kiefer*, DÖV 2006, 185 (189); *Eidam*, NordÖR 2020, 105 (112); *Klein/Schwarz*, in: Dürig/Herzog/Scholz, GG, 96. EL 2021, Art. 43 Rn. 113. Ausführlich auch *Neudenberger*, Der Aufsichtsrat in staatlichen Eigen- und Beteiligungsgesellschaften, 2023, S. 339 ff.

805 Vgl. *Klein/Schwarz*, in: Dürig/Herzog/Scholz, GG, 96. EL 2021, Art. 43 Rn. 113.

806 Siehe § 2a der Geheimschutzordnung des Deutschen Bundestages; dazu *Glauben*, DVBl 2018, 751 (757 f.).

807 Vgl. etwa *Brenner*, Reichweite und Grenzen des parlamentarischen Fragerechts, 2009, S. 34; vgl. auch *Klein/Schwarz*, in: Dürig/Herzog/Scholz, GG, 96. EL 2021, Art. 43 Rn. 98.

808 So in Art. 56 Abs. 4 S. 1 Bbg-Verf, Art. 30 HmbVerf, Art. 40 Abs. 3 S. 1 MVVerf, Art. 24 Abs. 3 S. 1 NdsVerf, Art. 89a Abs. 3 S. 1 RhPfVerf, Art. 53 Abs. 4 S. 1 LSAVerf, Art. 51 Abs. 2 SächsVerf, Art. 29 Abs. 3 S. 1 SHVerf und Art. 67 Abs. 3 S. 1 ThürVerf.

809 Vgl. *Klein/Schwarz*, in: Dürig/Herzog/Scholz, GG, 96. EL 2021, Art. 43 Rn. 98.

1. Geheimhaltungsinteressen

Zunächst nennen die meisten Landesverfassungen öffentliche (Geheimhaltungs-)Interessen: So sprechen etwa Art. 40 Abs. 3 S. 1 MVVerf, Art. 89a Abs. 3 S. 1 RhPfVerf, Art. 29 Abs. 3 S. 1 SHVerf und Art. 67 Abs. 3 S. 1 ThürVerf von „Staatsgeheimnissen", Art. 51 Abs. 2 SächsVerf von „überwiegenden Belangen des Geheimschutzes", Art. 56 Abs. 4 S. 1 Bbg-Verf von „öffentlichen Interessen an der Geheimhaltung" und Art. 24 Abs. 3 S. 1 NdsVerf sowie Art. 53 Abs. 4 S. 1 LSAVerf rekurrieren auf die Fallgruppe des „Staatswohls".

2. Gewaltenteilung

Daneben werden Gründe der Gewaltenteilung als einer Antwortpflicht entgegenstehende Belange anerkannt, wenn etwa in Art. 40 Abs. 3 S. 1 MVVerf, Art. 24 Abs. 3 S. 1 NdsVerf, Art. 89a Abs. 3 S. 1 RhPfVerf, Art. 53 Abs. 4 S. 1 LSAVerf, Art. 29 Abs. 3 S. 1 SHVerf und Art. 67 Abs. 3 S. 1 ThürVerf die Funktionsfähigkeit und die Eigenverantwortung der (Landes-)Regierung bzw. in Art. 51 Abs. 2 SächsVerf der Kernbereich exekutiver Eigenverantwortung als Antwortverweigerungsgrund genannt wird.

3. Belange Dritter

Schließlich werden Belange privater Dritter als Antwortverweigerungsgrund angeführt. Art. 56 Abs. 4 S. 1 Bbg-Verf nennt etwa überwiegende private Interessen an der Geheimhaltung. Art. 40 Abs. 3 S. 1 MVVerf, Art. 29 Abs. 3 S. 1 SHVerf und Art. 67 Abs. 3 S. 1 ThürVerf führen schutzwürdige Interessen Einzelner an, insbesondere solche des Datenschutzes. In Art. 24 Abs. 3 S. 1 NdsVerf, Art. 89a Abs. 3 S. 1 RhPfVerf, Art. 53 Abs. 4 S. 1 LSAVerf und Art. 51 Abs. 2 SächsVerf ist die Rede von schutzwürdigen Interessen/Rechten Dritter bzw. Einzelner.

4. Durch die Rechtsprechung geprägte Fallgruppen

In den Bundesländern, in denen die Grenzen der Antwortpflicht nicht ausdrücklich geregelt sind, haben sich entsprechende Fallgruppen in der landesverfassungsgerichtlichen Rechtsprechung herausgebildet.[810] Soweit sich also die im Landesverfassungsrecht oder der landesverfassungsgerichtlichen Rechtsprechung anerkannten Grenzen der Antwort-

810 Vgl. *Glauben*, DVBl 2018, 751 (755). Siehe zu den Grenzen des aus Art. 13 Abs. 2 S. 1 BV abgeleiteten Fragerechts *Möstl*, in: Lindner/Möstl/Wolff (Hg.), Verfassung des Freistaates Bayern, 2. Aufl. 2017, Art. 13 Rn. 20 ff.; *Huber*, in: Meder/Brechmann, BV, 6. Aufl. 2020, Art. 13 Rn. 17 ff.

pflicht der jeweiligen Regierung an den auf Bundesebene vom Bundesverfassungsgericht anerkannten Fallgruppen orientieren, lassen sich die Ergebnisse der Bundesebene zur Frage, unter welchen Voraussetzungen die jeweilige Regierung die Antwort auf eine parlamentarische Anfrage betreffend ein öffentliches Unternehmen des jeweiligen Landes verweigern kann, auch auf die Rechtslage im jeweiligen Land übertragen.[811] Dabei ist freilich im Einzelfall die konkrete landesverfassungsrechtliche Ausgestaltung der Antwortpflicht der Landesregierung zu berücksichtigen.[812] So stellt sich etwa die Frage, ob die Aufzählung der Verweigerungsgründe in der jeweiligen Landesverfassung als abschließend anzusehen ist,[813] oder ob die Landesregierung auch aus anderen als den in der jeweiligen Landesverfassung genannten Gründen die Antwort auf eine parlamentarische Anfrage verweigern kann.[814]

In manchen Landesverfassungen ist die Pflicht der Landesregierung, parlamentarische Anfragen zu beantworten, ausdrücklich unter den Vorbehalt gestellt, dass der Beantwortung bzw. dem Bekanntwerden[815] des Inhaltes keine gesetzlichen Regelungen entgegenstehen.[816] Dem wird teilweise entnommen, dass die Antwortpflicht der jeweiligen Regierung in

811 So berücksichtigt etwa Art. 24 Abs. 3 NdsVerf die Rechtsprechung des BVerfG, vgl. *Neumann*, Die Niedersächsische Verfassung, 3. Aufl. 2000, Art. 24 Rn. 21; siehe auch zu Art. 67 Abs. 3 ThürVerf *Brenner*, Reichweite und Grenzen des parlamentarischen Fragerechts, 2009, S. 38; zu Art. 51 Abs. 2 SächsVerf *Wolf*, Informationsansprüche des Parlaments gegenüber der Regierung, 2017, S. 40; zu Art. 89a Abs. 3 RhPfVerf *Edinger*, in: Brocker/Droege/Jutzi, Verfassung für Rheinland-Pfalz, 2. Aufl. 2022, Art. 89a Rn. 19; zu Art. 40 Abs. 3 MVVerf *Zapfe*, in: Classen/Sauthoff (Hg.), Verfassung des Landes Mecklenburg-Vorpommern, 3. Aufl. 2023, Art. 40 Rn. 37 ff. *Haug*, in: ders. (Hg.), Verfassung des Landes Baden-Württemberg, 2018, Art. 27 Rn. 52, überträgt das vom BVerfG im Rahmen der Fallgruppe des „Staatswohls" anerkannte fiskalische Interesse des Staates am Schutz vertraulicher Informationen seiner Beteiligungsunternehmen als Grenze der Antwortpflicht der baden-württembergischen Landesregierung.

812 So auch *Koch*, ZHR 183 (2019), 7 (43).

813 So etwa für Art. 24 Abs. 3 NdsVerf *Bogan*, in: Butzer/Epping (Hg.), Hannoverscher Kommentar zur Niedersächsischen Verfassung, 2. Aufl. 2021, Art. 24 Rn. 30; hinsichtlich Art. 51 Abs. 2 SächsVerf *Schulte/Kloos*, in: Baumann-Hasske (Hg.), Die Verfassung des Freistaates Sachsen, 4. Aufl. 2021, Art. 51 Rn. 4.

814 Mit Blick auf Art. 67 Abs. 3 ThürVerf *Brenner*, Reichweite und Grenzen des parlamentarischen Fragerechts, 2009, S. 33 ff.

815 Bezieht sich der Schutz auf das Bekanntwerden der jeweiligen Informationen, verdeutlicht dies, dass Geheimnisse nicht bereits durch die Weiterleitung an den LT verletzt werden, sondern erst dadurch, dass sie der Öffentlichkeit bekannt werden, vgl. *Zapfe*, in: Classen/Sauthoff (Hg.), Verfassung des Landes Mecklenburg-Vorpommern, 3. Aufl. 2023, Art. 40 Rn. 40.

816 Vgl. Art. 40 Abs. 3 S. 1 MVVerf, Art. 51 Abs. 2 SächsVerf, Art. 29 Abs. 3 S. 1 SHVerf, Art. 67 Abs. 3 S. 1 ThürVerf; dazu *Wünsch/Harks*, LKV 2014, 438 (443); *Koch*, ZHR 183 (2019), 7 (43).

diesen Ländern auch durch einfaches Recht beschränkt werden könne.[817] Zu Art. 51 Abs. 2 SächsVerf wird hingegen vertreten, dass unter den „sonstigen gesetzlichen Regelungen" einfachgesetzliche Vorgaben zu verstehen seien, die letztlich dem Schutz von Grundrechten dienen.[818] Auch der SächsVerfGH geht davon aus, dass die in Art. 51 Abs. 2 SächsVerf genannten Rechtsgüter auf der Ebene des Verfassungsrechts angesiedelt sind.[819] Dies wirft generell die Frage auf, in welchem Verhältnis die landesverfassungsrechtlich verankerte Antwortpflicht der jeweiligen Regierung zu einfachgesetzlichen Regelungen steht. Denn im hiesigen Kontext ist weniger von Bedeutung, die konkrete landesverfassungsrechtliche Ausgestaltung der Antwortpflicht der Landesregierung in allen Bundesländern zu erschließen. Vielmehr ist von besonderem Interesse, ob die auf Bundesebene ausgearbeiteten Grundsätze zu den aktienrechtlichen Verschwiegenheitspflichten[820], die nach der Rechtsprechung des Bundesverfassungsgerichts für sich genommen die (bundes-)verfassungsrechtliche Antwortpflicht der Bundesregierung nicht zu begrenzen vermögen,[821] auf die Landesebene übertragbar sind.[822]

II. Verhältnis zu gesellschaftsrechtlichen Verschwiegenheitspflichten

Zu beantworten bleibt die Frage, in welchem Verhältnis die bundesrechtlich geregelten gesellschaftsrechtlichen Verschwiegenheitspflichten zu parlamentarischen Informationsrechten auf Landesebene stehen.

817 Vgl. *Harks*, JuS 2014, 979 (982); *Möstl*, in: Lindner/Möstl/Wolff (Hg.), Verfassung des Freistaates Bayern, 2. Aufl. 2017, Art. 13 Rn. 24 Fn. 81; *Eidam*, NordÖR 2020, 105 (108), wonach sich der Landesverfassungsgeber in diesem Fall bewusst für einen einfachen Gesetzesvorbehalt als Schranke des parlamentarischen Auskunftsanspruchs entschieden hat; *Bogan*, in: Butzer/Epping (Hg.), Hannoverscher Kommentar zur Niedersächsischen Verfassung, 2. Aufl. 2021, Art. 24 Rn. 45.

818 So *Wolf*, Informationsansprüche des Parlaments gegenüber der Regierung, 2017, S. 53.

819 Vgl. SächsVerfGH, Urteil vom 11. April 2018 – Vf. 77-I-17 –, juris Rn. 46. Vgl. auch *Schulte/Kloos*, in: Baumann-Hasske (Hg.), Die Verfassung des Freistaates Sachsen, 4. Aufl. 2021, Art. 51 Rn. 4, wonach Geheimhaltungsbedürftigkeit und parlamentarischer Informationsanspruch im Sinne einer „praktischen Konkordanz" ins Verhältnis zu setzen sind. Vgl. auch im Hinblick auf Art. 29 Abs. 3 SHVerf *Riedinger*, in: Becker u. a. (Hg.), Verfassung des Landes Schleswig-Holstein, 2021, Art. 29 Rn. 23.

820 Zu diesen 4. Kapitel A.I.

821 Vgl. BVerfGE 147, 50 (133).

822 Diese Frage ist bislang noch ungeklärt, vgl. *Hüffer/Koch*, AktG, 17. Aufl. 2023, § 394 Rn. 43b.

Mit Blick auf die Bundesebene hat das Bundesverfassungsgericht klargestellt, dass die Grenzen des parlamentarischen Frage- und Informationsrechts des Deutschen Bundestages, auch soweit sie einfachgesetzlich geregelt sind, ihren Grund im Verfassungsrecht haben müssten, sodass einfachgesetzliche Verschwiegenheitsregelungen für sich genommen nicht geeignet wären, das Frage- und Informationsrecht zu beschränken.[823]

Da sich diese Annahme letztlich auf den Grundsatz der Normhierarchie stützt, ist fraglich, ob auch einer Landesregierung eine Antwortverweigerung unter Berufung auf die gesellschaftsrechtlichen Verschwiegenheitspflichten verwehrt ist, wenn eine parlamentarische Anfrage auf die Offenlegung von Betriebs- oder Geschäftsgeheimnissen eines ihrer Beteiligungsunternehmen gerichtet ist.[824]

Teilen der Rechtsprechung und Literatur zufolge hat einfaches Bundesrecht nach Art. 31 GG Geltungsvorrang vor Landesverfassungsrecht, sodass bundesrechtliche Vorschriften die landesverfassungsrechtliche Pflicht zur Beantwortung von parlamentarischen Anfragen begrenzen können.[825] Denn grundsätzlich gilt die Regelung des Art. 31 GG „Bundesrecht bricht Landesrecht" auch für das Verhältnis von einfachem Bundesrecht zum Landesverfassungsrecht.[826] Dieser Ansicht nach würden die gesellschaftsrechtlichen Verschwiegenheitspflichten der Antwortpflicht der jeweiligen Landesregierung auf parlamentarische Anfragen vorgehen.[827] Zwar sind auch die Länder „Gebietskörperschaft" i. S. v. § 394 S. 1 AktG,[828] sodass nach § 394 AktG die Verschwiegenheitspflichten der § 93 Abs. 1 S. 1, § 116 S. 1 und 2 AktG für die auf Veranlassung einer Gebietskörperschaft bestellten Aufsichtsratsmitglieder begrenzt sind, sofern sie der Gebietskörperschaft Bericht zu erstatten haben.[829] Jedoch gilt auch hier, dass § 395 AktG die Verschwiegenheitspflicht im Gegenzug auf die Adressaten der Berichte erstreckt.[830] Erhält also das

823 Vgl. BVerfGE 147, 50 (133).

824 Vgl. *Koch*, in: FS Schmidt-Preuß, 2018, S. 367 (382); *Schwill*, NVwZ 2019, 109 (113).

825 Vgl. HmbVerfG, NVwZ-RR 2011, 425 (426), das als gegenüber der Landesverfassung höherrangiges Recht, welches die Erteilung einer Antwort ganz oder teilweise verbieten kann, beispielhaft bundesrechtliche Vorschriften zum Geheimnis- und Datenschutz nennt; *Schwill*, NVwZ 2019, 109 (113); *Wefelmeier*, NdsVBl. 2019, 365 (374).

826 Vgl. BVerfGE 96, 345 (364); *Huber*, in: Sachs (Hg.), GG, 9. Aufl. 2021, Art. 31 Rn. 13. Siehe dazu *Kirschniok-Schmidt*, Das Informationsrecht des Abgeordneten nach der brandenburgischen Landesverfassung, 2010, S. 382.

827 Vgl. *Schwill*, NVwZ 2019, 109 (113).

828 Vgl. *Müller-Michaels*, in: Hölters/Weber (Hg.), AktG, 4. Aufl. 2022, § 394 Rn. 17.

829 Vgl. *Schockenhoff*, in: MüKoAktG, Bd. 6, 5. Aufl. 2021, § 394 Rn. 1.

830 Vgl. *Schockenhoff*, in: MüKoAktG, Bd. 6, 5. Aufl. 2021, § 395 Rn. 1

beteiligungsverwaltende Ministerium des jeweiligen Landes die angefragten Informationen, wäre nach der bereits dargestellten (4. Kapitel A. I.2.c)) überwiegenden Meinung im Schrifttum eine Weitergabe der Informationen an den Landtag zur Beantwortung einer parlamentarischen Anfrage auf Grundlage der §§ 394, 395 AktG zwar prinzipiell möglich, jedoch lediglich unter weitreichenden Einschränkungen zur Wahrung der Vertraulichkeit der Informationen.

Die wohl überwiegende Ansicht geht demgegenüber davon aus, dass die landesverfassungsrechtlich verankerte Antwortpflicht der Landesregierung nicht von bundesrechtlich geregelten Geheimhaltungspflichten überlagert wird.[831] Denn Art. 31 GG ist auf die in Frage stehende Konstellation schon nicht anwendbar.[832] Art. 31 GG ist subsidiär gegenüber spezielleren Vorschriften, denen ebenso die Funktion zukommt, Kollisionen zwischen Bundes- und Landesrecht aufzulösen.[833] Eine solche speziellere Norm für den Bereich der Staatsorganisation ist das Homogenitätsgebot des Art. 28 Abs. 1 S. 1 GG, das vorschreibt, dass die verfassungsmäßige Ordnung in den Ländern den Grundsätzen des republikanischen, demokratischen und sozialen Rechtsstaates im Sinne dieses Grundgesetzes entsprechen muss.[834] Mit dieser Bestimmung erkennt das Grundgesetz die Verfassungsautonomie der Länder an, beschränkt den Landesverfassungsgeber jedoch gleichzeitig durch

831 Vgl. BayVerfGH NVwZ 2007, 204 (207) unter Bezugnahme auf *Poppenhäger*, ThürVBl. 2000, 152 (155); *Glauben*, ZParl 1998, 496 (501); *Teuber*, Parlamentarische Informationsrechte, 2007, S. 212; *Kirschniok-Schmidt*, Das Informationsrecht des Abgeordneten nach der brandenburgischen Landesverfassung, 2010, S. 382 f.; *Hahn-Lorber*, NWVBl. 2013, 429 (432); *Haug*, in: ders. (Hg.), Verfassung des Landes Baden-Württemberg, 2018, Art. 27 Rn. 55 f.; *Eidam*, NordÖR 2020, 105 (106); *Bogan*, in: Butzer/Epping (Hg.), Hannoverscher Kommentar zur Niedersächsischen Verfassung, 2. Aufl. 2021, Art. 24 Rn. 45; *Riedinger*, in: Becker u. a. (Hg.), Verfassung des Landes Schleswig-Holstein, 2021, Art. 29 Rn. 23; *Neudenberger*, Der Aufsichtsrat in staatlichen Eigen- und Beteiligungsgesellschaften, 2023, S. 293 ff.

832 Vgl. BayVerfGH NVwZ 2007, 204 (207); *Poppenhäger*, ThürVBl. 2000, 152 (155); *Kirschniok-Schmidt*, Das Informationsrecht des Abgeordneten nach der brandenburgischen Landesverfassung, 2010, S. 382; *Riedinger*, in: Becker u. a. (Hg.), Verfassung des Landes Schleswig-Holstein, 2021, Art. 29 Rn. 23; a. A. *Schwill*, NVwZ 2019, 109 (113); *Wefelmeier*, NdsVBl. 2019, 365 (374).

833 Vgl. statt vieler *Huber*, in: Sachs (Hg.), GG, 9. Aufl. 2021, Art. 31 Rn. 3, der darauf hinweist, dass Art. 31 GG daher zu Recht als „Grundsatznorm" bezeichnet wird.

834 Vgl. *Schmitt*, Der bundesstaatliche Rahmen für die Landesverfassungen, 2009, S. 104, 143 ff.; *Dreier*, in: ders. (Hg.), GG, Bd. 2, 3. Aufl. 2015, Art. 31 Rn. 125; *Huber*, in: Sachs (Hg.), GG, 9. Aufl. 2021, Art. 31 Rn. 5; *Hellermann*, in: Epping/Hillgruber (Hg.), 56. Edition 2023, Art. 31 Rn. 5.

Aufstellung sogenannter Normativbestimmungen.[835] Innerhalb dieses Rahmens genießen die Länder die Freiheit, ihr Verfassungsrecht nach eigenem Ermessen zu ordnen.[836] Gibt Art. 28 Abs. 1 GG den Ländern diese Freiheit, kann Art. 31 GG nicht die Durchsetzungskraft haben, diese landesverfassungsrechtliche Vorschrift zu „brechen".[837]

Zu den Grundsätzen des Demokratieprinzips, die für die verfassungsmäßige Ordnung in den Ländern gem. Art. 28 Abs. 1 S. 1 GG verbindlich vorgegeben sind, zählt die Grundentscheidung des Art. 20 Abs. 2 GG für die Volkssouveränität und die daraus folgenden Grundsätze der demokratischen Organisation und Legitimation von Staatsgewalt.[838] Dazu zählt auch die parlamentarische Kontrolle von Regierung und Verwaltung,[839] die voraussetzt, dass sich das Parlament die dafür erforderlichen Informationen beschaffen kann.[840] Das Erfordernis parlamentarischer Kontrolle wird demnach über Art. 28 Abs. 1 S. 1 GG bundesverfassungsrechtlich vorausgesetzt,[841] sodass es im Hinblick

---

835 Vgl. *Schwarz*, in: v. Mangoldt/Klein/Starck, GG, Bd. 2, 7. Aufl. 2018, Art. 28 Rn. 11; *Jarass*, in: ders./Pieroth, GG, 17. Aufl. 2022, Art. 31 Rn. 1; *Hellermann*, in: Epping/Hillgruber (Hg.), BeckOK GG, 56. Edition 2023, Art. 28 Rn. 2.

836 Vgl. BVerfGE 96, 345 (368 f.); *Dreier*, in: ders. (Hg.), GG, Bd. 2, 3. Aufl. 2015, Art. 28 Rn. 53; *Schwarz*, in: v. Mangoldt/Klein/Starck, GG, Bd. 2, 7. Aufl. 2018, Art. 28 Rn. 13.

837 So BVerfGE 36, 342 (362); *Schmitt*, Der bundesstaatliche Rahmen für die Landesverfassungen, 2009, S. 146; *Kirschniok-Schmidt*, Das Informationsrecht des Abgeordneten nach der brandenburgischen Landesverfassung, 2010, S. 382 f.; *Schwarz*, in: v. Mangoldt/Klein/Starck, GG, Bd. 2, 7. Aufl. 2018, Art. 28 Rn. 20; *Ernst*, in: v. Münch/Kunig, GG, Bd. 1, 7. Aufl. 2021, Art. 28 Rn. 18.

838 Vgl. BVerfGE 83, 60 (71), 93, 37 (66), 107, 59 (87); *Jarass*, in: ders./Pieroth, GG, 17. Aufl. 2022, Art. 28 Rn. 7.

839 Vgl. BVerfGE 142, 25 (56), wobei das BVerfG das Erfordernis der parlamentarischen Kontrolle der Regierung und Verwaltung aus dem im Rechtsstaatsprinzip verankerten Grundsatz der Gewaltenteilung ableitet; dazu *Neudenberger*, Der Aufsichtsrat in staatlichen Eigen- und Beteiligungsgesellschaften, 2023, S. 294 mit Fn. 824.

840 Dazu bereits 3. Kapitel; vgl. auch *Teuber*, Parlamentarische Informationsrechte, 2007, S. 51; *Brenner*, Reichweite und Grenzen des parlamentarischen Fragerechts, 2009, S. 17; *Morlok*, in: Dreier (Hg.), GG, Bd. 2, 3. Aufl. 2015, Art. 38 Rn. 44; *Burgi*, in: ders./Habersack (Hg.), Handbuch Öffentliches Recht des Unternehmens, 2023, § 23 Rn. 22; *Neudenberger*, Der Aufsichtsrat in staatlichen Eigen- und Beteiligungsgesellschaften, 2023, S. 294.

841 Vgl. BayVerfGH NVwZ 2007, 204 (207); *Poppenhäger*, ThürVBl. 2000, 152 (155); *Riedinger*, in: Becker u. a. (Hg.), Verfassung des Landes Schleswig-Holstein, 2021, Art. 29 Rn. 23; *Neudenberger*, Der Aufsichtsrat in staatlichen Eigen- und Beteiligungsgesellschaften, 2023, S. 294 ff.; a. A. *Schwill*, NVwZ 2019, 109 (113), jedoch unter der Prämisse, dass mit Blick auf das Bundesstaatsprinzip des Art. 20 Abs. 3 GG Kollisionen von Bundes- und Landesrecht durch Auslegung so weit wie möglich zu vermeiden sind.

auf die Normhierarchie keinen Unterschied machen kann, ob die Antwortpflicht der jeweiligen Regierung bundes- oder landesverfassungsrechtlicher Natur ist.[842]

Ferner wäre auch zweifelhaft, ob in der Konstellation, in der die landesverfassungsrechtlich verankerte Antwortpflicht der Landesregierung auf gesellschaftsrechtliche Verschwiegenheitspflichten trifft, der Tatbestand des Art. 31 GG[843] erfüllt wäre. Art. 31 GG setzt eine Kollision zwischen Bundes- und Landesrecht voraus, mithin müssten die in Rede stehenden bundesrechtlichen und landesrechtlichen Normen auf denselben Sachverhalt anwendbar sein und zu unterschiedlichen Rechtsfolgen führen.[844] In der im Fokus dieser Arbeit stehenden Konstellation trifft jedoch Gesellschaftsrecht mit dem Staatsorganisationsrecht der Länder aufeinander.[845]

Im Ergebnis wird die landesverfassungsrechtlich verankerte Antwortpflicht der Landesregierung durch bundesrechtlich geregelte Geheimhaltungspflichten nicht zwingend überlagert. Vielmehr ist die Rechtsprechung des Bundesverfassungsgerichts, wonach die Grenzen des parlamentarischen Frage- und Informationsrechts des Deutschen Bundestages, auch soweit sie einfachgesetzlich geregelt sind, ihren Grund im Verfassungsrecht haben müssen,[846] auf die Ebene der Länder übertragbar.[847]

Eine Berufung der Landesregierung auf gesellschaftsrechtliche Verschwiegenheitspflichten als solche genügt daher nicht für eine Antwortverweigerung. Für den Fall, dass der Informationsweitergabe an den Landtag keine verfassungsrechtlichen Gründe entgegenstehen, kommt insofern eine verfassungskonforme Auslegung des § 395 Abs. 1 Hs. 2 AktG bzw. der gesellschaftsrechtlichen Treuepflicht des GmbH-Gesellschafters in Betracht, um eine Informationsvermittlung an den Landtag zu ermöglichen.[848] Als verfassungsrechtliches Rechtsgut, das der Antwortpflicht der Landesregierung Grenzen setzen kann, kommt

842 Vgl. *Teuber*, Parlamentarische Informationsrechte, 2007, S. 212.

843 Ausführlich zu den Voraussetzungen des Art. 31 GG *Schmitt*, Der bundesstaatliche Rahmen für die Landesverfassungen, 2009, S. 107 ff.

844 Vgl. BVerfGE 36, 342 (363); 98, 145 (159); 121, 317 (348); *Jarass*, in: ders./Pieroth, GG, 17. Aufl. 2022, Art. 31 Rn. 4.

845 Vgl. *Glauben*, ZParl 1998, 496 (501 f.); siehe auch *Kirschniok-Schmidt*, Das Informationsrecht des Abgeordneten nach der brandenburgischen Landesverfassung, 2010, S. 383 f., allerdings im Hinblick auf bundesrechtliche Datenschutzregelungen.

846 Vgl. BVerfGE 147, 50 (133).

847 Siehe dazu bereits NWVerfGH, NVwZ 1994, 678 (679); dazu *Wolf*, Informationsansprüche des Parlaments gegenüber der Regierung, 2017, S. 39.

848 Vgl. zur Bundesebene 4. Kapitel A.I.3.b).

auch auf Landesebene das vom Bundesverfassungsgericht als Staatswohlbelang anerkannte Interesse des Staates am Schutz vertraulicher Informationen seiner Beteiligungsunternehmen in Betracht.[849]

C. Begründungspflicht

Die Regierung ist grundsätzlich zur Beantwortung parlamentarischer Anfragen verpflichtet, sodass die Befugnis zur Verweigerung der Antwort die Ausnahme darstellt.[850] Daraus folgt, dass die jeweilige Regierung einer Begründungspflicht unterliegt, wenn sie die Antwort ganz oder teilweise verweigert.[851] Denn das Parlament kann seiner Kontrollaufgabe nur effektiv nachkommen, wenn es anhand einer entsprechenden Begründung beurteilen und entscheiden kann, ob es die Antwortverweigerung akzeptiert bzw. welche Schritte es unternehmen will, um sein Informationsrecht ganz oder teilweise durchzusetzen.[852] Insbesondere müssen die Belange, die im konkreten Fall im Rahmen der Abwägung mit dem parlamentarischen Informationsrecht zur Verweigerung der Antwort geführt haben, dargelegt werden, damit sie auf ihre Plausibilität und Nachvollziehbarkeit hin überprüft werden können.[853] Dies fordert auch das Gebot gegenseitiger Rücksichtnahme im Verhältnis zwischen den Verfassungsorganen.[854]

---

849 Vgl. etwa *Haug*, in: ders. (Hg.), Verfassung des Landes Baden-Württemberg, 2018, Art. 27 Rn. 52 zur Grenze der Antwortpflicht der baden-württembergischen Landesregierung. Siehe zur Bundesebene 4. Kapitel A.II.3.b).

850 Siehe zur grundsätzlichen Antwortpflicht BVerfGE 147, 50 (149). Vgl. zum Regel-Ausnahme-Verhältnis aus der Rspr. der Landesverfassungsgerichte NWVerfGH, NVwZ-RR 2009, 41 (43); HbgVerfG, NVwZ 2014, 135 (136); aus der Literatur *Ritzel/Bücker/Schreiner*, Handbuch für die Parlamentarische Praxis, Nov. 2002, Vor zu §§ 100–106 GO BT, IV. 3.; *Glauben*, DVBl 2018, 751 (755); *Klein/Schwarz*, in: Dürig/Herzog/Scholz, GG, 96. EL 2021, Art. 43 Rn. 96.

851 Vgl. BVerfGE 124, 161 (193); 139, 194 (231); 147, 50 (149); BayVerfGH NVwZ 2002, 715 (716); *Lennartz/Kiefer*, DÖV 2006, 185 (186); *Teuber*, Parlamentarische Informationsrechte, 2007, S. 223; *Glauben*, DVBl 2018, 751 (755), der auch darauf hinweist, dass die Begründungspflicht in einigen Bundesländern sogar ausdrücklich verfassungsgesetzlich festgeschrieben ist; *Austermann/Waldhoff*, Parlamentsrecht, 2020, § 10 Rn. 537.

852 So BVerfGE 124, 161 (193); 139, 194 (231 f.); 147, 50 (149); *Teuber*, Parlamentarische Informationsrechte, 2007, S. 223; *Glauben*, DVBl 2018, 751 (755); *Austermann/Waldhoff*, Parlamentsrecht, 2020, § 10 Rn. 537.

853 Vgl. BVerfGE 124, 161 (193); 139 (194 (232); 147, 50 (149).

854 Vgl. BVerfGE 147, 50 (149).

Eine substantiierte Darlegung des Vorliegens der Voraussetzungen des Informationsverweigerungsrechts ist ferner unentbehrliche Grundlage einer (verfassungs-)gerichtlichen Kontrolle.[855] Die Begründungspflicht besteht aufgrund des Grundsatzes der Öffentlichkeit auch dann, wenn die Regierung ihre Antwort nicht in der (auf Bundesebene nach § 104 i. V. m. § 75 Abs. 3 und § 76 Abs. 1 GOBT) vorgesehenen, zur Veröffentlichung in einer Drucksache bestimmten Weise erteilt, sondern sie lediglich unter Vorkehrungen zur Wahrung der Vertraulichkeit zur Verfügung stellt.[856]

Die Rechtslage in Schleswig-Holstein unterscheidet sich an dieser Stelle insofern von der Rechtslage im Bund und in den anderen Ländern, als die (vollständige oder teilweise) Antwortverweigerung seitens der Landesregierung nach dem ausdrücklichen Wortlaut des Art. 29 Abs. 3 S. 3 der Landesverfassung in Schleswig-Holstein (erst) auf Verlangen der Fragestellenden vor dem Parlamentarischen Einigungsausschuss (zu diesem noch 5. Kapitel B.II.) zu begründen ist.[857]

855 Vgl. BVerfGE 124, 78 (129), im Hinblick auf die Vorenthaltung von Beweismitteln gegenüber einem Untersuchungsausschuss; BVerfGE 147, 50 (150); *Kazele*, VerwArch 101 (2010), 469 (475 f.).

856 So BVerfGE 147, 50 (150); *Austermann/Waldhoff*, Parlamentsrecht, 2020, § 10 Rn. 537.

857 Vgl. *Riedinger*, in: Becker u. a. (Hg.), Verfassung des Landes Schleswig-Holstein, 2021, Art. 29 Rn. 31 mit Fn. 105.

5. Kapitel: Durchsetzung der parlamentarischen Informationspflicht

Verweigert die Regierung die Beantwortung einer parlamentarischen Anfrage, die Informationen über ein Beteiligungsunternehmen des Bundes bzw. des jeweiligen Landes zum Gegenstand hat, ganz oder teilweise und entsteht dadurch ein Konflikt mit den Fragestellenden, etwa über das Bestehen von Antwortverweigerungsgründen, so verfügt das Parlament und seine einzelnen Mitglieder über verschiedene politische (I.) und rechtliche (II.) Optionen, die Informationspflicht durchzusetzen.[858]

A. Politische Durchsetzungsmöglichkeiten

Zunächst kann durch verschiedene Instrumente politischer Druck auf die Regierung ausgeübt werden.[859] So kann eine völlige oder teilweise Antwortverweigerung der Regierung in die (Parlaments-)Öffentlichkeit gebracht werden und zwar auch von einer parlamentarischen Minderheit und einzelnen Abgeordneten.[860] Beispielsweise können gem. § 102 GOBT eine Fraktion oder 5% der Bundestagsmitglieder verlangen, dass eine nicht oder nicht innerhalb von drei Wochen beantwortete Große Anfrage zur Beratung auf die Tagesordnung gesetzt wird.[861] Eine unbeantwortete Kleine Anfrage kann erneut als Große Anfrage gestellt wer-

---

858 Siehe dazu etwa *Lorz/Richterich*, in: Morlok/Schliesky/Wiefelspütz (Hg.), Parlamentsrecht, 2016, § 35 Rn. 109; *Magiera*, in: Sachs (Hg.), GG, 9. Aufl. 2021, Art. 38 Rn. 43; *Butzer*, in: Epping/Hillgruber (Hg.), BeckOK GG, 56. Edition 2023, Art. 38 Rn. 33.

859 Vgl. *Lorz/Richterich*, in: Morlok/Schliesky/Wiefelspütz (Hg.), Parlamentsrecht, 2016, § 35 Rn. 110; *Haug*, in: ders. (Hg.), Verfassung des Landes Baden-Württemberg, 2018, Art. 27 Rn. 86.

860 Vgl. *Magiera*, in: Schneider/Zeh (Hg.), Parlamentsrecht und Parlamentspraxis, 1989, § 52 Rn. 79; *ders.*, in: Sachs (Hg.), GG, 9. Aufl. 2021, Art. 38 Rn. 43; *Butzer*, in: Epping/Hillgruber (Hg.), BeckOK GG, 56. Edition 2023, Art. 38 Rn. 33.

861 Vgl. *Magiera*, in: Schneider/Zeh (Hg.), Parlamentsrecht und Parlamentspraxis, 1989, § 52 Rn. 79; *Ritzel/Bücker/Schreiner*, Handbuch für die Parlamentarische Praxis, Nov. 2002, Vorb. zu §§ 100–106 GO BT, IV.4.b).

den, so dass sich dieselbe Möglichkeit ergibt.[862] Ist die Antwort auf eine schriftliche Einzelfrage nicht innerhalb der Wochenfrist beim Präsidenten (Parlamentssekretariat) eingegangen, kann nach Nr. 14 der Anlage 4 GOBT auch ein einzelner Abgeordneter verlangen, dass seine Frage in der ersten Fragestunde der Sitzungswoche, die auf den Fristablauf folgt, zur mündlichen Beantwortung aufgerufen wird.[863]

Durch eine Entscheidung der parlamentarischen Mehrheit bestehen daneben noch weitergehende Maßnahmen wie die inhaltliche Verpflichtung durch ein Parlamentsgesetz oder als Ultima Ratio ein Misstrauensvotum nach Art. 67 GG.[864]

Schließlich besteht auch die Möglichkeit, politisch verbindliche Ersuchen und Weisungen durch schlichten Parlamentsbeschluss an die Regierung zu richten, die kraft ihrer Öffentlichkeitwirkung politischen Druck erzeugen.[865]

B. Rechtliche Durchsetzungsmöglichkeiten

Das Parlament und seine Mitglieder im Bund und in den Ländern haben die Möglichkeit, Meinungsverschiedenheiten über die Beantwortung einer parlamentarischen Anfrage im Wege des Organstreitverfahrens klären zu lassen.[866]

---

862 Vgl. *Magiera*, in: Schneider/Zeh (Hg.), Parlamentsrecht und Parlamentspraxis, 1989, § 52 Rn. 79; *Lorz/Richterich*, in: Morlok/Schliesky/Wiefelspütz (Hg.), Parlamentsrecht, 2016, § 35 Rn. 110.

863 Vgl. *Magiera*, in: Schneider/Zeh (Hg.), Parlamentsrecht und Parlamentspraxis, 1989, § 52 Rn. 79; *Ritzel/Bücker/Schreiner*, Handbuch für die Parlamentarische Praxis, Nov. 2002, Vor zu §§ 100–106 GO BT, IV.4.b).

864 Vgl. *Magiera*, in: Sachs (Hg.), GG, 9. Aufl. 2021, Art. 38 Rn. 43; *Butzer*, in: Epping/Hillgruber (Hg.), BeckOK GG, 56. Edition 2023, Art. 38 Rn. 33.

865 Vgl. *Magiera*, in: Schneider/Zeh (Hg.), Parlamentsrecht und Parlamentspraxis, 1989, § 52 Rn. 80; *Lorz/Richterich*, in: Morlok/Schliesky/Wiefelspütz (Hg.), Parlamentsrecht, 2016, § 35 Rn. 110.

866 Vgl. *Hölscheidt*, Frage und Antwort im Parlament, 1992, S. 73; *Ritzel/Bücker/Schreiner*, Handbuch für die Parlamentarische Praxis, Nov. 2002, Vor zu §§ 100–106 GO BT, IV.4.d); *Glauben*, DVBl 2018, 751 (758); *Klein/Schwarz*, in: Dürig/Herzog/Scholz, GG, 96. EL 2021, Art. 43 Rn. 114. Siehe zum Rechtsschutz auf Landesebene etwa *Haug*, in: ders. (Hg.), Verfassung des Landes Baden-Württemberg, 2018, Art. 27 Rn. 86; *Huber*, in: Meder/Brechmann, Die Verfassung des Freistaates Bayern, 6. Aufl. 2020, Art. 13 Rn. 22; *Bogan*, in: Butzer/Epping (Hg.), Hannoverscher Kommentar zur Niedersächsischen Verfassung, 2. Aufl. 2021, Art. 24 Rn. 53.

I. Bundesorganstreitverfahren

Auf die für diese Arbeit relevanten Zulässigkeitsvoraussetzungen[867] wird an dieser Stelle exemplarisch anhand des Bundesorganstreitverfahrens (Art. 93 Abs. 1 Nr. 1 GG) für den Fall eingegangen, dass der Bundestag bzw. seine Mitglieder und die Bundesregierung um die Reichweite des parlamentarischen Fragerechts und der Antwortpflicht der Bundesregierung streiten. Parteifähig im Organstreitverfahren sind nach Art. 93 Abs. 1 Nr. 1 GG die obersten Bundesorgane, zu denen mitunter der Bundestag und die Bundesregierung zählen.[868] Daneben sind Fraktionen parteifähige Organteile des Bundestages.[869] Im Hinblick auf die Beteiligtenfähigkeit einzelner Abgeordneter ist zwar umstritten, ob diese als „Teil" des Gesamtorgans Bundestag i. S. v. § 63 BVerfGG anzusehen sind, da sie aber jedenfalls sowohl vom Grundgesetz als auch der GOBT mit eigenen Rechten i. S. v. Art. 93 Abs. 1 Nr. 1 GG ausgestattet sind, ist ihre Beteiligtenfähigkeit zu bejahen.[870] Als tauglicher Antragsgegenstand kommen rechtserhebliche und für die Prüfung im Organstreitverfahren taugliche Maßnahmen oder Unterlassungen des Antragsgegners in Betracht, wobei es sich bei der pflichtwidrigen Nichtbeantwortung oder unzureichenden Beantwortung einer parlamentarischen Anfrage um ein rechtlich relevantes Unterlassen der Bundesregierung handelt.[871] Der Streit um die Reichweite des parlamentarischen Fragerechts und der Antwortpflicht der Regierung ist also tauglicher Antragsgegenstand.[872] Schließlich müsste der Antragsteller gem. § 64 Abs. 1 BVerfGG geltend machen, dass er oder das Organ, dem er angehört, durch eine Maßnahme oder Unterlassung des Antragsgegners in seinen ihm durch das Grundgesetz übertragenen Rechten und Pflichten verletzt oder unmittelbar gefährdet ist.

Zum einen handelt es sich bei dem Frage- und Informationsrecht um ein Recht des Parlaments, das Fraktionen in Prozessstandschaft geltend

---

867 Ausführlich zu den Zulässigkeitsvoraussetzungen etwa *Benda/Klein*, Verfassungsprozessrecht, 4. Aufl. 2020, § 28 Rn. 1023 ff.; *Schwarz*, Verfassungsprozessrecht, 2021, § 14 Rn. 8 ff.

868 Vgl. statt vieler *Kment*, in: Jarass/Pieroth, GG, 17. Aufl. 2022, Art. 93 Rn. 64.

869 Vgl. bereits BVerfGE 20, 56 (104); 100, 266 (268); siehe auch *Benda/Klein*, Verfassungsprozessrecht, 4. Aufl. 2020, § 28 Rn. 1043.

870 Siehe zu dieser Streitigkeit *Benda/Klein*, Verfassungsprozessrecht, 4. Aufl. 2020, § 28 Rn. 1043.

871 Siehe *Benda/Klein*, Verfassungsprozessrecht, 4. Aufl. 2020, § 28 Rn. 1063.

872 Vgl. BVerfGE 124, 161 (185); 137, 185 (224); *Kment*, in: Jarass/Pieroth, GG, 17. Aufl. 2022, Art. 93 Rn. 71.

machen können.[873] Da die einzelnen Abgeordneten und die Fraktionen als Zusammenschlüsse von Abgeordneten an dem Frage- und Informationsrecht nach Maßgabe der Ausgestaltung in der GOBT teilhaben, steht ihnen darüber hinaus ein subjektiv-öffentliches organschaftliches Recht auf Beantwortung ihrer Fragen zu, das sie als eigenes Recht geltend machen können.[874]

Zum anderen müsste der Antragsteller geltend machen, d. h. schlüssig behaupten, dass dieses Recht möglicherweise verletzt oder unmittelbar gefährdet ist.[875] Eine Rechtsverletzung dürfte mithin nicht von vornherein ausgeschlossen sein.[876] Im vorliegenden Zusammenhang wäre das der Fall, wenn ein Sachverhalt vorgetragen wird, der die Unzulässigkeit der Antwortverweigerung, die Unvollständigkeit der Antwort auf eine berechtigte parlamentarische Anfrage oder die Unzulänglichkeit der Begründung der Geheimhaltungsbedürftigkeit als möglich erscheinen lässt.[877] Das Rechtsschutzbedürfnis entfällt nicht schon deshalb, weil dem Antragsteller die oben beschriebenen parlamentarisch-politischen Handlungsmöglichkeiten zu Verfügung stehen (5. Kapitel A.).[878] Im Übrigen sind die Frist- und Formvorschriften zu beachten.[879]

Begründet ist der Antrag, wenn das Parlament oder seine Mitglieder durch die unterlassene oder unzureichende Beantwortung einer parlamentarischen Anfrage in seinen bzw. ihren verfassungsmäßigen Rechtspositionen verletzt ist bzw. sind, was dann der Fall ist, wenn ein verfassungsrechtlicher Anspruch auf die Antwort der Bundesregierung bestand.[880]

---

873 Vgl. BVerfGE 124, 161 (187); 139, 194 (221); 147, 50 (120); *Glauben*, DVBl 2018, 751 (758); *Bogan*, in: Butzer/Epping (Hg.), Hannoverscher Kommentar zur Niedersächsischen Verfassung, 2. Aufl. 2021, Art. 24 Rn. 53.

874 Vgl. BVerfGE 139, 194 (221); 147, 50 (119 f.).

875 Vgl. BVerfGE 150, 194 (201); *Kment*, in: Jarass/Pieroth, GG, 17. Aufl. 2022, Art. 93 Rn. 78.

876 Vgl. BVerfGE 94, 351 (362 f.); 99, 19 (28).

877 Vgl. BVerfGE 124, 161 (185); 147, 50 (119); *Ipsen*, NdsVBl. 2013, 265 (267).

878 Vgl. *Glauben*, DVBl 2018, 751 (759); *Kment*, in: Jarass/Pieroth, GG, 17. Aufl. 2022, Art. 93 Rn. 83; *Bogan*, in: Butzer/Epping (Hg.), Hannoverscher Kommentar zur Niedersächsischen Verfassung, 2. Aufl. 2021, Art. 24 Rn. 55.

879 Zu diesen *Benda/Klein*, Verfassungsprozessrecht, 4. Aufl. 2020, § 28 Rn. 1074 ff.

880 Zum Obersatz der Begründetheitsprüfung siehe *Schwarz*, Verfassungsprozessrecht, 2021, § 14 Rn. 54.

II. Besonderheiten im Landesrecht

Die Landesverfassung in Schleswig-Holstein sieht in Art. 29 Abs. 3 S. 2 bis 4 ein besonderes, abgestuftes Verfahren unter Einschaltung eines Parlamentarischen Einigungsausschusses zum Zwecke der Herbeiführung einer Einigung zwischen den Fragestellenden und der Landesregierung vor, wenn die Landesregierung die Beantwortung einer Frage ablehnt und hierüber ein Konflikt mit den Fragestellenden entsteht.[881] Das Einigungsverfahren endet entweder mit der einvernehmlichen Feststellung, dass eine Einigung mit der Landesregierung zustande gekommen ist, oder mit der Feststellung, dass eine Beilegung des Konflikts nicht möglich war.[882] In letzterem Fall ist die Landesregierung gem. Art. 29 Abs. 3 S. 4 Hs. 1 SHVerf verpflichtet, dem Informationsverlangen unverzüglich zu entsprechen, es sei denn, dass sie eine gegenteilige einstweilige Anordnung des Landesverfassungsgerichts erwirkt. Eine solche einstweilige Anordnung muss die Landesregierung in einem Organstreitverfahren beantragen.[883]

881 Dazu *Riedinger*, in: Becker u. a. (Hg.), Verfassung des Landes Schleswig-Holstein, 2021, Art. 29 Rn. 30 f.

882 Vgl. *Riedinger*, in: Becker u. a. (Hg.), Verfassung des Landes Schleswig-Holstein, 2021, Art. 29 Rn. 32.

883 Vgl. *Riedinger*, in: Becker u. a. (Hg.), Verfassung des Landes Schleswig-Holstein, 2021, Art. 29 Rn. 33.

Dritter Teil:

Besonderheiten auf der kommunalen Ebene

6. Kapitel: Informationspflichten betreffend das öffentliche Unternehmen gegenüber Gemeinderäten

Im Jahr 2020 waren 87,6 Prozent der insgesamt 19.661 kaufmännisch buchenden Öffentlichen Fonds, Einrichtungen und Unternehmen Gemeinden und Gemeindeverbänden zuzurechnen.[884] Diese Zahlen unterstreichen die (von der dezentralen Kompetenzzuweisung des Verwaltungsorganisationsrechts determinierte)[885] weitreichende Bedeutung der kommunalen Einrichtungen und Unternehmen.[886] Von entsprechend hoher praktischer Relevanz sind die rechtlichen Rahmenbedingungen für den Aufbau eines Informationsflussmanagements zwischen Gemeinde und Unternehmen.[887] Denn ohne einen entsprechenden Informationsfluss kann keine funktionierende Beteiligungsverwaltung seitens der Gemeinde aufgebaut werden.[888]

Es ist indes nicht allein der realen Bedeutung der kommunalen Wirtschaftstätigkeit geschuldet, dass der kommunalen Ebene in dieser Arbeit ein gesondertes Kapitel gewidmet wird. Vielmehr liegt dies an den strukturellen Unterschieden, die die kommunale Ebene im Vergleich zur Bundes- und Landesebene aufweist.[889] Jene gilt es daher in einem ersten Schritt darzustellen (A.). Sodann wird zu zeigen sein, dass ebenso wie auf Ebene der Länder oder des Bundes[890] die Notwendigkeit der Kontrolle der eigenständigen juristischen Person einhergehend mit dem Bedürfnis der Informationsbeschaffung besteht, wenn eine kommunale Aufgabe mittels eines kommunalen Unternehmens wahrgenommen

---

884 Siehe https://www.destatis.de/DE/Themen/Staat/Oeffentliche-Finanzen/Fonds-Einrichtungen-Unternehmen/fonds-einrichtungen-unternehmen.html (zuletzt abgerufen am 15.11.2023).

885 Vgl. *Wollenschläger*, in: Wurzel/Schraml/Gaß (Hg.), Rechtspraxis der kommunalen Unternehmen, 4. Aufl. 2021, Kap. B Rn. 43, 49.

886 Vgl. dazu *Cronauge*, Kommunale Unternehmen, 6. Aufl. 2016, Kap. I Rn. 2.

887 *Burgi*, in: ders./Habersack (Hg.), Handbuch Öffentliches Recht des Unternehmens, 2023, § 23 Rn. 71, sieht für ein solches Informationsflussmanagement in vielen Gemeinden Verbesserungspotenzial, was teilweise auf ein fehlendes Bewusstsein für die Bedeutung und Möglichkeiten der Einwirkung auf die eigenen Unternehmen, teilweise auch auf Vollzugsdefizite, zurückzuführen sei.

888 Vgl. *Mann*, Die öffentlich-rechtliche Gesellschaft, 2002, S. 251 f.; *Breitenbach*, in: Wurzel/Schraml/Gaß (Hg.), Rechtspraxis der kommunalen Unternehmen, 4. Aufl. 2021, Kap. E Rn. 108.

889 Vgl. etwa *Teuber*, Parlamentarische Informationsrechte, 2007, S. 229.

890 Dazu bereits 2. Kapitel B.

wird (B.).[891] Im weiteren Verlauf der Untersuchung werden daher die Rechtsgrundlagen der gegenüber dem Gemeinderat bzw. den einzelnen Gemeinderatsmitgliedern bestehenden Informationspflichten betreffend das kommunale Unternehmen näher beleuchtet (C.). Schließlich sind die Grenzen zu untersuchen, die diesen Informationspflichten entgegenstehen können (D.). Dabei wird insbesondere von Interesse sein, ob sich die strukturellen Besonderheiten auf die Reichweite der Informationspflichten auswirken. Abschließen wird dieses Kapitel mit einem Abschnitt betreffend die Möglichkeiten zur Durchsetzung bestehender Informationspflichten (E.).

A. Strukturelle Besonderheiten der kommunalen Ebene

I. Staatsorganisationsrechtliche Einordnung der Kommunen

Kommunen bilden im Bundesstaat des Grundgesetzes keine dritte staatliche Ebene, sondern sind staatsorganisatorisch in die Länder eingegliedert, bilden also einen Teil der Landesstaatsgewalt.[892] Sie üben sowohl bei der Erfüllung von Aufgaben im übertragenen Wirkungskreis als auch bei der Wahrnehmung von Selbstverwaltungsaufgaben Staatsgewalt im Sinne von Art. 20 Abs. 2 S. 1 GG aus.[893] Folglich müssen sie ihre amtliche Entscheidungstätigkeit auf das Volk als Legitimationssubjekt zurückführen.[894]

Die gemeindliche Ebene weist etwa mit dem sachlich-gegenständlich nicht weiter eingegrenzten Aufgabenbereich und der Zuordnung einer

891 Siehe *Breitenbach*, in: Wurzel/Schraml/Gaß (Hg.), Rechtspraxis der kommunalen Unternehmen, 4. Aufl. 2021, Kap. E Rn. 100, wonach „der kommunale Einfluss auf kommunale Unternehmen (…) das notwendige Korrelat zur Zulässigkeit der Ausgliederung einer kommunalen Aufgabe auf eine eigenständige juristische Person [ist]“; *Burgi*, in: ders./Habersack (Hg.), Handbuch Öffentliches Recht des Unternehmens, 2023, § 23 Rn. 59 f.

892 Vgl. BVerfGE 39, 96 (109); 86, 148 (215); 137, 108 (147); *Püttner*, in: Isensee/Kirchhof (Hg.), Handbuch des Staatsrechts, Bd. VI, 3. Aufl. 2008, § 144 Rn. 3; *Jarass*, in: ders./Pieroth, GG, 17. Aufl. 2022, Art. 28 Rn. 20; *Hellermann*, in: Epping/Hillgruber (Hg.), BeckOK GG, 56. Edition 2023, Art. 28 Rn. 21.

893 Vgl. BVerfGE 83, 37 (54).

894 Vgl. BVerfGE 8, 122 (132); 47, 253 (272); 83, 37 (54); *Mehde*, in: Dürig/Herzog/Scholz, GG, 101. EL 2023, Art. 28 Abs. 2 Rn. 150.

Volksvertretung gewisse Strukturelemente auf, die auch einen staatlichen Verband kennzeichnen.[895]

Gleichzeitig sind sie funktional Teil der Exekutive[896] und dem Vorbehalt gesetzlicher Beschränkungen unterworfen.[897] So bestimmen die Länder über den Aufgabenkreis und den Wahrnehmungsmodus der Kommunen, mithin auch über die Ausgestaltung der kommunalwirtschaftlichen Betätigung.[898] Zwar fällt unter den Schutz der verfassungsrechtlich gewährleisteten kommunalen Selbstverwaltungsgarantie des Art. 28 Abs. 2 GG auch die sog. Organisationshoheit,[899] von der die Aufgabenwahrnehmung in der Form eines (privatrechtlich organisierten) kommunalen Unternehmens umfasst ist.[900] Doch ist dieser Schutz außerhalb eines absolut geschützten Kernbereichs[901] lediglich relativ gewährleistet.[902] Die Organisationshoheit der Gemeinden kann demnach durch staatliche Regelungen inhaltlich ausgeformt und mit Grenzen versehen werden, wenn überwiegende Gemeinwohlgründe dafür vorliegen und den Gemeinden ein hinreichender organisatorischer Spielraum bei der Wahrnehmung der einzelnen Aufgabenbereiche verbleibt.[903]

---

895 Vgl. BVerfGE 83, 37 (54 ff.); *Hellermann*, in: Epping/Hillgruber (Hg.), BeckOK GG, 56. Edition 2023, Art. 28 Rn. 21.1.

896 Vgl. *Dietlein*, in: Stern/Sodan/Möstl (Hg.), Das Staatsrecht der Bundesrepublik Deutschland im europäischen Staatenverbund, Bd. I, 2. Aufl. 2022, § 17 Rn. 5.

897 Vgl. *Mehde*, in: Dürig/Herzog/Scholz, GG, 101. EL 2023, Art. 28 Abs. 2 Rn. 151; *Hellermann*, in: Epping/Hillgruber (Hg.), BeckOK GG, 56. Edition 2023, Art. 28 Rn. 21.1.

898 Vgl. *Dreier*, in: ders. (Hg.), GG, Bd. 2, 3. Aufl. 2015, Art. 28 Rn. 86; *Gaß*, in: Burgi/Habersack (Hg.), Handbuch Öffentliches Recht des Unternehmens, 2023, § 21 Rn. 1, 12.

899 Vgl. BVerfGE 52, 95 (117); 91, 228 (236); 137, 108 (158); *Dreier*, in: ders. (Hg.), GG, Bd. 2, 3. Aufl. 2015, Art. 28 Rn. 123; *Burgi*, Kommunalrecht, 6. Aufl. 2019, § 6 Rn. 33; *Ernst*, in: v. Münch/Kunig, GG, Bd. 1, 7. Aufl. 2021, Art. 28 Rn. 125 ff.

900 Vgl. BVerwG, B.v. 26.02.2010 – 8 B 91/09, BeckRS 2010, 47850 Rn. 4; *Mahlberg*, Kontrolle gemeindlicher Unternehmen, 1986, S. 16; *Dreier*, in: ders. (Hg.), GG, Bd. 2, 3. Aufl. 2015, Art. 28 Rn. 125 f.; *Burgi*, Kommunalrecht, 6. Aufl. 2019, § 17 Rn. 8 f.; *Pape*, Das kommunale Aufsichtsratsmandat, 2020, S. 29 ff.; *Wollenschläger*, in: Wurzel/Schraml/Gaß (Hg.), Rechtspraxis der kommunalen Unternehmen, 4. Aufl. 2021, Kap. B Rn. 46 f.

901 Diese steht nach der Rechtsprechung des BVerfG etwa solchen Regelungen entgegen, „die eine eigenständige organisatorische Gestaltungsfähigkeit der Kommunen ersticken würden", so BVerfGE 91, 228 (239); 137, 108 (158). Ferner soll zum Kernbereich der Selbstverwaltungsgarantie nach *Burgi*, Kommunalrecht, 6. Aufl. 2019, § 17 Rn. 9 auch fallen, dass überhaupt eine wirtschaftliche Betätigung stattfinden darf, sodass ein umfassendes Verbot jeglicher kommunalen Wirtschaftstätigkeit verfassungswidrig sei.

902 Vgl. *Dreier*, in: ders. (Hg.), GG, Bd. 2, 3. Aufl. 2015, Art. 28 Rn. 123; *Gaß*, in: Burgi/Habersack (Hg.), Handbuch Öffentliches Recht des Unternehmens, 2023, § 21 Rn. 4.

903 So BVerfGE 91, 228 (240); *Burgi*, Kommunalrecht, 6. Aufl. 2019, § 6 Rn. 45.

Wenn im Rahmen der weiteren Untersuchung die Besonderheiten mit Blick auf das kommunale Kollegialorgan behandelt werden, beschränkt sich die Darstellung aus Gründen der Übersichtlichkeit auf die Ebene der Gemeinden und geht nicht explizit auf die Ebene der Landkreise und anderer, höherer Kommunalverbände[904] ein. Betrachtet werden daher die strukturellen Besonderheiten des Gemeinderats sowie der rechtlichen Stellung der Gemeinderatsmitglieder, um Erkenntnisse für die Frage zu gewinnen, inwiefern die im 2. Teil gewonnenen Erkenntnisse zu öffentlichen Unternehmen als Gegenstand parlamentarischer Informationspflichten auf der staatlichen Ebene ggf. auf die kommunale Ebene übertragbar sein könnten. Jedenfalls im Wesentlichen dürften die Ausführungen jedoch auf die Landkreise übertragbar sein.[905]

II. Staatsorganisationsrechtliche Einordnung des Gemeinderats

Während die bisherigen Ausführungen die Informationspflichten betreffend öffentliche Unternehmen *gegenüber Parlamenten* zum Gegenstand hatten, geht es in diesem Kapitel um die Informationspflichten betreffend öffentliche Unternehmen *gegenüber Gemeinderäten*[906]. Diese Unterscheidung beruht darauf, dass die herrschende Meinung den Gemeinderat nicht als Parlament, sondern als Organ der Gemeinde und damit als Teil der Exekutive einstuft.[907] Es handelt sich also um „unmittelbar demokratisch legitimierte Organe eines Verwaltungsträgers“[908].

---

904 Vgl. zu diesen *Burgi*, Kommunalrecht, 6. Aufl. 2019, § 20 Rn. 6 f.; dazu zählen beispielsweise die Bezirke in Bayern.

905 Vgl. etwa mit Blick auf die Übertragbarkeit der Ausführungen zur wirtschaftlichen Betätigung der Gemeinden auf die Landkreise (und Bezirke) *Gaß/Popp*, Die Gemeinde als Unternehmer, 3. Aufl. 2021, S. 1.

906 Im Interesse der besseren Lesbarkeit wird im Weiteren durchgehend die Bezeichnung Gemeinderat verwendet, obschon in einigen Gemeindeordnungen eine andere Bezeichnung vorgesehen ist, vgl. dazu *Burgi*, Kommunalrecht, 6. Aufl. 2019, § 12 Rn. 1.

907 Vgl. BVerfGE 65, 283 (289); 78, 344 (348); 120, 82 (112); BVerwGE 90, 104 (105); *Wurzel*, Gemeinderat als Parlament?, 1975, S. 170; *Teuber*, Parlamentarische Informationsrechte, 2007, S. 230; *Müller*, VR 2015, 231; *Burgi*, Kommunalrecht, 6. Aufl. 2019, § 12 Rn. 32; *Wefelmeier*, NdsVBl. 2019, 365 (366); *Austermann/Waldhoff*, Parlamentsrecht, 2020, § 14 Rn. 641; *Röhl*, in: Schoch/Eifert (Hg.) Besonderes Verwaltungsrecht, 2. Aufl. 2023, Kap. 2 Rn. 144; *Burgi*, in: ders./Habersack (Hg.), Handbuch Öffentliches Recht des Unternehmens, 2023, § 23 Rn. 59; a. A. *Hoppe/Kleindiek*, VR 1992, 82 (83 f.); *Frotscher*, ZParl 7 (1976), 494 (499).

908 *Ehlers*, in: Mann/Püttner (Hg.), Handbuch der kommunalen Wissenschaft und Praxis, Bd. 1, 3. Aufl. 2007, § 21 Rn. 2 mit Verweis auf BVerfGE 78, 344 (348).

Als Begründung wird mitunter angeführt, dass den Gemeinderäten im Schwerpunkt verwaltende Tätigkeiten anvertraut sind und diese Aufgabenwahrnehmung im örtlich beschränkten Wirkungsbereich durch das kommunale Vertretungsorgan nicht mit der Ausübung von Staatsgewalt durch die Parlamente zu vergleichen ist.[909] Um dies vertiefend zu veranschaulichen, werden im Folgenden zunächst die Strukturmerkmale des Parlaments herausgearbeitet (1.) und sodann Unterschiede und Gemeinsamkeiten zwischen Gemeinderat und Parlament (2.) dargestellt.

1. Begriff des Parlaments

Der Begriff des Parlaments leitet sich vom altfranzösischen „parlement" (parler = reden, sich unterhalten) ab und meint Erörterung, Unterredung, Versammlung (lat. „parlamentum").[910] Er umschreibt nach heutigem Verständnis „ein staatliches, aus gewählten Abgeordneten des Volkes bestehendes und insbesondere mit Gesetzgebungsaufgaben betrautes Organ"[911].

Tatsächlich ist der Versuch, den Gemeinderat unter eine abstrakte Definition eines Parlaments zu subsumieren, wenig fruchtbar.[912] Für die (an späterer Stelle relevant werdende) Frage, ob parlamentsrechtliche Grundsätze auf Gemeinderäte übertragbar sind, ist vielmehr entscheidend, ob der Gemeinderat parlamentsähnliche Strukturmerkmale aufweist, sodass im Folgenden die Unterschiede und Gemeinsamkeiten von Parlamenten und Gemeinderäten veranschaulicht werden.[913] Da aus einer abstrakten Betrachtung typischer Parlamentsfunktionen[914] und -kompetenzen keine unmittelbaren rechtlichen oder rechtsdogma-

---

909 Vgl. BVerfGE 120, 82 (112); *Mann*, in: Bonner Kommentar, 178. Aktualisierung 2016, Art. 28 Rn. 74.

910 So *Brenner*, in: Isensee/Kirchhof (Hg.), Handbuch des Staatsrechts, Bd. III, 3. Aufl. 2005, § 44 Rn. 8; *Kotzur*, in: Bonner Kommentar, 174. Aktualisierung 2015, Vor z. Art. 38–49 Rn. 10; *Austermann/Waldhoff*, Parlamentsrecht, 2020, § 1 Rn. 4.

911 *Müller*, in: v. Mangoldt/Klein/Starck, GG, Bd. 2, 7. Aufl. 2018, Art. 38 Rn. 3.

912 So auch *Spiegel*, Parlamentsrechtliche Strukturmerkmale im Recht der kommunalen Volksvertretung, 2005, S. 5; *Dreier*, in: ders. (Hg.), GG, Bd. 2, 3. Aufl. 2015, Art. 28 Rn. 67; *Ernst*, in: v. Münch/Kunig, GG, Bd. 1, 7. Aufl. 2021, Art. 28 Rn. 38.

913 So *Spiegel*, Parlamentsrechtliche Strukturmerkmale im Recht der kommunalen Volksvertretung, 2005, S. 5. Zur Frage der Vergleichbarkeit von Gemeinderäten mit dem Parlament auf staatlicher Ebene siehe auch monografisch *Wurzel*, Gemeinderat als Parlament?, 1975.

914 Die diesbezüglich klassischen Darstellungen gehen zurück auf die Funktionenbeschreibungen von W. Bagehot (The English Constitution, 1867) und J. S. Mill (Considerations on Representative Government, 1861) siehe ausführlich *Kotzur*, in: Bonner Kommentar, 174. Aktualisierung 2015, Vor z. Art. 38–49 Rn. 47 ff.; *Hilbert*, Die Informationsfunktion von Parlamenten, 2022, S. 41 ff.

tischen Folgen erwachsen,[915] ist vorliegend die Betrachtung anhand eines konkreten Parlaments geboten.

In Deutschland zählen der Deutsche Bundestag und die 16 Landesparlamente der Bundesländer zu den Parlamenten.[916] Im Sinne einer möglichst konkreten Betrachtung der Strukturmerkmale des Parlaments werden diese im Folgenden mit Blick auf den Deutschen Bundestag erörtert.[917] Das Grundgesetz enthält keine allgemeine Charakterisierung oder eindeutige Bestimmung über die wesentlichen Funktionen und Kompetenzen des Bundestags.[918] Dem Inhalt nach lassen sich als (zumindest systematisch sinnvoll unterscheidbare Haupt-)Funktionen die Repräsentationsfunktion, die Gesetzgebungsfunktion, die Kontrollfunktion und die sog. Kreations- bzw. Wahlfunktion unterscheiden.[919]

2. Unterschiede und Gemeinsamkeiten zwischen Gemeinderat und Parlament

a) Repräsentationsfunktion

aa) Rechtslage mit Blick auf den Bundestag

Das souveräne Volk als den Träger aller Staatsgewalt zu vertreten ist die „grundlegende Funktion eines jeden Parlaments westlicher Demokratie“[920]. Der Bundestag ist „unmittelbares Repräsentationsorgan“[921],

915 So im Hinblick auf die Beschreibung von Parlamentsfunktionen *Hilbert*, Die Informationsfunktion von Parlamenten, 2022, S. 39 f. Vgl. auch *Butzer*, in: Epping/Hillgruber (Hg.), BeckOK GG, 56. Edition 2023, Art. 38 Rn. 21.

916 Siehe statt vieler *Austermann/Waldhoff*, Parlamentsrecht, 2020, § 1 Rn. 5.

917 Eine Einbeziehung auch der einzelnen Landesparlamente würde die Darstellung wiederum auf eine zu hohe Abstraktionsebene bewegen, so auch *Meyer*, in: Schneider/Zeh (Hg.), Parlamentsrecht und Parlamentspraxis, 1989, § 4 Rn. 1 zur Bestimmung der Stellung der Parlamente in der Verfassungsordnung des Grundgesetzes.

918 Vgl. *Meyer*, in: Schneider/Zeh (Hg.), Parlamentsrecht und Parlamentspraxis, 1989, § 4 Rn. 1; *Spiegel*, Parlamentsrechtliche Strukturmerkmale im Recht der kommunalen Volksvertretung, 2005, S. 8; *Leisner*, in: Stern/Sodan/Möstl (Hg.), Das Staatsrecht der Bundesrepublik Deutschland im europäischen Staatenverbund, Bd. II, 2. Aufl. 2022, § 36 Rn. 40; *Butzer*, in: Epping/Hillgruber (Hg.), BeckOK GG, 56. Edition 2023, Art. 38 Rn. 1, 21.

919 Vgl. *Austermann/Waldhoff*, Parlamentsrecht, 2020, § 8 Rn. 483; *Magiera*, in: Sachs (Hg.), GG, 9. Aufl. 2021, Art. 38 Rn. 23; *Leisner*, in: Stern/Sodan/Möstl (Hg.), Das Staatsrecht der Bundesrepublik Deutschland im europäischen Staatenverbund, Bd. II, 2. Aufl. 2022, § 36 Rn. 41; *Butzer*, in: Epping/Hillgruber (Hg.), BeckOK GG, 56. Edition 2023, Art. 38 Rn. 22.

920 Vgl. *Ott*, Der Parlamentscharakter der Gemeindevertretung, 1994, S. 90.

921 BVerfGE 130, 318 (342).

mit anderen Worten die Volksvertretung der Bundesrepublik Deutschland, und übt die vom Volk ausgehende Staatsgewalt als „besonderes Organ“ (vgl. Art. 20 Abs. 2 S. 2 GG) aus.[922]

Gem. Art. 38 Abs. 1 S. 1 GG werden die Abgeordneten des Bundestags vom Volk gewählt (vgl. Art. 20 Abs. 2 S. 2 GG). Die periodische Wahl soll die Berücksichtigung aller im Volk vorhandenen Interessen bei der politischen Willensbildung sicherstellen.[923] Gem. Art. 38 Abs. 1 S. 2 GG sind die Abgeordneten Vertreter des ganzen Volkes, d. h. ihr verfassungsrechtlicher Status ist die Grundlage der parlamentarischen Repräsentationsfunktion des Bundestages.[924] Diese nimmt der Bundestag in seiner Gesamtheit wahr, d. h. durch die Mitwirkung aller seiner Mitglieder,[925] nicht durch einzelne Abgeordnete.[926] Repräsentation in diesem Sinne meint eine besondere Organisation zur stellvertretenden Ausübung von Herrschaftsgewalt, keine zivilrechtliche Vertretung.[927]

Der Bundestag genießt mithin einen „durch die Wahlen der Abgeordneten als Vertreter des ganzen Volkes vermittelten Legitimationsvorrang (…) gegenüber den übrigen Staatsorganen“[928], der durch die ihm zugeordneten Funktionen zum Ausdruck kommt.[929]

922 Vgl. BVerfGE 80, 188 (217); *Magiera*, in: Sachs (Hg.), GG, 9. Aufl. 2021, Art. 38 Rn. 4; *Butzer*, in: Epping/Hillgruber (Hg.), BeckOK GG, 56. Edition 2023, Art. 38 Rn. 23.

923 So *Magiera*, in: Sachs (Hg.), GG, 9. Aufl. 2021, Art. 38 Rn. 26; *Leisner*, in: Stern/Sodan/Möstl (Hg.), Das Staatsrecht der Bundesrepublik Deutschland im europäischen Staatenverbund, Bd. II, 2. Aufl. 2022, § 36 Rn. 59.

924 Vgl. BVerfGE 80, 188 (217 f.); 104, 310 (329); *Morlok*, in: Dreier (Hg.), GG, Bd. 2, 3. Aufl. 2015, Art. 38 Rn. 33; *Klein/Schwarz*, in: Dürig/Herzog/Scholz, GG, 94. EL 2021, Art. 38 Rn. 40; *Leisner*, in: Stern/Sodan/Möstl (Hg.), Das Staatsrecht der Bundesrepublik Deutschland im europäischen Staatenverbund, Bd. II, 2. Aufl. 2022, § 36 Rn. 3. Kritisch gegenüber dem „schillernden Begriff der Repräsentation“ *Meyer*, in: Schneider/Zeh (Hg.), Parlamentsrecht und Parlamentspraxis, 1989, § 4 Rn. 9.

925 Dazu BVerfGE 44, 308 (315 f.); 56, 396 (405); 80, 188 (217 f.).

926 Vgl. BVerfGE 130, 318 (342); *Schliesky*, in: Morlok/Schliesky/Wiefelspütz (Hg.), Parlamentsrecht, 2016, § 5 Rn. 29.

927 Vgl. *Morlok*, in: Dreier (Hg.), GG, Bd. 2, 3. Aufl. 2015, Art. 38 Rn. 33; *Schliesky*, in: Morlok/Schliesky/Wiefelspütz (Hg.), Parlamentsrecht, 2016, § 5 Rn. 28; *Klein/Schwarz*, in: Dürig/Herzog/Scholz, GG, 94. EL 2021, Art. 38 Rn. 41; ausführlich zum Repräsentationsbegriff *Ipsen/Kaufhold/Wischmeyer* (Hg.), Staatsrecht I, 35. Aufl. 2023, § 6 Rn. 50 ff.

928 *Trute*, in: v. Münch/Kunig, GG, Bd. 1, 7. Aufl. 2021, Art. 38 Rn. 21.

929 Vgl. *Trute*, in: v. Münch/Kunig, GG, Bd. 1, 7. Aufl. 2021, Art. 38 Rn. 21.

bb) Rechtslage mit Blick auf den Gemeinderat

Gem. Art. 28 Abs. 1 S. 2 GG muss das Volk auch in den Kreisen und Gemeinden eine Vertretung haben, die aus allgemeinen, unmittelbaren, freien, gleichen und geheimen Wahlen[930] hervorgegangen ist. Dieses Gebot überträgt die in Art. 20 Abs. 1 und 2 GG getroffene Entscheidung des Grundgesetzes für den Grundsatz der repräsentativen Demokratie auf die Ebene der Gemeinden.[931] Das von Art. 28 Abs. 1 S. 2 GG vorgeschriebene Repräsentativorgan auf gemeindlicher Ebene ist der Gemeinderat,[932] dem mithin Repräsentationsfunktion als Vertretung für das Gemeindevolk zukommt.[933] Er bleibt auch das Organ, das die Repräsentation des Gemeindevolkes sicherstellt, obschon die Landesgesetze dem Bürgermeister daneben eigene demokratische Legitimation verschaffen.[934] Wie der Bundestag auf Bundesebene, stellt der Gemeinderat auf kommunaler Ebene das zentrale Willensbildungsorgan dar.[935]

b) Kontrollfunktion

aa) Rechtslage mit Blick auf den Bundestag

Aufgrund der Stellung des Bundestags als unmittelbar vom Volk gewähltes Vertretungsorgan obliegt ihm die Aufgabe der parlamenta-

---

930 Die Wahlen zum Gemeinderat folgen damit den gleichen Grundsätzen wie Parlamentswahlen, vgl. *Waldhoff*, JuS 2019, 926 (927).

931 Vgl. BVerfGE 47, 253 (272); BVerwGE 90, 104 (105); *Meyer*, Kommunales Parteien- und Fraktionenrecht, 1990, S. 240 f.; *Spiegel*, Parlamentsrechtliche Strukturmerkmale im Recht der kommunalen Volksvertretung, 2005, S. 26; *Schollbach*, SächsVBl 2009, 129; *Barth*, in: Dietlein/Suerbaum (Hg.), BeckOK Kommunalrecht Bayern, 19. Edition 2023, Art. 30 GO Rn. 2.

932 Vgl. *Dreier*, in: ders. (Hg.), GG, Bd. 2, 3. Aufl. 2015, Art. 28 Rn. 65; *Burgi*, Kommunalrecht, 6. Aufl. 2019, § 12 Rn. 1; *Schwarz*, in: v. Mangoldt/Klein/Starck, GG, Bd. 2, 7. Aufl. 2018, Art. 28 Rn. 98.

933 Vgl. BVerwGE 90, 104 (105); *Wurzel*, Gemeinderat als Parlament?, 1975, S. 21; *Schollbach*, SächsVBl 2009, 129; *Engels*, in: Sachs (Hg.), GG, 9. Aufl. 2021, Art. 28 Rn. 18; *Ernst*, in: v. Münch/Kunig, GG, Bd. 1, 7. Aufl. 2021, Art. 28 Rn. 38; *Barth*, in: Dietlein/Suerbaum (Hg.), BeckOK Kommunalrecht Bayern, 19. Edition 2023, Art. 30 GO Rn. 4. Zu den teilweise geäußerten Bedenken an der Vergleichbarkeit mit der Repräsentation auf parlamentarischer Ebene siehe die Darstellungen bei *Ott*, Der Parlamentscharakter der Gemeindevertretung, 1994, S. 96 ff.; *Barth*, in: Dietlein/Suerbaum (Hg.), BeckOK Kommunalrecht Bayern, 19. Edition 2023, Art. 30 GO Rn. 4 ff.

934 So *Röhl*, in: Schoch/Eifert (Hg.) Besonderes Verwaltungsrecht, 2. Aufl. 2023, Kap. 2 Rn. 99.

935 Vgl. *Wurzel*, Gemeinderat als Parlament?, 1975, S. 21; *Ott*, Der Parlamentscharakter der Gemeindevertretung, 1994, S. 138 ff., 151; *Ziegler*, Das Ratsmitglied im Verfassungs- und Verwaltungsrecht, 2014, S. 78 f., 82.

rischen Kontrolle über die anderen Staatsorgane, insbesondere über die Regierung.[936]

Die Kontrolle durch den Bundestag dient der Herstellung von Transparenz sowie der Übernahme von Verantwortung für das Regierungshandeln[937] und gehört insofern zum Kern der repräsentativen Demokratie.[938] Der Umfang parlamentarischer Kontrollunterworfenheit deckt sich grundsätzlich[939] mit dem Umfang legitimierter Staatlichkeit.[940] Ausdrücklich erwähnt wird die Kontrollfunktion des Bundestages etwa in Art. 13 Abs. 6 S. 2 GG oder Art. 45b S. 1 GG. Sie begleitet den parlamentarischen Entscheidungsprozess kontinuierlich.[941] Gleichzeitig ist der Bundestag aber kein „Rechtsaufsichtsorgan", das zu gewährleisten hat, dass jegliches materiell oder formell verfassungswidrige Handeln der Bundesregierung unterbleibt.[942]

bb) Rechtslage mit Blick auf den Gemeinderat

Das Grundgesetz erwähnt (neben der Gemeindeversammlung in Art. 28 Abs. 1 S. 4 GG)[943] die Volksvertretung als einziges Organ der Kommune, weshalb ihr von Verfassungs wegen die wichtigsten Führungs- und Kontrollaufgaben zukommen.[944] Der Gemeinderat stellt dieses verfassungs-

---

936 Vgl. BVerfGE 67, 100 (130), zur Kontrollfunktion des Parlaments; *Meyer*, in: Schneider/Zeh (Hg.), Parlamentsrecht und Parlamentspraxis, 1989, § 4 Rn. 69; *Ott*, Der Parlamentscharakter der Gemeindevertretung, 1994, S. 187; *Magiera*, in: Sachs (Hg.), GG, 9. Aufl. 2021, Art. 38 Rn. 35; *Leisner*, in: Stern/Sodan/Möstl (Hg.), Das Staatsrecht der Bundesrepublik Deutschland im europäischen Staatenverbund, Bd. II, 2. Aufl. 2022, § 36 Rn. 48.

937 Vgl. *Müller*, in: v. Mangoldt/Klein/Starck, GG, Bd. 2, 7. Aufl. 2018, Art. 38 Rn. 25; *Magiera*, in: Sachs (Hg.), GG, 9. Aufl. 2021, Art. 38 Rn. 36; *Butzer*, in: Epping/Hillgruber (Hg.), BeckOK GG, 56. Edition 2023, Art. 38 Rn. 28.

938 Vgl. *Schliesky*, in: Morlok/Schliesky/Wiefelspütz (Hg.), Parlamentsrecht, 2016, § 5 Rn. 67.

939 Rücksicht zu nehmen ist etwa auf die Unabhängigkeit der Richter nach Art. 97 GG, vgl. *Dreier*, in: ders. (Hg.), GG, Bd. 2, 3. Aufl. 2015, Art. 38 Rn. 43; *Schwanengel*, Das Parlament im Gefüge der Staatsorganisation, 2021, § 11 Rn. 68.

940 Vgl. *Morlok*, in: Dreier (Hg.), GG, Bd. 2, 3. Aufl. 2015, Art. 38 Rn. 43; *Schliesky*, in: Morlok/Schliesky/Wiefelspütz (Hg.), Parlamentsrecht, 2016, § 5 Rn. 67.

941 So *Krebs*, Kontrolle in staatlichen Entscheidungsprozessen, 1984, S. 128; dazu *Klein/Schwarz*, in: Dürig/Herzog/Scholz, GG, 94. EL 2021, Art. 38 Rn. 51.

942 So BVerfGE 126, 55 (68); dazu *Magiera*, in: Sachs (Hg.), GG, 9. Aufl. 2021, Art. 38 Rn. 36.

943 Die Vorschrift ist allerdings heute kaum noch von Bedeutung, vgl. *Engels*, in: Sachs (Hg.), GG, 9. Aufl. 2021, Art. 28 Rn. 23.

944 Vgl. *Strobel*, Verschwiegenheits- und Auskunftspflicht kommunaler Vertreter im Aufsichtsrat öffentlicher Unternehmen, 2002, S. 113; *Ehlers*, in: Mann/Püttner (Hg.), Handbuch der kommunalen Wissenschaft und Praxis, Bd. 1, 3. Aufl. 2007, § 21 Rn. 3, mit Verweis auf BVerfGE 47, 253 (275): „Das Grundgesetz schreibt die

rechtlich vorgeschriebene Repräsentativ- und zentrale Willensbildungsorgan der Gemeinde (dazu 6. Kapitel A.II.2.a) bb)) dar. Er ist aufgrund seines Wesens für die Aufgabe der Kontrolle des Bürgermeisters und der Gemeindeverwaltung zuständig.[945] Insofern gibt es Parallelen zu der Kontrollfunktion des Bundestags.[946] Die Kontrollfunktion des Gemeinderats ist letztlich eine Ausprägung des Demokratieprinzips.[947]

Ferner hat der Bürgermeister einen vergleichbaren Informationsvorsprung gegenüber dem Gemeinderat wie die Bundesregierung gegenüber dem Bundestag.[948] Dadurch ist der Gemeinderat zur effektiven Wahrnehmung seiner Aufgaben ebenso auf Informationen aus dem Bereich der Gemeindeverwaltung angewiesen.[949] Um die Kontrollaufgabe wahrnehmen zu können, sehen die Gemeindeordnungen daher in unterschiedlicher Intensität eine Reihe von Informations- und Auskunftsrechten der Gemeindevertretung und damit korrespondierende Auskunftspflichten des Bürgermeisters vor (siehe dazu 6. Kapitel C.II.).[950]

Da das Prinzip der Gewaltenteilung auf Gemeindeebene nicht im klassischen Sinne verwirklicht ist,[951] gibt es zu der Kontrollfunktion des

---

unmittelbare Legitimation nur für den Rat als zentrale Führungsinstanz der Gemeinde vor.".

945 Vgl. *Strobel*, Verschwiegenheits- und Auskunftspflicht kommunaler Vertreter im Aufsichtsrat öffentlicher Unternehmen, 2002, S. 114; *Teuber*, Parlamentarische Informationsrechte, 2007, S. 230; *Schollbach*, SächsVBl 2009, 129 (131); *Burgi*, Kommunalrecht, 6. Aufl. 2019, § 12 Rn. 19; *Gern/Brüning*, Deutsches Kommunalrecht, 4. Aufl. 2019, 9. Kapitel Rn. 407; *Röhl*, in: Schoch/Eifert (Hg.) Besonderes Verwaltungsrecht, 2. Aufl. 2023, Kap. 2 Rn. 109; *Engels*, in: Dietlein/Ogorek (Hg.), BeckOK Kommunalrecht Hessen, 24. Edition 2023, § 50 HessGO Rn. 10.

946 Vgl. VG Braunschweig, NVwZ-RR 2013, 731 (732); *Ott*, Der Parlamentscharakter der Gemeindevertretung, 1994, S. 189; *Teuber*, Parlamentarische Informationsrechte, 2007, S. 230; *Spiegel*, Parlamentsrechtliche Strukturmerkmale im Recht der kommunalen Volksvertretung, 2005, S. 89.

947 Vgl. *Ott*, Der Parlamentscharakter der Gemeindevertretung, 1994, S. 187; *Spiegel*, Parlamentsrechtliche Strukturmerkmale im Recht der kommunalen Volksvertretung, 2005, S. 84.

948 Vgl. *Wurzel*, Gemeinderat als Parlament?, 1975, S. 166; *Teuber*, Parlamentarische Informationsrechte, 2007, S. 231.

949 Vgl. NdsOVG, DVBl 2009, 920; OVG LSA, NVwZ-RR 2010, 123 (124); *Wurzel*, Gemeinderat als Parlament?, 1975, S. 166; *Teuber*, Parlamentarische Informationsrechte, 2007, S. 231.

950 Vgl. *Teuber*, Parlamentarische Informationsrechte, 2007, S. 230 f.; *Gern/Brüning*, Deutsches Kommunalrecht, 4. Aufl. 2019, 9. Kapitel Rn. 407; *Brüning*, in: Ehlers/Fehling/Pünder (Hg.), Besonderes Verwaltungsrecht, Bd. 3, 4. Aufl. 2020, § 64 Rn. 142.

951 Vgl. *Reichert*, Das Spannungsverhältnis zwischen Bürgermeister und Gemeinderat, dargestellt am Beispiel des Informations- und Kontrollrechts des Gemeinderats in Baden-Württemberg, 1979, S. 40 f.; *Striedl/Troidl*, BayVBl. 2008, 289

Bundestages dahingehend Unterschiede, dass der Gemeinderat kein Parlament ist, das eine „Kommunalregierung" kontrollieren würde.[952] Vielmehr existiert auf gemeindlicher Ebene eine eigene Art der „Gewaltenteilung", die durch die in den Gemeindeordnungen konkretisierte Aufspaltung der Funktionen zwischen der Gemeindevertretung und dem Verwaltungsorgan gekennzeichnet ist.[953] Aber auch diese Trennung von Willensbildung und Willensausführung zieht die Notwendigkeit der Kontrolle des Bürgermeisters und der Gemeindeverwaltung durch den Gemeinderat nach sich.[954]

So liegt ein Unterschied zwischen dem Kontrollrecht des Bundestags und des Gemeinderats in der größeren Abhängigkeit der Bundesregierung vom Bundestag.[955] Die Bundesregierung unterliegt in der Weise der parlamentarischen Kontrolle, als insbesondere ihre Bildung (Art. 63 GG) und ihre Auflösung (Art. 67 GG – Misstrauensvotum) vom Parlament abhängig sind.[956] Hingegen unterscheidet sich der Hauptverwaltungsbeamte einer Gemeinde vom Bundeskanzler insoweit, als er nicht vom Kollegialorgan in sein Amt gewählt wird, sondern direkt durch das Kommunalvolk, sodass seine Handlungen

---

(292), wonach die Gewaltentrennung sich auf kommunaler Ebene nicht so streng gegliedert zeigt wie bei Bundestag und Landtag.

952 Vgl. *Wurzel*, Gemeinderat als Parlament?, 1975, S. 162 f.; *Spiegel*, Parlamentsrechtliche Strukturmerkmale im Recht der kommunalen Volksvertretung, 2005, S. 83; siehe auch *Hölz/Hien/Huber*, Gemeindeordnung mit Verwaltungsgemeinschaftsordnung, Landkreisordnung und Bezirksordnung für den Freistaat Bayern, 65. EL, Stand: November 2021, Erl. 2 zu Art. 30 GO, wonach es im Gemeindebereich keine Kommunal-„Regierung" in dem Sinne gebe, dass der Gemeinderat die „Regierung" zu bilden hätte oder sie wieder ablösen könnte.

953 Vgl. *Reichert*, Das Spannungsverhältnis zwischen Bürgermeister und Gemeinderat, dargestellt am Beispiel des Informations- und Kontrollrechts des Gemeinderats in Baden-Württemberg, 1979, S. 41 f.; *Ott*, Der Parlamentscharakter der Gemeindevertretung, 1994, S. 211 ff.; *Spiegel*, Parlamentsrechtliche Strukturmerkmale im Recht der kommunalen Volksvertretung, 2005, S. 83 f.; *Lange*, Kommunalrecht, 2. Aufl. 2019, Kapitel 4 Rn. 67.

954 So *Dehn*, in: ders./Wolf, Gemeindeordnung Schleswig-Holstein, 18. Aufl. 2023, § 30 S. 294; ähnlich auch *Teuber*, Parlamentarische Informationsrechte, 2007, S. 234.

955 Siehe *Reichert*, Das Spannungsverhältnis zwischen Bürgermeister und Gemeinderat, dargestellt am Beispiel des Informations- und Kontrollrechts des Gemeinderats in Baden-Württemberg, 1979, S. 51; *Spiegel*, Parlamentsrechtliche Strukturmerkmale im Recht der kommunalen Volksvertretung, 2005, S. 86 f., der jedoch zum Ergebnis kommt, dass „die Abhängigkeit der Regierung vom Parlament nicht als Begründung einer ‚Minderwertigkeit' des kommunalrechtlichen Kontrollrechts dienen" kann.

956 Vgl. *Badura*, in: Isensee/Kirchhof (Hg.), Handbuch des Staatsrechts, Bd. II, 3. Aufl. 2004, § 25 Rn. 10; *Ott*, Der Parlamentscharakter der Gemeindevertretung, 1994, S. 88; *Hermes*, in: Dreier (Hg.), GG, Bd. 2, 3. Aufl. 2015, Art. 67 Rn. 8.

auf einer höheren personellen demokratischen Legitimation basieren.[957] Die Kontrolle des Bürgermeisters durch den Gemeinderat ist daher jedenfalls nicht im gleichen Umfang zur Vermittlung demokratischer Legitimation seines Handelns erforderlich.[958] Dahingehend hat das Bundesverfassungsgericht in seiner Entscheidung zur Fünf-Prozent-Sperrklausel für Kommunalwahlen ausdrücklich festgestellt, dass der hauptamtliche Bürgermeister seit der Einführung seiner Direktwahl vom Vertrauen der Volksvertretung nicht mehr abhängig sei, da ihm die unmittelbare Wahl durch das Volk eine besondere institutionelle Unabhängigkeit sichere.[959]

Die größere Unabhängigkeit der Verwaltung vom Gemeinderat zeigt sich auch in den schwächeren Kontrollrechten der Kommunalvertretung:[960] So steht dem Gemeinderat, anders als dem Bundestag, nicht das Recht zur Einsetzung eines Untersuchungsausschusses im klassischen Sinne zu,[961] welches zu den traditionellen Mitteln parlamentarischer Kontrolle gehört.[962]

Freilich sehen die meisten Länder (außer Bayern und Baden-Württemberg) die Möglichkeit der Abwahl des Bürgermeisters vor Ablauf seiner Amtszeit vor, doch sind dafür regelmäßig komplizierte Verfahren und hohe Quoren vorgesehen.[963]

c) *Gesetzgebungsfunktion*

aa) **Rechtslage mit Blick auf den Bundestag**

Der Bundestag ist das Hauptorgan der Gesetzgebung:[964] Er beschließt grundsätzlich (unter Beachtung der Beteiligungsrechte von Bundesrat

957 Vgl. *Lenz*, Kommunalverwaltung und Demokratieprinzip, 2020, S. 169.

958 So auch *Wefelmeier*, NdsVBl. 2019, 365 (366).

959 Vgl. BVerfGE 120, 82 (117).

960 So *Ungern-Sternberg*, Jura 2007, 256 (258).

961 Vgl. VG Würzburg, NVwZ-RR 1997, 487 (488); *Ott*, Der Parlamentscharakter der Gemeindevertretung, 1994, S. 190; *Ungern-Sternberg*, Jura 2007, 256 (258); *Spiegel*, Parlamentsrechtliche Strukturmerkmale im Recht der kommunalen Volksvertretung, 2005, S. 87 ff.; *Engelbrecht*, BayVBl. 2017, 541 (544).

962 Vgl. statt vieler *Austermann/Waldhoff*, Parlamentsrecht, 2020, § 10 Rn. 545.

963 Vgl. *Burgi*, Kommunalrecht, 6. Aufl. 2019, § 13 Rn. 4; *Brüning*, in: Ehlers/Fehling/Pünder (Hg.), Besonderes Verwaltungsrecht, Bd. 3, 4. Aufl. 2020, § 64 Rn. 146. Ausführlich zu den Anforderungen der Abwahl des Bürgermeisters *Böhme*, DÖV 2012, 55 ff.; *Lange*, Kommunalrecht, 2. Aufl. 2019, Kapitel 8 Rn. 31 ff.

964 So *Morlok*, in: Dreier (Hg.), GG, Bd. 2, 3. Aufl. 2015, Art. 38 Rn. 39; *Müller*, in: v. Mangoldt/Klein/Starck, GG, Bd. 2, 7. Aufl. 2018, Art. 38 Rn. 22; *Magiera*, in: Sachs (Hg.), GG, 9. Aufl. 2021, Art. 38 Rn. 27; *Schwanengel*, Das Parlament im Gefüge der Staatsorganisation, 2021, § 10 Rn. 36.

und Bundesregierung) die Bundesgesetze (vgl. Art. 77 Abs. 1 S. 1, Art. 78 GG).[965]

Auch wenn ihm kein Gesetzgebungsmonopol in genereller Hinsicht zusteht,[966] so hat er doch das Monopol für den Erlass förmlicher Gesetze.[967] Der Vorbehalt des Gesetzes verlangt für die Regelung bestimmter Materien ein solches im Gesetzgebungsverfahren erlassenes Gesetz und statuiert insofern einen Vorbehalt zugunsten des Parlaments.[968] Aufgrund des Vorrangs des Gesetzes ermächtigt die Gesetzgebungsfunktion den Bundestag außerdem, die vollziehende Gewalt und die Rechtsprechung an den Gesetzesinhalt zu binden (vgl. Art. 20 Abs. 3 GG).[969]

bb) Rechtslage mit Blick auf den Gemeinderat

Die Rechtsetzungstätigkeit der Gemeinden unterscheidet sich von der Gesetzgebungstätigkeit staatlicher Parlamente.[970]

Den Gemeinden wird durch Art. 28 Abs. 2 GG als essentieller Bestandteil der kommunalen Selbstverwaltung die Befugnis zur Rechtsetzung per Satzung verliehen.[971] Satzungen sind Gesetze im materiellen

965 Vgl. *Magiera*, in: Sachs (Hg.), GG, 9. Aufl. 2021, Art. 38 Rn. 27; *Klein/Schwarz*, in: Dürig/Herzog/Scholz, GG, 94. EL 2021, Art. 38 Rn. 48.

966 Vgl. *Klein*, in: Isensee/Kirchhof (Hg.), HStR, Bd. III, 3. Aufl. 2005, § 50 Rn. 17; *Morlok*, in: Dreier (Hg.), GG, Bd. 2, 3. Aufl. 2015, Art. 38 Rn. 41; *Müller*, in: v. Mangoldt/Klein/Starck, GG, Bd. 2, 7. Aufl. 2018, Art. 38 Rn. 22; *Leisner*, in: Stern/Sodan/Möstl (Hg.), Das Staatsrecht der Bundesrepublik Deutschland im europäischen Staatenverbund, Bd. II, 2. Aufl. 2022, § 36 Rn. 43.

967 So *Brenner*, in: Isensee/Kirchhof (Hg.), Handbuch des Staatsrechts, Bd. III, 3. Aufl. 2005, § 44 Rn. 48, denn ohne Beschluss des Bundestages kommt kein Gesetz im formellen Sinne zustande.

968 Vgl. BVerfGE 49, 98 (126 f.); 98, 218 (251); *Jarass*, in: ders./Pieroth, GG, 17. Aufl. 2022, Art. 20 Rn. 69; *Leisner*, in: Stern/Sodan/Möstl (Hg.), Das Staatsrecht der Bundesrepublik Deutschland im europäischen Staatenverbund, Bd. II, 2. Aufl. 2022, § 36 Rn. 42; ausführlich *Butzer*, in: Epping/Hillgruber (Hg.), BeckOK GG, 56. Edition 2023, Art. 38 Rn. 25.

969 Vgl. *Morlok*, in: Dreier (Hg.), GG, Bd. 2, 3. Aufl. 2015, Art. 38 Rn. 40; *Schliesky*, in: Morlok/Schliesky/Wiefelspütz (Hg.), Parlamentsrecht, 2016, § 5 Rn. 45; *Leisner*, in: Stern/Sodan/Möstl (Hg.), Das Staatsrecht der Bundesrepublik Deutschland im europäischen Staatenverbund, Bd. II, 2. Aufl. 2022, § 36 Rn. 43.

970 Siehe auch BVerfGE 65, 283 (289); 120, 82 (112); a. A. *Hoppe/Kleindieck*, VR 1992, 82 (83), die zwischen der Gesetzgebungskompetenz des Bundes und dem Satzungsrecht der Gemeinden keinen Unterschied sehen; *Spiegel*, Parlamentsrechtliche Strukturmerkmale im Recht der kommunalen Volksvertretung, 2005, S. 78, wonach die Rechtsetzungsbefugnis der Gemeinden qualitativ der des Gesetzgebers auf Bundes- und Landesebene entspricht.

971 Siehe *Ipsen*, JZ 1990, 789 (790); *Ossenbühl*, in: Isensee/Kirchhof (Hg.), HStR, Bd. V, 3. Aufl. 2007, § 105 Rn. 18; *Burgi*, Kommunalrecht, 6. Aufl. 2019, § 15 Rn. 5, 7; *Mehde*, in: Dürig/Herzog/Scholz, GG, 101. EL 2023, Art. 28 Abs. 2 Rn. 207.

Sinne (wohingegen Parlamentsgesetze als Gesetze im formellen Sinn bezeichnet werden).[972] Sie enthalten meistens abstrakt-generelle Regelungen,[973] sodass sie zwar funktional der Gesetzgebung gleichkommen können.[974]

Ungeachtet dessen handelt es sich beim Satzungserlass aber um exekutive und nicht um legislative Rechtsetzung.[975] Die Rechtsetzungshoheit der Gemeinden ist keine originäre, unmittelbar verfassungsrechtlich übertragene Rechtsmacht, sondern eine aus der Staatsgewalt abgeleitete Befugnis, die der Gemeinde besonders verliehen werden muss.[976] Satzungen stehen im Rang unterhalb der (staatlichen) Bundes- oder Landesgesetze.[977] Für ihren Erlass gilt der Vorrang des Gesetzes.[978] Nach herrschender Meinung wird die Satzungshoheit der Gemeinden in materieller Hinsicht (in seinem allgemeinen Anwendungsbereich)

---

972 Vgl. *Wurzel*, Gemeinderat als Parlament?, 1975, S. 132 f.; *Spiegel*, Parlamentsrechtliche Strukturmerkmale im Recht der kommunalen Volksvertretung, 2005, S. 40; *Burgi*, Kommunalrecht, 6. Aufl. 2019, § 15 Rn. 4; *Knierim*, in: Dietlein/Suerbaum (Hg.), BeckOK Kommunalrecht Bayern, 19. Edition 2023, Art. 23 GO Rn. 1.

973 Die Allgemeinheit ist jedoch kein begriffsnotwendiges Merkmal der Satzung, siehe ausführlich *Röhl*, in: Schoch/Eifert (Hg.) Besonderes Verwaltungsrecht, 2. Aufl. 2023, Kap. 2 Rn. 143.

974 Vgl. *Dreier*, in: ders. (Hg.), GG, Bd. 2, 3. Aufl. 2015, Art. 28 Rn. 133.

975 Vgl. BVerfGE 65, 283 (289); *Bethge*, NVwZ 1983, 577 (579); *Ipsen*, JZ 1990, 789 (790); *Schoch*, NVwZ 1990, 801 (803); *Burgi*, Kommunalrecht, 6. Aufl. 2019, § 15 Rn. 7; *Mehde*, in: Dürig/Herzog/Scholz, GG, 101. EL 2023, Art. 28 Abs. 2 Rn. 151. Vgl. auch *Mehde*, in: VVDStRL 71 (2012), 418 (419): „Rechtsetzung ist die Aufgabe der Legislative. Auch Verwaltungen setzen Recht. Sie werden dadurch nicht Teil der Legislative, sondern bleiben – in der Terminologie des Grundgesetzes – vollziehende Gewalt".

976 Vgl. *Bethge*, NVwZ 1983, 577 (580); *Wurzel*, Gemeinderat als Parlament?, 1975, S. 137 ff.; *Maurer*, DÖV 1993,184 (187); *Ossenbühl*, in: Isensee/Kirchhof (Hg.), HStR, Bd. V, 3. Aufl. 2007, § 105 Rn. 28; *Ziegler*, Das Ratsmitglied im Verfassungs- und Verwaltungsrecht, 2014, S. 82; *Knierim*, in: Dietlein/Suerbaum (Hg.), BeckOK Kommunalrecht Bayern, 19. Edition 2023, Art. 23 GO Rn. 6; a. A. *Hoppe/Kleindieck*, VR 1992, 82 (83); wohl auch *Spiegel*, Parlamentsrechtliche Strukturmerkmale im Recht der kommunalen Volksvertretung, 2005, S. 47 ff.

977 Vgl. *Maurer*, DÖV 1993,184 (185); *Ossenbühl*, in: Isensee/Kirchhof (Hg.), HStR, Bd. V, 3. Aufl. 2007, § 105 Rn. 28; *Spiegel*, Parlamentsrechtliche Strukturmerkmale im Recht der kommunalen Volksvertretung, 2005, S. 49; *Dreier*, in: ders. (Hg.), GG, Bd. 2, 3. Aufl. 2015, Art. 28 Rn. 133; *Saurer*, in: Stern/Sodan/Möstl (Hg.), Das Staatsrecht der Bundesrepublik Deutschland im europäischen Staatenverbund, Bd. II, 2. Aufl. 2022, § 44 Rn. 60.

978 Vgl. *Schoch*, NVwZ 1990, 801 (803); *Ossenbühl*, in: Isensee/Kirchhof (Hg.), HStR, Bd. V, 3. Aufl. 2007, § 105 Rn. 28; *Dreier*, in: ders. (Hg.), GG, Bd. 2, 3. Aufl. 2015, Art. 28 Rn. 134; *Burgi*, Kommunalrecht, 6. Aufl. 2019, § 15 Rn. 32.

auch durch den Vorbehalt des (formellen) Gesetzes begrenzt.[979] Auch in diesem Bereich bedarf es also einer speziellen gesetzlichen Ermächtigungsgrundlage, wenn die konkreten Satzungen in Freiheit und Eigentum der Bürgerinnen und Bürger eingreifen.[980] Im Ergebnis fehlt es auf gemeindlicher Ebene also an einer der staatlichen Ebene vergleichbaren Umsetzung des Gewaltenteilungsgrundsatzes.[981]

Neben Satzungen können Gemeinden auch Rechtsverordnungen erlassen.[982] Sie sind jedoch von vornherein nicht mit der Gesetzgebungsbefugnis von Parlamenten vergleichbar, da sie ein Instrument zur Ausfüllung und Konkretisierung formeller Parlamentsgesetze durch Verwaltungsorgane sind und allein der Dekonzentrierung dienen.[983]

---

979 Vgl. *Wurzel*, Gemeinderat als Parlament?, 1975, S. 158; *Bethge*, NVwZ 1983, 577 (580); *Weber*, BayVBl. 1998, 327 (329); *Schoch*, NVwZ 1990, 801 (803); *Ossenbühl*, in: Isensee/Kirchhof (Hg.), HStR, Bd. V, 3. Aufl. 2007, § 105 Rn. 28; *Dreier*, in: ders. (Hg.), GG, Bd. 2, 3. Aufl. 2015, Art. 28 Rn. 134; *Burgi*, Kommunalrecht, 6. Aufl. 2019, § 15 Rn. 36; *Mehde*, in: Dürig/Herzog/Scholz, GG, 101. EL 2023, Art. 28 Abs. 2 Rn. 151; *Knierim*, in: Dietlein/Suerbaum (Hg.), BeckOK Kommunalrecht Bayern, 19. Edition 2023, Art. 23 GO Rn. 9; a. A. *Spiegel*, Parlamentsrechtliche Strukturmerkmale im Recht der kommunalen Volksvertretung, 2005, S. 53 ff., 76. Kritisch *Maurer*, DÖV 1993, 184 (188 f.).

980 Vgl. mit Blick auf Einschränkungen der Berufsfreiheit durch eine gemeindliche Satzung BVerwG NJW 1993, 411 (412) und BVerwG NVwZ 2014, 527 (529); *Ossenbühl*, in: Isensee/Kirchhof (Hg.), HStR, Bd. V, 3. Aufl. 2007, § 105 Rn. 28; *Dreier*, in: ders. (Hg.), GG, Bd. 2, 3. Aufl. 2015, Art. 28 Rn. 134; *Burgi*, Kommunalrecht, 6. Aufl. 2019, § 15 Rn. 36.

981 Dieser wäre idealtypisch verwirklicht, „wenn die drei Staatsfunktionen den jeweiligen, ‚besonderen' Organen in der Weise zugewiesen wären, dass für die Rechtsetzung ausschließlich die Parlamente, für die Vollziehung nur Regierung und Verwaltung, für die Rechtsprechung ausnahmslos die Gerichte zuständig wären", *Ipsen/Kaufhold/Wischmeyer* (Hg.), Staatsrecht I, 35. Aufl. 2023, § 14 Rn. 13. Vgl. auch BVerwGE 90, 359 (362); *Wurzel*, Gemeinderat als Parlament?, 1975, S. 117 f.; *Meyer*, Kommunales Parteien- und Fraktionenrecht, 1990, S. 224 f.; *Teuber*, Parlamentarische Informationsrechte, 2007, S. 230; *Püttner*, in: Isensee/Kirchhof (Hg.), Handbuch des Staatsrechts, Bd. VI, 3. Aufl. 2008, § 144 Rn. 62; *Mann*, in: Bonner Kommentar, 178. Aktualisierung 2016, Art. 28 Rn. 74.

982 Dazu *Burgi*, Kommunalrecht, 6. Aufl. 2019, § 15 Rn. 9, 13 f.

983 Vgl. *Wurzel*, Gemeinderat als Parlament?, 1975, S. 129 f.; *Spiegel*, Parlamentsrechtliche Strukturmerkmale im Recht der kommunalen Volksvertretung, 2005, S. 38 f. Zu Begriff und Funktion der Rechtsverordnung *Ossenbühl*, in: Isensee/Kirchhof (Hg.), HStR, Bd. V, 3. Aufl. 2007, § 103 Rn. 1 ff.

d) *Kreationsfunktion*

aa) Rechtslage mit Blick auf den Bundestag

Überdies kommt dem Bundestag eine als Wahl-[984], Kreations-[985] oder Legitimationsfunktion[986] umschriebene Aufgabe zu. Da gem. Art. 20 Abs. 2 S. 1 GG alle Staatsgewalt vom Volk ausgeht, muss zwischen dem Volk und den mit der Ausübung von Staatsgewalt betrauten Organen und Amtswaltern eine ununterbrochene Legitimationskette bestehen.[987] Dies wird dadurch gewährleistet, dass der unmittelbar demokratisch legitimierte Bundestag die ihm vom Volk verliehene Legitimation durch Wahl auf die Amtsinhaber und Organwalter überträgt.[988] Diese können wiederum in Wahrung ihrer Kompetenzen weitere Amtsinhaber ermächtigen.[989] Insofern wird der Bundestag vielfach als Kreationsorgan tätig,[990] wenn er seine eigenen Amtsinhaber und Organe wählt[991] oder an der Bestellung der Amtsinhaber anderer oberster Bundesorgane[992] mit-

984 Vgl. dazu *Butzer*, in: Epping/Hillgruber (Hg.), BeckOK GG, 56. Edition 2023, Art. 38 Rn. 27.

985 So etwa die Bezeichnung bei *Klein*, in: Isensee/Kirchhof (Hg.), HStR, Bd. III, 3. Aufl. 2005, § 50 Rn. 27 ff.; *Morlok*, in: Dreier (Hg.), GG, Bd. 2, 3. Aufl. 2015, Art. 38 Rn. 42; *Klein/Schwarz*, in: Dürig/Herzog/Scholz, GG, 94. EL 2021, Art. 38 Rn. 50. *Leisner*, in: Stern/Sodan/Möstl (Hg.), Das Staatsrecht der Bundesrepublik Deutschland im europäischen Staatenverbund, Bd. II, 2. Aufl. 2022, § 36 Rn. 55 ff. verwendet demgegenüber die Bezeichnung Kreativfunktion.

986 Siehe beispielsweise die Bezeichnung „Legitimationsvermittlung" bei *Magiera*, in: Sachs (Hg.), GG, 9. Aufl. 2021, Art. 38 Rn. 32 ff. Vgl. auch *Müller*, in: v. Mangoldt/Klein/Starck, GG, Bd. 2, 7. Aufl. 2018, Art. 38 Rn. 20.

987 Vgl. BVerfGE 137, 185 (232); 139, 194 (224 f.); *Böckenförde*, in: Isensee/Kirchhof (Hg.), Handbuch des Staatsrechts, Bd. II, 3. Aufl. 2004, § 24 Rn. 14 ff.; *Leisner*, in: Stern/Sodan/Möstl (Hg.), Das Staatsrecht der Bundesrepublik Deutschland im europäischen Staatenverbund, Bd. II, 2. Aufl. 2022, § 36 Rn. 55; *Butzer*, in: Epping/Hillgruber (Hg.), BeckOK GG, 56. Edition 2023, Art. 38 Rn. 27.

988 Vgl. *Morlok*, in: Dreier (Hg.), GG, Bd. 2, 3. Aufl. 2015, Art. 38 Rn. 42; *Magiera*, in: Sachs (Hg.), GG, 9. Aufl. 2021, Art. 38 Rn. 33; *Leisner*, in: Stern/Sodan/Möstl (Hg.), Das Staatsrecht der Bundesrepublik Deutschland im europäischen Staatenverbund, Bd. II, 2. Aufl. 2022, § 36 Rn. 55.

989 So *Morlok*, in: Dreier (Hg.), GG, Bd. 2, 3. Aufl. 2015, Art. 38 Rn. 42.

990 Siehe zu diesem Begriff bereits *Jellinek*, Allgemeine Staatsrechtslehre, 3. Aufl. 1914, S. 545; vgl. auch *Magiera*, in: Sachs (Hg.), GG, 9. Aufl. 2021, Art. 38 Rn. 32; *Klein/Schwarz*, in: Dürig/Herzog/Scholz, GG, 94. EL 2021, Art. 38 Rn. 50.

991 Vgl. *Klein/Schwarz*, in: Dürig/Herzog/Scholz, GG, 94. EL 2021, Art. 38 Rn. 50.

992 Vgl. ausführlich *Klein*, in: Isensee/Kirchhof (Hg.), HStR, Bd. III, 3. Aufl. 2005, § 50 Rn. 28; *Butzer*, in: Epping/Hillgruber (Hg.), BeckOK GG, 56. Edition 2023, Art. 38 Rn. 27.

wirkt.[993] Die wichtigste Aufgabe im Rahmen der Kreationsfunktion ist dabei die Wahl des Bundeskanzlers (Art. 63 GG).[994]

bb) Rechtslage mit Blick auf den Gemeinderat

Im Gegensatz zum Bundestag haben die Gemeinderäte keine Kreationsfunktion für ein der Regierung vergleichbares Gremium.[995] Neben der nach Art. 28 Abs. 1 S. 2 GG obligatorischen Volksvertretung gibt es zwar den Hauptverwaltungsbeamten (Bürgermeister), der heute aber überall direkt vom Volk gewählt wird.[996] Das Hamburgische Verfassungsgericht hat dahingehend ausdrücklich festgestellt, dass die Nichtwahl des Bürgermeisters durch eine kommunale Vertretung einen Ausfall der Kreationsfunktion darstellt.[997]

III. Rechtsstellung der Mitglieder des Gemeinderats: Unterschiede und Gemeinsamkeiten zu der Stellung der Bundestagsabgeordneten

Gemeinderatsmitglieder stehen in einem Mandatsverhältnis eigener Art, dem verschiedene Rechte und Pflichten entspringen.[998]

---

993 Daneben entsendet der Bundestag eigene Mitglieder in supra- und internationale Organe, vgl. dazu *Klein*, in: Isensee/Kirchhof (Hg.), HStR, Bd. III, 3. Aufl. 2005, § 50 Rn. 31; *Leisner*, in: Stern/Sodan/Möstl (Hg.), Das Staatsrecht der Bundesrepublik Deutschland im europäischen Staatenverbund, Bd. II, 2. Aufl. 2022, § 36 Rn. 55.

994 Vgl. *Thedieck*, JA 1988, 423; *Morlok*, in: Dreier (Hg.), GG, Bd. 2, 3. Aufl. 2015, Art. 38 Rn. 42; *Müller*, in: v. Mangoldt/Klein/Starck, GG, Bd. 2, 7. Aufl. 2018, Art. 38 Rn. 24.

995 Vgl. BVerfGE 120, 82 (112); *Katz*, NVwZ 2018, 1091 (1093); *Hölz/Hien/Huber*, Gemeindeordnung mit Verwaltungsgemeinschaftsordnung, Landkreisordnung und Bezirksordnung für den Freistaat Bayern, 65. EL, Stand: November 2021, Erl. 2 zu Art. 30 GO; *Burgi*, in: ders./Habersack (Hg.), Handbuch Öffentliches Recht des Unternehmens, 2023, § 23 Rn. 59; a. A. *Schollbach*, SächsVBl 2009, 129 (130), der in der Direktwahl des Bürgermeisters durch die Bürgerschaft Elemente des Präsidialsystems sieht.

996 Vgl. *Ungern-Sternberg*, Jura 2007, 256 (258); *Püttner*, in: Isensee/Kirchhof (Hg.), Handbuch des Staatsrechts, Bd. VI, 3. Aufl. 2008, § 144 Rn. 64; *Burgi*, Kommunalrecht, 6. Aufl. 2019, § 10 Rn. 5.

997 Siehe HmbVerfG, Urteil vom 15. Januar 2013 – 2/11 –, juris Rn. 122. Siehe auch *Ernst*, in: v. Münch/Kunig, GG, Bd. 1, 7. Aufl. 2021, Art. 28 Rn. 38, wonach die Vertretungen auf der Kommunalebene den Parlamenten auch insofern angenähert seien, als ihnen das Recht zur Bestellung der wichtigsten Organe zukommt, „sofern diese nicht direkt gewählt werden".

998 Vgl. *Ehlers*, Jura 1988, 337 (339); *Ehlers*, in: Mann/Püttner (Hg.), Handbuch der kommunalen Wissenschaft und Praxis, Bd. 1, 3. Aufl. 2007, § 21 Rn. 12, 14 ff.,

Ein grundlegender Unterschied zwischen dem einzelnen Mitglied des Gemeinderats und dem einzelnen Mitglied des Bundes- oder Landtags besteht darin, dass die Stellung des Gemeinderatsmitglieds nicht verfassungsrechtlich abgesichert ist.[999] Für die Abgeordneten des Bundestages regelt Art. 38 Abs. 1 S. 2 GG, dass diese Vertreter des ganzen Volkes, an Aufträge und Weisungen nicht gebunden und nur ihrem Gewissen unterworfen sind. Dies ist Grundlage des freien Mandats, das die freie Willensbildung der Abgeordneten gewährleistet und die Abgeordneten zur Wahrnehmung ihrer Repräsentationsfunktion befähigt.[1000]

Art. 38 Abs. 1 S. 2 GG regelt jedoch allein die Abgeordnetenstellung im Bundestag und ist auf Mitglieder des Gemeinderats nicht anwendbar.[1001] Es fehlt mithin eine dem Art. 38 Abs. 1 S. 2 GG entsprechende Vorschrift auf gemeindlicher Ebene.[1002] Auch verfügen Gemeinderatsmitglieder nicht über das verfassungsrechtlich abgesicherte Immunitäts- und Indemnitätsprivileg.[1003]

Die Ausgestaltung der Rechtsstellung sowie der Aufgaben des Gemeinderats und seiner Mitglieder ist Sache des staatlichen Gesetzgebers, wobei dieser freilich an die Gewährleistung des Art. 28 Abs. 2 GG gebunden ist.[1004] Denn der Gemeinderat repräsentiert, auch wenn er kein Parlament ist, die Gemeindebürger (s. o. 6. Kapitel A.II.2.a)).[1005]

---

16 ff.; *Burgi*, Kommunalrecht, 6. Aufl. 2019, § 12 Rn. 33; *Brüning*, in: Ehlers/Fehling/Pünder (Hg.), Besonderes Verwaltungsrecht, Bd. 3, 4. Aufl. 2020, § 64 Rn. 120; *Engels*, in: Sachs (Hg.), GG, 9. Aufl. 2021, Art. 28 Rn. 18; *Röhl*, in: Schoch/Eifert (Hg.) Besonderes Verwaltungsrecht, 2. Aufl. 2023, Kap. 2 Rn. 101 f.

999 Vgl. *Engels*, in: Sachs (Hg.), GG, 9. Aufl. 2021, Art. 28 Rn. 18; *Burgi*, in: ders./Habersack (Hg.), Handbuch Öffentliches Recht des Unternehmens, 2023, § 23 Rn. 61.

1000 So BVerfGE 134, 141 (172); *Müller*, in: v. Mangoldt/Klein/Starck, GG, Bd. 2, 7. Aufl. 2018, Art. 38 Rn. 46; *Magiera*, in: Sachs (Hg.), GG, 9. Aufl. 2021, Art. 38 Rn. 46.

1001 Vgl. BVerfGK 15, 186 (189 f.); 19, 40 (42 f.); BVerwG NVwZ-RR 1991, 157 (158); BVerwGE 90, 104 (105); BayVGHE 43, 60 (61); *Spiegel*, Parlamentsrechtliche Strukturmerkmale im Recht der kommunalen Volksvertretung, 2005, S. 153.

1002 So BVerfGE 78, 344 (348); BVerwG NVwZ-RR 1991, 157 (158).

1003 Von Art. 51 Abs. 2 BayGO abgesehen, siehe *Wurzel*, Gemeinderat als Parlament?, 1975, S. 48 ff.; *Dolderer*, DÖV 2009, 146 (152 f.); *Dreier*, in: ders. (Hg.), GG, Bd. 2, 3. Aufl. 2015, Art. 28 Rn. 67; *Burgi*, Kommunalrecht, 6. Aufl. 2019, § 12 Rn. 33; *Brüning*, in: Ehlers/Fehling/Pünder (Hg.), Besonderes Verwaltungsrecht, Bd. 3, 4. Aufl. 2020, § 64 Rn. 121; *Ernst*, in: v. Münch/Kunig, GG, Bd. 1, 7. Aufl. 2021, Art. 28 Rn. 39.

1004 So BVerfGE 78, 344 (348).

1005 Vgl. BVerfGE 47, 253 (272); BVerwGE 90, 104 (105); *Engels*, in: Sachs (Hg.), GG, 9. Aufl. 2021, Art. 28 Rn. 18.

Das einzelne Gemeinderatsmitglied ist Volksvertreter i. S. d. Art. 28 Abs. 1 S. 2 GG.[1006]

Dem trägt die gesetzliche Ausgestaltung der Rechtsstellung der Gemeinderatsmitglieder insofern Rechnung, als diese sich auf das freie Mandat berufen können.[1007] Dahingehend ist die Stellung des Gemeinderatsmitgliedes derjenigen des Parlamentsabgeordneten funktional angenähert.[1008] In den allermeisten Gemeindeordnungen ist der Grundsatz des freien Mandats ausdrücklich geregelt.[1009] Auch wenn sich in der BayGO eine solche ausdrückliche Gewährleistung nicht findet, besteht Einigkeit, dass das freie Mandat als wesentlicher Bestandteil der repräsentativen Demokratie dennoch Geltung beansprucht.[1010] Aufgrund der unterschiedlichen Stellung der kommunalen Selbstverwaltungsorgane und der Parlamente können zwar nicht alle Rechte, die den Parlamentariern aus dem freien Mandat erwachsen, automatisch vollumfänglich den Gemeinderatsmitgliedern zuerkannt werden.[1011] Dennoch können in Ermangelung gesetzlicher Regelungen einzelne parlamentarische Grundsätze auf die kommunale Ebene übertragen werden.[1012]

1006 So *Lange*, Kommunalrecht, 2. Aufl. 2019, Kapitel 5 Rn. 8.

1007 Vgl. BVerwGE 90, 104 (105); *Ehlers*, Jura 1988, 337 (339); *Püttner*, in: Isensee/Kirchhof (Hg.), Handbuch des Staatsrechts, Bd. VI, 3. Aufl. 2008, § 144 Rn. 62; *Spiegel*, Parlamentsrechtliche Strukturmerkmale im Recht der kommunalen Volksvertretung, 2005, S. 153 f.; *Gern/Brüning*, Deutsches Kommunalrecht, 4. Aufl. 2019, 9. Kapitel Rn. 455; *Engels*, in: Sachs (Hg.), GG, 9. Aufl. 2021, Art. 28 Rn. 18; *Ernst*, in: v. Münch/Kunig, GG, Bd. 1, 7. Aufl. 2021, Art. 28 Rn. 38.

1008 Vgl. *Mann*, in: Bonner Kommentar, 178. Aktualisierung 2016, Art. 28 Rn. 75; *Wefelmeier*, NdsVBl. 2019, 365 (366); *Ernst*, in: v. Münch/Kunig, GG, Bd. 1, 7. Aufl. 2021, Art. 28 Rn. 38; *Frenzen*, in: Dietlein/Heusch (Hg.), BeckOK Kommunalrecht NRW, 25. Edition 2023, Art. 43 GO NRW Rn. 5.

1009 Siehe § 32 Abs. 3 GO BW; § 30 Abs. 1 BbgKVerf; § 35 Abs. 1 HessGO; § 23 Abs. 3 KV MV; § 54 Abs. 1 NKomVG; § 43 Abs. 1 GO NRW; § 30 Abs. 1 GO RP; § 30 Abs. 1 S. 2, 3 KSVG; § 35 Abs. 3 SächsGO; § 43 Abs. 1 KVG LSA; § 32 Abs. 1 GO SH; § 24 Abs. 1 ThürKO; dazu *Wurzel*, Gemeinderat als Parlament?, 1975, S. 37; *Ott*, Der Parlamentscharakter der Gemeindevertretung, 1994, S. 236; *Spiegel*, Parlamentsrechtliche Strukturmerkmale im Recht der kommunalen Volksvertretung, 2005, S. 153.

1010 Vgl. BayVGHE 43, 60 (62); *Wurzel*, Gemeinderat als Parlament?, 1975, S. 37; *Spiegel*, Parlamentsrechtliche Strukturmerkmale im Recht der kommunalen Volksvertretung, 2005, S. 153 f.; *Barth*, in: Dietlein/Suerbaum (Hg.), BeckOK Kommunalrecht Bayern, 19. Edition 2023, Art. 30 GO Rn. 12; *Frenzen*, in: Dietlein/Heusch (Hg.), BeckOK Kommunalrecht NRW, 25. Edition 2023, Art. 43 GO NRW Rn. 2, 12.

1011 Vgl. BVerwG NVwZ-RR 1991, 157 (158); BayVGHE 43, 60 (62); *Barth*, in: Dietlein/Suerbaum (Hg.), BeckOK Kommunalrecht Bayern, 19. Edition 2023, Art. 30 GO Rn. 14; *Frenzen*, in: Dietlein/Heusch (Hg.), BeckOK Kommunalrecht NRW, 25. Edition 2023, Art. 43 GO NRW Rn. 14.

1012 Vgl. *Dreier*, in: ders. (Hg.), GG, Bd. 2, 3. Aufl. 2015, Art. 28 Rn. 67.

Zur effektiven Wahrnehmung des freien Mandats stehen den Gemeinderatsmitgliedern verschiedene Mandatsausübungsrechte zur Verfügung, zu denen etwa das Teilnahme-, Rede-, Antrags-, Abstimmungs- oder Informationsrecht zählen.[1013] Gleichzeitig unterliegen die Gemeinderatsmitglieder einer Vielzahl von Pflichten, wie etwa der Treue- oder Verschwiegenheitspflicht sowie der Pflicht zur Beachtung der Befangenheitsvorschriften,[1014] die in diesem Umfang dem parlamentarischen Mandat fremd sind.[1015]

IV. Zwischenergebnis

Zusammenfassend lässt sich feststellen, dass die Gemeinderäte zwar in ihrer Funktion und einfachgesetzlichen Ausgestaltung einige Parallelen zur Stellung des Bundestages aufweisen.[1016]

Nichtsdestotrotz konnten sowohl bei der Untersuchung der jeweiligen Funktionen als auch bei der Ausgestaltung der Rechtsstellung der Mitglieder des Gemeinderats grundlegende Unterschiede aufgezeigt werden. Dieser Befund verhindert zwar nicht von vornherein eine Übertragung parlamentsrechtlicher Grundsätze auf die gemeindliche Ebene.[1017] Jedoch ist

1013 Vgl. *Wurzel*, Gemeinderat als Parlament?, 1975, S. 59 ff.; *Ehlers*, Jura 1988, 337 (339); *Brüning*, in: Ehlers/Fehling/Pünder (Hg.), Besonderes Verwaltungsrecht, Bd. 3, 4. Aufl. 2020, § 64 Rn. 122; *Frenzen*, in: Dietlein/Heusch (Hg.), BeckOK Kommunalrecht NRW, 25. Edition 2023, Art. 43 GO NRW Rn. 8.

1014 Vgl. *Ehlers*, Jura 1988, 337 (339); *Ungern-Sternberg*, Jura 2007, 256 (259); *Dolderer*, DÖV 2009, 146 (149 f.); *Burgi*, Kommunalrecht, 6. Aufl. 2019, § 12 Rn. 33; *Brüning*, in: Ehlers/Fehling/Pünder (Hg.), Besonderes Verwaltungsrecht, Bd. 3, 4. Aufl. 2020, § 64 Rn. 123 ff.; *Röhl*, in: Schoch/Eifert (Hg.) Besonderes Verwaltungsrecht, 2. Aufl. 2023, Kap. 2 Rn. 102 f.

1015 Vgl. *Dolderer*, DÖV 2009, 146 (149); *Ott*, Der Parlamentscharakter der Gemeindevertretung, 1994, S. 247 ff.; *Spiegel*, Parlamentsrechtliche Strukturmerkmale im Recht der kommunalen Volksvertretung, 2005, S. 241; a. A. *Katz*, NVwZ 2018, 1091 (1094), wonach das Mitwirkungsverbot, die Verschwiegenheits- und Treuepflichten der Übernahme parlamentarischer Grundsätze nicht als parlamentsfremd entgegenstehen.

1016 Sie werden daher auch als „parlamentsähnlich“ bezeichnet, vgl. ausführlich *Dolderer*, DÖV 2009, 146 ff.; *Katz*, NVwZ 2018, 1091 (1094); *Lange*, Kommunalrecht, 2. Aufl. 2019, Kapitel 4 Rn. 65; *Shaverdov*, Pflichtenbindungen und Pflichtenkollisionen der Gemeindevertreter, 2021, S. 380.

1017 So überträgt das BVerwG beispielsweise die Rechtsprechung des BVerfG zum Spiegelbildlichkeitsgrundsatz, wonach jeder Ausschuss des Bundestages ein verkleinertes Bild des Plenums sein und in seiner Zusammensetzung das Stärkeverhältnis des Plenums widerspiegeln muss, aufgrund der Einbeziehung der Gemeinderäte in das Repräsentationsprinzip auch auf den Gemeinderat, siehe BVerwGE 119, 305 (307); vgl. auch *Dreier*, in: ders. (Hg.), GG, Bd. 2, 3. Aufl.

für die Beurteilung einer entsprechenden Anwendbarkeit einzelner Grundsätze die konkret in Frage stehende Funktion des Gemeinderats bzw. der Rechtsstellung des Gemeinderatsmitglieds ausschlaggebend und die aufgezeigten Funktionsunterschiede sind zu berücksichtigen.[1018]

B. Kontrollnotwendigkeit

Erfüllt die Gemeinde ihre Aufgaben vermittels eines verselbstständigten Unternehmens, so erwächst ihr die Pflicht, sich gewisse Steuerungs- und Kontrollmöglichkeiten auf das Unternehmen vorzubehalten (sog. Ingerenzpflicht).[1019]

Wie bereits ausgeführt (2. Kapitel B.), resultiert dies aus dem Umstand, dass die Entscheidung für eine Aufgabenerfüllung vermittels eines öffentlichen Unternehmens nicht dazu führen darf, dass sich die Gemeinde ihrer Vielzahl von öffentlich-rechtlichen Bindungen entledigt. Neben anderen verfassungsrechtlichen und einfachrechtlichen Bestimmungen[1020] ist für die Begründung der Ingerenzpflichten das Demokratieprinzip von entscheidender Bedeutung (siehe dazu bereits 2. Kapitel B.II.).[1021]

2015, Art. 28 Rn. 67; *Waldhoff*, JuS 2019, 926, wonach Anleihen beim Parlamentsrecht stets besonders vorsichtig zu nehmen sind.

1018 Vgl. auch *Lange*, Kommunalrecht, 2. Aufl. 2019, Kapitel 4 Rn. 65; *Ziegler*, Das Ratsmitglied im Verfassungs- und Verwaltungsrecht, 2014, S. 83 im Hinblick auf die bürgerschaftlich-demokratische Funktion; *Engelbrecht*, BayVBl. 2017, 541 (545).

1019 Vgl. dazu *v. Danwitz*, AöR 120 (1995), 595 (603 ff.); *Brenner*, AöR 127 (2002), 222 (223 ff.); *Strobel*, Verschwiegenheits- und Auskunftspflicht kommunaler Vertreter im Aufsichtsrat öffentlicher Unternehmen, 2002, S. 69 ff.; *Pape*, Das kommunale Aufsichtsratsmandat, 2020, S. 77 ff.; *Shaverdov*, Pflichtenbindungen und Pflichtenkollisionen der Gemeindevertreter, 2021, S. 112 ff.; *Weiser-Saulin*, Public Corporate Governance kommunaler Unternehmen, 2021, S. 28 ff.

1020 Vgl. zu den rechtlichen Grundlagen der kommunalen Ingerenzpflicht *Mahlberg*, Kontrolle gemeindlicher Unternehmen, 1986, S. 18 ff.; *Brenner*, AöR 127 (2002), 222 (225 ff.); *Shaverdov*, Pflichtenbindungen und Pflichtenkollisionen der Gemeindevertreter, 2021, S. 107 ff.; *Weiser-Saulin*, Public Corporate Governance kommunaler Unternehmen, 2021, S. 30 ff.

1021 Vgl. *Pfeifer*, Möglichkeiten und Grenzen der Steuerung kommunaler Aktiengesellschaften durch ihre Gebietskörperschaften, 1991, S. 12 f.; *v. Danwitz*, AöR 120 (1995), 595 (606 ff.); *Brenner*, AöR 127 (2002), 222 (226 f.); *Strobel*, Verschwiegenheits- und Auskunftspflicht kommunaler Vertreter im Aufsichtsrat öffentlicher Unternehmen, 2002, S. 69 ff.; *Dünchheim/Gräler*, NVwZ 2019, 1225; *Pape*, Das kommunale Aufsichtsratsmandat, 2020, S. 77 ff.; *Weiser-Saulin*, Public Corporate Governance kommunaler Unternehmen, 2021, S. 31 ff.

Insofern ergibt sich eine der Bundes- und Landesebene vergleichbare Kontrollnotwendigkeit.[1022] Dabei ist auf gemeindlicher Ebene die Erfüllung der Ingerenzpflichten ebenso davon abhängig, dass die Gemeinde über ausreichend Informationen in Bezug auf unternehmensinterne Vorgänge verfügt.[1023] Im weiteren Verlauf gilt es daher zu untersuchen, welche Möglichkeiten die Gemeinde hat, um die relevanten Unternehmensinformationen zu erhalten.

C. Informationspflichten

In den Kommunalgesetzen der Länder findet sich eine Vielzahl einfachgesetzlicher Vorschriften, die die Informationsbeziehungen zwischen dem Unternehmen und dem Gemeinderat bzw. dessen Mitgliedern zum Gegenstand haben.[1024] Für die Beschaffung von Informationen über unternehmensinterne Vorgänge sind insbesondere die in einigen Gemeindeordnungen geregelten Informationspflichten der gemeindlichen Vertreter in den Gesellschaftsorganen gegenüber der entsendenden Gemeinde von Bedeutung.[1025] Daneben gilt es zu untersuchen, inwieweit sich der Gemeinderat oder das einzelne Gemeinderatsmitglied Informationen des Bürgermeisters verschaffen kann. Dies ist deshalb von Interesse, da dem Bürgermeister in seiner Rolle als Vertretung der Trägergemeinde Informationsansprüche gegenüber dem Unternehmen zustehen.[1026]

I. Informationspflichten der gemeindlichen Vertreter im öffentlichen Unternehmen

Im Hinblick auf die Informationsbeziehungen zwischen einem öffentlichen Unternehmen und seiner Trägerkörperschaft besteht auf kommu-

1022 Vgl. *Burgi*, in: ders./Habersack (Hg.), Handbuch Öffentliches Recht des Unternehmens, 2023, § 23 Rn. 59.

1023 So *Breitenbach*, in: Wurzel/Schraml/Gaß (Hg.), Rechtspraxis der kommunalen Unternehmen, 4. Aufl. 2021, Kap. E Rn. 100; *Weiser-Saulin*, Public Corporate Governance kommunaler Unternehmen, 2021, S. 56; *Gaß*, in: Burgi/Habersack (Hg.), Handbuch Öffentliches Recht des Unternehmens, 2023, § 21 Rn. 107.

1024 Dazu *Burgi*, in: ders./Habersack (Hg.), Handbuch Öffentliches Recht des Unternehmens, 2023, § 23 Rn. 63.

1025 Vgl. etwa *Oebbecke*, in: Hoppe/Uechtritz/Reck (Hg.), Handbuch kommunale Unternehmen, 3. Aufl. 2012, § 9 Rn. 33; *Pape*, Das kommunale Aufsichtsratsmandat, 2020, S. 152.

1026 Vgl. *Bracht*, NVwZ 2016, 108.

naler Ebene im Vergleich zur Bundes- oder Landesebene die Besonderheit, dass der Gemeinderat in den meisten Bundesländern die Möglichkeit hat, sich auch „direkt" Informationen über die von der Gemeinde in die Organe oder Gremien der Gesellschaft entsandten Vertreter zu beschaffen. Denn einige Gemeindeordnungen statuieren dahingehende Informationspflichten.[1027]

Die Informationspflichten der gemeindlichen Vertreter in den Organen des öffentlichen Unternehmens werden im Folgenden näher beleuchtet. Adressatin der Informationspflicht nach diesen Vorschriften ist die Vertretung der Gemeinde in den öffentlichen Unternehmen, nicht jedoch das öffentliche Unternehmen selbst.[1028] Daher ist zunächst in den Blick zu nehmen, wer Vertreterin oder Vertreter der Gemeinde in den Organen des öffentlichen Unternehmens ist, bevor die Reichweite der Informationspflichten untersucht wird.

1. Die Vertretung der Gemeinde im Unternehmen als Adressatin der Informationspflicht

Die Vertretung der Gemeinde in den Unternehmensorganen ist für die Kontrolle des öffentlichen Unternehmens essentiell und dient mitunter der Gewährleistung des erforderlichen demokratischen Legitimationsniveaus.[1029] Einerseits muss sich die Gemeinde in der Haupt- oder Gesellschafterversammlung zur Ausübung ihrer Rechte als Gesellschafterin vertreten lassen,[1030] andererseits kann sie auch Einfluss auf die personelle Besetzung des Aufsichtsrats oder eines vergleichbaren Gremiums nehmen.[1031]

1027 Siehe ausführlich *Pape*, Das kommunale Aufsichtsratsmandat, 2020, S. 152. Zu den Vorschriften sogleich 6. Kapitel C.I.2.

1028 Vgl. *Dünchheim*, KommJur 2016, 441 (446). Zu den im Falle einer Vielzahl von Aufsichtsratsmitgliedern mit der Unterrichtung durch jeden einzelnen Vertreter verbundenen Praxisproblemen *Kaster*, in: Dietlein/Heusch (Hg.), BeckOK Kommunalrecht NRW, 25. Edition 2023, § 113 GO NRW Rn. 30.

1029 Vgl. *Zieglmeier*, LKV 2005, 338 (339); *Gaß*, in: Burgi/Habersack (Hg.), Handbuch Öffentliches Recht des Unternehmens, 2023, § 21 Rn. 95.

1030 Zur Ausübung dieser Rechte durch einen oder mehrere Vertreter *Erichsen*, Die Vertretung der Kommunen in den Mitgliederorganen von juristischen Personen des Privatrechts, 1990, S. 33 ff., 55 ff.

1031 Dabei handelt es sich bei der Wahrnehmung des Aufsichtsratsmandats nicht um eine Vertretung der Gemeinde im eigentlichen Sinne, sondern um die Wahrnehmung einer Organmitgliedschaft der Gesellschaft, siehe *Oebbecke*, in: Hoppe/Uechtritz/Reck (Hg.), Handbuch kommunale Unternehmen, 3. Aufl. 2012, § 9 Rn. 22. Einen „Vertreter" im eigentlichen Sinn kann die Gemeinde nur in die mitgliedschaftlich organisierten Hauptorgane des Unternehmens entsenden, vgl. *Lück*, in: Dietlein/Suerbaum (Hg.), BeckOK Kommunalrecht Bayern, 19. Edition 2023, Art. 93 GO Rn. 4.

In den meisten Bundesländern wird die Gemeinde in der Gesellschafter- oder Hauptversammlung durch den Bürgermeister vertreten,[1032] für den wiederum eine andere Person zur Vertretung bestellt werden kann.[1033] In Hessen wird die Gemeinde durch den Gemeindevorstand vertreten, der wiederum kraft Amtes vom Bürgermeister vertreten wird (vgl. § 125 Abs. 1 S. 1, 2 HessGO).[1034] In Niedersachsen (vgl. § 138 Abs. 1 S. 1 NKomVG), Nordrhein-Westfalen (vgl. § 113 Abs. 2 GO NRW) und Schleswig-Holstein (vgl. § 104 Abs. 1 S. 1 GO SH) werden die entsprechenden Vertreter von der Gemeindevertretung gewählt bzw. bestellt.

Auch die Frage, durch wen die Gemeinden im Aufsichtsrat kommunaler Gesellschaften repräsentiert werden, bestimmt sich nach den gemeinderechtlichen Vertretungsregelungen.[1035] Grundsätzlich werden die Aufsichtsratsmitglieder von der Hauptversammlung gewählt (vgl. § 101 Abs. 1 S. 1 AktG). In diesem Fall kann der Gemeinderat einen Beschluss über die zu bestellenden Personen fassen und mittels der Erteilung einer entsprechenden Weisung an die gemeindlichen Vertreter in der Gesellschafter- oder Hauptversammlung Einfluss auf die Bestellung der Aufsichtsratsmitglieder nehmen.[1036] Daneben kann sich die Gemeinde im Gesellschaftsvertrag bzw. der Unternehmenssatzung gem. § 101 Abs. 2 AktG Entsenderechte einräumen lassen.[1037] In der Regel bestimmt der Gemeinderat über die zu entsendenden Vertreter.[1038] Teilweise wird

---

1032 Siehe etwa § 104 Abs. 1 S. 1 Hs. 1 GO BW, Art. 93 Abs. 1 S. 1 BayGO, § 97 Abs. 1 S. 1 Hs. 1 BbgKVerf, § 71 Abs. 1 S. 1 KV MV, § 88 Abs. 1 S. 1 GO RP, § 114 Abs. 1 S. 1 KSVG, § 98 Abs. 1 S. 1 SächsGO, § 131 Abs. 1 S. 1 Hs. 1 KVG LSA; dazu *Oebbecke*, in: Hoppe/Uechtritz/Reck (Hg.), Handbuch kommunale Unternehmen, 3. Aufl. 2012, § 9 Rn. 23. Zur historischen Entwicklung der kommunalrechtlichen Vertretungsvorschriften *Erichsen*, Die Vertretung der Kommunen in den Mitgliederorganen von juristischen Personen des Privatrechts, 1990, S. 4 ff.

1033 Vgl. § 104 Abs. 1 S. 1 Hs. 2 GO BW, Art. 93 Abs. 1 S. 2 GO, § 97 Abs. 1 S. 1 Hs. 2 BbgKVerf, § 71 Abs. 1 S. 2 KV MV, § 88 Abs. 1 S. 4 GO RP, § 114 S. 3 Hs. 1 KSVG, § 98 Abs. 1 S. 3 SächsGO, § 131 Abs. 1 S. 1 Hs. 2 KVG LSA; dazu *Gaß*, in: Burgi/Habersack (Hg.), Handbuch Öffentliches Recht des Unternehmens, 2023, § 21 Rn. 98.

1034 Dazu *Ogorek*, in: Dietlein/Ogorek (Hg.), BeckOK Kommunalrecht Hessen, 24. Edition 2023, § 125 HessGO Rn. 2 ff.

1035 Vgl. *Strobel*, Verschwiegenheits- und Auskunftspflicht kommunaler Vertreter im Aufsichtsrat öffentlicher Unternehmen, 2002, S. 154.

1036 So *Gaß*, in: Burgi/Habersack (Hg.), Handbuch Öffentliches Recht des Unternehmens, 2023, § 21 Rn. 99. Zu den Schwierigkeiten der Einordung eines Organmitglieds als Gemeindevertreter, wenn dessen Organstellung auf einem gesellschaftsinternen Wahlakt beruht *Koch*, VerwArch 102 (2011), 1 (4 ff.).

1037 Ausführlich *Cronauge*, Kommunale Unternehmen, 6. Aufl. 2016, Kap. VI Rn. 282.

1038 So z. B. gemäß § 138 Abs. 3 NKomVG, § 113 Abs. 3 GO NRW, § 88 Abs. 3 i. V. m. Abs. 1 S. 5 Hs. 1 GO RP, § 98 Abs. 2 S. 1 SächsGO, § 104 Abs. 1 S. 1 i. V. m. Art. 28 S. 1 Nr. 20 GO SH.

dabei die Entsendung des Bürgermeisters ausdrücklich vorgeschrieben.[1039] In der Praxis ist die Wahrnehmung der Aufsichtsratsmandate häufig dem Bürgermeister sowie den fachlich zuständigen Dezernenten anvertraut.[1040]

2. Reichweite der Informationspflichten

Die Reichweite der Informationspflichten der Vertretung der Gemeinde im Unternehmen ist in den Gemeindeordnungen der Länder unterschiedlich ausgestaltet.

Nach § 104 Abs. 1 S. 3 GO SH haben die Vertreterinnen und Vertreter die Gemeinde frühzeitig über Entscheidungen zur Steuerung der Unternehmen zur Erreichung strategischer Ziele zu unterrichten. Art. 93 Abs. 2 S. 2 BayGO, § 125 Abs. 2 S. 1 Hs. 1 i. V. m. Abs. 1 S. 4 HessGO und § 115 Abs. 1 S. 1 KSVG sehen vor, dass die Vertreter der Gemeinde diese „über alle wichtigen Angelegenheiten" zu unterrichten haben. In § 97 Abs. 7 S. 1 BbgKVerf, § 71 Abs. 4 S. 1 KV MV, § 138 Abs. 4 S. 1, 2 NKomVG, § 113 Abs. 5 S. 1 GO NRW, § 98 Abs. 3 SächsGO und § 131 Abs. 1 S. 7 KVG LSA bezieht sich die Informationspflicht der Vertreter der Gemeinde auf „alle Angelegenheiten von besonderer Bedeutung". Wann eine Angelegenheit „wichtig" oder „von besonderer Bedeutung" ist, wird in den Gemeindeordnungen nicht definiert.[1041]

Zur Konkretisierung dieser unbestimmten Rechtsbegriffe bedarf es einer Betrachtung des jeweiligen Einzelfalles,[1042] weshalb eine abschließende Auflistung kaum möglich ist.[1043] Nach einer teleologischen Auslegung kann es dabei nur auf die Sichtweise der Gemeinde ankommen (und

---

1039 So etwa nach § 97 Abs. 2 S. 1 BbgKVerf, § 113 Abs. 3 GO NRW, § 88 Abs. 3 i. V. m. Abs. 1 S. 1 GO RP, § 131 Abs. 3 S. 1 i. V. m. Abs. 1 S. 1 Hs. 1 KVG LSA. I.E. ebenso in Hessen nach § 125 Abs. 2 S. 1 Hs. 1 i. V. m. Abs. 1 S. 1, 2 HessGO. Siehe dazu auch *Gaß*, in: Burgi/Habersack (Hg.), Handbuch Öffentliches Recht des Unternehmens, 2023, § 21 Rn. 99.

1040 So *Strobel*, Verschwiegenheits- und Auskunftspflicht kommunaler Vertreter im Aufsichtsrat öffentlicher Unternehmen, 2002, S. 155.

1041 Vgl. *Strobel*, Verschwiegenheits- und Auskunftspflicht kommunaler Vertreter im Aufsichtsrat öffentlicher Unternehmen, 2002, S. 111; *Dünchheim*, KommJur 2016, 441 (446).

1042 Vgl. *Pape*, Das kommunale Aufsichtsratsmandat, 2020, S. 153; *Kaster*, in: Dietlein/Heusch (Hg.), BeckOK Kommunalrecht NRW, 25. Edition 2023, § 113 GO NRW Rn. 25.

1043 Vgl. *Klaß-Dingeldey*, in: Dietlein/Mehde (Hg.), BeckOK Kommunalrecht Niedersachsen, 27. Edition 2023, § 138 NKomVG Rn. 29, der dennoch vorschlägt den Kreis der Angelegenheiten vorab im Gesellschaftsvertrag zu bestimmen; kritisch dazu *Dombert*, NdsVBl. 2022, 133 (136), aus dessen Sicht sich dieses Unterfangen in der Praxis als eher schwierig gestaltet.

nicht auf die der Gesellschaft),[1044] da es Zweck der Informationspflicht ist, die Kontroll- und Einflussmöglichkeiten der Kommune auf die Gesellschaft sicherzustellen.[1045]

Anhaltspunkte liefert daher der in den Gemeindeordnungen angelegte Kanon exklusiver Entscheidungskompetenzen des Gemeinderates.[1046] Als Angelegenheiten von besonderer Bedeutung sind auch solche anzusehen, in denen die Gemeinde ggf. eine Weisung erteilen oder ein Mitspracherecht eingeräumt bekommen will.[1047] Davon kann der Gang der laufenden Geschäfte sowie die künftige Geschäftspolitik umfasst sein,[1048] jedenfalls zählen dazu aber alle Informationen, deren Kenntnis für die Führung und den Betrieb des Unternehmens von erheblichem Gewicht sind.[1049] Das sind insbesondere Kreditaufnahmen der Gesellschaft, die nicht im Wirtschaftsplan der Gesellschaft enthalten sind,[1050] weitere Beteiligungen, Markt- und Absatzeinbrüche, besondere betriebsinterne Vorgänge[1051] oder Anstellungsverträge der Geschäftsführung.[1052]

In Rheinland-Pfalz ist die Informationspflicht der Vertreter der Gemeinde in sachlicher Hinsicht vergleichsweise enger gezogen: § 88 Abs. 5 S. 1 GO RP regelt eine sog. Befassungskompetenz des Gemeinderates[1053], wonach

---

1044 Vgl. OVG NW, NWVBl. 2023, 283 (287); *Dombert*, NdsVBl. 2022, 133 (136); *Burgi*, in: ders./Habersack (Hg.), Handbuch Öffentliches Recht des Unternehmens, 2023, § 23 Rn. 65; *Kaster*, in: Dietlein/Heusch (Hg.), BeckOK Kommunalrecht NRW, 25. Edition 2023, § 113 GO NRW Rn. 25; *Klaß-Dingeldey*, in: Dietlein/Mehde (Hg.), BeckOK Kommunalrecht Niedersachsen, 27. Edition 2023, § 138 NKomVG Rn. 29.

1045 Siehe etwa zu den Regierungsbegründungen der Regelungen in Bayern, Brandenburg, Mecklenburg-Vorpommern und Nordrhein-Westfalen *Strobel*, Verschwiegenheits- und Auskunftspflicht kommunaler Vertreter im Aufsichtsrat öffentlicher Unternehmen, 2002, S. 110 f.

1046 Eine solche Vorgabe findet sich z. B. in § 41 Abs. 1 S. 2 GO NRW. Vgl. dazu OVG NW, NWVBl. 2023, 283 (287); *Dünchheim*, KommJur 2016, 441 (446); *Pape*, Das kommunale Aufsichtsratsmandat, 2020, S. 153; *Kaster*, in: Dietlein/Heusch (Hg.), BeckOK Kommunalrecht NRW, 25. Edition 2023, § 113 GO NRW Rn. 25.

1047 Vgl. *Klaß-Dingeldey*, in: Dietlein/Mehde (Hg.), BeckOK Kommunalrecht Niedersachsen, 27. Edition 2023, § 138 NKomVG Rn. 29.

1048 Vgl. *Dombert*, NdsVBl. 2022, 133 (136).

1049 Vgl. *Strobel*, Verschwiegenheits- und Auskunftspflicht kommunaler Vertreter im Aufsichtsrat öffentlicher Unternehmen, 2002, S. 111; *Burgi*, in: ders./Habersack (Hg.), Handbuch Öffentliches Recht des Unternehmens, 2023, § 23 Rn. 65.

1050 So ausdrücklich normiert in § 71 Abs. 4 S. 2 KV MV und § 104 Abs. 1 S. 3 GO SH, vgl. auch *Wolf*, in: Dehn/Wolf, Gemeindeordnung Schleswig-Holstein, 18. Aufl. 2023, § 104 S. 752.

1051 Vgl. *Battke/Voigt*, SächsVBl. 2006, 273 (275).

1052 Vgl. *Flüshöh*, in: Kleerbaum/Palmen (Hg.), Gemeindeordnung Nordrhein-Westfalen, 3. Aufl. 2017, § 113 VI; *Kaster*, in: Dietlein/Heusch (Hg.), BeckOK Kommunalrecht NRW, 25. Edition 2023, § 113 GO NRW Rn. 25.

1053 So *Pape*, Das kommunale Aufsichtsratsmandat, 2020, S. 153.

dieser vor der Beschlussfassung des zuständigen Organs des Unternehmens mitunter über die Änderung des Gesellschaftsvertrags oder der Satzung sowie die Maßnahmen der Kapitalbeschaffung und Kapitalherabsetzung berät und darüber Beschluss fassen kann. Die Vertreter der Gemeinde eines Unternehmens im Bereich der Energieversorgung haben die zuständigen Organe der Gemeinde nach § 88 Abs. 5 S. 3 GO RP über solche Angelegenheiten i. S. v. § 88 Abs. 5 S. 1 GO RP vor Beschlussfassung des zuständigen Organs des Unternehmens zu unterrichten.[1054]

Die meisten Gemeindeordnungen sehen vor, dass die Unterrichtung (möglichst) frühzeitig zu erfolgen hat,[1055] um sicherzustellen, dass eine Willensbildung und Einflussnahme des Gemeinderates noch möglich sind.[1056] Daher hat die gemeindliche Vertretung im Unternehmen bei der Wahrnehmung der Informationspflicht die Geschäftsgänge in den jeweiligen Organen wie beispielsweise Ladungsfristen etc. zu beachten.[1057]

Neben diesen Informationspflichten der Vertretung der Gemeinde im öffentlichen Unternehmen sehen einzelne Gemeindeordnungen auch Auskunftsrechte der zuständigen Organe der Gemeinde gegenüber den Vertretern in den Unternehmensorganen vor.[1058] So haben die Vertreterinnen und Vertreter der Gemeinde nach § 104 Abs. 1 S. 3 GO SH der Gemeinde auf Verlangen Auskunft zu erteilen, sodass deren Informationspflicht auch reaktiv durch das Auskunftsverlangen der Gemeinde ausgelöst werden kann.[1059]

3. Empfänger der Informationen

Einige Gemeindeordnungen statuieren als Empfängerin der Informationen ohne eine exakte Zuständigkeitsbestimmung lediglich die Gemeinde.[1060] Teilweise bezeichnen die Gemeindeordnungen das emp-

1054 Vgl. *Pape*, Das kommunale Aufsichtsratsmandat, 2020, S. 152 f.

1055 Vgl. Art. 93 Abs. 2 S. 2 BayGO, § 97 Abs. 7 S. 1 BbgKVerf, § 125 Abs. 1 S. 5 HessGO, § 71 Abs. 4 S. 1 KV MV, § 138 Abs. 4 S. 1 NKomVG, § 113 Abs. 5 S. 1 GO NRW, § 98 Abs. 3 SächsGO, § 131 Abs. 1 S. 7 KVG LSA, § 104 Abs. 1 S. 3 GO SH.

1056 Vgl. *Strobel*, Verschwiegenheits- und Auskunftspflicht kommunaler Vertreter im Aufsichtsrat öffentlicher Unternehmen, 2002, S. 112; *Kaster*, in: Dietlein/Heusch (Hg.), BeckOK Kommunalrecht NRW, 25. Edition 2023, § 113 GO NRW Rn. 26; *Klaß-Dingeldey*, in: Dietlein/Mehde (Hg.), BeckOK Kommunalrecht Niedersachsen, 27. Edition 2023, § 138 NKomVG Rn. 31.

1057 Vgl. *Dombert*, NdsVBl. 2022, 133 (136 f.).

1058 Siehe etwa Art. 93 Abs. 2 S. 2 BayGO; 125 Abs. 1 S. 5 HessGO, § 71 Abs. 4 S. 3 KV MV; § 115 Abs. 1 S. 2 KSVG; § 104 Abs. 1 S. 3 GO SH; dazu *Gaß*, in: Burgi/Habersack (Hg.), Handbuch Öffentliches Recht des Unternehmens, 2023, § 21 Rn. 108.

1059 Dazu *Wolf*, in: Dehn/Wolf, Gemeindeordnung Schleswig-Holstein, 18. Aufl. 2023, § 104 S. 752.

1060 Vgl. Art. 93 Abs. 2 S. 2 BayGO; § 115 Abs. 1 S. 1 KSVG; § 104 Abs. 1 S. 3 GO SH.

fangende Organ spezifischer und benennen als Empfänger „den Gemeinderat“[1061], „die Gemeindevertretung“[1062] bzw. „den Rat“[1063] oder „die Vertretung“[1064].

Im Schrifttum wird dahingehend vertreten, dass in diesen Fällen die Gemeinde als solche gemeint ist, mit der Folge, dass alle Organe der Gemeinde gleichsam zu informieren sind,[1065] bzw. der Gemeinderat als Kollegialorgan[1066]. Gegenstimmen erachten eine Weitergabe der Informationen gegenüber dem Gemeinderat aufgrund der strengen Verschwiegenheitspflichten des Gesellschafts-, insbesondere des Aktienrechts, für unzulässig.[1067] Inwiefern sich die gesellschaftsrechtlichen Verschwiegenheitspflichten hier auswirken, ist an späterer Stelle (siehe 6. Kapitel D.I.1.b)) zu untersuchen.

Vereinzelt sehen die Gemeindeordnungen ein anderes Organ als den Gemeinderat zum Empfang der entsprechenden Information berechtigt an: Nach § 97 Abs. 7 S. 1 BbgKVerf haben die Vertreter der Gemeinde den Hauptverwaltungsbeamten zu unterrichten. In Hessen ist Empfänger der Informationen gem. § 125 Abs. 1 S. 5 HessGO der Gemeindevorstand. Das Kommunalverfassungsgesetz des Landes Sachsen-Anhalt sieht „die Kommune“ in § 131 Abs. 1 S. 7 KVG LSA als Empfängerin der Informationen vor. § 131 Abs. 1 S. 8 KVG LSA konkretisiert dies dahingehend, dass die Vertreter dabei dem Hauptverwaltungsbeamten oder Bürgermeister Bericht erstatten, der wiederum einen beschließenden, nicht öffentlichen Ausschuss der Vertretung oder die Vertretung selbst über die jeweilige Angelegenheit informiert.

1061 Siehe § 98 Abs. 3 SächsGO.

1062 Vgl. § 71 Abs. 4 S. 1 KV MV.

1063 So § 113 Abs. 5 S. 1 GO NRW.

1064 Vgl. § 138 Abs. 4 S. 1 NKomVG.

1065 So etwa zu § 104 Abs. 1 S. 3 GO SH *Wolf*, in: Dehn/Wolf, Gemeindeordnung Schleswig-Holstein, 18. Aufl. 2023, § 104 S. 752.

1066 Mit Blick auf § 138 Abs. 4 S. 1 NKomVG siehe *Dombert*, NdsVBl. 2022, 133 (137); *Klaß-Dingeldey*, in: Dietlein/Mehde (Hg.), BeckOK Kommunalrecht Niedersachsen, 27. Edition 2023, § 138 NKomVG Rn. 32. Siehe zu § 113 Abs. 5 S. 1 GO NRW auch *Flüshöh*, in: Kleerbaum/Palmen (Hg.), Gemeindeordnung Nordrhein-Westfalen, 3. Aufl. 2017, § 113 VI, der allerdings auch eine Unterrichtung des Bürgermeisters als zulässig ansieht.

1067 Vgl. *Ganzer/Tremml*, GewArch 2010, 141 (148); *Ristelhuber*, NWVBl. 2016, 359 (362 f.); *Lück*, in: Dietlein/Suerbaum (Hg.), BeckOK Kommunalrecht Bayern, 19. Edition 2023, Art. 93 GO Rn. 37.

II. Informationspflichten des Bürgermeisters

Im vorliegenden Zusammenhang ist neben diesen speziellen Informationsansprüchen, die explizit gegen die Vertreterinnen und Vertreter der Gemeinde im Unternehmen gerichtet sind, die (allgemeine) Informationspflicht des Bürgermeisters gegenüber einzelnen Gemeinderatsmitgliedern bzw. gegenüber dem Gemeinderat von Relevanz.[1068] Dies gilt insbesondere in den Ländern, in denen solche speziellen Informationspflichten nicht geregelt sind. Denn der Bürgermeister verfügt aufgrund seiner Funktion als Vertreter der Gemeinde im Aufsichtsrat oder in der Gesellschafterversammlung häufig über unternehmensinterne Informationen.[1069]

Dabei sind die speziellen Informationsansprüche gegenüber den Vertretern der Gemeinde in den Unternehmensorganen und die allgemeine Informationspflicht des Bürgermeisters gegenüber dem Gemeinderat(-smitglied) grundsätzlich nebeneinander anwendbar und stehen nicht in einem Spezialitätsverhältnis zueinander.[1070]

1. Gegenüber einzelnen Gemeinderatsmitgliedern

Für die eigenverantwortliche Erfüllung seiner Aufgaben benötigt das einzelne Gemeinderatsmitglied die dafür erforderlichen Informationen, weshalb es in hohem Maße auf den Sachverstand der Gemeindeverwaltung angewiesen ist.[1071] Die Gemeindeordnungen der meisten Bundesländer regeln daher ein Informationsrecht des einzelnen Gemeinderatsmitglieds

---

1068 Vgl. *Oebbecke*, in: Hoppe/Uechtritz/Reck (Hg.), Handbuch kommunale Unternehmen, 3. Aufl. 2012, § 9 Rn. 34; *Werner*, NVwZ 2019, 449 (453); *Burgi*, in: ders./Habersack (Hg.), Handbuch Öffentliches Recht des Unternehmens, 2023, § 23 Rn. 69.

1069 Vgl. *Oebbecke*, in: Hoppe/Uechtritz/Reck (Hg.), Handbuch kommunale Unternehmen, 3. Aufl. 2012, § 9 Rn. 34; *Bracht*, NVwZ 2016, 108; *Dünchheim*, KommJur 2016, 441 (444).

1070 Vgl. NdsOVG, DVBl 2009, 920 (921); *Flüshöh*, in: Kleerbaum/Palmen (Hg.), Gemeindeordnung Nordrhein-Westfalen, 3. Aufl. 2017, § 113 VI; *Mehde*, in: Dietlein/Mehde (Hg.), BeckOK Kommunalrecht Niedersachsen, 27. Edition 2023, § 56 NKomVG Rn. 10; siehe auch *Burgi*, in: ders./Habersack (Hg.), Handbuch Öffentliches Recht des Unternehmens, 2023, § 23 Rn. 69: „Unabhängig und ggf. neben den soeben dargestellten spezifischen verwaltungsrechtlichen Vorgaben für die Informationsbeziehungen gegenüber einem kommunalen öffentlichen Unternehmen ergeben sich Pflichten und Rechte auch aus den allgemeinen Vorschriften über die Informationsbeziehungen zwischen dem Gemeinderat als Gesamtorgan (...) und dem Bürgermeister".

1071 Vgl. OVG LSA, NVwZ-RR 2010, 123 (124); OVG NW, NVwZ-RR 2010, 650.

gegenüber dem Bürgermeister,[1072] der wiederum bei Vorliegen der Voraussetzungen grundsätzlich auch einer korrespondierenden Antwortpflicht unterliegt.[1073] Die Anfrage des jeweiligen Gemeinderatsmitglieds kann in einer Sitzung des Gemeinderats mündlich oder außerhalb der Gemeinderatssitzung schriftlich (bzw. elektronisch) gestellt werden.[1074]

Fraglich ist, ob ein Gemeinderatsmitglied auch unternehmensinterne Informationen betreffend ein öffentliches Unternehmen potentiell zum Gegenstand einer solchen Anfrage machen kann.

a) Gegenstand der Informationspflichten

Das Informationsrecht des einzelnen Gemeinderatsmitglieds ist teilweise ausdrücklich auf Angelegenheiten der Gemeinde bzw. Kommune (vgl. § 56 S. 2 NKomVG, § 28 Abs. 6 S. 1 SächsGO) und ihrer Verwaltung (vgl. § 24 Abs. 4 S. 1 i. V. m. Abs. 3 S. 1 GO BW, § 33 Abs. 4 S. 1 i. V. m. Abs. 3 S. 1 GO RP, § 43 Abs. 3 S. 2 KVG LSA) bezogen. Nach § 29 Abs. 1 S. 2 BbgKVerf besteht der Auskunftsanspruch in allen Angelegenheiten, in denen die Verbandskompetenz der Gemeinde gegeben ist. § 37 Abs. 1 S. 2 KSVG bezieht das Informationsrecht mitunter auf solche Angelegenheiten, die der Beschlussfassung des Gemeinderats unterliegen und § 30 Abs. 1 S. 1 GO SH normiert als Gegenstand des Auskunftsrechts Selbstverwaltungsangelegenheiten und Aufgaben zur Erfüllung nach Weisung.

Auch in den Gemeindeordnungen, in denen der Normtext (wie z. B. in § 55 Abs. 1 S. 2 GO NRW) keine dahingehenden Einschränkungen enthält, muss sich der Gegenstand der Anfrage auf gemeindliche Angelegenheiten beziehen.[1075] Da Adressat der Informationspflicht der Bürgermeister ist, muss Gegenstand der Frage überdies ein solcher sein, über den der Bürgermeister als Leiter der Verwaltung oder Vertreter der

---

1072 Siehe etwa § 24 Abs. 4 S. 1 GO BW; § 29 Abs. 1 S. 1 BbgKVerf; § 50 Abs. 2 S. 4 HessGO; § 34 Abs. 3 S. 1 MV KV; § 56 S. 2 NKomVG; § 55 Abs. 1 S. 2 GO NRW; § 33 Abs. 4 S. 1 GO RP; § 37 Abs. 1 S. 2 KSVG; § 28 Abs. 6 S. 1 SächsGO; § 43 Abs. 3 S. 2 KVG LSA; § 30 Abs. 1 S. 1 GO SH; siehe dazu *Lange*, Kommunalrecht, 2. Aufl. 2019, Kapitel 5 Rn. 81.

1073 Vgl. OVG NW, NVwZ-RR 2010, 650; OVG RP, DVBl 2022, 179 (182); *Röhl*, in: Schoch/Eifert (Hg.) Besonderes Verwaltungsrecht, 2. Aufl. 2023, Kap. 2 Rn. 109; *Brenndörfer*, in: Dietlein/Pautsch (Hg.), BeckOK Kommunalrecht Baden-Württemberg, 22. Edition 2023, § 24 GemO Rn. 34; *Rohde*, in: Dietlein/Heusch (Hg.), BeckOK Kommunalrecht NRW, 25. Edition 2023, § 55 GO NRW Rn. 6.

1074 So etwa ausdrücklich § 24 Abs. 4 S. 1 GO BW; § 34 Abs. 3 S. 1 KV MV; § 33 Abs. 4 S. 1 GO RP; § 28 Abs. 6 S. 1 SächsGO; vgl. dazu *Lange*, Kommunalrecht, 2. Aufl. 2019, Kapitel 5 Rn. 83; *Brenndörfer*, in: Dietlein/Pautsch (Hg.), BeckOK Kommunalrecht Baden-Württemberg, 22. Edition 2023, § 24 GemO Rn. 36.

1075 Vgl. OVG NW, NVwZ-RR 2010, 650; *Müller*, VR 2015, 231 (233); *Bracht*, NVwZ 2016, 108 (109); *Dünchheim*, KommJur 2016, 441 (444).

Gemeinde Kenntnis erlangt hat oder den er mit zumutbarem Aufwand beschaffen kann.[1076]

Zu den gemeindlichen Angelegenheiten zählen jedenfalls auch solche Aufgaben, für deren Wahrnehmung sich die Gemeinde einer von ihr beherrschten privatrechtlichen Gesellschaft bedient.[1077] Zunächst betreffen die Organisation und Haushaltsführung der von der Gemeinde gegründeten Unternehmen den eigenen Wirkungskreis der Gemeinde (siehe zur Organisationsfreiheit als Teil der nach Art. 28 Abs. 2 GG geschützten Selbstverwaltungsgarantie bereits 1. Kapitel B.II.2.).[1078] Sodann ist in Erinnerung zu rufen, dass jede Ausübung von Staatsgewalt – auch durch die Gemeinden – dem verfassungsrechtlichen Gebot demokratischer Legitimation unterliegt (vgl. dazu 2. Kapitel B.II.1.b)). Die Gemeinde bleibt für die Erfüllung ihrer Aufgaben selbst dann verantwortlich, wenn sie sich dafür eines kommunalen Unternehmens bedient. Sie trifft daher die Pflicht, sich Einwirkungsmöglichkeiten auf das entsprechende Unternehmen zu verschaffen und insbesondere sicherzustellen, dass sie an die dafür notwendigen Informationen gelangt.[1079]

Demnach sind auch solche Informationen, die der Bürgermeister als Vertreter der Gemeinde in den Organen eines gemeindlichen Unternehmens erlangt, grundsätzlich tauglicher Gegenstand des Fragerechts des einzelnen Gemeinderatsmitglieds.[1080] Daneben trifft ihn die Pflicht, die angefragten Informationen durch Wahrnehmung der Auskunftsrechte, die ihm (etwa als Vertreter der Gemeinde in ihrer Funktion als Gesellschafterin oder als Mitglied des Aufsichtsrats) zur Verfügung stehen, zu beschaffen.[1081]

1076 Vgl. NdsOVG, DVBl 2009, 920; OVG NW, NVwZ-RR 2010, 650 (651); *Müller*, VR 2015, 231 (233); *Bracht*, NVwZ 2016, 108 (109); *Wefelmeier*, NdsVBl. 2019, 365 (368 f.).

1077 So NdsOVG, DVBl 2009, 920 (921); ThürOVG, ThürVBl. 2015, 166 (169); OVG RP, DVBl 2022, 179 (180 f.); OVG NW, NWVBl. 2023, 283 (285); *Dünchheim*, KommJur 2016, 441 (444); *Wefelmeier*, NdsVBl. 2019, 365 (369); *Dehn*, in: ders./Wolf, Gemeindeordnung Schleswig-Holstein, 18. Aufl. 2023, § 30 S. 295; *Burgi*, in: ders./Habersack (Hg.), Handbuch Öffentliches Recht des Unternehmens, 2023, § 23 Rn. 69; *Mehde*, in: Dietlein/Mehde (Hg.), BeckOK Kommunalrecht Niedersachsen, 27. Edition 2023, § 56 NKomVG Rn. 10.

1078 So auch ThürOVG, ThürVBl. 2015, 166 (169); OVG RP, DVBl 2022, 179 (180).

1079 Vgl. *Passarge/Kölln*, NVwZ 2014, 982 (985); *Dünchheim*, KommJur 2016, 441 (444); *Burgi*, in: ders./Habersack (Hg.), Handbuch Öffentliches Recht des Unternehmens, 2023, § 23 Rn. 59.

1080 Vgl. VG Hannover, NdsVBl. 2017, 59 (61); OVG RP, DVBl 2022, 179 (181 f.); *Müller*, VR 2015, 231 (233); *Wefelmeier*, NdsVBl. 2019, 365 (369).

1081 Vgl. NdsOVG, DVBl 2009, 920 (921); ThürOVG, ThürVBl. 2015, 166 (169); *Bracht*, NVwZ 2016, 108 (110); *Mehde*, in: Dietlein/Mehde (Hg.), BeckOK Kommunalrecht Niedersachsen, 27. Edition 2023, § 56 NKomVG Rn. 10.

Einige Gemeindeordnungen beschränken das entsprechende Fragerecht und damit auch die Antwortpflicht des Bürgermeisters auf „einzelne Angelegenheiten" (siehe § 24 Abs. 4 S. 1 GO BW, § 33 Abs. 4 S. 1 GO RP, § 28 Abs. 6 S. 1 SächsGO), weshalb sich die Anfrage in diesen Fällen nur auf bestimmte, zeitlich abgegrenzte bzw. abgrenzbare Vorgänge, d. h. einen konkreten Lebenssachverhalt, beziehen darf.[1082] Zulässig ist es jedoch, mehrere konkrete Gegenstände in einer Anfrage zu bündeln und beispielsweise Auskunft über die Höhe und Zusammensetzung der Gehälter der Geschäftsführer verschiedener Unternehmen in Privatrechtsform, an denen die Gemeinde beteiligt ist, in einer Anfrage zu erbitten.[1083]

b) *Verfassungsunmittelbarer Informationsanspruch?*

Die Gemeindeordnungen in Bayern und Thüringen enthalten, anders als die übrigen Gemeindeordnungen, keine ausdrückliche Regelung eines Informationsrechts für jedes einzelne Gemeinderatsmitglied.[1084] Ob sich auch in diesen Bundesländern ein ungeschriebenes, verfassungsunmittelbares subjektives Recht des einzelnen Gemeinderatsmitglieds auf Informationserteilung seitens des Bürgermeisters ergibt (über das wiederum auch ein einzelnes Gemeinderatsmitglied Informationen über ein öffentliches Unternehmen der Gemeinde anfragen könnte), ist nach wie vor umstritten.[1085]

1082 Vgl. VGH BW, NVwZ 2002, 229 (230); SächsOVG, NVwZ-RR 2016, 193 (194); *Lange*, Kommunalrecht, 2. Aufl. 2019, Kapitel 5 Rn. 85; *Brenndörfer*, in: Dietlein/Pautsch (Hg.), BeckOK Kommunalrecht Baden-Württemberg, 22. Edition 2023, § 24 GemO Rn. 31.

1083 Vgl. OVG RP, DVBl 2022, 179 (181), wonach es sich bei dem Gehalt des Geschäftsführers einer gemeindlichen Gesellschaft um einen „konkreten, nach Ort und Zeit, sowie nach den betroffenen Personen bestimmbaren Lebenssachverhalt" handelt, auch wenn die Frage auf die Geschäftsführergehälter fast aller Gesellschaften bezogen ist, denn es könne insoweit keinen Unterschied machen, ob ein Ratsmitglied mehrere derart konkrete Gegenstände in einer Anfrage bündelt oder es die Fragen einzeln stellt; a. A. SächsOVG, NVwZ-RR 2016, 193 (194).

1084 Vgl. *Müller*, VR 2015, 231; *Werner*, NVwZ 2019, 449 (453).

1085 Dies bejahen etwa NdsOVG, DVBl 2009, 920; OVG LSA, NVwZ-RR 2010, 123 (124); ThürOVG, ThürVBl. 2015, 166 (168); *Müller*, VR 2015, 231 (232); *Lange*, Kommunalrecht, 2. Aufl. 2019, Kapitel 5 Rn. 81 ff.; *Wefelmeier*, NdsVBl. 2019, 365 (366); *Engels*, in: Dietlein/Ogorek (Hg.), BeckOK Kommunalrecht Hessen, 24. Edition 2023, § 50 HessGO Rn. 23. A. A. BayVGH, BayVBl. 1990, 278 f.; BayVGH, BayVBl. 2001, 666; *Engelbrecht*, BayVBl. 2017, 541 (548); *Burgi*, in: ders./Habersack (Hg.), Handbuch Öffentliches Recht des Unternehmens, 2023, § 23 Rn. 61.

aa) Rechtsprechung in Thüringen

Die Rechtsprechung in Thüringen leitet das Informationsrecht des einzelnen Gemeinderatsmitglieds unmittelbar aus der verfassungsrechtlich vorgegebenen Stellung der Gemeinderatsmitglieder aufgrund einer demokratischen Wahl (Art. 28 Abs. 1 S. 2 GG, Art. 95 ThürVerf) her.[1086] Das Thüringer Oberverwaltungsgericht führt insofern aus, dass „die Konstituierung des Gemeinderats als örtliche Volksvertretung durch demokratische Wahlen und das freie Mandat die Übertragung der aus dieser Stellung zu folgernden verfassungsrechtlichen Grundsätze [rechtfertigt]“[1087]. Dazu zähle auch das Auskunftsrecht, denn das Gemeinderatsmitglied könne seine Rechte und Pflichten als Mitglied des Gemeinderats nur dann sachgerecht wahrnehmen, wenn es umfassend sachlich unterrichtet sei.[1088]

In diese Richtung argumentiert auch das Niedersächsische Oberverwaltungsgericht.[1089] Danach komme „dem Ratsmitglied (…) – ebenso wie dem Abgeordneten im Landtag – auf Grund seines Mandats das Recht und die Pflicht zu, eigenverantwortlich an den Aufgaben mitzuwirken, die der Rat – bzw. das Parlament – zu erfüllen hat“[1090]. Das einzelne Gemeinderatsmitglied sei zur effektiven Wahrnehmung der Aufgaben, mit denen es vom Wähler beauftragt ist, „ebenso wie Parlamentarier auf Landesebene angesichts der Vielzahl und Komplexität der dort zu beurteilenden Gegenstände auf Informationen aus dem Bereich der Verwaltung angewiesen“[1091].

Die Grundlage für das ungeschriebene (subjektive) Informationsrecht des einzelnen Gemeinderatsmitglieds wäre nach dieser Ansicht also die durch Art. 28 Abs. 1 S. 2 GG vorgeschriebene Wahl einer Volksvertretung in den Gemeinden, deren Funktion andernfalls leerlaufen würde.[1092] Das Informationsrecht würde als Annex aus dem Stimmrecht des Gemeinderatsmitglieds (und nicht etwa aus dem Kontrollrecht des Gemeinderats gegenüber der Verwaltung) folgen, da ersteres ein umfassendes Informationsrecht zur Sitzungsvorbereitung erfordert.[1093] Dabei stützt sich die Argumentation auf ein „Analogieverhält-

1086 Vgl. ThürOVG, ThürVBl. 2015, 166 (168).
1087 ThürOVG, ThürVBl. 2015, 166 (168).
1088 Vgl. ThürOVG, ThürVBl. 2015, 166 (168).
1089 Vgl. NdsOVG, NVwZ-RR 2014, 531.
1090 NdsOVG, NVwZ-RR 2014, 531.
1091 NdsOVG, NVwZ-RR 2014, 531.
1092 Vgl. *Lange*, Kommunalrecht, 2. Aufl. 2019, Kapitel 5 Rn. 81.
1093 Vgl. OVG NW, NVwZ-RR 2010, 650, wonach das Fragerecht in dem Status als Ratsmitglied wurzelt; so auch *Striedl/Troidl*, BayVBl. 2008, 289 (295).

nis“ zwischen parlamentarischen Abgeordneten und dem Mitglied des kollegialen Hauptorgans einer Gemeinde.[1094]

bb) Rechtsprechung in Bayern

Dahingegen kann nach Ansicht des Bayerischen Verwaltungsgerichtshofs nur der Gemeinderat als Kollektivorgan die Einholung bestimmter Informationen gegenüber der Gemeinde erzwingen, da das einzelne Gemeinderatsmitglied grundsätzlich kein – uneingeschränktes – subjektiv-öffentliches Recht auf den Erhalt von Informationen habe.[1095] Dies bedeutet freilich nicht, dass das bayerische Gemeinderatsmitglied keinerlei Informationsmöglichkeiten hätte. So hat etwa der Bürgermeister im Rahmen seiner Verpflichtung gem. Art. 46 Abs. 2 S. 1 BayGO, die Beratungsgegenstände für die Gemeinderatssitzung vorzubereiten, während der Beratung im Gemeinderat Auskunft über den Beratungsgegenstand zu geben.[1096] Die Geschäftsordnung des Gemeinderats enthält in der Regel auch Bestimmungen dazu, dass der Einladung zu den Gemeinderatssitzungen neben der Tagesordnung bei Sachdienlichkeit weitere Unterlagen, insbesondere Beschlussvorlagen, beizufügen sind.[1097] Ferner kann jedes Gemeinderatsmitglied für den Fall, dass es die gegebene Informationsgrundlage nicht für ausreichend erachtet, im Rahmen seines Antragsrechts eine Entscheidung des Gemeinderats als Plenum über eine strittige Frage herbeiführen, da dieser mit einfacher Mehrheit einen entsprechenden Beschluss fassen kann.[1098]

Das Bayerische Verwaltungsgericht Bayreuth führte dahingehend weiter aus: „Die Überwachung der Gemeindeverwaltung, die auch ein Informationsrecht beinhaltet, obliegt nach der bayerischen Regelung dem Gemeinderat als Kollegialorgan. Gem. Art. 30 Abs. 3 GO überwacht der Gemeinderat die gesamte Gemeindeverwaltung, insbesondere auch die Ausführung seiner Beschlüsse. Die bayerische Gemeindeordnung stellt dabei das Kollegialorgan Gemeinderat in den Vordergrund, Rechte des einzelnen Gemeinderatsmitglieds auf Infor-

---

1094 So *Engelbrecht*, BayVBl. 2017, 541 (543).

1095 Vgl. BayVGH, BayVBl. 1990, 278 f.; BayVGH, BayVBl. 2001, 666.

1096 Vgl. BayVGH, BayVBl. 1990, 278 f.; BayVGH, BayVBl. 2001, 666; dazu auch *Prandl/Zimmermann*, Kommunalrecht in Bayern, 144. EL, Stand: Dezember 2020, Erl. 5.2.1 zu Art. 30 GO. Kritisch *Striedl/Troidl*, BayVBl. 2008, 289 (295).

1097 Vgl. *Prandl/Zimmermann*, Kommunalrecht in Bayern, 144. EL, Stand: Dezember 2020, Erl. 5.2.1 zu Art. 30 GO.

1098 Vgl. BayVGH, BayVBl. 1990, 278 f.; BayVGH, BayVBl. 2001, 666; dazu kritisch *Striedl/Troidl*, BayVBl. 2008, 289 (295); *Pahlke*, BayVBl. 2011, 686 (688); *Widtmann/Grasser*, Bayerische Gemeindeordnung, 24. EL, Mai 2011, Art. 30 GO Rn. 7.

mation werden in Art. 30 Abs. 3 GO nicht geregelt."[1099] Den Antrag auf Zulassung der Berufung hat der Bayerische Verwaltungsgerichtshof abgelehnt, wobei er ausdrücklich feststellte, dass die Frage ob und ggf. unter welchen Voraussetzungen auch nach bayerischem Gemeinderecht ein solcher Individualanspruch besteht, in diesem Verfahren nicht entschieden werden müsse.[1100]

cc) Bewertung

Ein verfassungsunmittelbares Informationsrecht des einzelnen Gemeinderatsmitglieds kann schon deswegen nicht auf die Kontrollfunktion des Gemeinderats (siehe dazu bereits ausführlich 6. Kapitel A.II.2.b)) gestützt werden, weil diese, wie das Bayerische Verwaltungsgericht Bayreuth zutreffend ausführt,[1101] dem Gemeinderat als Kollegialorgan zukommt.[1102]

Für die Bewertung der Ansicht, die das ungeschriebene (subjektive) Informationsrecht des einzelnen Gemeinderatsmitglieds demgegenüber aus dem Status als Ratsmitglied ableitet,[1103] und insofern ein „Analogieverhältnis" zwischen parlamentarischen Abgeordneten und dem Mitglied des kollegialen Hauptorgans einer Gemeinde annimmt,[1104] bedarf es eines genaueren Blicks auf die Stellung des Gemeinderatsmitglieds im Vergleich zur Stellung des Parlamentsabgeordneten.

Wie bereits dargelegt (siehe 6. Kapitel A.III.), ist die Stellung des Gemeinderatsmitgliedes derjenigen des Parlamentsabgeordneten zwar funktional angenähert, gleichzeitig weist sie jedoch in einigen Punkten Unterschiede auf, die der Übertragbarkeit der Rechte, die den Parlamentariern aus dem freien Mandat erwachsen, entgegenstehen können. Das freie Mandat des einzelnen Gemeinderatsmitglieds und das freie Mandat des Bundes- oder Landtagsabgeordneten haben also nicht unbedingt den gleichen Gewährleistungsgehalt.

Insbesondere besteht ein grundlegender Unterschied zwischen dem einzelnen Mitglied des Gemeinderats und dem einzelnen Mitglied des Bundes- oder Landtags darin, dass die Stellung des Gemeinderatsmitglieds nicht ausdrücklich verfassungsrechtlich abgesichert ist.[1105]

1099 VG Bayreuth, Urteil vom 27. September 2013 – B 5 K 12.18 –, juris Rn. 18.
1100 Vgl. BayVGH, NVwZ-RR 2014, 566 (567); dazu *Müller*, VR 2015, 231 (232).
1101 Vgl. VG Bayreuth, Urteil vom 27. September 2013 – B 5 K 12.18 –, juris Rn. 18.
1102 Siehe auch *Prandl/Zimmermann*, Kommunalrecht in Bayern, 144. EL, Stand: Dezember 2020, Erl. 5.2.1 zu Art. 30 GO.
1103 So etwa OVG NW, NVwZ-RR 2010, 650; *Striedl/Troidl*, BayVBl. 2008, 289 (295).
1104 So *Engelbrecht*, BayVBl. 2017, 541 (543).
1105 Vgl. *Engels*, in: Sachs (Hg.), GG, 9. Aufl. 2021, Art. 28 Rn. 18; *Burgi*, in: ders./Habersack (Hg.), Handbuch Öffentliches Recht des Unternehmens, 2023, § 23 Rn. 61.

Obwohl also auf die Wahlrechtsgrundsätze des Art. 38 Abs. 1 S. 1 GG in Art. 28 Abs. 1 S. 2 GG ausdrücklich Bezug genommen wird, sodass diese auch in den Kreisen und Gemeinden verfassungsrechtlich vorgegeben sind[1106], ist die Rechtsstellung des Abgeordneten nur auf Bundesebene in Art. 38 Abs. 1 S. 2 GG[1107] bzw. entsprechenden Regelungen in den Landesverfassungen[1108] verfassungsrechtlich verankert.

Die Tatsache, dass es keine entsprechende Bestimmung gibt, die den Gemeinderatsmitgliedern einen den Bundestagsabgeordneten vergleichbaren verfassungsrechtlichen Status verleiht, spricht mithin gegen die Anerkennung eines verfassungsunmittelbaren subjektiven Informationsrechts des einzelnen Gemeinderatsmitglieds.[1109]

Folglich ist die Ausgestaltung der Rechtsstellung und der Aufgaben des Gemeinderats und seiner Mitglieder auch mit Blick auf die konkrete Ausgestaltung des freien Mandats des einzelnen Gemeinderatsmitglieds Sache des jeweiligen staatlichen Landesgesetzgebers (vgl. 6. Kapitel A.III.). Dieser ist nach hier vertretener Auffassung frei darin, dem einzelnen Ratsmitglied als Ausfluss seiner verfassungsrechtlich vorgegebenen Mandatsstellung aufgrund einer demokratischen Wahl ein eigenes subjektives Informationsrecht zuzubilligen. Jedoch kann der Landesgesetzgeber die Kontrolle der Gemeindeverwaltung auch allein dem Gemeinderat als Kollegialorgan zuweisen.

2. Gegenüber dem Gemeinderat als Kollegialorgan

Die bisherigen Ausführungen drehten sich um die Frage, ob der Bürgermeister ggf. verpflichtet ist, Auskunft über unternehmensinterne Informationen betreffend ein öffentliches Unternehmen gegenüber einem einzelnen Gemeinderatsmitglied zu geben. Daneben ist für die vorliegende Untersuchung von Interesse, inwiefern solche Informationen von der Kontrollkompetenz des Gemeinderats umfasst sind.

1106 Vgl. etwa *Dreier*, in: ders. (Hg.), GG, Bd. 2, 3. Aufl. 2015, Art. 28 Rn. 61. Als Ausprägung des Demokratieprinzips kommt dem Gemeinderat als verfassungsrechtlich vorgeschriebenem Repräsentativorgan daher etwa Kontrollfunktion zu, siehe 6. Kapitel A.II.2.b) bb).

1107 Denn Art. 38 GG regelt unmittelbar nur Fragen bezüglich der Wahl und des Status von Abgeordneten des Deutschen Bundestages und ist auf die gewählten Gemeindevertreter nicht anwendbar, vgl. BVerfGE 78, 344 (348); BVerwGE 90, 104 (105); *Trute*, in: v. Münch/Kunig, GG, Bd. 1, 7. Aufl. 2021, Art. 38 Rn. 20.

1108 Dazu *Klein/Schwarz*, in: Dürig/Herzog/Scholz, GG, 94. EL 2021, Art. 38 Rn. 24.

1109 So auch *Burgi*, in: ders./Habersack (Hg.), Handbuch Öffentliches Recht des Unternehmens, 2023, § 23 Rn. 61.

a) *Kontrollkompetenz des Gemeinderats*

Zu den Kompetenzen des Gemeinderats zählt seine Kontrollbefugnis gegenüber dem Bürgermeister und der Gemeindeverwaltung. Sie ergibt sich zum einen aus der Teilung der Funktionen zwischen Gemeinderat und Bürgermeister, zum anderen aus der Stellung des Gemeinderats als verfassungsrechtlich vorgeschriebenes Repräsentativorgan auf gemeindlicher Ebene (siehe dazu bereits 6. Kapitel A.II.2.b)).[1110]

Zur Ausübung dieser Kontrollkompetenz sind dem Gemeinderat in allen Gemeindeordnungen Informations- und Akteneinsichtsrechte eingeräumt (vgl. Art. 30 Abs. 3 BayGO, § 24 Abs. 3 GOBW, § 29 BbgKVerf, § 50 Abs. 2 HessGO, § 34 MV KV, § 58 Abs. 4 NKomVG, § 55 GO NRW, § 33 GO RP, § 37 KVSG, § 28 Abs. 3 SächsGO, § 45 Abs. 1 S. 2 KVG LSA, § 30 GO SH, § 22 Abs. 3 ThürKO).[1111] Sofern nichts anderes bestimmt ist, kann ein solcher Informationsanspruch grundsätzlich nur dadurch geltend gemacht werden, dass die Gemeindevertretung mit der üblichen Stimmenmehrheit einen entsprechenden Beschluss fasst.[1112]

Teilweise treffen die Gemeindeordnungen der Länder davon abweichende Regelungen: So kann etwa nach § 24 Abs. 3 S 1 GO BW eine Fraktion oder ein Sechstel der Gemeinderäte in allen Angelegenheiten der Gemeinde und ihrer Verwaltung verlangen, dass der Bürgermeister den Gemeinderat unterrichtet. Nach § 34 Abs. 2 KV MV und § 33 Abs. 3 S. 1 GO RP kann das Informationsrecht etwa von einem Viertel der Mitglieder der Gemeindevertretung oder einer Fraktion geltend gemacht werden.

Adressat der Informationspflicht ist grundsätzlich der Bürgermeister, sodass seitens des Gemeinderats nicht direkt auf die Gemeindebediensteten zugegriffen werden kann.[1113]

b) *Gegenstand des Informationsrechts des Gemeinderats*

Teilweise wird der Gegenstand des Informationsrechts in der jeweiligen Gemeindeordnung konkretisiert.

1110 Vgl. auch *Strobel*, Verschwiegenheits- und Auskunftspflicht kommunaler Vertreter im Aufsichtsrat öffentlicher Unternehmen, 2002, S. 114 ff.; *Pape*, Das kommunale Aufsichtsratsmandat, 2020, S. 155 f.

1111 Vgl. *Burgi*, Kommunalrecht, 6. Aufl. 2019, § 12 Rn. 19; *Gern/Brüning*, Deutsches Kommunalrecht, 4. Aufl. 2019, 9. Kapitel Rn. 407.

1112 Vgl. *Widtmann/Grasser*, Bayerische Gemeindeordnung, 24. EL, Mai 2011, Art. 30 GO Rn. 11; *Lange*, Kommunalrecht, 2. Aufl. 2019, Kapitel 4 Rn. 176.

1113 Ausdrücklich geregelt ist das etwa in § 24 Abs. 3 S. 1 GO BW und § 33 Abs. 3 S. 1 GO RP; vgl. zur bayerischen Rechtslage *Widtmann/Grasser*, Bayerische Gemeindeordnung, 24. EL, Mai 2011, Art. 30 GO Rn. 10d; ausführlich zum Adressaten des Informationsrechts *Lange*, Kommunalrecht, 2. Aufl. 2019, Kapitel 4 Rn. 192 f.

So sehen etwa § 24 Abs. 3 S. 1 GO BW und § 33 Abs. 3 S. 1 GO RP vor, dass sich das Informationsrecht auf „alle Angelegenheiten der Gemeinde und ihrer Verwaltung" bezieht. Nach Art. 30 Abs. 3 BayGO überwacht der Gemeinderat grundsätzlich die gesamte Gemeindeverwaltung, insbesondere auch die Ausführung seiner Beschlüsse. Auch § 28 Abs. 3 S. 1 SächsGO, § 45 Abs. 1 S. 2 KVG LSA und § 22 Abs. 2 S. 2 ThürKO sehen vor, dass der Gemeinderat die Ausführung seiner Beschlüsse überwacht. § 28 Abs. 3 S. 1 SächsGO und § 45 Abs. 1 S. 2 KVG LSA ergänzen ferner, dass der Gemeinderat dafür sorgt, dass in der Verwaltung auftretende Missstände durch den Hauptverwaltungsbeamten beseitigt werden. Ähnlich ist in § 58 Abs. 4 NKomVG vorgesehen, dass die Vertretung die Durchführung ihrer Beschlüsse sowie den sonstigen Ablauf der Verwaltungsangelegenheiten überwacht.

Im Ergebnis können nur Angelegenheiten der Gemeinde zum Gegenstand des Informationsrechts des Gemeinderats gemacht werden, wovon nicht nur diejenigen umfasst sind, die in die Verbandskompetenz der Gemeinde fallen (so z. B. ausdrücklich § 29 Abs. 1 S. 2 BbgKVerf), sondern auch solche, in denen die Gemeinde tatsächlich tätig geworden ist.[1114] Damit ist die Zurechenbarkeit eines öffentlichen Unternehmens zur Gemeindeverwaltung Voraussetzung dafür, dass Informationen über dieses öffentliche Unternehmen von dem Informationsrecht des Gemeinderats umfasst sind.[1115]

Für diese Frage der Zurechenbarkeit ist wiederum von entscheidender Bedeutung, dass dem öffentlichen Unternehmen kein Selbstzweck zukommt, sondern sich die Gemeinde eines öffentlichen Unternehmens zur Erfüllung einer gemeindlichen Aufgabe bedient. Das öffentliche Unternehmen ist mithin als Modus der Erfüllung öffentlicher Aufgaben anzusehen (vgl. bereits 1. Kapitel A.I.). Dabei ist der Gemeinde (bzw. dem Bürgermeister) die Tätigkeit des Unternehmens jedenfalls dann als Ausübung von Staatsgewalt zuzurechnen, die dem Erfordernis demokratischer Legitimation genügen muss, wenn es durch die öffentliche Hand beherrscht wird (siehe dazu 2. Kapitel B.II.2.).[1116]

Von daher zählen zu den Angelegenheiten der Gemeinde, die der Kontrollkompetenz des Gemeinderates unterfallen, freilich auch solche, die

---

1114 Siehe *Lange*, Kommunalrecht, 2. Aufl. 2019, Kapitel 4 Rn. 184.

1115 Ausführlich dazu *Strobel*, Verschwiegenheits- und Auskunftspflicht kommunaler Vertreter im Aufsichtsrat öffentlicher Unternehmen, 2002, S. 117 ff.; *Pape*, Das kommunale Aufsichtsratsmandat, 2020, S. 159 ff.

1116 Siehe dazu *Burgi*, in: ders./Habersack (Hg.), Handbuch Öffentliches Recht des Unternehmens, 2023, § 23 Rn. 59, dem zufolge „der kommunalen Regierung (dem Bürgermeister) das Handeln der kommunalen öffentlichen Unternehmen zuzurechnen ist".

die jeweilige Gemeinde vermittels eines öffentlichen Unternehmens wahrnimmt, mit der Folge, dass auch Informationen betreffend ein solches Unternehmen Gegenstand des Informationsrechtes des Gemeinderats gegenüber dem Bürgermeister sein können.[1117] Die Kontrollkompetenz des Gemeinderats kann im Hinblick auf öffentliche Unternehmen daher als Ausdruck der Ingerenzpflichten (siehe 6. Kapitel B.) verstanden werden.[1118]

III. Zwischenergebnis

Die bisherige Untersuchung hat gezeigt, dass nicht nur die speziell geregelten Informationspflichten der gemeindlichen Vertreter in den Gesellschaftsorganen gegenüber der jeweiligen entsendenden Gemeinde zum Informationsfluss zwischen Unternehmen und Gemeinde beitragen können. Daneben kann auch die Auskunftspflicht des Bürgermeisters gegenüber einzelnen Gemeinderatsmitgliedern bzw. gegenüber dem Gemeinderat grundsätzliche Informationen betreffend ein öffentliches Unternehmen der Gemeinde zum Gegenstand haben.[1119] Dies ist insbesondere in den Ländern relevant, in denen bislang keine Unterrichtungspflichten der gemeindlichen Vertreter in den Aufsichtsräten kommunaler Gesellschaften gegenüber der entsendenden Gemeinde in die Gemeindeordnung aufgenommen wurden.[1120] Nichtsdestotrotz ist den Landesgesetzgebern dieser Länder zu raten, zur Verbesserung der Anbindung des kommunalen Unternehmens an die Gemeinde entsprechende Informationspflichten zu normieren. Schließlich ist der Gemeinderat bzw. sind die einzelnen Gemeinderatsmitglieder gehalten,

1117 Vgl. NdsOVG, DVBl 2009, 920 (921); ThürOVG, ThürVBl. 2015, 166 (169); OVG RP, DVBl 2022, 179 (180); *Strobel*, Verschwiegenheits- und Auskunftspflicht kommunaler Vertreter im Aufsichtsrat öffentlicher Unternehmen, 2002, S. 133 ff.; *Lange*, Kommunalrecht, 2. Aufl. 2019, Kapitel 4 Rn. 184; *Dehn*, in: ders./Wolf, Gemeindeordnung Schleswig-Holstein, 18. Aufl. 2023, § 30 S. 295; *Barth*, in: Dietlein/Suerbaum (Hg.), BeckOK Kommunalrecht Bayern, 19. Edition 2023, Art. 30 GO Rn. 34; *Burgi*, in: ders./Habersack (Hg.), Handbuch Öffentliches Recht des Unternehmens, 2023, § 23 Rn. 69.

1118 *Strobel*, Verschwiegenheits- und Auskunftspflicht kommunaler Vertreter im Aufsichtsrat öffentlicher Unternehmen, 2002, S. 116.

1119 Vgl. dazu auch *Burgi*, in: ders./Habersack (Hg.), Handbuch Öffentliches Recht des Unternehmens, 2023, § 23 Rn. 64 ff.

1120 Dies betrifft die Länder Baden-Württemberg, Sachsen-Anhalt und Thüringen, vgl. *Pape*, Das kommunale Aufsichtsratsmandat, 2020, S. 152 Fn. 878.

von den diversen Informationsrechten auch tatsächlich Gebrauch zu machen, um die Erfüllung ihrer Ingerenzpflichten[1121] sicherzustellen.

Im weiteren Verlauf der Arbeit wird nun der Blick darauf zu werfen sein, welche Grenzen diesen Informationspflichten gezogen sind. Dabei ist insbesondere von Interesse, inwiefern die oben (6. Kapitel A.) beschriebenen strukturellen Besonderheiten der kommunalen Ebene sich ggf. auf die Grenzen der Informationspflichten betreffend das öffentliche Unternehmen auswirken.

D. Grenzen

Auch wenn Informationen betreffend ein öffentliches Unternehmen, an dem die Gemeinde beteiligt ist, grundsätzlich Gegenstand der bereits untersuchten Informationspflichten[1122] sein können, bestehen diese Informationspflichten nicht grenzenlos.

So können etwa grundrechtlich geschützte Geheimhaltungsinteressen Dritter einer Weitergabe entsprechender Informationen entgegenstehen,[1123] da eine Eigengesellschaft der Gemeinde ebenso wie ein Unternehmen, auf das die Gemeinde einen beherrschenden Einfluss hat, umfassend an die Grundrechte gebunden ist.[1124] Dies mag auf der kommunalen Ebene aufgrund der oft engeren Beziehung der Gemeinde mit ihren Bürgerinnen und Bürgern bzw. den dort angesiedelten Unternehmen[1125] noch eher als auf der regelmäßig weiter entfernteren Bundes- oder Landesebene relevant werden.[1126] Die dahingehenden Ausführungen zu den die Antwortpflicht der Bundesregierung begrenzenden Belangen Dritter (siehe oben 4. Kapitel A.III.) können insofern auch auf die kommunale Ebene übertragen werden.

1121 Zu dieser 6. Kapitel B.

1122 Vgl. 6. Kapitel C.

1123 Dazu OVG NW, NVwZ-RR 2010, 650 (651); *Bracht*, NVwZ 2016, 108 (112 f.); *Dünchheim*, KommJur 2016, 441 (446); *Papsthart*, BayVBl. 2018, 541 (543); *Wefelmeier*, NdsVBl. 2019, 365 (375); *Werner*, NVwZ 2019, 449 (453); *Shaverdov*, Pflichtenbindungen und Pflichtenkollisionen der Gemeindevertreter, 2021, S. 277.

1124 Siehe dazu 2. Kapitel B.I.1. Vgl. auch *Bracht*, NVwZ 2016, 108 (112 f.).

1125 Vgl. zu dem damit einhergehenden Problem der Vertraulichkeit *Land/Hallermayer*, AG 2011, 114 (120); *Pape*, Das kommunale Aufsichtsratsmandat, 2020, S. 252; *Schockenhoff*, in: MüKoAktG, Bd. 6, 5. Aufl. 2021, § 394 Rn. 47.

1126 Vgl. *Burgi*, in: ders./Habersack (Hg.), Handbuch Öffentliches Recht des Unternehmens, 2023, § 23 Rn. 60.

Fraglich ist jedoch, ob sich aufgrund der strukturellen Besonderheiten der kommunalen Ebene[1127] Abweichungen zu den obigen Ausführungen zu den gesellschaftsrechtlichen Verschwiegenheitspflichten (siehe oben 4. Kapitel A.I.) bzw. öffentlichen Belangen (siehe oben 4. Kapitel A.II.) ergeben, die einer parlamentarischen Anfrage betreffend öffentliche Unternehmen ggf. entgegenstehen. Der insoweit bestehende Konflikt zwischen Geheimhaltungsinteressen und Informationsanspruch hat in den kommunalrechtlichen Regelungen nur vereinzelt Ausdruck gefunden.[1128]

I. Entgegenstehende Belange des öffentlichen Unternehmens: Gesellschaftsrechtliche Verschwiegenheitspflichten

Die Regelungen der Informationspflichten der gemeindlichen Vertreter in den Organen des öffentlichen Unternehmens einiger Gemeindeordnungen stellen die Informationspflichten ausdrücklich unter den Vorbehalt, dass keine gesetzlichen Vorschriften entgegenstehen (so z. B. Art. 93 Abs. 2 S. 2 BayGO; § 97 Abs. 7 S. 4 BbgKVerf; § 125 Abs. 1 S. 5 HessGO; § 138 Abs. 4 S. 3 NKomVG; § 113 Abs. 5 S. 2 GO NRW; § 115 Abs. 1 S. 3 KSVG).[1129] § 131 Abs. 1 S. 9 KVG LSA sieht vor, dass „durch Vorgaben des Gesellschaftsrechts nichts anderes bestimmt" sein darf.

Fraglich ist mithin, ob gesellschaftsrechtliche Verschwiegenheitspflichten einem Informationsbegehren des Gemeinderats bzw. seiner Mitglieder entgegenstehen können. Grundsätzlich sind Unternehmen, an denen eine Gemeinde beteiligt ist, ebenso wie private Unternehmen an die Vorschriften des Gesellschaftsrechts gebunden.[1130] Insofern sind die Ausführungen zu den im Hinblick auf vertrauliche Angaben und Betriebs- oder Geschäftsgeheimnisse der Gesellschaft geltenden gesellschaftsrechtlichen Verschwiegenheitspflichten des Aktienrechts (siehe oben 4. Kapitel A.I.1.) bzw. des GmbH-Rechts (dazu 4. Kapitel A.I.4.) auf die gemeindliche Ebene übertragbar.

1127 Zu diesen 6. Kapitel A.

1128 So *Mehde*, in: Dietlein/Mehde (Hg.), BeckOK Kommunalrecht Niedersachsen, 27. Edition 2023, § 56 NKomVG Rn. 14 m.V.a. Tetzlaff, LKV 2012, 489 (491 f.).

1129 Vgl. dazu auch *Strobel*, Verschwiegenheits- und Auskunftspflicht kommunaler Vertreter im Aufsichtsrat öffentlicher Unternehmen, 2002, S. 112; *Pape*, Das kommunale Aufsichtsratsmandat, 2020, S. 154.

1130 Vgl. *Püttner*, DVBl 1986, 748 (751); *Ristelhuber*, NWVBl. 2016, 359 (360); *Rachlitz*, in: Grigoleit (Hg.), AktG, 2. Aufl. 2020, § 395 Rn. 4 ff.

Die Auswirkungen der §§ 394, 395 AktG auf die Informationsbeziehung zwischen dem Aufsichtsratsmitglied und dem Parlament wurden für die Bundesebene bereits ausführlich analysiert (vgl. 4. Kapitel A.I.2. und 3.). Zu untersuchen bleibt jedoch, inwiefern die §§ 394, 395 AktG eine Weitergabe von Informationen betreffend ein gemeindliches Unternehmen an den Gemeinderat ermöglichen.

1. Gesellschaftsrechtlicher Ausgangspunkt: (Eingeschränkte) Lockerung der Verschwiegenheitspflicht durch §§ 394, 395 AktG

Wie bereits zur Rechtslage auf Bundesebene erörtert (dazu 4. Kapitel A.I.2.), statuiert § 394 AktG als Sondervorschrift bei Beteiligung einer Gebietskörperschaft eine Lockerung der Verschwiegenheitspflichten der auf Veranlassung einer Gebietskörperschaft entsandten oder gewählten Aufsichtsratsmitglieder, während § 395 AktG dem Vertraulichkeits- und Geheimhaltungsinteresse der Gesellschaft Rechnung trägt, indem die Vorschrift die Verschwiegenheitspflicht auf die Berichtsadressaten erstreckt.[1131]

a) Voraussetzungen des § 394 AktG mit Blick auf die kommunale Ebene

Zu den privilegierten Gebietskörperschaften i. S. v. § 394 AktG zählen auch die Gemeinden.[1132] Gem. § 394 S. 1 AktG unterliegen also Aufsichtsratsmitglieder, die auf Veranlassung einer Gemeinde in den Aufsichtsrat gewählt oder entsandt worden sind, hinsichtlich der Berichte, die sie der Gemeinde zu erstatten haben, keiner Verschwiegenheitspflicht.[1133]

Gem. § 394 S. 3 AktG kann die Berichtspflicht im Sinne von Satz 1 auf Gesetz, auf Satzung oder auf einem dem Aufsichtsrat in Textform mitgeteiltem Rechtsgeschäft beruhen. Im Gegensatz zur Rechtslage auf Bundes- bzw. Landesebene (dazu 4. Kapitel A.I.2.a)cc)(1)) finden sich auf gemeindlicher Ebene ausdrücklich gesetzlich geregelte Berichtspflichten i. S. v. § 394 S. 1 AktG: Die in einigen Gemeindeordnungen geregelten Informationspflichten der gemeindlichen Vertreter in den Organen des öffentlichen Unternehmens (siehe zu diesen 6. Kapitel C.I.2.) stellen der-

---

1131 Zur Relevanz dieser Sondervorschriften auf kommunaler Ebene *Strobel*, Verschwiegenheits- und Auskunftspflicht kommunaler Vertreter im Aufsichtsrat öffentlicher Unternehmen, 2002, S. 161.

1132 Vgl. *Dünchheim*, KommJur 2016, 441 (446); *Schockenhoff*, in: MüKoAktG, Bd. 6, 5. Aufl. 2021, § 394 Rn. 13; *Hüffer/Koch*, AktG, 17. Aufl. 2023, § 394 Rn. 33.

1133 Vgl. bereits ausführlich zu den Anwendungsvoraussetzungen des § 394 AktG mit Blick auf Beteiligungen des Bundes oben 4. Kapitel A.I.2.a).

artige gesetzliche Regelungen dar.[1134] Allerdings sind die auf Veranlassung einer Gemeinde in den Aufsichtsrat gewählten oder entsandten Aufsichtsratsmitglieder nur soweit von der Verschwiegenheitspflicht befreit, wie die Berichtspflicht reicht,[1135] sodass es bei Nichtvorliegen der zumeist vorgesehenen tatbestandlichen Qualifikation (z. B. auf Angelegenheiten von besonderer Bedeutung) der jeweiligen Informationspflicht grundsätzlich bei der Verschwiegenheitspflicht verbleibt.[1136]

In dieser Situation wird die Frage relevant, ob auch die (allgemeine) Informationspflicht des Bürgermeisters gegenüber einzelnen Gemeinderatsmitgliedern bzw. gegenüber dem Gemeinderat[1137] taugliche Berichtspflicht i. S. v. § 394 AktG ist.[1138] Zunächst steht dem nicht entgegen, dass die allgemeinen Informationspflichten des Bürgermeisters keinen spezifischen Bezug zu den §§ 394, 395 AktG aufweisen, da dies, wie bereits festgestellt,[1139] keine Voraussetzung für die Einordnung als Berichtspflicht i. S. v. § 394 AktG darstellt.[1140]

Allerdings ist bei den Informationspflichten gegenüber einzelnen Gemeinderatsmitgliedern oder beispielsweise Fraktionen zu beachten, dass diese keine Berichte sind, die sie (dem Wortlaut des § 394 S. 1 AktG entsprechend) „der Gebietskörperschaft“ zu erstatten haben, sondern einzelnen Mitgliedern des kommunalen Kollektivorgans.[1141] Legt man den Begriff der Gebietskörperschaft jedoch teleologisch aus, so

---

1134 Siehe etwa zu § 113 Abs. 5 S. 1 GO NRW *Albrecht-Baba*, NWVBl. 2011, 127 (129), *Müller*, VR 2015, 231 (234) und *Ristelhuber*, NWVBl. 2016, 359 (362); zu Art. 93 Abs. 2 S. 2 BayGO *Ganzer/Tremml*, GewArch 2010, 141 (148); *Pape*, Das kommunale Aufsichtsratsmandat, 2020, S. 155; *Schockenhoff*, in: MüKoAktG, Bd. 6, 5. Aufl. 2021, § 394 Rn. 23; *Lück*, in: Dietlein/Suerbaum (Hg.), BeckOK Kommunalrecht Bayern, 19. Edition 2023, Art. 93 GO Rn. 36; a. A. *Belcke/Mehrhoff*, GmbHR 2016, 576 (578).

1135 Vgl. etwa *Kersting*, in: Kölner Kommentar zum AktG, Bd. 7, 3. Aufl. 2016, §§ 394, 395 Rn. 123.

1136 Vgl. *Will*, VerwArch 94 (2003), 248 (261); *Battke/Voigt*, SächsVBl. 2006, 273 (275). *Gaß*, in: Burgi/Habersack (Hg.), Handbuch Öffentliches Recht des Unternehmens, 2023, § 21 Rn. 110, weist daher darauf hin, dass diese Beschränkungen zu Auslegungsschwierigkeiten führen können; ebenso *Thormann*, DÖV 2016, 991 (994). Siehe zu den tatbestandlichen Qualifikationen 6. Kapitel C.I.2.

1137 Siehe zu diesen bereits 6. Kapitel C.II.

1138 Zu dieser Frage *Huber/Fröhlich*, in: Großkommentar zum AktG, 4. Aufl. 2015, § 394 Rn. 32.

1139 Vgl. 4. Kapitel A.I.2.a) cc) (1).

1140 Vgl. *Schmidt-Aßmann/Ulmer*, BB 1988, Beilage 13, 1 (8); *Strobel*, Verschwiegenheits- und Auskunftspflicht kommunaler Vertreter im Aufsichtsrat öffentlicher Unternehmen, 2002, S. 166 f.; *Schockenhoff*, in: MüKoAktG, Bd. 6, 5. Aufl. 2021, Vor § 394 Rn. 23 f.; *Hüffer/Koch*, AktG, 17. Aufl. 2023, § 394 Rn. 38. A. A. *Kersting*, in: Kölner Kommentar zum AktG, Bd. 7, 3. Aufl. 2016, §§ 394, 395 Rn. 127.

1141 So *Bracht*, NVwZ 2016, 108 (111); *Dünchheim*, KommJur 2016, 441 (446).

dürften nach einem weiten Begriffsverständnis auch solche Konstellationen erfasst sein, in denen die Berichtspflicht gegenüber einem einzelnen Gemeinderatsmitglied besteht: Die Lockerung der Verschwiegenheitspflicht dient der Auflösung einer Pflichtenkollision in der Person des Aufsichtsratsmitglieds, das gleichzeitig Adressat öffentlich-rechtlicher Berichtspflichten und aktienrechtlicher Verschwiegenheitspflichten ist.[1142] Da die Informationspflichten des Bürgermeisters gegenüber einzelnen Gemeinderatsmitgliedern grundsätzlich auch Informationen betreffend ein öffentliches Unternehmen, an dem die Gemeinde beteiligt ist, zum Gegenstand haben können,[1143] können auch diese Informationspflichten mit aktienrechtlichen Verschwiegenheitspflichten kollidieren.

Insofern sind auch die kommunalrechtlichen Informationspflichten des Bürgermeisters gegenüber einzelnen Gemeinderatsmitgliedern als Berichtspflicht i. S. v. § 394 S. 1 AktG anzusehen;[1144] indes nur für den Fall, dass der zur Auskunft verpflichtete Bürgermeister gleichzeitig Mitglied des Aufsichtsrats ist.[1145]

Im Übrigen kann die Berichtspflicht gem. § 394 S. 3 AktG auch auf Satzung oder auf einem dem Aufsichtsrat in Textform mitgeteiltem Rechtsgeschäft beruhen (dazu bereits 4. Kapitel A.I.2.a) cc)).

b) Rechtsfolge: Berichterstattung an die „Gebietskörperschaft“

Wenn und soweit die auf Veranlassung einer Gemeinde in den Aufsichtsrat gewählten oder entsandten Aufsichtsratsmitglieder ihrer Gebietskörperschaft zur Berichterstattung verpflichtet sind, unterliegen sie gem. § 394 S. 1 AktG keiner Verschwiegenheitspflicht.[1146] Das Aufsichtsratsmitglied ist gegenüber der „Gebietskörperschaft“ (im vorliegenden Kontext der Gemeinde) also berechtigt, auch solche Informationen weiterzugeben, die ansonsten der Verschwiegenheitspflicht unterlägen.[1147] Der

1142 Siehe *Strobel*, Verschwiegenheits- und Auskunftspflicht kommunaler Vertreter im Aufsichtsrat öffentlicher Unternehmen, 2002, S. 178 f.; *Huber/Fröhlich*, in: Großkommentar zum AktG, 4. Aufl. 2015, § 394 Rn. 26; *Kersting*, in: Kölner Kommentar zum AktG, Bd. 7, 3. Aufl. 2016, §§ 394, 395 Rn. 123; *Pape*, Das kommunale Aufsichtsratsmandat, 2020, S. 251.

1143 Dazu 6. Kapitel C.II.1.a). Siehe dazu auch *Will*, VerwArch 94 (2003), 248 (261).

1144 So auch *Schall*, in: Henssler/Spindler/Stilz (Hg.), BeckOGK AktG, Stand: 01.01.2023, § 394 Rn. 15.

1145 Vgl. *Will*, VerwArch 94 (2003), 248 (261); *Huber/Fröhlich*, in: Großkommentar zum AktG, 4. Aufl. 2015, § 394 Rn. 32.

1146 Vgl. *Oetker*, in: Schmidt/Lutter (Hg.), AktG, 4. Aufl. 2020, § 394 Rn. 27.

1147 Vgl. *Schockenhoff*, in: MüKoAktG, Bd. 6, 5. Aufl. 2021, § 394 Rn. 30; *Hüffer/Koch*, AktG, 17. Aufl. 2023, § 394 Rn. 41.

Kreis der tauglichen Berichtsempfänger ist mit der „Gebietskörperschaft" lediglich unbestimmt umschrieben.[1148]

Über die Frage, wer auf gemeindlicher Ebene als tauglicher Berichtsadressat in Betracht kommt, entscheidet grundsätzlich die jeweilige Gebietskörperschaft auf Grundlage des ihr eingeräumten Organisationsrechts.[1149] Dass die Gemeinde für die Wahrnehmung ihrer Aufgaben die Abläufe und Entscheidungszuständigkeiten im Einzelnen regeln kann, ist Bestandteil der durch Art. 28 Abs. 2 GG geschützten kommunalen Organisationshoheit.[1150]

aa) Konkretisierung durch kommunalrechtliche Regelungen

In Betracht kommen danach grundsätzlich verschiedene Berichtsadressaten: Die in einigen Gemeindeordnungen vorgesehenen Informationspflichten der gemeindlichen Vertreter im öffentlichen Unternehmen sehen als Empfänger der Informationen teilweise unspezifisch „die Gemeinde", teilweise ausdrücklich etwa den Gemeinderat oder den Hauptverwaltungsbeamten vor (dazu oben 6. Kapitel C.I.3.).[1151]

Daneben treffen den Bürgermeister Informationspflichten, deren Empfänger einzelne Gemeinderatsmitglieder sein können (dazu oben 6. Kapitel C.II.1.) oder aber der Gemeinderat sowie beispielsweise eine Fraktion des Gemeinderats (dazu 6. Kapitel C.II.2.).

bb) Einschränkung des Kreises der Berichtsempfänger durch § 395 Abs. 1 AktG

Dem Organisationsrecht sind insofern aktienrechtliche Grenzen gezogen,[1152] als dem systematischen Zusammenhang mit § 395 AktG zu entnehmen ist, dass einschränkend nur diejenigen Personen als Berichtsadressaten im Sinne des § 394 S. 1 AktG in Betracht kommen, denen

---

1148 So *Schockenhoff*, in: MüKoAktG, Bd. 6, 5. Aufl. 2021, § 394 Rn. 37; *Müller-Michaels*, in: Hölters/Weber (Hg.), AktG, 4. Aufl. 2022, § 394 Rn. 26;

1149 Vgl. OVG NW, NWVBl. 2023, 283 (286); *Erichsen*, Die Vertretung der Kommunen in den Mitgliederorganen von juristischen Personen des Privatrechts, 1990, S. 16; *Mann*, Die öffentlich-rechtliche Gesellschaft, 2002, S. 246; *Battke/Voigt*, SächsVBl. 2006, 273 (275); *Hüffer/Koch*, AktG, 17. Aufl. 2023, § 394 Rn. 42; *Knöbber-Griesz*, jM 2023, 139 (140).

1150 Vgl. BVerfGE 91, 228 (236 ff.); *Dietlmeier*, Rechtsfragen der Publizität im kommunalen Unternehmensrecht, 2015, S. 444; *Jarass*, in: ders./Pieroth, GG, 17. Aufl. 2022, Art. 28 Rn. 32.

1151 Vgl. dazu auch *Mann*, NdsVBl. 2022, 197 (203).

1152 Vgl. *Battke/Voigt*, SächsVBl. 2006, 273 (275); *Land/Hallermayer*, AG 2011, 114 (118); *Hüffer/Koch*, AktG, 17. Aufl. 2023, § 394 Rn. 42.

§ 395 Abs. 1 Hs. 1 AktG eine Verschwiegenheitspflicht auferlegt.[1153] Das sind Personen, die damit betraut sind, die Beteiligungen einer Gebietskörperschaft zu verwalten oder für eine Gebietskörperschaft die Gesellschaft, die Betätigung der Gebietskörperschaft als Aktionärin oder die Tätigkeit der auf Veranlassung der Gebietskörperschaft gewählten oder entsandten Aufsichtsratsmitglieder zu prüfen.

(1) Der Gemeinderat als untauglicher Berichtsadressat aufgrund der Vertraulichkeitsproblematik?

Zu den tauglichen Berichtadressaten zählen demnach jedenfalls die Bediensteten der Beteiligungsverwaltung und die Angehörigen der Rechnungsprüfungsämter.[1154] Als deren Vorgesetzter kann auch der Bürgermeister als tauglicher Berichtsadressat angesehen werden.[1155] Umstritten ist jedoch auch für die gemeindliche Ebene, inwiefern vor diesem Hintergrund eine Weitergabe der jeweiligen Informationen an den Gemeinderat oder an einzelne Gemeinderatsmitglieder auf Grundlage der §§ 394, 395 AktG möglich ist.[1156]

Teilweise wird mit Blick auf den Gemeinderat vertreten, dass dieser gerade nicht Berichtsadressat sein kann, da aufgrund der großen Mitgliederzahl selbst bei Erstreckung der Verschwiegenheitspflicht auf die Mitglieder nach § 395 Abs. 1 Hs. 1 AktG der Schutz vertraulicher Angaben und Geheimnisse nicht gewährleistet werden könne.[1157] Gerade auf kom-

---

1153 Vgl. OVG NW, NWVBl. 2023, 283 (286); *Schmidt-Aßmann/Ulmer*, BB 1988, Beilage 13, 1 (8); *Huber/Fröhlich*, in: Großkommentar zum AktG, 4. Aufl. 2015, § 394 Rn. 39; *Oetker*, in: Schmidt/Lutter (Hg.), AktG, 4. Aufl. 2020, § 394 Rn. 31; *Schockenhoff*, in: MüKoAktG, Bd. 6, 5. Aufl. 2021, § 394 Rn. 37; *Müller-Michaels*, in: Hölters/Weber (Hg.), AktG, 4. Aufl. 2022, § 394 Rn. 26.

1154 Vgl. *Huber/Fröhlich*, in: Großkommentar zum AktG, 4. Aufl. 2015, § 394 Rn. 40; *Belcke/Mehrhoff*, GmbHR 2016, 576 (579); *Oetker*, in: Schmidt/Lutter (Hg.), AktG, 4. Aufl. 2020, § 394 Rn. 32. Die organisatorische Ausgestaltung der Rechnungsprüfung der kommunalen Körperschaften weicht in den unterschiedlichen Bundesländern voneinander ab, dazu *Breitenbach*, in: Wurzel/Schraml/Gaß (Hg.), Rechtspraxis der kommunalen Unternehmen, 4. Aufl. 2021, Kap. E Rn. 225.

1155 Vgl. *Ganzer/Tremml*, GewArch 2010, 141 (149); *Cronauge*, Kommunale Unternehmen, 6. Aufl. 2016, Kap. VI Rn. 278; *Kersting*, in: Kölner Kommentar zum AktG, Bd. 7, 3. Aufl. 2016, §§ 394, 395 Rn. 192; *Lück*, in: Dietlein/Suerbaum (Hg.), BeckOK Kommunalrecht Bayern, 19. Edition 2023, Art. 93 GO Rn. 37.

1156 Siehe ausführlich zur Frage, ob die Volksvertretung taugliche Empfängerin der nach den aktienrechtlichen Sondervorschriften zu erstattenden Berichten ist *Strobel*, Verschwiegenheits- und Auskunftspflicht kommunaler Vertreter im Aufsichtsrat öffentlicher Unternehmen, 2002, S. 172 ff.

1157 So z. B. *Schmidt-Aßmann/Ulmer*, BB 1988, Beilage 13, 1 (22); *Schwintowski*, NJW 1990, 1009 (1014); *van Kann/Keiluweit*, DB 2009, 2251 (2253); *Will*, VerwArch 94 (2003), 248 (263); *Albrecht-Baba*, NWVBl. 2011, 127 (130); *Land/Hallermayer*, AG

munaler Ebene sei die erforderliche Vertraulichkeit wegen der oft engen Beziehung zwischen den Gemeinderatsmitgliedern, den Bürgerinnen und Bürgern und den Unternehmen besonders problematisch.[1158]

Teile der Literatur sehen die landesrechtlichen Vorschriften wie etwa § 113 Abs. 5 S. 1 GO NRW, die den Gemeinderat als Berichtsadressaten statuieren, daher als unstatthaft an.[1159] Zum Teil wird daraus gefolgert, diese Vorschriften liefen ins Leere[1160] bzw. seien wegen eines Verstoßes gegen Art. 31 GG nichtig[1161]. Einer anderen Auffassung zufolge sei die entsprechende Vorschrift in dem Sinne aufrecht zu erhalten, dass die Berichterstattung an den Bürgermeister als Vertreter des Gemeinderates zu erfolgen hat.[1162] Gleiches wird für solche Vorschriften wie Art. 93 Abs. 2 S. 2 BayGO vertreten, die allgemein „die Gemeinde" zur Empfängerin der Information bestimmen.[1163]

(2) Einzelne Gemeinderatsmitglieder oder Fraktionen als taugliche Berichtsadressaten

Fraglich ist ferner, ob Ratsfraktionen oder einzelne Gemeinderatsmitglieder taugliche Berichtsadressaten i. S. v. § 395 Abs. 1 AktG sein können. Das wird von einer verbreiteten Auffassung in der Literatur verneint und eine entsprechende Berichterstattung als rechtswidrig erachtet.[1164] Sofern dies darauf gestützt wird, dass öffentlich-rechtliche Normen feh-

---

2011, 114 (120); *Traut*, Die Corporate Governance von Kapitalgesellschaften der öffentlichen Hand, 2013, S. 132; *Dünchheim*, KommJur 2016, 441 (446); *Kersting*, in: Kölner Kommentar zum AktG, Bd. 7, 3. Aufl. 2016, §§ 394, 395 Rn. 181; *Ristelhuber*, NWVBl. 2016, 359 (362 f.); *Pape*, Das kommunale Aufsichtsratsmandat, 2020, S. 253 f.; *Schockenhoff*, in: MüKoAktG, Bd. 6, 5. Aufl. 2021, § 394 Rn. 47; *Hüffer/Koch*, AktG, 17. Aufl. 2023, § 394 Rn. 42.

1158 Vgl. *Land/Hallermayer*, AG 2011, 114 (120); *Pape*, Das kommunale Aufsichtsratsmandat, 2020, S. 252; *Schockenhoff*, in: MüKoAktG, Bd. 6, 5. Aufl. 2021, § 394 Rn. 47.

1159 So *Schockenhoff*, in: MüKoAktG, Bd. 6, 5. Aufl. 2021, § 394 Rn. 47; *Hüffer/Koch*, AktG, 17. Aufl. 2023, § 394 Rn. 43.

1160 So *Ristelhuber*, NWVBl. 2016, 359 (363).

1161 Vgl. *Oetker*, in: Schmidt/Lutter (Hg.), AktG, 4. Aufl. 2020, § 394 Rn. 32.

1162 Vgl. *Kersting*, in: Kölner Kommentar zum AktG, Bd. 7, 3. Aufl. 2016, §§ 394, 395 Rn. 181; nach Ansicht von *Hüffer/Koch*, AktG, 17. Aufl. 2023, § 394 Rn. 43, ist dies eine Frage des Kommunalverfassungsrechts.

1163 Vgl. *Ganzer/Tremml*, GewArch 2010, 141 (149); *Lück*, in: Dietlein/Suerbaum (Hg.), BeckOK Kommunalrecht Bayern, 19. Edition 2023, Art. 93 GO Rn. 37.

1164 Vgl. *Schwintowski*, NJW 1990, 1009 (1014); *Zieglmeier*, ZGR 2007, 144 (162); *Schockenhoff*, in: MüKoAktG, Bd. 6, 5. Aufl. 2021, § 394 Rn. 47; *Müller-Michaels*, in: Hölters/Weber (Hg.), AktG, 4. Aufl. 2022, § 395 Rn. 5; *Hüffer/Koch*, AktG, 17. Aufl. 2023, § 394 Rn. 42; *Schall*, in: Henssler/Spindler/Stilz (Hg.), BeckOGK AktG, Stand: 01.01.2023, § 394 Rn. 15.

len, die eine entsprechende Berichtspflicht statuieren,[1165] kann dem entgegengehalten werden, dass einige Gemeindeordnungen Informationspflichten gegenüber einzelnen Gemeinderatsmitgliedern (vgl. 6. Kapitel C.II.1.) bzw. Gemeinderatsfraktionen (vgl. 6. Kapitel C.II.2.) vorsehen, die sich auf Informationen betreffend ein öffentliches Unternehmen, an dem die Gemeinde beteiligt ist, beziehen können.[1166] Nach der hier vertretenen Auffassung genügen auch solche (allgemeinen) Informationspflichten als taugliche Berichtspflicht i. S. v. § 394 AktG.[1167]

Weiter wird vorgebracht, dass es im System der §§ 394, 395 AktG selbstverständlich „weder eine allgemein-politische, Öffentlichkeitsarbeit' der AR-Mitglieder noch eine, Sonderberichterstattung' gegenüber bestimmten Fraktionsgemeinschaften geben kann“[1168]. Dem ist jedoch zu entgegnen, dass die Bestimmung der zum Empfang der entsprechenden Berichte befugten Organe bzw. Organmitglieder im Ermessen der jeweiligen Gemeinde liegt.[1169]

(3) Zwischenergebnis

Im Ergebnis wäre nach den soeben dargestellten Auffassungen neben den Bediensteten der Beteiligungsverwaltung und den Angehörigen der Rechnungsprüfungsämter lediglich der Bürgermeister tauglicher Adressat der Information. Daher gilt es im weiteren Verlauf zu untersuchen, ob es mit verfassungsrechtlichen Vorgaben vereinbar ist, den Gemeinderat bzw. einzelne Gemeinderatsmitglieder/-fraktionen von vornherein vom Kreis der tauglichen Berichtsadressaten i. S. v. § 395 Abs. 1 AktG auszuschließen.

2. Verfassungsrechtliche Vorgaben, insbesondere Übertragbarkeit der Rechtsprechung des Bundesverfassungsgerichts zum parlamentarischen Fragerecht auf die kommunale Ebene

Wie bereits unter 4. Kapitel A.I.3. ausgeführt, hat das Bundesverfassungsgericht in dem Urteil vom 7.11.2017[1170] mit Blick auf das parlamentarische Fragerecht festgestellt, dass die Grenzen des verfassungsrechtlich garantierten parlamentarischen Frage- und

1165 Vgl. etwa *Schwintowski*, NJW 1990, 1009 (1014).
1166 Vgl. auch *Werner*, NVwZ 2019, 449 (453).
1167 Vgl. oben 6. Kapitel D.I.1.a).
1168 *Schall*, in: Henssler/Spindler/Stilz (Hg.), BeckOGK AktG, Stand: 01.01.2023, § 394 Rn. 15.
1169 So *Shaverdov*, Pflichtenbindungen und Pflichtenkollisionen der Gemeindevertreter, 2021, S. 285. Auch *Meier/Wieseler*, Der Gemeindehaushalt 1993, 174 (176), geht i. E. davon aus, dass eine Berichterstattung an Fraktionen möglich sein muss.
1170 BVerfGE 147, 50.

Informationsrechts (des Bundestages gegenüber der Bundesregierung) ihren Ursprung im Verfassungsrecht haben müssen, auch soweit diese einfachgesetzlich geregelt sind. Deshalb seien die einfachgesetzlichen Verschwiegenheitsregelungen des Aktiengesetzes alleine nicht geeignet, das Frage- und Informationsrecht zu begrenzen.[1171]

Fraglich ist, ob sich diese Rechtsprechung des Bundesverfassungsgerichts auch auf die kommunale Ebene übertragen lässt[1172] oder deren strukturellen Besonderheiten eine abweichende Bewertung rechtfertigen. Denn wie zuvor festgestellt[1173] kann der Gemeinderat zwar als parlamentsähnlich eingeordnet werden.[1174] Dies darf jedoch nicht darüber hinwegtäuschen, dass seine Funktionen sowie die Ausgestaltung der Rechtsstellung der Mitglieder des Gemeinderats mitunter Unterschiede gegenüber dem Parlament aufweisen.[1175]

a) Verfassungsrechtlich verankerte Ingerenzpflichten

Ausgangspunkt ist dabei die Feststellung, dass sich die Notwendigkeit der Kontrolle kommunaler Unternehmen sowie das damit einhergehende Bedürfnis nach Informationen ebenso wie auf Bundes- oder Landesebene auf verfassungsrechtliche Vorgaben, zuvörderst auf das Demokratieprinzip, zurückführen lassen (dazu oben 6. Kapitel B.). Das Gebot demokratischer Legitimation erstreckt sich mithin auf das kommunale Unternehmen.[1176] Dieses muss einen hinreichenden demokratischen Legitimationszusammenhang (dazu bereits ausführlich 2. Kapitel B.II.) aufweisen, sodass bereits verfassungsrechtliche Gesichtspunkte erfordern, dass der Gemeinde ausreichend Informations- und Kontrollrechte gegenüber den rechtlich verselbstständigten Gesellschaften erhalten bleiben.[1177]

1171 So BVerfGE 147, 50 (133). Vgl. auch *Klein/Schwarz*, in: Dürig/Herzog/Scholz, GG, 96. EL 2021, Art. 43 Rn. 96.

1172 Vgl. dazu etwa *Shaverdov*, Pflichtenbindungen und Pflichtenkollisionen der Gemeindevertreter, 2021, S. 376 ff.; *Gaß*, in: Burgi/Habersack (Hg.), Handbuch Öffentliches Recht des Unternehmens, 2023, § 21 Rn. 111. Generell zur Frage der Übertragbarkeit der Grundsätze zur Parlamentsinformation auf die kommunale Ebene *Teuber*, Parlamentarische Informationsrechte, 2007, S. 228 ff.

1173 Ausführlich dazu oben 6. Kapitel A.

1174 Vgl. auch *Katz*, NVwZ 2018, 1091 (1094).

1175 Vgl. oben 6. Kapitel A.IV.

1176 Vgl. *Burgi*, in: ders./Habersack (Hg.), Handbuch Öffentliches Recht des Unternehmens, 2023, § 23 Rn. 59.

1177 Vgl. *Zieglmeier*, LKV 2005, 338 (340); *Meiski*, BayVBl. 2006, 300 (304); *Zieglmeier*, ZGR 2007, 144 (161); *Burgi*, in: ders./Habersack (Hg.), Handbuch Öffentliches Recht des Unternehmens, 2023, § 23 Rn. 59.

b) *Kontrollkompetenz des verfassungsrechtlich vorgeschriebenen Repräsentativorgans*

Insbesondere die Informationspflichten der gemeindlichen Vertreter in den Organen des öffentlichen Unternehmens sind vor diesem Hintergrund als verfassungsrechtlich verankerte Pflicht zur Informationsbeschaffung zu verstehen.[1178]

Zu klären bleibt an dieser Stelle, ob nicht bereits durch Informationspflichten gegenüber dem Bürgermeister diesen verfassungsrechtlichen Vorgaben, insbesondere also der Herstellung eines hinreichend engen Legitimationszusammenhangs[1179] zum Willen des Gemeindevolks, Genüge getan werden könnte. Denn der Hauptverwaltungsbeamte einer Gemeinde unterscheidet sich insofern vom Bundeskanzler, als dass er direkt durch das Kommunalvolk gewählt wird. Seine Handlungen genießen somit höhere personelle demokratische Legitimation (siehe dazu 6. Kapitel A.II.2.b) bb)). Damit ist eine Kontrolle des kommunalen Unternehmens durch den Bürgermeister auch zulässig und geboten, um den Ingerenzpflichten zu genügen.[1180]

Dennoch darf der Volksvertretung nicht die Möglichkeit zur Kontrolle genommen werden.[1181] Gerade der Gemeinderat in seiner interessenpluralistischen Zusammensetzung gewährleistet eine Abbildung des Volkswillens.[1182] Wie bereits ausführlich dargestellt, ist der Gemeinderat (insoweit vergleichbar mit dem Bundestag) das verfassungsrechtlich vorgeschriebene Repräsentativ- und zentrale Willensbildungsorgan der Gemeinde und wesensmäßig für die Aufgabe der Kontrolle des Bürgermeisters und der Gemeindeverwaltung zuständig (vgl. bereits 6. Kapitel A.II.2.b)).[1183] Die Landesgesetzgeber haben den Volksvertretungen entsprechende Kontrollkompetenzen verliehen. Dies zeigt wiederum, dass die Kontrollaufgabe zuvörderst dem demokra-

---

1178 Vgl. *Burgi*, in: ders./Habersack (Hg.), Handbuch Öffentliches Recht des Unternehmens, 2023, § 23 Rn. 65.

1179 Das Demokratieprinzip fordert gerade nicht stets das Erreichen eines maximalen Legitimationsniveaus, sondern vielmehr die Vermittlung eines angemessenen Niveaus an demokratischer Legitimation (dazu bereits 2. Kapitel B.II.3.).

1180 Vgl. auch *Strobel*, Verschwiegenheits- und Auskunftspflicht kommunaler Vertreter im Aufsichtsrat öffentlicher Unternehmen, 2002, S. 116.

1181 Vgl. *Strobel*, Verschwiegenheits- und Auskunftspflicht kommunaler Vertreter im Aufsichtsrat öffentlicher Unternehmen, 2002, S. 116.

1182 So *Dietlmeier*, Rechtsfragen der Publizität im kommunalen Unternehmensrecht, 2015, S. 445.

1183 Ausführlich auch *Pape*, Das kommunale Aufsichtsratsmandat, 2020, S. 155 f., der jedoch i. E. eine Berichterstattung an den Gemeinderat ablehnt (s. S. 260).

tisch legitimierten Gemeinderat zukommt.[1184] Im Hinblick auf kommunale Unternehmen kann die Kontrollkompetenz des Gemeinderats als gesetzespositiver Ausdruck der die Gemeinde insofern treffenden Ingerenzpflichten (zu diesen 6. Kapitel B.) angesehen werden.[1185]

Im Ergebnis müssen dem Gemeinderat aufgrund seiner Kontrollfunktion gegenüber dem gemeindlichen Unternehmen Informations- und Kontrollrechte erhalten bleiben. Daher würde es den verfassungsrechtlichen Vorgaben, insbesondere der gebotenen demokratischen Rückkoppelung,[1186] nicht gerecht werden, wenn man eine Weitergabe von Informationen an den Gemeinderat von vornherein als unzulässig ansähe.[1187]

Sofern der Landesgesetzgeber dem einzelnen Ratsmitglied als Ausfluss seiner Mandatsstellung aufgrund einer demokratischen Wahl (Art. 28 Abs. 1 S. 2 GG) ein eigenes subjektives Informationsrecht zugebilligt (vgl. 6. Kapitel C.II.1.b)) oder Gemeinderatsfraktionen mit der Wahrnehmung der Kontrollkompetenz des Gemeinderats betraut (vgl. 6. Kapitel C.II.2.a)) hat, kann für sie insofern nichts anderes gelten.

c) Keine abweichende Beurteilung mit Blick auf die Normhierarchie

Wie bereits oben (4. Kapitel B.II.) für die Ebene der Länder ausführlich diskutiert, stellt sich auch mit Blick auf die kommunale Ebene die Frage, ob die gegenüber der parlamentarischen Informationspflicht auf Bundesebene unterschiedliche Normhierarchie zwischen dem landesrechtlich geregelten Kommunalrecht und dem bundesrechtlichen Gesellschaftsrecht eine abweichende Bewertung erfordert. Dahingehend wird teilweise vertreten, die aktienrechtliche Verschwiegenheitspflicht gehe als höherrangige bundesgesetzliche Regelung dem Landesrecht gem. Art. 31 GG vor.[1188]

1184 Vgl. *Strobel*, Verschwiegenheits- und Auskunftspflicht kommunaler Vertreter im Aufsichtsrat öffentlicher Unternehmen, 2002, S. 116; *Pape*, Das kommunale Aufsichtsratsmandat, 2020, S. 156.

1185 So *Strobel*, Verschwiegenheits- und Auskunftspflicht kommunaler Vertreter im Aufsichtsrat öffentlicher Unternehmen, 2002, S. 115 f.; *Pape*, Das kommunale Aufsichtsratsmandat, 2020, S. 157.

1186 Vgl. *Teichmann*, in: Burgi/Habersack (Hg.), Handbuch Öffentliches Recht des Unternehmens, 2023, § 25 Rn. 125, 137.

1187 Vgl. *Strobel*, Verschwiegenheits- und Auskunftspflicht kommunaler Vertreter im Aufsichtsrat öffentlicher Unternehmen, 2002, S. 195 f.; *Zieglmeier*, LKV 2005, 338 (340); *Meiski*, BayVBl. 2006, 300 (304); *Zieglmeier*, ZGR 2007, 144 (161). A. A. *Pape*, Das kommunale Aufsichtsratsmandat, 2020, S. 260.

1188 Vgl. *Albrecht-Baba*, NWVBl. 2011, 127 (129); *Tayaranian*, NZG 2023, 1353 (1356). So wohl auch *Schmidt-Aßmann/Ulmer*, BB 1988, Beilage 13, 1 (18), wonach es

Vorliegend wird jedoch der Auffassung gefolgt, wonach Art. 31 GG auf die in Rede stehende Konstellation schon gar nicht anwendbar ist.[1189] Zum einen handelt es sich bei gesellschaftsrechtlichen Verschwiegenheitspflichten und Regelungen betreffend die Organisation der Kommune schon nicht um identische Regelungsgegenstände.[1190] Im Übrigen geht es bei näherer Betrachtung nicht um eine Kollision von Bundes- und Landesrecht, sondern um ein Spannungsfeld zwischen verfassungsrechtlich begründeter Ingerenzpflichten und dem Gesellschaftsrecht.[1191]

Im Ergebnis würde es also, unbeschadet Art. 31 GG, verfassungsrechtlichen Vorgaben widersprechen, wenn eine Informationsweiterleitung an den Gemeinderat von vornherein als unzulässig eingestuft würde. Vorzuziehen ist daher die Auffassung, die den Gemeinderat in den Kreis der tauglichen Berichtsadressaten i. S. d. § 395 Abs. 1 Hs. 1 AktG einbezieht.[1192] Zu untersuchen ist, ob dieses Ergebnis im geltenden Rechtsrahmen abgebildet werden kann.

---

sich um bundesrechtliche Vorgaben handle, an denen kommunalrechtliche Pflichtentatbestände nicht vorbeikämen.

1189 Vgl. *v. Danwitz*, AöR 120 (1995), 595 (616); *Mann*, Die öffentlich-rechtliche Gesellschaft, 2002, S. 272; *Strobel*, Verschwiegenheits- und Auskunftspflicht kommunaler Vertreter im Aufsichtsrat öffentlicher Unternehmen, 2002, S. 190; *Pitschas/Schoppa*, in: Mann/Püttner (Hg.), Handbuch der kommunalen Wissenschaft und Praxis, Bd. 2, 3. Aufl. 2011, § 43 Rn. 89; *Shaverdov*, Pflichtenbindungen und Pflichtenkollisionen der Gemeindevertreter, 2021, S. 333 ff.

1190 So *v. Danwitz*, AöR 120 (1995), 595 (616); *Strobel*, Verschwiegenheits- und Auskunftspflicht kommunaler Vertreter im Aufsichtsrat öffentlicher Unternehmen, 2002, S. 190; Dietlmeier, Rechtsfragen der Publizität im kommunalen Unternehmensrecht, 2015, S. 411; *Shaverdov*, Pflichtenbindungen und Pflichtenkollisionen der Gemeindevertreter, 2021, S. 334 f.

1191 So *v. Danwitz*, AöR 120 (1995), 595 (616); *Mann*, Die öffentlich-rechtliche Gesellschaft, 2002, S. 272; *Pitschas/Schoppa*, in: Mann/Püttner (Hg.), Handbuch der kommunalen Wissenschaft und Praxis, Bd. 2, 3. Aufl. 2011, § 43 Rn. 89; *Shaverdov*, Pflichtenbindungen und Pflichtenkollisionen der Gemeindevertreter, 2021, S. 335; *Adenauer*, NGZ 2023, 652 (653, 656).

1192 Vgl. *Beckmann*, DVP 1998, 239 (245); *Strobel*, Verschwiegenheits- und Auskunftspflicht kommunaler Vertreter im Aufsichtsrat öffentlicher Unternehmen, 2002, S. 201 f.; *Zieglmeier*, LKV 2005, 338 (340); *Battke/Voigt*, SächsVBl. 2006, 273 (275) spricht sich für eine analoge Anwendung des § 395 AktG auf den Gemeinderat aus; *Geerlings*, in: Mann/Püttner (Hg.), Handbuch der kommunalen Wissenschaft und Praxis, Bd. 2, 3. Aufl. 2011, § 52 Rn. 52; *Dietlmeier*, Rechtsfragen der Publizität im kommunalen Unternehmensrecht, 2015, S. 441 ff.; *Werner*, NVwZ 2019, 449 (452); *Gaß/Popp*, Die Gemeinde als Unternehmer, 3. Aufl. 2021, S. 259; *Früchtl*, in: Wachter (Hg.), AktG, 4. Aufl. 2022, § 394 Rn. 12; *Schall*, in: Henssler/Spindler/Stilz (Hg.), BeckOGK AktG, Stand: 01.01.2023, § 394 Rn. 15.

d) *Zwischenergebnis*

Die Stellung des Gemeinderats ist hinsichtlich der Informationsbeziehung zu den gemeindlichen Unternehmen mit der Stellung des Bundes- oder Landtages vergleichbar.[1193] Folglich sind die zur staatlichen Ebene gefundenen Grundsätze über die objektiv-rechtliche Pflicht zur Informationsbeschaffung auf die kommunale Ebene übertragbar.[1194] Die vom Bundesverfassungsgericht mit Blick auf den parlamentarischen Informationsanspruch getätigten Aussagen[1195] beanspruchen mithin auch auf gemeindlicher Ebene grundsätzlich Geltung.[1196] Daher sind einfachrechtliche Verschwiegenheitspflichten allein nicht geeignet, die aus der Kontrollkompetenz des Gemeinderats fließenden Informationsrechte zu beschränken. Stehen gemeindliche Informationspflichten unter dem Vorbehalt, dass gesetzliche Vorschriften nicht entgegenstehen, können demnach jedenfalls nicht die gesellschaftsrechtlichen Verschwiegenheitspflichten als solche subsumiert werden.[1197] Im weiteren Verlauf der Untersuchung ist daher zu klären, wie sich dieses Ergebnis auf den Umfang der Informationspflichten gegenüber dem Gemeinderat bzw. seiner Mitglieder auswirkt.

3. Auflösung des Spannungsverhältnisses zu gesellschaftsrechtlichen Regelungen

a) *Gemeinderat als Berichtsadressat i. S. v. § 395 Abs. 1 AktG*

Die Lösung, die im Rahmen der Untersuchung zur Umsetzung der verfassungsrechtlichen Vorgaben auf Bundesebene gefunden wurde, lag in einer verfassungskonformen Auslegung des Begriffs der „Mitteilungen im dienstlichen Verkehr" i. S. v. § 395 Abs. 1 Hs. 2 AktG. Dieser Begriff ist demnach dahingehend zu verstehen, dass auch eine Informations-

1193 *Burgi*, in: ders./Habersack (Hg.), Handbuch Öffentliches Recht des Unternehmens, 2023, § 23 Rn. 59, verweist dahingehend auf die Aussage des BayVerfGH, wonach der Gemeinderat auf der kommunalen Ebene in gleicher Weise das System der repräsentativen Demokratie verkörpere, wie der Landtag auf Landesebene, vgl. BayVerfGH, BayVBl. 1984, 621.

1194 Vgl. *Burgi*, in: ders./Habersack (Hg.), Handbuch Öffentliches Recht des Unternehmens, 2023, § 23 Rn. 60.

1195 Siehe zu diesen bereits 4. Kapitel A.I.3.

1196 Vgl. *Katz*, NVwZ 2018, 1091 (1095); *Shaverdov*, Pflichtenbindungen und Pflichtenkollisionen der Gemeindevertreter, 2021, S. 380 ff., der die Übertragbarkeit der Kernaussagen des BVerfG auf die gemeindliche Ebene darüberhinausgehend jedoch für jegliche Ingerenzausübung bejaht; *Weiser-Saulin*, Public Corporate Governance kommunaler Unternehmen, 2021, S. 80.

1197 Vgl. *Zieglmeier*, LKV 2005, 338 (340); *Shaverdov*, Pflichtenbindungen und Pflichtenkollisionen der Gemeindevertreter, 2021, S. 298.

weitergabe an die Legislative davon erfasst wird, um so das Recht auf parlamentarische Kontrolle zu gewährleisten (vgl. 4. Kapitel A.I.3.b) bb)). Demgegenüber kann der Gemeinderat (der als Organ der Gemeinde und damit als Teil der Exekutive, nicht der Legislative, einzustufen ist, siehe 6. Kapitel A.II.), wie sogleich auszuführen sein wird, auf der gemeindlichen Ebene schon als Berichtsempfänger i. S. d. § 395 Abs. 1 AktG angesehen werden.[1198]

Der Gemeinderat übt zwar nicht die Beteiligungsverwaltung im Sinne von § 395 Abs. 1 AktG aus, da diese Aufgabe von damit betrauten Bediensteten wahrgenommen wird.[1199] Empfangsberechtigte Person kann jedoch auch sein, wer im Sinne von § 395 Abs. 1 Alt. 2 AktG damit betraut ist, für eine Gebietskörperschaft die Gesellschaft, die Betätigung der Gebietskörperschaft als Aktionär oder die Tätigkeit der auf Veranlassung der Gebietskörperschaft gewählten oder entsandten Aufsichtsratsmitglieder zu prüfen. Aufgrund der Kontrollkompetenz des Gemeinderats, die sich auf solche Unternehmen erstreckt, auf die die Gemeinde einen beherrschenden Einfluss hat (6. Kapitel II.2.), könnte dieser als mit der Prüfung der Gesellschaft i. S. v. § 395 Abs. 1 Hs. 1 AktG betraut angesehen werden.[1200]

Es ist nicht ausgeschlossen, dass der Gesetzgeber die Volksvertretung auf gemeindlicher Ebene bei einem entsprechend weiten Verständnis des Begriffs „prüfen“[1201] unter die Berichtsadressaten und -adressatin-

1198 Vgl. auch *Früchtl*, in: Wachter (Hg.), AktG, 4. Aufl. 2022, § 394 Rn. 12 f., der den Gemeinderat als oberstes Verwaltungsorgan der Gemeinde als empfangsberechtigt ansieht und davon die Frage trennt, ob Informationen an das Parlament als Legislative weitergegeben werden können.

1199 Vgl. *Strobel*, Verschwiegenheits- und Auskunftspflicht kommunaler Vertreter im Aufsichtsrat öffentlicher Unternehmen, 2002, S. 174; *Kersting*, in: Kölner Kommentar zum AktG, Bd. 7, 3. Aufl. 2016, §§ 394, 395 Rn. 192; *Pape*, Das kommunale Aufsichtsratsmandat, 2020, S. 250. Teilweise ist auch die Einrichtung einer mit qualifiziertem Personal ausgestatteten Stelle gesetzlich vorgesehen, siehe *Breitenbach*, in: Wurzel/Schraml/Gaß (Hg.), Rechtspraxis der kommunalen Unternehmen, 4. Aufl. 2021, Kap. E Rn. 110.

1200 Vgl. *Strobel*, Verschwiegenheits- und Auskunftspflicht kommunaler Vertreter im Aufsichtsrat öffentlicher Unternehmen, 2002, S. 174 f.; *Huber/Fröhlich*, in: Großkommentar zum AktG, 4. Aufl. 2015, § 394 Rn. 40; *Dietlmeier*, Rechtsfragen der Publizität im kommunalen Unternehmensrecht, 2015, S. 441 f.; an sich spricht sich auch *Kersting*, in: Kölner Kommentar zum AktG, Bd. 7, 3. Aufl. 2016, §§ 394, 395 Rn. 191 dafür aus, dass Gemeinderäte „als mit der Beteiligungsverwaltung oder Betätigungsprüfung, betraut‘ anzusehen“ sind, dennoch sei die Weiterleitung der Berichte an Gemeinderäte i. E. unzulässig, da die Einhaltung der Verschwiegenheitspflicht rechtlich und tatsächlich nicht eingehalten werden könne (vgl. ebenda, Rn. 196).

1201 Im Sinne des Überprüfens oder Nachprüfens eines bestimmten Sachverhalts auf seine Rechtmäßigkeit und Zweckmäßigkeit vgl. *Strobel*, Verschwiegenheits- und

nen i. S. v. § 395 Abs. 1 Hs. 1 AktG fassen wollte.[1202] Diese Lösung erscheint auch mit Blick auf den Zweck der §§ 394, 395 AktG plausibel:[1203] Einerseits gehört die Befassung von Gemeinderäten zum realtypischen Hintergrund der §§ 394, 395 AktG.[1204] Andererseits bezweckt die Lockerung der Verschwiegenheitspflicht die Auflösung einer Pflichtenkollision in der Person des Aufsichtsratsmitglieds, welches gleichzeitig Adressat öffentlich-rechtlicher Berichtspflichten und aktienrechtlicher Verschwiegenheitspflichten ist (dazu bereits 6. Kapitel D.I.1.a)). Nicht nur die Bediensteten der gemeindlichen Prüfungsämter können durch ihre Prüfungsrechte eine solche Pflichtenkollision zwischen Informations- und Verschwiegenheitspflicht auslösen; vielmehr kann dies gerade auch Folge diverser Informationspflichten gegenüber dem demokratisch legitimierten Gemeinderat sein.[1205] Es wäre überdies nicht nachvollziehbar, wieso der Gemeinderat als unmittelbar demokratisch legitimiertes Organ im Gegensatz zu anderen Verwaltungseinheiten, die ihre Legitimation vom Gemeinderat ableiten, nicht als tauglicher Berichtsadressat i. S. v. § 395 Abs. 1 Hs. 1 AktG eingestuft werden sollte.[1206] Denn die §§ 394, 395 AktG sollen gerade

Auskunftspflicht kommunaler Vertreter im Aufsichtsrat öffentlicher Unternehmen, 2002, S. 175; *Dietlmeier*, Rechtsfragen der Publizität im kommunalen Unternehmensrecht, 2015, S. 442 ff. Das OVG NW, NWVBl. 2023, 283 (286), fasst die Angehörigen des Gemeinderats dagegen unter den Begriff des „Verwaltens" i. S. v. § 395 Abs. 1 AktG; a. A. etwa *Dietlmeier*, Rechtsfragen der Publizität im kommunalen Unternehmensrecht, 2015, S. 441, wonach der Gemeinderat schon dem Wortlaut nach als das demokratisch legitimierte Repräsentativorgan der Gemeinde nicht damit betraut ist, die Beteiligung an den kommunalen Unternehmen zu „verwalten".

1202 Vgl. ausführlich *Strobel*, Verschwiegenheits- und Auskunftspflicht kommunaler Vertreter im Aufsichtsrat öffentlicher Unternehmen, 2002, S. 174 f. m. w. N.; *Dietlmeier*, Rechtsfragen der Publizität im kommunalen Unternehmensrecht, 2015, S. 441 f.; *Pape*, Das kommunale Aufsichtsratsmandat, 2020, S. 250 f., der die Zulässigkeit einer Weitergabe von Geheimnissen und vertraulichen Angaben einer öffentlichen Gesellschaft an ein kommunales Ratsplenum i. E. jedoch ablehnt.

1203 Vgl. *Dietlmeier*, Rechtsfragen der Publizität im kommunalen Unternehmensrecht, 2015, S. 441.

1204 So OVG NW, NWVBl. 2023, 283 (286), mit Verweis auf *Rachlitz*, in: Grigoleit (Hg.), AktG, 2. Aufl. 2020, § 395 Rn. 30. Ähnlich auch *Werner*, NVwZ 2019, 449 (452), der eine generelle Begrenzung des an der Beratung teilnehmenden Personenkreises ablehnt, da dies „mit dem Zweck der §§ 394, 395 AktG nicht zu vereinbaren [ist], der gerade darauf abzielt, die Möglichkeit der Befassung von Parlament und Gemeinderäten abzusichern".

1205 Ausführlich *Strobel*, Verschwiegenheits- und Auskunftspflicht kommunaler Vertreter im Aufsichtsrat öffentlicher Unternehmen, 2002, S. 179 f.

1206 Vgl. *Dietlmeier*, Rechtsfragen der Publizität im kommunalen Unternehmensrecht, 2015, S. 444.

zur Sicherstellung einer demokratischen Kontrolle der unternehmerischen Beteiligung der öffentlichen Hand beitragen.[1207]

Schließlich bestand aus Sicht des Gesetzgebers scheinbar keine Veranlassung, eine beschränkende Regelung im Hinblick auf den Kreis der tauglichen Berichtsempfänger und -empfängerinnen aufzunehmen, obschon bereits zum Zeitpunkt der letzten Novellierung des § 394 AktG Regelungen wie etwa § 113 Abs. 5 S. 1 GO NRW existierten, die ausdrücklich den Rat als Empfänger der Informationen statuieren.[1208]

Im Ergebnis sprechen daher die besseren Argumente dafür, dass der Gemeinderat unter den Kreis der empfangsberechtigten Personen des § 395 Abs. 1 Hs. 1 AktG zu subsumieren ist.

b) Behandlung in nichtöffentlicher Gemeinderatssitzung?

Teilweise wird eine Weitergabe der Information an den Gemeinderat zwar für möglich gehalten, jedoch „nur in gefilterter Form“[1209], d. h. lediglich dann, wenn hinreichende Vorkehrungen für die Gewährleistung der Vertraulichkeit getroffen werden können.[1210] Dahingehend dient die Erstreckung der Verschwiegenheitspflicht auf die Empfänger der Berichte gem. § 395 AktG gerade dem Schutz des Vertraulichkeits- und Geheimhaltungsinteresses der Gesellschaft,[1211] was sicherstellen soll, „dass die Befreiung nach § 394 nicht in eine endgültige Lücke des Geheimnisschutzes gegenüber Dritten mündet“[1212]. In der Literatur

1207 Vgl. *Strobel*, Verschwiegenheits- und Auskunftspflicht kommunaler Vertreter im Aufsichtsrat öffentlicher Unternehmen, 2002, S. 177 ff.; *Huber/Fröhlich*, in: Großkommentar zum AktG, 4. Aufl. 2015, § 394 Rn. 44; *Dietlmeier*, Rechtsfragen der Publizität im kommunalen Unternehmensrecht, 2015, S. 443.

1208 Darauf weist das OVG NW, NWVBl. 2023, 283 (286) hin. Vielmehr sei mit der Einfügung des § 394 S. 3 AktG klargestellt worden, dass als rechtliche Grundlage der Berichtspflicht neben gesetzlichen Regelungen auch Satzungen und Rechtsgeschäfte in Betracht kämen, sodass der Kreis der möglichen Berichtspflichten in der Sache ausgeweitet wurde; a. A. *Tayaranian*, NZG 2023, 1353 (1356).

1209 *Will*, VerwArch 94 (2003), 248 (263).

1210 So etwa *Land/Hallermayer*, AG 2011, 114 (120); *Müller-Michaels*, in: Hölters/Weber (Hg.), AktG, 4. Aufl. 2022, § 395 Rn. 5a; *Schall*, in: Henssler/Spindler/Stilz (Hg.), BeckOGK AktG, Stand: 01.01.2023, § 395 Rn. 15. Vgl. in diese Richtung auch *Schockenhoff*, in: MüKoAktG, Bd. 6, 5. Aufl. 2021, § 394 Rn. 47, wonach eine Berichterstattung an den Gemeinde- oder Stadtrat selbst „regelmäßig“ unzulässig sei; ähnlich *Hüffer/Koch*, AktG, 17. Aufl. 2023, § 394 Rn. 42, der die direkte Berichterstattung an den Gemeinderat „jedenfalls grds.“ für unzulässig hält.

1211 Dazu bereits oben 4. Kapitel A.I.2.c). Vgl. statt vieler *Rachlitz*, in: Grigoleit (Hg.), AktG, 2. Aufl. 2020, § 395 Rn. 47.

1212 *Schall*, in: Henssler/Spindler/Stilz (Hg.), BeckOGK AktG, Stand: 01.01.2023, § 395 Rn. 2.

wird mitunter vorgeschlagen, dem Vertraulichkeitsinteresse beispielweise durch die Weitergabe der in Rede stehenden Informationen in einer nichtöffentlichen Sitzung des Gemeinderats Rechnung zu tragen.[1213] Daher ist vor dem Hintergrund der Bedeutung der Sitzungsöffentlichkeit zu untersuchen, ob Informationen betreffend ein kommunales Unternehmen in nichtöffentlicher Sitzung an den Gemeinderat weitergegeben werden können bzw. müssen.

aa) Grundsatz der Öffentlichkeit der Ratssitzungen

Dabei ist zu beachten, dass der Gemeinderat Volksvertretung i. S. v. Art. 28 Abs. 1 S. 2 GG und an die Grundsätze des Demokratieprinzips gebunden ist. Aus diesen folgt, dass Volksvertretungen prinzipiell öffentlich tagen müssen.[1214] Das BVerwG führte jüngst dazu aus:

> *„Der Grundsatz der Öffentlichkeit der Ratssitzungen konkretisiert Anforderungen des Demokratieprinzips (Art. 20 Abs. 1 GG), an dessen Grundsätze die Gemeinden gemäß Art. 28 Abs. 1 und 2 GG gebunden sind […]. Für das Demokratiegebot des Grundgesetzes ist die Öffentlichkeit des Staatshandelns als Voraussetzung von Verständnis und Vertrauen der Bürger konstitutiv […]. Öffentliche Debatte und Diskussion sind wesentliche Elemente des demokratischen Parlamentarismus. Sie eröffnen nicht nur Möglichkeiten des Ausgleichs widerstreitender Interessen, die sich bei einem weniger transparenten Verfahren nicht so ergäben, sondern auch die demokratische Kontrolle durch die Bürger. Damit dienen sie der Verantwortlichkeit der Volksvertretung gegenüber den Wählern, die ein zentraler Mechanismus des effektiven Einflusses des Volkes auf die Aus-*

1213 Vgl. *Vogel*, Städte- und Gemeinderat 1996, 252 (255); *Beckmann*, DVP 1998, 239 (247); *Traut*, Die Corporate Governance von Kapitalgesellschaften der öffentlichen Hand, 2013, S. 132; *Cronauge*, Kommunale Unternehmen, 6. Aufl. 2016, Kap. VI Rn. 278; *Rachlitz*, in: Grigoleit (Hg.), AktG, 2. Aufl. 2020, § 395 Rn. 31; *Burgi*, in: ders./Habersack (Hg.), Handbuch Öffentliches Recht des Unternehmens, 2023, § 23 Rn. 66; *Schall*, in: Henssler/Spindler/Stilz (Hg.), BeckOGK AktG, Stand: 01.01.2023, § 394 Rn. 15.

1214 Vgl. BVerwGE 173, 282 (286); *Ehlers*, in: Mann/Püttner (Hg.), Handbuch der kommunalen Wissenschaft und Praxis, Bd. 1, 3. Aufl. 2007, § 21 Rn. 80; *Berning*, DVP 2013, 330; *Scheidler/Schmucker*, VR 2017, 52; *Wagner*, in: Kleerbaum/Palmen (Hg.), Gemeindeordnung Nordrhein-Westfalen, 3. Aufl. 2017, § 48 III.1.; *Jung*, in: Dietlein/Suerbaum (Hg.), BeckOK Kommunalrecht Bayern, 19. Edition 2023, Art. 52 GO Vor Rn. 1. Daneben kann der Grundsatz der Öffentlichkeit der Sitzungen der Volksvertretung auch aus dem Rechtsstaatsprinzip abgeleitet werden, vgl. *Faber*, NVwZ 2003, 1317 (1319); *Burgi*, NVwZ 2014, 609; *Dehn*, in: ders./Wolf, Gemeindeordnung Schleswig-Holstein, 18. Aufl. 2023, § 35 S. 376. Zum parlamentarischen Öffentlichkeitsprinzip BVerfGE 40, 296 (327).

> *übung der Staatsgewalt ist […]. Die Öffentlichkeit von Ratssitzungen stellt einen tragenden Grundsatz der demokratischen Willensbildung in den Kommunen dar. Sie verfolgt den Zweck, der Allgemeinheit in Bezug auf die Arbeit des kommunalen Vertretungsorgans Publizität, Information, Kontrolle und Integration zu vermitteln […].*“[1215]

Die Öffentlichkeit der Sitzungen von Volksvertretungen ist demnach ein wesentlicher Grundsatz der repräsentativen Demokratie, der für alle Ebenen der Volksvertretung und damit auch für Gemeindevertretungen gilt.[1216] Daher sind die Ausführungen zu der Öffentlichkeitsfunktion des Parlaments (dazu 4. Kapitel A.I.3.b) aa)) auf die kommunale Ebene übertragbar. Die Öffentlichkeit der Sitzungen ist ein Mittel, das den Gemeindebürgerinnen und -bürgern einen Einblick in die Tätigkeit der Vertretungskörperschaft ermöglicht, um so die Basis für eine sachgerechte (demokratische) Kontrolle zu schaffen.[1217] Es soll damit bereits der Anschein vermieden werden, dass „hinter verschlossenen Türen“ unsachliche Motive für die Entscheidung maßgebend gewesen sein könnten.[1218] All dies beansprucht ebenso Geltung im Hinblick auf die wirtschaftliche Tätigkeit der Gemeinden. So führt das Bayerische Verwaltungsgericht Regensburg zutreffend aus:

> *„Bei Strom, Gas, Wasser, den städtischen Bädern, der Errichtung und Vermietung von Sozialwohnungen, bei der Stadtentwicklung, Gewerbeparks und öffentlichen Veranstaltungen geht es oft um Entscheidungen, welche die Bürger hautnah berühren. Wie sollen die Bürger bei Kommunalwahlen eine bewusste Wahlentscheidung treffen, wenn ihnen verheimlicht wird, wie und mit welchen Argumenten sich die Stadtratsfraktion X oder*

1215 BVerwGE 173, 282 (286).

1216 Vgl. VG Regensburg, Urteil vom 2. Februar 2005 – RN 3 K 04.01408 –, juris Rn. 61; *Dehn*, in: ders./Wolf, Gemeindeordnung Schleswig-Holstein, 17. Aufl. 2022, § 35 S. 373; *Brenndörfer*, in: Dietlein/Pautsch (Hg.), BeckOK Kommunalrecht Baden-Württemberg, 22. Edition 2023, § 35 GemO Rn. 1. Ausführlich zur geschichtlichen Entwicklung des Öffentlichkeitsprinzips im Kommunalrecht *Krebs*, Der kommunale Öffentlichkeitsgrundsatz, 2016, S. 91 ff.

1217 Vgl. OVG NW, NVwZ 1990, 186: „Die Sitzungsöffentlichkeit ist wesentliche Vorbedingung für den sich insbesondere in der Kommunalwahl vollziehenden Kontroll- und Legitimationsakt“; *Faber*, NVwZ 2003, 1317 (1319); *Wagner*, in: Kleerbaum/Palmen (Hg.), Gemeindeordnung Nordrhein-Westfalen, 3. Aufl. 2017, § 48 III.1. a); *Gern/Brüning*, Deutsches Kommunalrecht, 4. Aufl. 2019, 10. Kapitel Rn. 614; *Geis*, Kommunalrecht, 6. Aufl. 2023, § 11 Rn. 125.

1218 Vgl. st. Rspr. VGH BW, BeckRS 2015, 50159 Rn. 38; BeckRS 2020, 18960 Rn. 61; *Knirsch*, Information und Geheimhaltung im Kommunalrecht, 1987, S. 86; *Katz*, NVwZ 2020, 1076 (1077); *Brenndörfer*, in: Dietlein/Pautsch (Hg.), BeckOK Kommunalrecht Baden-Württemberg, 22. Edition 2023, § 35 GemO Rn. 1.

das Stadtratsmitglied Y in den kommunalen Aufsichtsräten zu diesen Gegenständen verhalten haben?“[1219]

Die grundlegende Bedeutung des Öffentlichkeitsgrundsatzes für die kommunale Ebene spiegelt sich in den Gemeindeordnungen wider, die alle vorsehen, dass die Sitzungen des Gemeinderats grundsätzlich öffentlich sind.[1220] Konkret bedeutet dies, dass durch vorherige Bekanntmachung[1221] und die Ermöglichung eines uneingeschränkten Zugangs für Bürgerinnen und Bürger sowie Mitglieder der Presse die Öffentlichkeit der Ratssitzung[1222] sicherzustellen ist.[1223]

bb) Ausnahmsweiser Ausschluss der Öffentlichkeit

(1) Materielle Voraussetzungen

Obschon die Öffentlichkeit der Gemeinderatssitzung die Regel ist, gibt es die Möglichkeit, die Öffentlichkeit ausnahmsweise auszuschließen.[1224] So ist unbestritten, dass Ausnahmen von dem Öffentlichkeitsprinzip zulässig sind, wenn das öffentliche Wohl oder berechtigte Interessen Einzelner den Ausschluss der Öffentlichkeit erfordern.[1225] Die Voraussetzungen für den Ausschluss der Öffentlichkeit haben landesrechtlich

1219 VG Regensburg, Urteil vom 2. Februar 2005 – RN 3 K 04.01408 –, juris Rn. 61.

1220 Vgl. § 35 Abs. 1 S. 1 Hs. 1 GO BW; Art. 52 Abs. 2 BayGO; § 36 Abs. 2 S. 1 BbgKVerf; § 52 Abs. 1 S. 1 HessGO; § 29 Abs. 5 S. 1 MV KV; § 64 Abs. 1 S. 1 NKomVG; § 48 Abs. 2 S. 1 GO NRW; § 35 Abs. 1 S. 1 GO RP; § 40 Abs. 1 S. 1 KSVG; § 37 Abs. 1 S. 1 SächsGO; § 52 Abs. 1 KVG LSA; § 35 Abs. 1 S. 1 GO SH; § 40 Abs. 1 S. 1 ThürKO; vgl. *Gern/Brüning*, Deutsches Kommunalrecht, 4. Aufl. 2019, 10. Kapitel Rn. 614. Zur Bedeutung des Öffentlichkeitsgrundsatzes siehe auch *Hölz/Hien/Huber*, Gemeindeordnung mit Verwaltungsgemeinschaftsordnung, Landkreisordnung und Bezirksordnung für den Freistaat Bayern, 64. EL, Stand: April 2021, Erl. 2.1 zu Art. 52 GO.

1221 So sind etwa gem. Art. 52 Abs. 1 S. 1 BayGO Zeitpunkt und Ort der öffentlichen Sitzungen des Gemeinderats unter Angabe der Tagesordnung, spätestens am dritten Tag vor der Sitzung, ortsüblich bekanntzumachen. Ausführlich zur Bekanntmachung der Sitzung *Krebs*, Der kommunale Öffentlichkeitsgrundsatz, 2016, S. 111 ff.

1222 Insoweit kann weiter zwischen der raum- bzw. kapazitätsbezogenen und der inhaltlichen Komponente des Öffentlichkeitsprinzips differenziert werden, vgl. etwa *Jung*, in: Dietlein/Suerbaum (Hg.), BeckOK Kommunalrecht Bayern, 19. Edition 2023, Art. 52 GO Rn. 13 ff. Ausführlich zum öffentlichen Zugang zu den Sitzungen *Krebs*, Der kommunale Öffentlichkeitsgrundsatz, 2016, S. 117 ff.

1223 Vgl. *Burgi*, Kommunalrecht, 6. Aufl. 2019, § 12 Rn. 28. Zu den Anforderungen im Einzelnen ausführlich *Gern/Brüning*, Deutsches Kommunalrecht, 4. Aufl. 2019, 10. Kapitel Rn. 614 ff.

1224 Vgl. *Berning*, DVP 2013, 330 (332); *Thormann*, DÖV 2016, 991 (992); *Katz*, NVwZ 2020, 1076 (1077).

1225 So bereits BVerwG, NVwZ 1995, 897 m. w. N.

eine grundsätzlich übereinstimmende, jedoch keine einheitliche Ausgestaltung erfahren.[1226]

Die meisten Gemeindeordnungen konkretisieren die Rechtsgüter, die einen Ausschluss der Öffentlichkeit erfordern können. Dazu zählen (überwiegende) Belange des öffentlichen Wohls[1227], des Gemeinwohls[1228] bzw. des Wohls der Allgemeinheit[1229]. Ferner werden berechtigte Interessen[1230] bzw. Ansprüche[1231] Einzelner genannt. § 52 Abs. 2 S. 1 KVG LSA führt Beispiele auf, in denen das öffentliche Wohl oder berechtigte Interessen Einzelner tangiert sein können („insbesondere bei Personalangelegenheiten, der Ausübung des Vorkaufsrechts, Grundstücksangelegenheiten und Vergabeentscheidungen").

Demgegenüber sieht § 52 Abs. 1 S. 2 HessGO vor, dass die Gemeindevertretung für einzelne Angelegenheiten die Öffentlichkeit ausschließen kann, ohne dass weitere materielle Anforderungen an den Ausschluss gestellt würden.[1232] Auch nach § 48 Abs. 2 S. 2 GO NRW kann durch die Geschäftsordnung die Öffentlichkeit für Angelegenheiten einer bestimmten Art ausgeschlossen werden, ohne dass weitere materielle Voraussetzungen vorgesehen sind.[1233] Ungeachtet dessen kommt in diesen Ländern ein Ausschluss der Öffentlichkeit aufgrund der Bedeutung des Öffentlichkeitsgrundsatzes nur in Betracht, wenn gravierende Gründe wie das öffentliche Wohl oder das berechtigte Interesse eines Einzelnen den Sitzungsausschuss rechtfertigen.[1234] Denn

1226 Vgl. BVerwG, NVwZ 1995, 897; *Rabeling*, NVwZ 2010, 411.

1227 Vgl. § 35 Abs. 1 S. 1 Hs. 1 GO BW; § 36 Abs. 2 S. 2 BbgKVerf; § 29 Abs. 5 S. 2 MV KV; § 64 Abs. 1 S. 1 NKomVG; § 40 Abs. 1 S. 1 KSVG; § 37 Abs. 1 S. 1 SächsGO; § 52 Abs. 2 S. 1 KVG LSA; § 35 Abs. 1 S. 2 GO SH.

1228 Vgl. § 35 Abs. 1 S. 1 GO RP.

1229 Vgl. Art. 52 Abs. 2 S. 1 BayGO; § 40 Abs. 1 S. 1 ThürKO.

1230 Vgl. § 35 Abs. 1 S. 1 Hs. 1 GO BW; § 36 Abs. 2 S. 2 BbgKVerf; § 29 Abs. 5 S. 2 MV KV; § 64 Abs. 1 S. 1 NKomVG; § 40 Abs. 1 S. 1 KSVG; § 37 Abs. 1 S. 1 SächsGO; § 52 Abs. 2 S. 1 KVG LSA; § 35 Abs. 1 S. 2 GO SH; § 40 Abs. 1 S. 1 ThürKO. § 35 Abs. 1 S. 1 GO RP nennt „schutzwürdige Interessen Einzelner".

1231 Vgl. Art. 52 Abs. 2 S. 1 BayGO.

1232 Vgl. *Engels*, in: Dietlein/Ogorek (Hg.), BeckOK Kommunalrecht Hessen, 24. Edition 2023, § 52 HessGO Rn. 9.

1233 Vgl. *Berning*, DVP 2013, 330 (332); *Rohde*, in: Dietlein/Heusch (Hg.), BeckOK Kommunalrecht NRW, 25. Edition 2023, § 48 GO NRW Rn. 24.

1234 Vgl. OVG NW, Urteil vom 2. Mai 2006 – 15 A 817/04 –, juris Rn. 66 ff.; *Rabeling*, NVwZ 2010, 411; *Schmitz*, JuS 2017, 31; *Gern/Brüning*, Deutsches Kommunalrecht, 4. Aufl. 2019, 10. Kapitel Rn. 620; *Lange*, Kommunalrecht, 2. Aufl. 2019, Kapitel 7 Rn. 59; *Katz*, NVwZ 2020, 1076 (1077); *Engels*, in: Dietlein/Ogorek (Hg.), BeckOK Kommunalrecht Hessen, 24. Edition 2023, § 52 HessGO Rn. 11; *Rohde*, in: Dietlein/Heusch (Hg.), BeckOK Kommunalrecht NRW, 25. Edition 2023, § 48 GO NRW Rn. 24 f., wonach sich Rechtfertigungsgründe in diesem Sinne insbesondere aus § 30 Abs. 1 i. V. m. § 43 Abs. 2 GO NRW ableiten lassen.

wie bereits zum parlamentarischen Informationsanspruch erörtert (4. Kapitel A.I.3.b) aa)), hat der Ausschluss der Öffentlichkeit zur Folge, dass der Verantwortungszusammenhang zum Volk unterbrochen wird, da die Information nicht Teil des öffentlichen Meinungsbildungsprozesses werden kann. Diese demokratie- und rechtsstaatliche Bedeutung des Öffentlichkeitsprinzips muss bei der Entscheidung über einen möglichen Ausschluss der Öffentlichkeit berücksichtigt werden.[1235]

Sind Gründe tangiert, die einen Ausschluss der Öffentlichkeit prinzipiell rechtfertigen können, ist stets eine Abwägung im Einzelfall durchzuführen.[1236] Dabei müssen aufgrund des Ausnahmecharakters des Ausschlusses der Öffentlichkeit in ihrer Bedeutung so gewichtige Gründe vorliegen, dass diese das (im Demokratieprinzip wurzelnde) Öffentlichkeitsinteresse der Allgemeinheit überwiegen.[1237]

Zu den Belangen des öffentlichen Wohls zählen die Interessen des Bundes, des Landes, der Gemeinde, anderer öffentlich-rechtlicher Körperschaften oder der örtlichen Gemeinschaft.[1238] Mitunter wird die bloße Möglichkeit der Beeinträchtigung dieser Interessen als ausreichend erachtet.[1239] Mit Blick auf Art. 52 Abs. 2 S. 1 BayGO wird dies von Stimmen in der Literatur mit der „wenig präzisen Formulierung des Gesetzes" begründet, wonach die Sitzungen öffentlich sind, „soweit nicht

---

1235 Vgl. *Faber*, NVwZ 2003, 1317 (1320), der daher fordert, dass dem Öffentlichkeitsprinzip so weit wie möglich der Vorrang gegenüber Geheimhaltungsinteressen eingeräumt werden muss.

1236 Vgl. *Faber*, NVwZ 2003, 1317 (1320); *Berning*, DVP 2013, 330 (332); *Katz*, NVwZ 2020, 1076 (1077). Dies gilt auch für den Fall, dass typisierende Ausschlussregelungen in der Geschäftsordnung existieren, vgl. *Lange*, Kommunalrecht, 2. Aufl. 2019, Kapitel 7 Rn. 61.

1237 Vgl. HessVGH, NVwZ-RR 2009, 531 (533); *Faber*, NVwZ 2003, 1317 (1320); *Striedl/Troidl*, BayVBl. 2008, 289 (297); *Schmitz*, JuS 2017, 31 (32); *Katz*, NVwZ 2020, 1076 (1077).

1238 Vgl. VGH BW, NVwZ 1991, 284 (285) m.V.a. VGH BW, Urteil vom 18. Juni 1980 – III 503/79; *Gern/Brüning*, Deutsches Kommunalrecht, 4. Aufl. 2019, 10. Kapitel Rn. 621; *Hölz/Hien/Huber*, Gemeindeordnung mit Verwaltungsgemeinschaftsordnung, Landkreisordnung und Bezirksordnung für den Freistaat Bayern, 64. EL, Stand: April 2021, Erl. 4 zu Art. 52 GO; *Geis*, Kommunalrecht, 6. Aufl. 2023, § 11 Rn. 131.

1239 So OVG NW, Urteil vom 2. Mai 2006 – 15 A 817/04 –, juris Rn. 71 f.; *Lange*, Kommunalrecht, 2. Aufl. 2019, Kapitel 7 Rn. 62; *Hölz/Hien/Huber*, Gemeindeordnung mit Verwaltungsgemeinschaftsordnung, Landkreisordnung und Bezirksordnung für den Freistaat Bayern, 64. EL, Stand: April 2021, Erl. 4 zu Art. 52 GO; *Prandl/Zimmermann*, Kommunalrecht in Bayern, 149. EL, Stand: Mai 2022, Erl. 8 zu Art. 52 GO. Kritisch mit Blick auf die Gesetzesbegründung zu Art. 52 Abs. 2 S. 1 BayGO *Jung*, in: Dietlein/Suerbaum (Hg.), BeckOK Kommunalrecht Bayern, 19. Edition 2023, Art. 52 GO Rn. 23.

Rücksichten" auf jene Rechtsgüter „entgegenstehen".[1240] Im Übrigen wird darauf verwiesen, dass der Sitzungsverlauf im Vorfeld nicht im Einzelnen abgeschätzt werden kann.[1241]

Auch hier ist wiederum wegen der grundlegenden Bedeutung des Öffentlichkeitsgrundsatzes jedenfalls zu verlangen, „dass das öffentliche Allgemeinwohl nach Art, Umfang und Intensität in einem erhöhten Maße betroffen sein muss, um den Öffentlichkeitsausschluss zu rechtfertigen"[1242]. Eine andere Auffassung fordert daher zu Recht, dass die in Rede stehenden Interessen durch eine öffentliche Sitzung mit Wahrscheinlichkeit wesentlich und nachteilig verletzt werden könnten.[1243]

Daneben kommen mit den berechtigten Interessen Einzelner rechtlich geschützte oder sonst schutzwürdige Interessen als Ausschlussgrund in Betracht.[1244] Diese erfordern den Ausschluss der Öffentlichkeit, wenn im Verlauf der Gemeinderatssitzung persönliche oder wirtschaftliche Verhältnisse zur Sprache kommen können, an deren Kenntnisnahme schlechthin kein berechtigtes Interesse der Allgemeinheit besteht und deren Bekanntgabe für den Einzelnen von Nachteil sein könnte.[1245]

Im Ergebnis handelt es sich bei den Rechtsgütern, die einen Ausschluss der Öffentlichkeit rechtfertigen können, um solche, die ihrerseits regelmäßig Verfassungsrang genießen.[1246] Dies erscheint mit Blick auf die

---

1240 So *Hölz/Hien/Huber*, Gemeindeordnung mit Verwaltungsgemeinschaftsordnung, Landkreisordnung und Bezirksordnung für den Freistaat Bayern, 64. EL, Stand: April 2021, Erl. 4 zu Art. 52 GO.

1241 Vgl. *Lange*, Kommunalrecht, 2. Aufl. 2019, Kapitel 7 Rn. 62.

1242 *Jung*, in: Dietlein/Suerbaum (Hg.), BeckOK Kommunalrecht Bayern, 19. Edition 2023, Art. 52 GO Rn. 23.

1243 So etwa VGH BW, NVwZ 1991, 284 (285) m.V.a. VGH BW, Urteil vom 18. Juni 1980 – III 503/79; *Gern/Brüning*, Deutsches Kommunalrecht, 4. Aufl. 2019, 10. Kapitel Rn. 621; *Katz*, NVwZ 2020, 1076 (1077); *Geis*, Kommunalrecht, 6. Aufl. 2023, § 11 Rn. 131.

1244 Vgl. *Gern/Brüning*, Deutsches Kommunalrecht, 4. Aufl. 2019, 10. Kapitel Rn. 622; *Mehde*, in: Dietlein/Mehde (Hg.), BeckOK Kommunalrecht Niedersachsen, 27. Edition 2023, § 64 NKomVG Rn. 13.

1245 Vgl. VGH BW, NVwZ 1992, 196 (197) m.V.a. VGH BW, NVwZ 1991, 284 (285 f.); *Gern/Brüning*, Deutsches Kommunalrecht, 4. Aufl. 2019, 10. Kapitel Rn. 622; *Lange*, Kommunalrecht, 2. Aufl. 2019, Kapitel 7 Rn. 72; *Engels*, in: Dietlein/Ogorek (Hg.), BeckOK Kommunalrecht Hessen, 24. Edition 2023, § 52 HessGO Rn. 13; *Geis*, Kommunalrecht, 6. Aufl. 2023, § 11 Rn. 131.

1246 Vgl. *Faber*, NVwZ 2003, 1317 (1320), wonach sich dieser bei den Geheimhaltungsinteressen der Gemeinde bspw. aus der Funktionsfähigkeit der gemeindlichen Verwaltung (Art. 20 Abs. 3 GG i. V. m. Art. 28 Abs. 2 GG) ergibt, bei Geheimhaltungsinteressen privater Dritter z. B. aus dem Recht auf informationelle Selbstbestimmung nach Art. 2 Abs. 1 i. V. m. Art. 1 Abs. 1 GG; *Striedl/Troidl*, BayVBl. 2008, 289 (297).

bereits aufgezeigte Herleitung des Öffentlichkeitprinzips aus dem Demokratieprinzip und dessen grundlegender Bedeutung auch auf kommunaler Ebene sachgerecht.[1247]

(2) Vorliegen der materiellen Voraussetzungen bei Behandlung von Angelegenheiten des gemeindlichen Unternehmens

Fraglich ist, ob unter diesen Voraussetzungen Angelegenheiten des gemeindlichen Unternehmens im Gemeinderat öffentlich behandelt werden müssen oder Gründe des öffentlichen Wohls bzw. Interessen Einzelner dem entgegenstehen können. Dies ist freilich nicht pauschal für alle Angelegenheiten zu beantworten, sondern muss im konkreten Einzelfall im Rahmen einer Abwägung festgestellt werden.[1248] Dennoch soll im weiteren Verlauf der Untersuchung ein Blick darauf geworfen werden, welche geschützten Belange im Falle einer Weitergabe von Informationen betreffend ein gemeindliches Unternehmen im Rahmen einer öffentlichen Gemeinderatssitzung tangiert sein könnten. Sollten dies entsprechend schwerwiegende Belange sein, die das Wohl der Gemeinde oder Rechte Dritter berühren, kann nach dem bisher Gesagten eine Befassung der Angelegenheit in einer nichtöffentlichen Sitzung des Gemeinderats angezeigt sein.[1249]

Schützenswerte Rechte Dritter können insbesondere dann einen Ausschluss der Öffentlichkeit rechtfertigen, wenn die Weitergabe von Informationen betreffend ein öffentliches Unternehmen gleichzeitig zu einer Offenlegung von Informationen privater Dritter in der Gemeinderatssitzung führen würde, die etwa von der Berufsfreiheit nach Art. 12 Abs. 1 GG oder dem Recht auf informationelle Selbstbestimmung nach Art. 2 Abs. 1 i. V. m. Art. 1 Abs. 1 GG geschützt sind (dazu bereits ausführlich auf parlamentarischer Ebene 4. Kapitel A.III.).[1250] In Betracht kommen insofern insbesondere Informationen über private Mitgesellschafter oder Kooperations- bzw. Geschäftspartner.[1251]

Schwieriger einzuordnen sind diejenigen Fälle, in denen Belange des bereits begrifflich schwer eingrenzbaren öffentlichen Wohls in Frage

1247 Siehe dazu 6. Kapitel D.I.3.b) aa). Vgl. auch *Gramlich*, DÖV 1982, 139 (146).

1248 Vgl. *Ehlers*, in: Mann/Püttner (Hg.), Handbuch der kommunalen Wissenschaft und Praxis, Bd. 1, 3. Aufl. 2007, § 21 Rn. 82.

1249 Vgl. *Burgi*, in: ders./Habersack (Hg.), Handbuch Öffentliches Recht des Unternehmens, 2023, § 23 Rn. 66.

1250 Vgl. dazu auch *Knirsch*, Information und Geheimhaltung im Kommunalrecht, 1987, S. 98 ff.; *Faber*, NVwZ 2003, 1317 (1320); *Papsthart*, BayVBl. 2021, 253 (254 f.).

1251 Dazu *Gaß/Popp*, Die Gemeinde als Unternehmer, 3. Aufl. 2021, S. 261; *Papsthart*, BayVBl. 2021, 253 (255).

stehen.[1252] Insbesondere stellt sich dabei die Frage, ob der Ausschluss der Öffentlichkeit stets gerechtfertigt ist, wenn die Beratung und Beschlussfassung im Gemeinderat mit der Offenlegung vertraulicher Angaben und Geheimnisse des gemeindlichen Unternehmens einhergehen.[1253]

Dahingehend wird teilweise vorgebracht, dass es sich bei Geheimnissen der Gesellschaft und vertraulichen Angaben i. S. d. § 93 Abs. 1 S. 2 AktG stets um sensible Informationen handle, deren Preisgabe der Funktionsfähigkeit der kommunalen Unternehmen und ihrer Stellung am Markt einen wesentlichen und nachhaltigen Schaden zufügen könne.[1254] Daraus wird von Stimmen in der Literatur gefolgert, dass die Weitergabe geheimhaltungsbedürftiger Unternehmensinterna zum Schutz des öffentlichen Wohls stets einen Ausschluss der Öffentlichkeit von der Volksvertretung verlange.[1255] Ferner sei die durch Bundes-Gesellschaftsrecht zwingend angeordnete Verschwiegenheitspflicht zu beachten, sodass bei deren Eingreifen die Ratssitzung nichtöffentlich abzuhalten sei.[1256] Doch seien regelmäßig keine vertraulichen Angaben und Geheimnisse der Gesellschaft betroffen, wenn Fragen betreffend die Gründung, den öffentlichen Zweck und die Erweiterung des öffentlichen Zwecks des Unternehmens behandelt werden sollen, sodass dies auch in öffentlicher Sitzung geschehen könne.[1257]

1252 Vgl. *Mehde*, in: Dietlein/Mehde (Hg.), BeckOK Kommunalrecht Niedersachsen, 27. Edition 2023, § 64 NKomVG Rn. 12.

1253 Vgl. zur Öffentlichkeit von Ratssitzungen bei Angelegenheiten kommunaler Unternehmen *Burgi*, NVwZ 2014, 609.

1254 Vgl. *Strobel*, Verschwiegenheits- und Auskunftspflicht kommunaler Vertreter im Aufsichtsrat öffentlicher Unternehmen, 2002, S. 202.

1255 Vgl. *Strobel*, Verschwiegenheits- und Auskunftspflicht kommunaler Vertreter im Aufsichtsrat öffentlicher Unternehmen, 2002, S. 202. Vgl. auch *Knirsch*, Information und Geheimhaltung im Kommunalrecht, 1987, S. 57 f., der darauf abstellt, dass für die Dauer der Beratung die Öffentlichkeit ausgeschlossen werden „kann", soweit im Laufe einer Ratssitzung Angelegenheiten zur Sprache kommen sollen, die der internen Verschwiegenheitspflicht unterliegen.

1256 Vgl. mit Blick auf die Rechtslage in Nordrhein-Westfalen, wo sich Vorgaben für die Herleitung von Ausschlussgründen insbesondere aus Regeln über die Verschwiegenheitspflicht der Ratsmitglieder nach § 30 i. V. m. § 43 Abs. 2 GO NRW ergeben, OVG NW, Urteil vom 2. Mai 2006 – 15 A 817/04 –, juris Rn. 70 ff., allerdings mit Blick auf die Amtsverschwiegenheit der Mitglieder der Organe der Sparkasse sowie alle bei der Sparkasse tätigen Dienstkräfte, vgl. §§ 23, 24 SpkG; *Burgi*, NVwZ 2014, 609 (612 ff.). Siehe auch allgemein *Gaß/Popp*, Die Gemeinde als Unternehmer, 3. Aufl. 2021, S. 263; *Shaverdov*, Pflichtenbindungen und Pflichtenkollisionen der Gemeindevertreter, 2021, S. 299.

1257 Vgl. *Burgi*, NVwZ 2014, 609 (613); *Papsthart*, BayVBl. 2021, 253 (254).

Fraglich ist, ob dies der Bedeutung der verfassungsrechtlich garantierten prinzipiellen Öffentlichkeit der Sitzungen der Gemeindevertretung gerecht wird.[1258] Die Bedeutung, die das Bundesverfassungsgericht dem Öffentlichkeitsgrundsatz im Zusammenhang mit dem parlamentarischen Informationsanspruch zumisst, wurde bereits oben (4. Kapitel A.I.3.b) aa)) nachgezeichnet. Ebenso wurde festgestellt, dass mit Blick auf das Demokratieprinzip für den Öffentlichkeitsgrundsatz auf kommunaler Ebene nichts anderes gelten kann.[1259] Vielmehr geht es gerade dort im Bereich der kommunalen Wirtschaftstätigkeit häufig um Entscheidungen, die „die [Bürgerinnen und] Bürger hautnah berühren", so etwa bei der Frage, ob das städtische Verkehrsunternehmen eine Buslinie einstellt oder die Ticketpreise erhöht.[1260]

Es besteht mithin ein berechtigtes Interesse der Bürgerinnen und Bürger daran, nicht nur darüber informiert zu werden, in welcher Form eine Gemeinde sich wirtschaftlich betätigen will, sondern auch in welchem Umfang und mit welchen Ergebnissen dies geschieht.[1261] Wenn also das Gesellschaftsrecht eine Lockerung der Verschwiegenheitspflicht von Aufsichtsratsmitgliedern zulässt, ist die Grenzziehung maßgeblich am Kriterium des verfassungsrechtlichen „Öffentlichkeitsprinzips" zu messen.[1262] Auch mit Blick auf die Rechtsprechung des Bundesverfassungsgerichts[1263] drängt sich daher als Konsequenz auf, dass eine Berufung auf einfachgesetzlich geregelte Verschwiegenheitspflichten nicht in jedem Fall einen Ausschluss der Öffentlichkeit rechtfertigen kann. Vielmehr müssen im konkreten Einzelfall entsprechend gewichtige, zwingende Interessen des öffentlichen Wohls dies erfordern.[1264] Welche Interessen das konkret sein können, wird sogleich (unter 6. Kapitel D.II.) behandelt.

Für den Fall, dass eine Information zwar den Verschwiegenheitspflichten des Gesellschaftsrechts unterliegt, aber ein Ausschluss der Öffentlichkeit nicht gerechtfertigt werden kann, ist die Relativierung der Verschwiegenheitspflicht im Interesse einer effektiven demokratischen

---

1258 Zur verfassungsrechtlichen Verankerung siehe auch *Lange*, Kommunalrecht, 2. Aufl. 2019, Kapitel 7 Rn. 56.

1259 Dazu 6. Kapitel D.I.3.b) aa). Vgl. auch *Meiski*, BayVBl. 2006, 300 (302).

1260 Vgl. VG Regensburg, Urteil vom 2. Februar 2005 – RN 3 K 04.01408 –, juris Rn. 61 f.

1261 Vgl. *Meiski*, BayVBl. 2006, 300 (302 f.); *Striedl/Troidl*, BayVBl. 2008, 289 (297 f.).

1262 So VG Regensburg, Urteil vom 2. Februar 2005 – RN 3 K 04.01408 –, juris Rn. 61.

1263 Vgl. BVerfGE 147, 50 Rn. 200 ff.

1264 So auch *Faber*, NVwZ 2003, 1317 (1320 f.). In diese Richtung *Striedl/Troidl*, BayVBl. 2008, 289 (298): „Auch für die weitere Beratung und Beschlussfassung im Gemeinderat über betriebliche, geschäftliche und innergesellschaftliche Angelegenheiten der gegründeten Eigengesellschaften (z. B. Geschäftspolitik und operative Ausrichtung des Unternehmens) muss grundsätzlich Öffentlichkeit gelten.".

Kontrolle zu akzeptieren und wird nach dem hier vertretenen Verständnis der §§ 394, 395 AktG vom (Bundes-)Gesetzgeber in Kauf genommen.[1265] In diesem Falle käme entsprechend der Lösung auf Bundesebene (dazu 4. Kapitel A.I.3.b) bb)) in Betracht, die Informationsweitergabe als „Mitteilung im dienstlichen Verkehr" i. S. v. § 395 Abs. 1 Hs. 2 AktG zu qualifizieren. Dem Wortlaut nach könnte dadurch eine Ausnahme von der Verschwiegenheitspflicht konstruiert werden (vgl. § 395 Abs. 1 Hs. 2 AktG: „dies gilt nicht für Mitteilungen im dienstlichen Verkehr). Denn der Gemeinderat ist ohnehin ein Exekutivorgan, das, wie gezeigt, auch als mit der „Prüfung" der Gesellschaft i. S. v. § 395 Abs. 1 Hs. 1 AktG betraut angesehen werden kann (6. Kapitel D. I.3.a)). Für dieses Ergebnis spricht auch eine Parallele zum Kommunalrecht: So sehen beispielsweise einige Gemeindeordnungen Ausnahmen von der Verschwiegenheitspflicht der Gemeinderatsmitglieder (zu diesen sogleich) für Mitteilungen im amtlichen Verkehr vor, zu denen auch Mitteilungen an die Gemeindevertretung zählen.[1266]

cc) Verschwiegenheitspflicht von Gemeinderäten

Können im konkreten Fall zwingende Gründe des öffentlichen Wohls einen Ausschluss der Öffentlichkeit rechtfertigen, bleibt zu klären, ob die Geheimhaltung bei Weiterleitung der in Rede stehenden Informationen an den Gemeinderat (unbeschadet der „vielfach engen Beziehungen zwischen Ratsmitgliedern, Bürgern und Unternehmen"[1267]) als gewährleistet angesehen werden kann.

Dies kann mit Blick auf die für Gemeinderatsmitglieder vorgeschriebenen Verschwiegenheitspflichten bejaht werden:[1268] Wie bereits ausge-

1265 So mit Blick auf den Gemeinderat als Berichtsadressat auch OVG NW, NWVBl. 2023, 283 (286 f.). Siehe dazu auch *Huber/Fröhlich*, in: Großkommentar zum AktG, 4. Aufl. 2015, § 394 Rn. 46; *Pelz*, in: Bürgers/Körber/Lieder (Hg.), AktG, 5. Aufl. 2021, § 394 Rn. 8, wonach die Durchbrechung der Berichtspflicht nicht voraussetzt, dass eine absolute Geheimhaltung ungeachtet der Größe und Zusammensetzung des Kommunalparlaments garantiert ist; *Rachlitz*, in: Grigoleit (Hg.), AktG, 2. Aufl. 2020, § 395 Rn. 30: „Die Möglichkeit einer Befassung von Parlamenten und Gemeinderäten gehört zum realtypischen Hintergrund der §§ 394 f.; indem dafür keine besondere Vorsorge getroffen ist, wird ein gewisses Maß an Risikoerhöhung, die sich aus der Befassung von Personenmehrheiten ergibt, in Kauf genommen.".

1266 Vgl. *Lange*, Kommunalrecht, 2. Aufl. 2019, Kapitel 5 Rn. 150.

1267 *Schockenhoff*, in: MüKoAktG, Bd. 6, 5. Aufl. 2021, § 394 Rn. 47.

1268 Vgl. OVG NW, NWVBl. 2023, 283 (286); *Vogel*, Städte- und Gemeinderat 1996, 252 (255); *Strobel*, Verschwiegenheits- und Auskunftspflicht kommunaler Vertreter im Aufsichtsrat öffentlicher Unternehmen, 2002, S. 202. So wohl auch *Mann*, in: GS Peter J. Tettinger, 2007, S. 295 (313). Nach *Dietlmeier*, Rechtsfragen der Publizität im kommunalen Unternehmensrecht, 2015, S. 446, ist es der eigen-

führt,[1269] unterliegen Gemeinderatsmitglieder verschiedenen Pflichten, die das Mandat des parlamentarischen Abgeordneten nicht kennt. So sind die Gemeinderatsmitglieder nach den Gemeindeordnungen aller Bundesländer verpflichtet, über Angelegenheiten, die ihnen bei ihrer Tätigkeit als Gemeindevertreter bekannt geworden sind, Verschwiegenheit zu bewahren.[1270] Dies gilt insbesondere für solche Informationen, die in nichtöffentlicher Sitzung behandelt wurden.[1271]

Teilen der Literatur bietet das jedoch keine hinreichende Gewähr für die Wahrung der Verschwiegenheit.[1272] Begründet wird dies mit der

---

verantwortlichen Entscheidungshoheit der Kommune überlassen, „ob sie das Gemeinderatsplenum für einen geeigneten Berichtsadressaten hält und ihm die für die Unternehmenssteuerung erforderlichen Informationen durch Berichte der auf seine Veranlassung entsandten oder gewählten Aufsichtsratsmitglieder nach § 395 AktG in geeigneter Form und unter Beachtung der eigenen kommunalrechtlichen Verschwiegenheitspflichten zukommen lässt". Vgl. auch *Burgi*, in: ders./Habersack (Hg.), Handbuch Öffentliches Recht des Unternehmens, 2023, § 23 Rn. 67: „Bei alldem darf nicht vergessen werden, dass sämtliche durch diese Vorschriften adressierten Vertreter der Gemeinde ihrerseits Verschwiegenheitspflichten unterliegen, nämlich nach Maßgabe der entsprechenden Vorschriften in den Kommunalgesetzen (vgl. z.B. Art. 56a GO).".

1269 Siehe oben 6. Kapitel A.III.

1270 Vgl. § 32 Abs. 1 S. 1 i. V. m. § 17 Abs. 2 GO BW; Art. 31 Abs. 2 S. 1 i. V. m. Art. 20 Abs. 2, 3 BayGO; § 31 Abs. 2 i. V. m. § 21 BbgKVerf; § 35 Abs. 2 S. 1 i. V. m. § 24 HessGO; § 23 Abs. 6 MV KV; § 54 Abs. 3 i. V. m. § 40 NKomVG; § 43 Abs. 2 i. V. m. § 30 GO NRW; § 30 Abs. 1 S. 1, 4 i. V. m. § 26 Abs. 3 KSVG; § 35 Abs. 1 S. 1 i. V. m. § 19 Abs. 2 S. 1 SächsGO; § 43 Abs. 1 S. 1 i. V. m. § 32 Abs. 2 S. 1 KVG LSA; § 32 Abs. 3 S. 1 i. V. m. § 21 Abs. 2 GO SH; § 24 Abs. 1 i. V. m. § 12 Abs. 3 S. 1 ThürKO; dazu *Lange*, Kommunalrecht, 2. Aufl. 2019, Kapitel 5 Rn. 147. Auch in Rheinland-Pfalz üben die Mitglieder des Gemeinderats ein öffentliches Ehrenamt aus, sodass sie an die Schweigepflicht nach § 20 Abs. 1 GO RP gebunden sind, vgl. *Stubenrauch*, Kommunalrecht Rheinland-Pfalz, 2022, 7. Kapitel Rn. 30.

1271 Vgl. § 35 Abs. 2 GO BW; § 37 Abs. 2 SächsGO; § 52 Abs. 3 KVG LSA. In den Bundesländern, in denen dies nicht ausdrücklich gesetzlich geregelt ist, wird die Behandlung einer Angelegenheit in nichtöffentlicher Sitzung jedenfalls ein starkes Indiz für deren Geheimhaltungsbedürftigkeit sein, vgl. *Lange*, Kommunalrecht, 2. Aufl. 2019, Kapitel 5 Rn. 155; *Papsthart*, BayVBl. 2021, 253 (259); *Seybold*, in: Dietlein/Mehde (Hg.), BeckOK Kommunalrecht Niedersachsen, 27. Edition 2023, § 40 NKomVG Rn. 12; *Stepanek*, in: Dietlein/Suerbaum (Hg.), BeckOK Kommunalrecht Bayern, 19. Edition 2023, Art. 20 GO Rn. 10.

1272 Vgl. *Schmidt-Aßmann/Ulmer*, BB 1988, Beilage 13, 1 (18); *Will*, VerwArch 94 (2003), 248 (263); *Albrecht-Baba*, NWVBl. 2011, 127 (130); *Kersting*, in: Kölner Kommentar zum AktG, Bd. 7, 3. Aufl. 2016, §§ 394, 395 Rn. 181; *Pape*, Das kommunale Aufsichtsratsmandat, 2020, S. 255 f.; *Hüffer/Koch*, AktG, 17. Aufl. 2023, § 394 Rn. 43; *Lück*, in: Dietlein/Suerbaum (Hg.), BeckOK Kommunalrecht Bayern, 19. Edition 2023, Art. 93 GO Rn. 38. Diese Bedenken werfen auch *Battke/Voigt*, SächsVBl. 2006, 273 (276), auf.

großen Mitgliederzahl[1273] sowie der fehlenden Gewähr dafür, dass die Gemeinderatsmitglieder ihre Verschwiegenheitspflicht auch tatsächlich einhalten würden[1274]. Trotz der rechtlichen Verpflichtung zur Verschwiegenheit entspräche es der praktischen Lebenserfahrung, dass die zuverlässige Geheimhaltung nicht als gesichert angesehen werden könne.[1275] Schließlich wird vorgebracht, dass die Verschwiegenheitspflicht zwar der Sanktion des Ordnungsgeldes, aber nicht den strengen Sanktionen des AktG gem. §§ 16, 93, 404 Abs. 1 Nr. 1 AktG unterliege,[1276] was wiederum den Schluss zulasse, dass die Motivation zur Betrachtung der Verschwiegenheit für den kommunalen Mandatsträger geringer ausfalle als für ein Mitglied des Aufsichtsrates.[1277]

Dietlmeier resümiert diesen Diskurs zutreffend mit den Worten: „*Man kann sich dabei des Eindrucks nicht erwehren, den (ehrenamtlichen) Mitgliedern eines Gemeinderats werde die Wahrung der Vertraulichkeit in Angelegenheiten kommunaler Gesellschaften schlichtweg nicht zugetraut.*“[1278] Die Stimmen in der Literatur, die in der Zusammensetzung des Gemeinderats eine nicht hinnehmbare Gefahr für die Geheimhaltung unternehmensinterner Informationen sehen, verkennen, dass es gerade diese interessenpluralistische Zusammensetzung des Gemeinderates ist, die eine Abbildung des Volkswillens gewährleistet, auf dem die demokratische Legitimation der gesamten gemeindlichen Tätigkeit basiert.[1279]

Vor dem Hintergrund einer effektiven kommunalen Ingerenz muss dies (wenn man das Maß an Vertraulichkeit bei einer Berichterstattung an das Kollegialorgan Gemeinderat i.R.d. §§ 394, 395 AktG ausreichen

---

1273 Vgl. *Schmidt-Aßmann/Ulmer*, BB 1988, Beilage 13, 1 (18); *Will*, VerwArch 94 (2003), 248 (263); *Albrecht-Baba*, NWVBl. 2011, 127 (130); *Kersting*, in: Kölner Kommentar zum AktG, Bd. 7, 3. Aufl. 2016, §§ 394, 395 Rn. 181; *Pape*, Das kommunale Aufsichtsratsmandat, 2020, S. 255.

1274 Vgl. *Battke/Voigt*, SächsVBl. 2006, 273 (276); *Kersting*, in: Kölner Kommentar zum AktG, Bd. 7, 3. Aufl. 2016, §§ 394, 395 Rn. 181; *Pape*, Das kommunale Aufsichtsratsmandat, 2020, S. 255; *Hüffer/Koch*, AktG, 17. Aufl. 2023, § 394 Rn. 43; *Lück*, in: Dietlein/Suerbaum (Hg.), BeckOK Kommunalrecht Bayern, 19. Edition 2023, Art. 93 GO Rn. 38.

1275 So *Kersting*, in: Kölner Kommentar zum AktG, Bd. 7, 3. Aufl. 2016, §§ 394, 395 Rn. 181; *Pape*, Das kommunale Aufsichtsratsmandat, 2020, S. 255.

1276 Vgl. *Lück*, in: Dietlein/Suerbaum (Hg.), BeckOK Kommunalrecht Bayern, 19. Edition 2023, Art. 93 GO Rn. 38. Ausführlich zu den möglichen Folgen von Verletzungen der Verschwiegenheitspflicht *Papsthart*, BayVBl. 2021, 253 (259).

1277 Vgl. *Pape*, Das kommunale Aufsichtsratsmandat, 2020, S. 255.

1278 Rechtsfragen der Publizität im kommunalen Unternehmensrecht, 2015, S. 441.

1279 Vgl. *Dietlmeier*, Rechtsfragen der Publizität im kommunalen Unternehmensrecht, 2015, S. 445.

lässt) erst recht für Berichte des Bürgermeisters an einzelne Gemeinderatsmitglieder oder Fraktionen gelten.[1280]

dd) Zwischenergebnis

Zusammenfassend lässt sich an dieser Stelle festhalten, dass es den verfassungsrechtlichen Vorgaben widerspräche, eine Informationsweiterleitung an den Gemeinderat von vornherein als unzulässig einzustufen. Vielmehr fällt der Gemeinderat unter den Kreis der empfangsberechtigten Personen des § 395 Abs. 1 Hs. 1 AktG. Daher umfasst die Lockerung der Verschwiegenheitspflicht der Aufsichtsratsmitglieder einer gemeindlichen Gesellschaft grundsätzlich auch die Weitergabe von vertraulichen oder geheimen Informationen an den Gemeinderat. Zur Wahrung der Vertraulichkeit der entsprechenden Informationen können diese in nichtöffentlicher Sitzung beraten werden. Allerdings müssen im konkreten Einzelfall entsprechend gewichtige, zwingende Interessen des öffentlichen Wohls dies erfordern. Im Übrigen stehen der Informationspflicht des Aufsichtsratsmitglieds gegenüber dem Gemeinderat gesellschaftsrechtliche Verschwiegenheitspflichten nicht entgegen.

4. Rechtslage bei Beteiligung an einer GmbH

Für den Fall, dass der Gemeinderat bzw. ein Gemeinderatsmitglied Auskunft über eine von der Gemeinde zumindest beherrschte GmbH vom Bürgermeister anfordert und dieser nicht über die relevanten Informationen verfügt, stellt sich die Frage, wie er ggf. an die Informationen gelangen kann.[1281] Die Verschwiegenheitspflicht des Geschäftsführers sowie der Aufsichtsratsmitglieder einer GmbH wurden bereits ausführlich oben (unter 4. Kapitel A.I.4.) untersucht. Die rechtliche Ausgangslage ist für die kommunale Ebene zunächst dieselbe, sodass im Folgenden in der gebotenen Kürze auf die einer Informationspflicht möglicherweise entgegenstehenden Verschwiegenheitspflichten des Geschäftsführers (a) bzw. der Aufsichtsratsmitglieder (b) eingegangen wird.

1280 Vgl. OVG NW, NWVBl. 2023, 283 (286): „Hiervon ausgehend kann der Begriff des ‚Verwaltens' in § 395 Abs. 1 AktG auch auf Angehörige des Rates bezogen werden"; *Meiski*, BayVBl. 2006, 300 (304), wonach die Annahme von Verschwiegenheitspflichten von Aufsichtsratsmitgliedern gegenüber Mitgliedern des Gemeinderates dem Grundsatz der verfassungskonformen Auslegung widersprechen würde; *Werner*, NVwZ 2019, 449 (453); ausführlich *Shaverdov*, Pflichtenbindungen und Pflichtenkollisionen der Gemeindevertreter, 2021, S. 298 f.

1281 Vgl dazu *Shaverdov*, Pflichtenbindungen und Pflichtenkollisionen der Gemeindevertreter, 2021, S. 272.

a) *Verschwiegenheitspflichten des Geschäftsführers*

Zunächst stellt sich die Frage, ob der Bürgermeister zur Erfüllung seiner Informationspflicht (vgl. oben 6. Kapitel C.II.) auf Informationen des Geschäftsführers der gemeindlichen GmbH zugreifen kann. Wie bereits ausgeführt (4. Kapitel A.I.4.a)), darf der Geschäftsführer zwar vertrauliche Angaben bzw. Betriebs- und Geschäftsgeheimnisse der Gesellschaft nicht gegenüber Dritten offenbaren. Die GmbH-Gesellschafter genießen indes ein umfassendes Informationsrecht nach § 51a GmbHG betreffend Angelegenheiten der Gesellschaft. Dieses soll sie in die Lage versetzen, ihre Rechte in der Gesellschafterversammlung sachgerecht wahrnehmen zu können.[1282]

Gesellschafterin i. S. d. § 51a GmbHG und damit Inhaberin des Informationsrechts ist im Falle einer GmbH unter gemeindlicher Beteiligung die Gemeinde.[1283] Die Frage, wer diese in ihrer Funktion als Gesellschafterin vertritt, regelt allein das Kommunalrecht.[1284] Meist ist vorgesehen, dass die Gemeinde durch den Bürgermeister als ihrem gesetzlichen Vertreter in der Gesellschafterversammlung repräsentiert wird (und nicht etwa durch den Gemeinderat als Kollegialorgan).[1285] Damit ist (nur) der Bürgermeister das vertretungsberechtigte Organ, das die Gesellschafterrechte der Gemeinde und somit auch den Informationsanspruch gegenüber der Geschäftsführung geltend machen kann.[1286]

Bezüglich des Umfangs des Informationsrechts nach § 51a GmbHG ist auf die Ausführungen auf Bundesebene zu verweisen,[1287] wonach über das Auskunftsrecht nach § 51a Abs. 1 GmbHG selbst vertrauliche Angaben bzw. Betriebs- und Geschäftsgeheimnisse der Gesellschaft erlangt werden können, sofern kein Informationsverweigerungsrecht besteht.

1282 Vgl. *Passarge/Kölln*, NVwZ 2014, 982; *Teichmann*, in: Burgi/Habersack (Hg.), Handbuch Öffentliches Recht des Unternehmens, 2023, § 25 Rn. 141.

1283 Vgl. *Passarge/Kölln*, NVwZ 2014, 982 (984).

1284 Vgl. *Burgi*, in: Herrler (Hg), Aktuelle gesellschaftsrechtliche Herausforderungen, 2016, S. 49 (61); *Dietlmeier*, Rechtsfragen der Publizität im kommunalen Unternehmensrecht, 2015, S. 449 f.

1285 Vgl. *Meiski*, BayVBl. 2006, 300 (302); *Burgi*, in: Herrler (Hg), Aktuelle gesellschaftsrechtliche Herausforderungen, 2016, S. 49 (61); *Dietlmeier*, Rechtsfragen der Publizität im kommunalen Unternehmensrecht, 2015, S. 450; *Weber*, in: Wurzel/Schraml/Gaß (Hg.), Rechtspraxis der kommunalen Unternehmen, 4. Aufl. 2021, Kap. D Rn. 490; *Shaverdov*, Pflichtenbindungen und Pflichtenkollisionen der Gemeindevertreter, 2021, S. 272 f.

1286 Vgl. *Passarge/Kölln*, NVwZ 2014, 982 (984); *Weber*, in: Wurzel/Schraml/Gaß (Hg.), Rechtspraxis der kommunalen Unternehmen, 4. Aufl. 2021, Kap. D Rn. 490; *Shaverdov*, Pflichtenbindungen und Pflichtenkollisionen der Gemeindevertreter, 2021, S. 273.

1287 Siehe oben 4. Kapitel A.I.4.a).

Dabei ist zu beachten, dass es sich bei der Verwendung von Informationen zur Erfüllung einer kommunalrechtlichen Auskunftspflicht bereits um keinen gesellschaftsfremden Zweck handelt, der ein Antwortverweigerungsrecht begründen könnte.[1288] Ist die Gemeinde alleinige Gesellschafterin der GmbH, so würde eine Auskunftsverweigerung ohnehin an dem dafür notwendigen Gesellschafterbeschluss scheitern, den es zu Lasten der einzigen Gesellschafterin wohl nicht geben wird.[1289] Somit ist es dem Bürgermeister gestattet, auch vertrauliche bzw. geheime Informationen betreffend das gemeindliche Unternehmen von der Geschäftsführung einzuholen, um damit seiner Antwortpflicht gegenüber dem Gemeinderat nachzukommen.

Der Weitergabe dieser Informationen an den Gemeinderat steht auch nicht entgegen, dass die Gemeinde als Gesellschafterin gegenüber der GmbH zur Treue verpflichtet ist und die nach § 51a GmbHG erlangten Informationen vertraulich zu behandeln hat.[1290] Bei der Konkretisierung dieser gesellschaftsrechtlichen Generalklausel ist die verfassungsrechtlich begründete Ingerenzpflicht der Gemeinde (vgl. 6. Kapitel B.) zu berücksichtigen, sodass die Weitergabe der entsprechenden Information an den Gemeinderat solange möglich sein muss, als dass ihr keine entsprechend gewichtigen Rechtsgüter entgegenstehen.[1291] Freilich ist auch hier ggf. die Möglichkeit in Erwägung zu ziehen, zur Wahrung der Vertraulichkeit die in Rede stehenden Informationen in einer nichtöffentlichen Sitzung zu behandeln.[1292]

b) *Verschwiegenheitspflichten der Aufsichtsratsmitglieder*

Die Einrichtung eines Aufsichtsrates ist für die Rechtsform der GmbH grundsätzlich nicht zwingend vorgesehen. Es kann aber ein sog. fakultati-

---

1288 Vgl. bereits ausführlich oben 4. Kapitel A.I.4.a).

1289 Vgl. *Altmeppen*, NJW 2003, 2561 (2566); *Ristelhuber*, NWVBl. 2016, 359 (364).

1290 Vgl. etwa *Merkt*, in: MüKoGmbHG, Bd. 1, 4. Aufl. 2022, § 13 Rn. 176; *Bayer*, in: Lutter/Hommelhoff (Hg.), GmbH-Gesetz Kommentar, 21. Aufl. 2023, § 51a Rn. 31.

1291 Vgl. dazu bereits zur Bundesebene 4. Kapitel A.I.4.a). Vgl. auch *Müller*, VR 2015, 231 (234); *Dünchheim*, KommJur 2016, 441 (445): „Im Falle einer kommunalen GmbH wird man insofern keinen Verstoß gegen die in § 51a II GmbHG normierte Verschwiegenheitspflicht annehmen können, wenn der Bürgermeister Auskünfte von der GmbH verlangt, um seinerseits dem gegen ihn gerichteten Auskunftsanspruch aus § 55 I 2 GO nachzukommen". Vgl. auch mit Blick auf § 55 Abs. 1 S. 2 GO NRW *Shaverdov*, Pflichtenbindungen und Pflichtenkollisionen der Gemeindevertreter, 2021, S. 275: „Denn diese Treue kann nicht weiterreichen als die kommunalrechtliche Anordnung zur mandatssichernden Informationsweitergabe aus § 55 Abs. 1 Satz 2 GO NRW.".

1292 Dazu 6. Kapitel D.I.3.b). Vgl. auch *Meiski*, BayVBl. 2006, 300 (302 f.).

ver Aufsichtsrat gebildet werden (vgl. § 52 GmbHG).[1293] Die Gemeindeordnungen sehen als Zulässigkeitsvoraussetzung der kommunalen Wirtschaftstätigkeit in Privatrechtsform vor, dass die Gemeinde einen angemessenen Einfluss (insbesondere) im Aufsichtsrat oder in einem entsprechenden Überwachungsorgan erhält.[1294] Dem kann jedoch keine Pflicht, einen Aufsichtsrat zu bilden, entnommen werden.[1295] Unter bestimmten Voraussetzungen ist für die GmbH die Bildung eines Aufsichtsrats zwingend vorgesehen (obligatorischer Aufsichtsrat), insbesondere kann sich dies aus mitbestimmungsrechtlichen Gesetzen ergeben.[1296]

Dies führt für die weitere Untersuchung zu der Frage, ob die Verschwiegenheitspflicht des Mitglieds eines fakultativen (aa) oder obligatorischen (bb) Aufsichtsrats dessen Informationspflicht gegenüber dem Gemeinderat (vgl. dazu oben 6. Kapitel C.I.) begrenzen kann.

aa) Rechtslage hinsichtlich des fakultativen Aufsichtsrats

Für den fakultativen Aufsichtsrat wurde bereits ausführlich die Streitfrage erörtert, ob die Verschwiegenheitspflicht der Aufsichtsratsmitglieder gegenüber dem Parlament gänzlich aufgehoben werden kann (vgl. § 52 Abs. 1 a. E. GmbHG).[1297] Daher bleibt an dieser Stelle nur festzustellen, dass das i. E. jedenfalls für die Ein-Personen-GmbH mit fakultativem Aufsichtsrat, in der die Gemeinde Alleingesellschafterin ist, mit Blick auf den Gemeinderat bejaht werden kann.[1298] Insofern

---

1293 Vgl. *Mann*, in: GS Peter J. Tettinger, 2007, S. 295 (302); *Altmeppen*, GmbHG Kommentar, 11. Aufl. 2023, § 52 Rn. 1; *Spindler*, in: MüKoGmbHG, Bd. 2, 4. Aufl. 2023, § 52 Rn. 1

1294 Vgl. mit teilweise alternativen Formulierungen § 103 Abs. 1 S. 1 Nr. 3 GO BW; Art. 92 Abs. 1 S. 2 Nr. 2 BayGO; § 96 Abs. 1 S. 1 Nr. 2 BbgKVerf; § 69 Abs. 1 Nr. 4 MV KV; § 137 Abs. 1 Nr. 6 NKomVG; § 87 Abs. 1 S. 1 Nr. 3 GO RP; § 96 Abs. 1 Nr. 2 SächsGO; § 129 Abs. 1 Nr. 3 KVG LSA; § 102 Abs. 1 S. 1 Nr. 3 GO SH; § 73 Abs. 1 S. 1 Nr. 2 ThürKO.

1295 Vgl. *Oebbecke*, in: Hoppe/Uechtritz/Reck (Hg.), Handbuch kommunale Unternehmen, 3. Aufl. 2012, § 8 Rn. 62; *Hölz/Hien/Huber*, Gemeindeordnung mit Verwaltungsgemeinschaftsordnung, Landkreisordnung und Bezirksordnung für den Freistaat Bayern, 51. EL, Stand: Oktober 2013, Erl. 3.1 zu Art. 93 GO; *Burgi*, in: Herrler (Hg), Aktuelle gesellschaftsrechtliche Herausforderungen, 2016, S. 49 (62); *Müller*, in: Dietlein/Pautsch (Hg.), BeckOK Kommunalrecht Baden-Württemberg, 22. Edition 2023, § 103 GemO Rn. 13.

1296 Dazu zählen DrittelbG, MitbestG, MontanMitbestG, MitbestErgG und MgVG, vgl. *Lutter/Krieger/Verse* (Hg.), Rechte und Pflichten des Aufsichtsrats, 7. Aufl. 2020, § 15 Rn. 1091; *Noack*, in: ders./Servatius/Haas (Hg.), GmbH-Gesetz, 23. Aufl. 2022, § 52 Rn. 2. Siehe ausführlich 4. Kapitel A.I.4.b).

1297 Vgl. 4. Kapitel A.I.4.b) aa). Vgl. auch *Mann*, in: GS Peter J. Tettinger, 2007, S. 295 (307 ff.).

1298 Dazu ausführlich oben 4. Kapitel A.I.4.b) aa).

wäre auch eine Weitergabe vertraulicher oder geheimer Unternehmensinterna an den Gemeinderat zulässig, sodass der Informationspflicht des Aufsichtsratsmitglieds keine Verschwiegenheitspflichten entgegenstünden.

Falls keine entsprechende Satzungsregelung besteht oder neben der Gemeinde auch Private an der Gesellschaft beteiligt sind, verweist § 52 Abs. 1 GmbHG auf die §§ 394, 395 AktG. Insofern können die bisherigen Ausführungen zu den Sondervorschriften der §§ 394, 395 AktG bei Beteiligung einer Gemeinde an einer Aktiengesellschaft (vgl. oben 6. Kapitel D.I.3.) auf die Rechtslage der Aufsichtsratsmitglieder einer kommunalen GmbH übertragen werden.

bb) Rechtslage mit Blick auf den obligatorischen Aufsichtsrat

Für die Mitglieder des mitbestimmten GmbH-Aufsichtsrats verweisen die § 1 Abs. 1 Nr. 3 DrittelbG, § 25 Abs. 1 S. 1 Nr. 2 MitbestG jeweils auf die in § 116 AktG geregelte Verschwiegenheitspflicht,[1299] allerdings nicht auf die §§ 394, 395 AktG. Für die Streitfrage, ob diese Vorschriften dennoch auf die Aufsichtsratsmitglieder eines obligatorischen Aufsichtsrats anwendbar sind, kann an dieser Stelle auf die obige Diskussion verwiesen werden (s. o. 4. Kapitel A.I.4.b) bb)). Nach der hier vertretenen Auffassung ist auch in diesen Fällen von einer analogen Anwendbarkeit dieser Sonderregelungen auszugehen.[1300] Insofern kann auch für die Frage nach der Verschwiegenheitspflicht der Aufsichtsratsmitglieder eines obligatorischen Aufsichtsrats einer GmbH auf die Ausführungen zu den §§ 394, 395 AktG (vgl. oben 6. Kapitel D. I.3.) verwiesen werden.

1299 Vgl. *Lutter/Krieger/Verse* (Hg.), Rechte und Pflichten des Aufsichtsrats, 7. Aufl. 2020, § 20 Rn. 1435; *Spindler*, in: MüKoGmbHG, Bd. 2, 4. Aufl. 2023, § 52 Rn. 720. § 3 Abs. 2 MontanMitbestG erklärt die Vorschriften des AktG pauschal für sinngemäß anwendbar, worauf § 3 Abs. 1 S. 2 MontanMitbestGErgG wiederum verweist.

1300 Vgl. *Thode*, AG 1997, 547 (553); *Lampert*, Einflussnahme auf Aufsichtsratsmitglieder durch die öffentliche Hand als Gesellschafterin, 2012, S. 67 f.; *Kersting*, in: Kölner Kommentar zum AktG, Bd. 7, 3. Aufl. 2016, §§ 394, 395 Rn. 99; *Habersack*, in: ders./Henssler, Mitbestimmungsrecht, 4. Aufl. 2018, § 25 MitbestG Rn. 100; *Oetker*, in: Schmidt/Lutter (Hg.), AktG, 4. Aufl. 2020, § 394 Rn. 5; *Müller-Michaels*, in: Hölters/Weber (Hg.), AktG, 4. Aufl. 2022, § 394 Rn. 13; *Schockenhoff*, in: MüKoAktG, Bd. 6, 5. Aufl. 2021, § 394 Rn. 12; *Adenauer*, in: Backhaus/Tielmann (Hg.), Der Aufsichtsrat, 2. Aufl. 2023, § 394 AktG Rn. 14. A. A. *Pfeifer*, Möglichkeiten und Grenzen der Steuerung kommunaler Aktiengesellschaften durch ihre Gebietskörperschaften, 1991, S. 192 f.

cc) Zwischenergebnis

Im Ergebnis stellt sich die GmbH mit Blick auf den Informationsfluss gegenüber der Aktiengesellschaft als unproblematischere Rechtsform für ein Beteiligungsunternehmen der Gemeinde dar.[1301] So genießt die Gemeinde als Gesellschafterin ein umfassendes Informationsrecht nach § 51a GmbHG, das auch eine Weitergabe vertraulicher oder geheimer Informationen an den Gemeinderat ermöglicht. Ferner verweist § 52 Abs. 1 GmbHG für den Fall der Einrichtung eines fakultativen GmbH-Aufsichtsrats auf die §§ 394, 395 AktG bzw. können diese Normen für den Fall der Einrichtung eines obligatorischen Aufsichtsrats analog angewendet werden. Somit ist eine Informationsweitergabe seitens der Aufsichtsratsmitglieder an den Gemeinderat in gleichem Umfang möglich wie im Falle der Beteiligung an einer Aktiengesellschaft. Ist die Gemeinde alleinige Gesellschafterin einer GmbH mit fakultativem Aufsichtsrat, könnte die Verschwiegenheitspflicht der Aufsichtsratsmitglieder gegenüber dem Gemeinderat nach hier vertretener Auffassung auch gänzlich aufgehoben werden.

II. Entgegenstehende öffentliche Belange

Obschon sich die gemeindlichen Vertreter in den Organen des öffentlichen Unternehmens bzw. der Bürgermeister nach den bisherigen Ausführungen nicht auf gesellschaftsrechtliche Verschwiegenheitspflichten an sich berufen können, gibt es weitere Belange, die im Einzelfall einer Informationspflicht entgegenstehen und damit Maßnahmen zur Wahrung der Vertraulichkeit oder gar eine Antwortverweigerung rechtfertigen können. Dabei kann hier nicht auf die Details der jeweiligen landesrechtlichen Ausgestaltung eingegangen werden, die „auf diesem Feld an Buntscheckigkeit und leider auch Unklarheit und innerer Widersprüchlichkeit kaum zu überbieten“[1302] ist. Doch soll im weiteren Verlauf überblicksartig untersucht werden, welche möglichen Grenzen sich aus sonstigem höherrangigen Recht für die Antwortpflicht des Bürgermeisters mit Blick auf Informationen betreffend ein gemeindliches Unternehmen ergeben können.

1301 So *Weber*, in: Wurzel/Schraml/Gaß (Hg.), Rechtspraxis der kommunalen Unternehmen, 4. Aufl. 2021, Kap. D Rn. 493.

1302 *Lange*, Kommunalrecht, 2. Aufl. 2019, Kapitel 4 Rn. 172, zu den Unterrichtungsrechten und -pflichten der Gemeindevertretung.

1. Funktions- und Arbeitsfähigkeit der Gemeindeverwaltung

Auf staatlicher Ebene kommt dem Grundsatz der Gewaltenteilung eine begrenzende Funktion gegenüber dem parlamentarischen Informationsanspruch zu (vgl. 4. Kapitel A.II.1.). Diese Grenze, insbesondere die Rechtsprechung zum Kernbereich exekutiver Eigenverantwortung, lässt sich nicht ohne Weiteres auf die kommunale Ebene übertragen.[1303] Dies ist der Tatsache geschuldet, dass die Gewaltenteilung auf Gemeindeebene nicht im klassischen Sinne verwirklicht ist.[1304] Das Verhältnis des Bürgermeisters zum Gemeinderat ist also nicht im gleichen Maße vom Gewaltenteilungsgrundsatz geprägt wie das Verhältnis der Regierung zum Parlament.[1305]

Dennoch wäre auch eine unbegrenzte Kontrollbefugnis der Gemeindevertretung nicht mit der eigenverantwortlichen Stellung des Verwaltungsorgans vereinbar.[1306] Die mit der Aufteilung der Funktionen zwischen dem monokratischen und dem Kollegialorgan einhergehende „Gewaltenteilung eigener Art" auf gemeindlicher Ebene[1307] verpflichtet die jeweiligen Organe dazu, die Funktions- und Arbeitsfähigkeit des anderen Organs nicht zu gefährden.[1308] Anfragen betreffend Informationen, deren Veröffentlichung die Funktionsfähigkeit der Verwaltung gefährden würden, könnte demnach ein aus der rechtsstaatlichen Funktionsfähigkeit der gemeindlichen Verwaltung abgeleitetes Geheimhaltungsinteresse entgegengehalten werden.[1309] So berechtigt die Kontrollbefugnis den Gemeinderat etwa nicht dazu, in die Gemeindeverwaltung derart einzugreifen, dass Verwaltungsmaßnahmen inhaltlich beeinflusst oder gar verhindert werden.[1310]

1303 Vgl. *Teuber*, Parlamentarische Informationsrechte, 2007, S. 234; *Katz*, NVwZ 2018, 1091 (1095); *Wefelmeier*, NdsVBl. 2019, 365 (375); *Mehde*, in: Dietlein/Mehde (Hg.), BeckOK Kommunalrecht Niedersachsen, 27. Edition 2023, § 56 NKomVG Rn. 18.

1304 Siehe oben 6. Kapitel A.II.2.b) bb).

1305 Vgl. *Wefelmeier*, NdsVBl. 2019, 365 (375).

1306 So *Lange*, Kommunalrecht, 2. Aufl. 2019, Kapitel 4 Rn. 191; *Mehde*, in: Dietlein/Mehde (Hg.), BeckOK Kommunalrecht Niedersachsen, 27. Edition 2023, § 56 NKomVG Rn. 18.

1307 Siehe dazu oben 6. Kapitel A.II.2.b) bb).

1308 Vgl. OVG NW, NVwZ-RR 2010, 650 (651); *Teuber*, Parlamentarische Informationsrechte, 2007, S. 234; *Müller*, VR 2015, 231 (236); *Kleerbaum*, in: ders./Palmen (Hg.), Gemeindeordnung Nordrhein-Westfalen, 3. Aufl. 2017, § 55 VII.1.; *Lange*, Kommunalrecht, 2. Aufl. 2019, Kapitel 4 Rn. 191; *Engels*, in: Dietlein/Ogorek (Hg.), BeckOK Kommunalrecht Hessen, 24. Edition 2023, § 50 HessGO Rn. 27.

1309 So *Faber*, NVwZ 2003, 1317 (1320).

1310 Vgl. *Widtmann/Grasser*, Bayerische Gemeindeordnung, 24. EL, Mai 2011, Art. 30 GO Rn. 10d.

Im Wesentlichen kann daher der Autonomiebereich des Bürgermeisters bzw. der Gemeindeverwaltung nicht als weniger schutzwürdig eingestuft werden als der Kernbereich exekutiver Eigenverantwortung bzw. die Funktionsfähigkeit der Regierung.[1311] Dafür spricht überdies, dass der Bürgermeister aufgrund seiner Direktwahl durch das Volk besondere institutionelle Unabhängigkeit genießt, die seinen Handlungen höhere personelle demokratische Legitimation verleiht.[1312] Demgegenüber geht es bei dem parlamentarischen System auf Bundesebene um die Verantwortlichkeit gegenüber einem Organ, das die Regierung selbst gewählt hat.[1313] Vor diesem Hintergrund scheint es geradezu notwendig, den Kern der Entscheidungsfindung der gemeindlichen Verwaltungsspitze als Grenze des Informationsrechts anzuerkennen.[1314]

Ein Antwortverweigerungsrecht besteht damit für solche Informationen über ein gemeindliches Unternehmen, die noch laufende Willensbildungs- und Abstimmungsprozesse seitens des Bürgermeisters betreffen. Diese Grenze ist mit Blick auf gemeindliche Unternehmen umso wichtiger, als dadurch der laufende Willensbildungsprozess innerhalb des Unternehmens geschützt und im Falle der Rechtsform der Aktiengesellschaft überdies dazu beigetragen wird, das Vertrauensverhältnis zwischen Vorstand und Aufsichtsrat in seinem Bestand zu erhalten.[1315]

2. Zumutbarkeit

Mit Blick auf das Informationsrecht des Gemeinderats bzw. des einzelnen Gemeinderatsmitglieds gilt im Grundsatz, dass dieses auch solche Informationen umfasst, über die der Bürgermeister zum Zeitpunkt der

---

1311 Vgl. *Mehde*, in: Dietlein/Mehde (Hg.), 27. Edition 2023, § 56 NKomVG Rn. 18. Siehe auch *Teuber*, Parlamentarische Informationsrechte, 2007, S. 236 f.: „Im Ergebnis zeigt sich somit, dass zwar auf kommunaler Ebene der klassische Gewaltenteilungsgrundsatz nicht verwirklicht ist, insbesondere im Hinblick auf die Kontrollaufgabe aber nachhaltige Parallelen zwischen dem Parlament und den kommunalen Vertretungsorganen einerseits bzw. der Regierung und den Bürgermeistern andererseits bestehen, auf Grund derer die Grundsätze zur Parlamentsinformation weitestgehend übertragbar sind."; *Prandl/Zimmermann*, Kommunalrecht in Bayern, 144. EL, Stand: Dezember 2020, Erl. 5.2.3 zu Art. 30 GO „Man wird insoweit die Schranken, die für parlamentarische Anfragen gelten […] entsprechend heranziehen können."; a. A. *Wefelmeier*, NdsVBl. 2019, 365 (375), wonach der Willensbildungsprozess innerhalb der vom Hauptverwaltungsbeamten zu leitenden Verwaltung nicht in gleicher Weise schützenswert sei.

1312 Siehe dazu bereits oben 6. Kapitel A.II.2.b) bb). Ebenso *Mehde*, NordÖR 2014, 49 (53 f.).

1313 Vgl. *Mehde*, NordÖR 2014, 49 (53 f.).

1314 Vgl. *Mehde*, NordÖR 2014, 49 (53 f.).

1315 So *Teichmann*, in: Burgi/Habersack (Hg.), Handbuch Öffentliches Recht des Unternehmens, 2023, § 25 Rn. 140.

Geltendmachung des Auskunftsanspruchs nicht verfügt, sodass er ggf. zur Beschaffung jener Informationen (etwa durch Geltendmachung von Auskunftsansprüchen als gesetzlicher Vertreter der Gemeinde nach § 51a GmbHG) verpflichtet ist.[1316]

Dabei beschränkt sich die Antwortpflicht des Bürgermeisters auf solche Informationen, die mit zumutbarem Aufwand beschafft werden können.[1317] Für die Beurteilung der Zumutbarkeit ist auf die Gegebenheiten des Einzelfalls abzustellen, wobei auch der mit der Beantwortung der Frage verbundene Arbeitsaufwand im Verhältnis zur Verwaltungskraft der Gemeinde zu berücksichtigen ist.[1318] Dabei kann ein bloßer Mehraufwand für die Verwaltung nicht als Grenze der Antwortpflicht ausreichen.[1319] Welcher Aufwand noch angemessen ist, hängt auch von dem politischen, wirtschaftlichen oder rechtlichen Gewicht des Gegenstands der Frage ab.[1320] Unter dem Aspekt der gegenseitigen Rücksichtnahmepflicht der kommunalen Organe darf der Beschaffungsaufwand jedenfalls nicht dazu führen, dass andere Verwaltungsaufgaben unverhältnismäßig beeinträchtigt werden.[1321]

Nach allgemeinen Rechtsgrundsätzen sind daneben rechtsmissbräuchliche Fragen[1322] ebenso unzulässig wie Scheinfragen ohne jeglichen realen Hintergrund oder Fragen „ins Blaue hinein", die allein auf eine allgemeine Ausforschung gerichtet sind.[1323] Daher dürfte etwa die Antwort auf die anlasslos gestellte Frage, ob es in den letzten Jahren bei irgendeiner kommunalen Beteiligung Unregelmäßigkeiten gegeben hat, verweigert werden.[1324] Gleiches gilt für den Fall, dass das Ratsmitglied mit dem Auskunftsverlangen auf eine Schädigung des kommunalen Unter-

---

1316 Vgl. NdsOVG, DVBl 2009, 920 (921); ThürOVG, ThürVBl. 2015, 166 (168); *Mehde*, NordÖR 2014, 49 (53); *Wefelmeier*, NdsVBl. 2019, 365 (371).

1317 Vgl. OVG NW, NVwZ-RR 2010, 650 (651); NVwZ-RR 2021, 223 (225); *Müller*, VR 2015, 231 (236); *Bracht*, NVwZ 2016, 108 (112); *Katz*, NVwZ 2018, 1091 (1095); *Wefelmeier*, NdsVBl. 2019, 365 (371); *Dehn*, in: ders./Wolf, Gemeindeordnung Schleswig-Holstein, 18. Aufl. 2023, § 30 S. 296. *Lange*, Kommunalrecht, 2. Aufl. 2019, Kapitel 4 Rn. 191, spricht von der Angemessenheit des Aufwands, der zur Beantwortung der Anfrage erforderlich ist.

1318 Vgl. *Müller*, VR 2015, 231 (236).

1319 Vgl. VG Braunschweig, NVwZ-RR 2013, 731 (733); *Mehde*, NordÖR 2014, 49 (54).

1320 Vgl. VGH BW, DÖV 1992, 838.

1321 Vgl. *Wefelmeier*, NdsVBl. 2019, 365 (371).

1322 Vgl. OVG RP, DVBl 2022, 179 (181); VG Hannover, NdsVBl. 2017, 59 (61). Ebenso VGH BW, DÖV 1992, 838, bezüglich der Auskunftspflicht des Landrats.

1323 Vgl. VGH BW, NVwZ 2002, 229 (230); VG Braunschweig, NVwZ-RR 2013, 731 (732 f.); OVG RP, DVBl 2022, 179 (181); *Lange*, Kommunalrecht, 2. Aufl. 2019, Kapitel 4 Rn. 191.

1324 So *Bracht*, NVwZ 2016, 108 (112).

nehmens abzielt.[1325] Zulässig ist jedoch unter diesem Aspekt die Frage nach den Geschäftsführergehältern der Gesellschaften mit beschränkter Haftung einer Gemeinde, selbst wenn keine Beratung im Gemeinderat betreffend einen konkreten Geschäftsführervertrag ansteht.[1326]

3. Gefährdung des Gemeinwohls

Schließlich kommt als ungeschriebene Grenze der Antwortpflicht des Bürgermeisters eine Gefährdung des Gemeinwohls, insbesondere Kommunalwohlbelange, in Betracht.[1327] Zu untersuchen ist daher, ob die Geheimhaltungsinteressen eines gemeindlichen Unternehmens als Gemeinwohlgrund in diesem Sinne berücksichtigt werden können.

Nicht anders als bei jedem anderen privatwirtschaftlichen Unternehmen könnte sich die Behandlung einer Angelegenheit betreffend vertrauliche Informationen oder gar Betriebs- und Geschäftsgeheimnisse eines kommunalen Unternehmens in öffentlicher Gemeinderatssitzung negativ für das entsprechende Unternehmen auswirken.[1328] Die damit verbundene Offenlegung der entsprechenden Informationen kann gegenüber Mitbewerbern und Vertragspartnern einen Nachteil darstellen, der nicht nur zu Lasten der Gewinnerzielung des kommunalen Unternehmens geht, sondern auch zu Lasten des jeweils mit dem Unternehmen verfolgten öffentlichen Zwecks.[1329] Dies kann wiederum zur Folge haben, dass Zuschüsse aus dem öffentlichen Haushalt erforderlich oder umfänglicher werden.[1330]

Mit Blick auf den Informationsanspruch des Bundestages hat das Bundesverfassungsgericht das fiskalische Interesse des Staates am Schutz vertraulicher Informationen seiner (Beteiligungs-)Unternehmen als verfassungsrechtlichen Staatswohlbelang anerkannt (s. o. 4. Kapitel A.II.3.b)).

1325 So *Bracht*, NVwZ 2016, 108 (112).

1326 So OVG RP, DVBl 2022, 179 (181); *Katz*, NVwZ 2018, 1091 (1096).

1327 Vgl. VGH BW, NVwZ-RR 2007, 622 (623); OVG RP, DVBl 2022, 179 (184). Siehe auch *Papsthart*, BayVBl. 2018, 541 (547 f.), wonach die Pflicht zur Geheimhaltung insoweit unabdingbar bleibt, als Gründe des Allgemeinwohls dies gebieten.

1328 So *Burgi*, NVwZ 2014, 609 (610).

1329 Siehe dazu bereits 4. Kapitel A.II.3.b) aa); vgl. auch *Burgi*, NVwZ 2014, 609 (610), der daneben darauf hinweist, dass dies auch die Gewinnung von Mitgesellschaftern und Geschäftspartnern für eine Zusammenarbeit erschwert, wenn diese damit rechnen müssen, dass schon der Umstand ihrer geplanten Partnerschaft bzw. ihres geplanten Geschäfts mit dem kommunalen Unternehmen in der Öffentlichkeit bekannt wird; *Weiser-Saulin*, Public Corporate Governance kommunaler Unternehmen, 2021, S. 135.

1330 BVerfGE 147, 50 (156).

Obschon ganz oder mehrheitlich in öffentlicher Hand befindliche Unternehmen keinen Grundrechtsschutz genießen, besteht also ein verfassungsrechtlich anerkennenswertes öffentliches Interesse daran, dass deren Betriebs- und Geschäftsgeheimnisse geschützt werden.[1331]

Da sich auch kommunale Unternehmen bzw. deren Träger gegenüber Informationsansprüchen des Gemeinderats oder einzelner Gemeinderatsmitglieder weder auf einen grundrechtlichen Schutz von Betriebs- und Geschäftsgeheimnissen[1332] noch auf einfachrechtliche Verschwiegenheitspflichten des Gesellschaftsrechts[1333] berufen können, befinden sie sich in einer mit Beteiligungsunternehmen des Bundes vergleichbaren Lage. Grundsätzlich muss also auch insoweit ein fiskalisches Interesse der Gemeinde am Schutz vertraulicher Informationen ihrer (Beteiligungs-)Unternehmen als Kommunalwohlbelang anerkannt und als Grenze des Informationsanspruchs des Gemeinderats oder seiner Mitglieder berücksichtigt werden, soweit dieses Interesse durch das Bekanntwerden geheimhaltungsbedürftiger Informationen gefährdet werden kann.[1334] Letztlich sind die dahingehenden Ausführungen zur Bundesebene (vgl. 4. Kapitel A. II.3.b)) weitgehend auf die kommunale Ebene übertragbar.

Gleichzeitig ist ebenso wie auf Bundesebene anzuerkennen, dass das Wohl der Gemeinde den kommunalen Organen gemeinsam anvertraut ist und der Gemeinderat daher nicht als Außenstehender behandelt werden kann, vor dem Informationen zum Schutz des Kommunalwohls geheim zu halten sind.[1335] Ebenso wie auf Bundesebene dürfte daher auch auf kommunaler Ebene eine gänzliche Antwortverweigerung nur dann gerechtfertigt werden können, wenn die Gemeinde durch die hohe Transparenz ihrer (Beteiligungs-)Unternehmen gehindert wäre, die ihr obliegende Aufgabe überhaupt noch zu erfüllen.[1336]

Eine gänzliche Antwortverweigerung kommt dann nicht in Betracht, wenn wirksame Vorkehrungen gegen das Bekanntwerden geheimhaltungsbedürftiger Informationen getroffen werden können.[1337] Denn die

1331 Vgl. BVerfGE 147, 50 (156).
1332 Vgl. dazu 2. Kapitel B.I.1.
1333 Vgl. oben 6. Kapitel D.I.
1334 Vgl. OVG RP, DVBl 2022, 179 (184).
1335 Vgl. OVG RP, DVBl 2022, 179 (184).
1336 Dazu oben 4. Kapitel A.II.3.b) cc). Nach *Papsthart*, BayVBl. 2018, 541 (547), ist eine Geheimhaltung dann unabdingbar, wenn das Wohl des betreffenden Unternehmens dies zwingend erfordert, was allerdings schon dann angenommen wird, wenn im Sinne von § 51a Abs. 2 S. 1 GmbHG Anlass zur Verweigerung der Auskunft besteht.
1337 Siehe OVG RP, DVBl 2022, 179 (184).

Anwendung von Vertraulichkeits- bzw. Geheimnisschutzmaßnahmen kann dazu beitragen, eine Kontrolle durch den Gemeinderat bei gleichzeitiger Wahrung berechtigter Geheimhaltungsinteressen der Verwaltungsspitze zu ermöglichen.[1338]

Mit Blick auf das „Wie" der Antwort wird an dieser Stelle relevant, dass sämtliche Gemeindeordnungen die Gefährdung des Gemeinwohls als einen den Ausschluss der Öffentlichkeit von der Gemeinderatssitzung rechtfertigenden Grund ansehen.[1339] Dieser unbestimmte Rechtsbegriff ist besonders konkretisierungsbedürftig.[1340] Nach dem soeben Erläuterten sind zu solchen Gemeinwohlgründen hinreichend gewichtige Geheimhaltungsinteressen des gemeindlichen Unternehmens zu zählen,[1341] namentlich das fiskalische Interesse der Gemeinde am Schutz vertraulicher Informationen ihrer (Beteiligungs-)Unternehmen.

Zwar kann ein Ausschluss der Öffentlichkeit aufgrund der Bedeutung des Öffentlichkeitsgrundsatzes[1342] nicht mit der drohenden Veröffentlichung bloßer geschäftlicher Daten wie Umsatz, Gewinn, Beschäftigtenzahl oder anderer Bilanzzahlen bzw. jeglicher Betriebs- oder Geschäftsgeheimnisse gerechtfertigt werden.[1343] Sofern die Offenbarung der in Rede stehenden Betriebs- und Geschäftsgeheimnisse einem gemeindlichen Unternehmen jedoch nicht unerheblichen Schaden zufügen könnte, ist das fiskalische Interesse der Gemeinde am Schutz dieser Informationen berührt.[1344] Dies wird insbesondere bei öffentlichen Unternehmen, die wirtschaftlicher Konkurrenz ausgesetzt sind, gewiss häufiger der Fall sein.[1345] Von daher

1338 Vgl. zur Bundesebene BVerfGE 147, 50 (129); dazu *Schmolke*, WM 2018, 1913 (1918 f.).

1339 Dahingehende Formulierungen enthalten in unterschiedlicher Form auch sämtliche Gemeindeordnungen, vgl. § 35 Abs. 1 S. 1 Hs. 1 GO BW; Art. 52 Abs. 2 S. 1 BayGO; § 36 Abs. 2 S. 2 BbgKVerf; § 29 Abs. 5 S. 2 MV KV; § 64 Abs. 1 S. 1 NKomVG; § 35 Abs. 1 S. 1 GO RP; § 40 Abs. 1 S. 1 KSVG; § 37 Abs. 1 S. 1 SächsGO; § 52 Abs. 2 S. 1 KVG LSA; § 35 Abs. 1 S. 2 GO SH; § 40 Abs. 1 S. 1 ThürKO. Obschon § 52 HessGO und § 48 GO NRW dies nicht ausdrücklich vorsehen, sind auch in diesen Bundesländern als Gründe, die einen Ausschluss rechtfertigen können, solche des allgemeinen Wohls anerkannt, vgl. *Engels*, in: Dietlein/Ogorek (Hg.), BeckOK Kommunalrecht Hessen, 24. Edition 2023, § 52 HessGO Rn. 11; *Rohde*, in: Dietlein/Heusch (Hg.), BeckOK Kommunalrecht NRW, 25. Edition 2023, § 48 GO NRW Rn. 25.

1340 Vgl. *Krebs*, Der kommunale Öffentlichkeitsgrundsatz, 2016, S. 159.

1341 Vgl. *Papsthart*, BayVBl. 2018, 541 (543); *Weiser-Saulin*, Public Corporate Governance kommunaler Unternehmen, 2021, S. 135.

1342 Siehe dazu oben 6. Kapitel D.I.3 b) aa).

1343 Vgl. *Faber*, NVwZ 2003, 1317 (1320); *Dombert*, NdsVBl. 2022, 133 (137).

1344 So *Katz*, NVwZ 2018, 1091 (1096).

1345 Vgl. *Papsthart*, BayVBl. 2018, 541 (543); *Weiser-Saulin*, Public Corporate Governance kommunaler Unternehmen, 2021, S. 135.

wird die Kategorie des fiskalischen Interesses der öffentlichen Hand am Schutz vertraulicher Informationen ihrer (Beteiligungs-)Unternehmen in der Praxis wohl vor allem auf kommunaler Ebene relevant werden. So sind beispielsweise kommunale Energieunternehmen durch die Liberalisierung des Energiemarktes einer Wettbewerbssituation ausgesetzt, in der sie sich stets um neue Kunden bemühen und ihre Angebote optimieren müssen.[1346]

Mehr noch zeigt der Blick auf den Realbereich, wie wichtig die Funktionsfähigkeit gemeindlicher Unternehmen für eine leistungsfähige kommunale Daseinsvorsorge ist.[1347] Aufgrund der in weiten Teilen bedenklichen Haushaltslage der Gemeinden[1348] wären viele defizitären Leistungen, etwa im sozialen Bereich oder der ÖPNV, ohne eine wirtschaftliche Betätigung und den daraus erzielten Gewinnen nicht mehr finanzierbar.[1349] Voraussetzung für eine funktionsfähige Aufgabenerfüllung in unternehmerischer Form ist jedoch, dass dem gemeindlichen Unternehmen ein Maß an Autonomie gewährleistet wird, das für eine wirtschaftlich effiziente Unternehmensführung notwendig ist.[1350]

Im Ergebnis wird nur ein Blick auf den konkreten Einzelfall eine Antwort auf die Frage geben können, ob die Schwelle zum fiskalischen Interesse der Gemeinde am Schutz vertraulicher Informationen ihrer (Beteiligungs-)Unternehmen erreicht ist und dieses Interesse im Rahmen einer Gesamtabwägung den Ausschluss der Sitzungsöffentlichkeit[1351] oder gar eine Antwortverweigerung zu rechtfertigen vermag.[1352] Dabei steht auf der anderen Seite der Waagschale sowohl hinter dem Informationsrecht des Gemeinderats[1353] als auch hinter dem Öffentlichkeitsprin-

---

1346 Ausführlich dazu *Wolff*, in: Schneider/Theobald (Hg.), Recht der Energiewirtschaft, 5. Aufl. 2021, § 5 Rn. 2.

1347 Dazu statt vieler *Gaß/Popp*, Die Gemeinde als Unternehmer, 3. Aufl. 2021, S. 4 f.

1348 So rechnen die kommunalen Spitzenverbände für das Jahr 2024 mit einem Defizit von 10 Milliarden Euro, vgl. https://www.staedtetag.de/presse/pressemeldungen/2023/prognose-kommunalfinanzen-kommunale-haushalte-in-schieflage (zuletzt abgerufen am 15.11.2023).

1349 Der steuerliche Querverbund ist damit eine wichtige Finanzierungssäule der Daseinsvorsorge, vgl. dazu das Positionspapier des VKU, abrufbar unter https://www.vku.de/fileadmin/user_upload/Verbandsseite/Positionen/Allgemein/VKU-Position-Querverbund-EuGH.PDF (zuletzt abgerufen am 15.11.2023); vgl. auch *Gaß/Popp*, Die Gemeinde als Unternehmer, 3. Aufl. 2021, S. 4 f.

1350 Dazu bereits oben 2. Kapitel C.

1351 Vgl. *Berning*, DVP 2013, 330 (332): „Soweit solche Gründe vorhanden sind, gilt es mit Hilfe des Grundsatzes der Verhältnismäßigkeit im Einzelfall zu prüfen, ob daraus zwingend das Erfordernis der Nichtöffentlichkeit resultiert“; *Schmitz*, JuS 2017, 31 f.

1352 Vgl. auch *Katz*, NVwZ 2018, 1091 (1096 f.).

1353 Dazu oben 6. Kapitel B.

zip[1354] in erster Linie das Demokratieprinzip. Es sollte jedoch nicht vergessen werden, dass das Demokratieprinzip einer aufgabenadäquaten Auslegung zugänglich ist.[1355] „Vor diesem Hintergrund kommen Modifikationen – nicht aber eine Preisgabe des Demokratieprinzips – mit Blick auf die Aufgabenadäquanz einer privatrechtlichen Organisationsform für die wirtschaftliche Betätigung und auf die ökonomische, im verfassungsrechtlichen Wirtschaftlichkeitsgebot (Art. 114 Abs. 2 GG) wurzelnde Notwendigkeit autonomen Handelns der Geschäftsführung in Betracht."[1356]

E. Durchsetzung der Informationspflicht

Bisher wurden die verschiedenen Auskunftspflichten auf kommunaler Ebene, die potentiell unternehmensinterne Informationen betreffend ein gemeindliches Unternehmen zum Gegenstand haben können, beleuchtet und deren Grenzen untersucht. Besteht nun eine Antwortpflicht des Bürgermeisters über Informationen betreffend ein gemeindliches Unternehmen und weigert dieser sich dennoch zur Beantwortung der entsprechenden Frage, bleibt zu klären, wie eine bestehende Informationspflicht bei einem solchen Widerstand durchgesetzt werden kann.

I. Kommunalverfassungsstreitverfahren

Ist der Bürgermeister zur Gewährung von Informationen über ein gemeindliches Unternehmen gegenüber dem Gemeinderat oder einzelnen Ratsmitgliedern verpflichtet, kann ein etwaiges Fehlverhalten des Bürgermeisters im Wege des sog. Kommunalverfassungsstreitverfahrens vor dem Verwaltungsgericht durchgesetzt werden.[1357] Im Folgenden soll daher knapp veranschaulicht werden, welcher Rechtsbehelf dafür statthaft ist und welche Anforderungen an die Klagebefugnis zu stellen sind.

1354 Vgl. oben 6. Kapitel D.3.b) aa); siehe auch Faber NVwZ 2003, 1317 (1319).

1355 Dazu bereits 2. Kapitel C.

1356 *Wollenschläger*, in: Wurzel/Schraml/Gaß (Hg.), Rechtspraxis der kommunalen Unternehmen, 4. Aufl. 2021, Kap. B Rn. 89.

1357 Vgl. *Müller*, VR 2015, 231 (236); *Burgi*, in: ders./Habersack (Hg.), Handbuch Öffentliches Recht des Unternehmens, 2023, § 23 Rn. 68, 70; *Rohde*, in: Dietlein/Heusch (Hg.), BeckOK Kommunalrecht NRW, 25. Edition 2023, § 55 GO NRW Rn. 29.

Bei sog. „Kommunalverfassungsstreitverfahren"[1358] handelt es sich um Rechtsstreitigkeiten zwischen Organ(teil)en ein und derselben Kommune.[1359] Inzwischen besteht Einigkeit darüber, dass solche Rechtsschutzbegehren mit den Klagearten der VwGO zu realisieren sind.[1360] Das „Kommunalverfassungsstreitverfahren" bildet mithin keine eigene Klageart.[1361] Da die Beantwortung einer Anfrage schlichtes Verwaltungshandeln ohne Verwaltungsaktqualität darstellt, ist die bei Auskunftsverweigerung auf den Erhalt einer Antwort gerichtete Klage als allgemeine Leistungsklage zu qualifizieren.[1362] Daneben kommt alternativ richtigerweise die Feststellungsklage als statthafte Klageart in Betracht, da der Subsidiaritätsgrundsatz gem. § 43 Abs. 2 VwGO im Falle von Klagen gegen die öffentliche Hand teleologisch zu reduzieren ist.[1363] Denn bei juristischen Körperschaften des öffentlichen Rechts darf angesichts ihrer verfassungsrechtlich verankerten Bindung an Gesetz und Recht (vgl. Art. 20 Abs. 3 GG) die Respektierung von Gerichtsurteilen auch ohne dahinterstehenden Vollstreckungsdruck erwartet werden.[1364] Insofern kann etwa eine auf Feststellung der Rechtswidrigkeit der Antwortverweigerung gerichtete Klage erhoben werden.[1365]

1358 *Bethge*, in: Mann/Püttner (Hg.), Handbuch der kommunalen Wissenschaft und Praxis, Bd. 1, 3. Aufl. 2007, § 28 Rn. 7 ff., weist zutreffend darauf hin, dass die Terminologie nicht sehr geglückt ist, mitunter deshalb, weil es sich (im Unterschied zum Bundesverfassungsorganstreit nach Art. 93 Abs. 1 Nr. 1 GG) um eine nichtverfassungsrechtliche Streitigkeit handelt. Der Begriff „Verfassung" steht in diesem Zusammenhang nicht für das Grundgesetz bzw. die Landesverfassung, sondern für die Regeln über die kommunale Binnenorganisation, vgl. *Burgi*, Kommunalrecht, 6. Aufl. 2019, § 14 Rn. 7.

1359 Vgl. *Bethge*, in: Mann/Püttner (Hg.), Handbuch der kommunalen Wissenschaft und Praxis, Bd. 1, 3. Aufl. 2007, § 28 Rn. 8; *Dietlein*, in: ders./Suerbaum (Hg.), BeckOK Kommunalrecht Bayern, 18. Edition 2023, Systematische Einführung zum Kommunalrecht Deutschlands Rn. 170.

1360 Vgl. *Ehlers*, NVwZ 1990, 105; *Bethge*, in: Mann/Püttner (Hg.), Handbuch der kommunalen Wissenschaft und Praxis, Bd. 1, 3. Aufl. 2007, § 28 Rn. 33; *Burgi*, Kommunalrecht, 6. Aufl. 2019, § 14 Rn. 8 f.

1361 So *Ehlers*, NVwZ 1990, 105 (106); *Burgi*, Kommunalrecht, 6. Aufl. 2019, § 14 Rn. 9.

1362 Vgl. VG Braunschweig, 2013, 731 (732); ThürOVG, ThürVBl. 2015, 166 (167); *Müller*, VR 2015, 231 (237); *Rohde*, in: Dietlein/Heusch (Hg.), BeckOK Kommunalrecht NRW, 25. Edition 2023, § 55 GO NRW Rn. 31.

1363 Vgl. BVerwGE 36, 179 (181 f.); *Wysk*, in: ders. (Hg.), VwGO, 3. Aufl. 2020, § 43 Rn. 47; *Dietlein*, in: ders./Suerbaum (Hg.), BeckOK Kommunalrecht Bayern, 18. Edition 2023, Systematische Einführung zum Kommunalrecht Deutschlands, Rn. 173. Zur Kritik an dieser Rechtsprechung *Wysk*, in: ders. (Hg.), VwGO, 3. Aufl. 2020, § 43 Rn. 48.

1364 Vgl. BVerwGE 36, 179 (181 f.); *Wysk*, in: ders. (Hg.), VwGO, 3. Aufl. 2020, § 43 Rn. 47.

1365 Vgl. *Müller*, VR 2015, 231 (237); *Rohde*, in: Dietlein/Heusch (Hg.), BeckOK Kommunalrecht NRW, 25. Edition 2023, § 55 GO NRW Rn. 31.

Auch für eine erfolgreiche kommunalverfassungsrechtliche Feststellungs- oder Leistungsklage muss in entsprechender Anwendung des § 42 Abs. 2 VwGO ein eigenes Recht des klagenden Organs oder Organteils gegeben sein.[1366] Das klagende Organ(-teil) müsste demnach geltend machen, in einem organschaftlichen Recht, d. h. einer subjektiven Position des Innenrechts, verletzt zu sein.[1367] Als organschaftliche Rechte in diesem Sinne sind die in den meisten Gemeindeordnungen geregelten Informationsrechte einzelner Gemeinderatsmitglieder[1368] bzw. die Informationsrechte des Gemeinderats[1369] gegenüber dem Bürgermeister anzusehen.[1370] Teilweise räumen die Gemeindeordnungen auch Teilgliederungen, wie Fraktionen des Gemeinderats, entsprechende Rechte ein.[1371] Kommt der Bürgermeister seiner Antwortpflicht nicht nach, kann dieses Fehlverhalten von den in ihren organschaftlichen Rechten möglicherweise verletzten Ratsmitgliedern bzw. Teilgliederungen des Gemeinderats oder dem in seinem Recht möglicherweise verletzten Gemeinderat im Gesamten geltend gemacht werden.[1372]

In denjenigen Ländern, in denen ein Informationsrecht des einzelnen Gemeinderatsmitglieds nicht geregelt wurde,[1373] kann ein etwaiger Verstoß des Bürgermeisters gegen seine Antwortpflicht allerdings nicht durch einzelne Ratsmitglieder geltend gemacht werden.[1374] Vielmehr kann die Klagebefugnis nur auf solche organschaftlichen Rechte gestützt werden, die gerade dem klagenden Organ(teil) zustehen.[1375]

1366 So BVerwG, NVwZ 1989, 470; *Ehlers*, NVwZ 1990, 105 (109); *Bethge*, in: Mann/Püttner (Hg.), Handbuch der kommunalen Wissenschaft und Praxis, Bd. 1, 3. Aufl. 2007, § 28 Rn. 59.

1367 Vgl. *Burgi*, Kommunalrecht, 6. Aufl. 2019, § 14 Rn. 13.

1368 Dazu ausführlich 6. Kapitel C.II.1.

1369 Dazu bereits 6. Kapitel C.II.2.

1370 Vgl. etwa zu den Mitgliedschaftsrechten aus § 55 Abs. 1 S. 2 GO NRW *Müller*, VR 2015, 231 (237); mit Blick auf § 24 Abs. 4 GO BW *Brenndörfer*, in: Dietlein/Pautsch (Hg.), BeckOK Kommunalrecht Baden-Württemberg, 22. Edition 2023, § 24 GemO Rn. 34.

1371 Vgl. 6. Kapitel C.II.2. Siehe auch *Burgi*, in: ders./Habersack (Hg.), Handbuch Öffentliches Recht des Unternehmens, 2023, § 23 Rn. 69.

1372 Vgl. auch *Burgi*, in: ders./Habersack (Hg.), Handbuch Öffentliches Recht des Unternehmens, 2023, § 23 Rn. 70.

1373 Vgl. dazu 6. Kapitel C.II.1.b).

1374 Vgl. *Burgi*, in: ders./Habersack (Hg.), Handbuch Öffentliches Recht des Unternehmens, 2023, § 23 Rn. 61.

1375 *Bethge*, in: Mann/Püttner (Hg.), Handbuch der kommunalen Wissenschaft und Praxis, Bd. 1, 3. Aufl. 2007, § 28 Rn. 62.

Daneben kommen die Informationsrechte gegenüber den gemeindlichen Vertretern in den Organen des öffentlichen Unternehmens in Betracht, soweit diese dem Rat oder einzelnen seiner Mitglieder organschaftliche Rechte verleihen (vgl. dazu 6. Kapitel C.I.3.).[1376]

II. Staatliche Rechtsaufsicht

Ein alternatives Instrument zur gerichtlichen Durchsetzung bestehender Informationspflichten ist die staatliche Rechtsaufsicht. Diese erweist sich als weiterer, der strukturellen Besonderheit der kommunalen Ebene geschuldeter Unterschied zur Bundes- und Landesebene.

Die Staatsaufsicht über die Kommunen ist Teil der Staatsaufsicht im engeren Sinne.[1377] Sie wird als demokratisch-rechtsstaatlich gebotenes Korrelat der Selbstverwaltung angesehen.[1378] Die Aufsicht über die wirtschaftliche Betätigung der Gemeinden ist auf die Rechtsaufsicht beschränkt,[1379] die die Gesetzmäßigkeit der Tätigkeit der Gemeinden sicherstellen soll.[1380] Betätigt sich die Gemeinde in Form eines privatrechtlich organisierten Unternehmens, unterliegt jedoch nicht unmittelbar das Unternehmen als solches der Kommunalaufsicht, sondern lediglich das diesbezügliche Handeln der Gemeinde.[1381] Dies umfasst die Kontrolle, ob die betroffene Gemeinde ihrer Einwirkungspflicht in der Form, wie sie Eingang in die Gemeindeordnungen gefunden hat, genügt.[1382] Damit kann die Rechtsaufsichtsbehörde die Einhaltung der objektiv-rechtlichen Pflichten zur Informationsbeschaffung und -gewährung des Bürgermeisters kontrollieren[1383] und insbesondere für

1376 Vgl. *Burgi*, in: ders./Habersack (Hg.), Handbuch Öffentliches Recht des Unternehmens, 2023, § 23 Rn. 68.

1377 Zur Terminologie siehe 2. Kapitel A.I.3.

1378 Vgl. *Knemeyer*, in: Mann/Püttner (Hg.), Handbuch der kommunalen Wissenschaft und Praxis, Bd. 1, 3. Aufl. 2007, § 12 Rn. 10; *Burgi*, Kommunalrecht, 6. Aufl. 2019, § 8 Rn. 27.

1379 Vgl. *Ruffert*, VerwArch 92 (2001), 27 (31); *Dietlmeier*, Rechtsfragen der Publizität im kommunalen Unternehmensrecht, 2015, S. 526.

1380 Vgl. *Knemeyer*, in: Mann/Püttner (Hg.), Handbuch der kommunalen Wissenschaft und Praxis, Bd. 1, 3. Aufl. 2007, § 12 Rn. 37; *Burgi*, Kommunalrecht, 6. Aufl. 2019, § 8 Rn. 27.

1381 Vgl. *Dietlmeier*, Rechtsfragen der Publizität im kommunalen Unternehmensrecht, 2015, S. 525 f.; *Suerbaum*, in: Ehlers/Fehling/Pünder (Hg.), Besonderes Verwaltungsrecht, Bd. 1, 4. Aufl. 2019, § 16 Rn. 96.

1382 Vgl. *Ruffert*, VerwArch 92 (2001), 27 (52); *Dietlmeier*, Rechtsfragen der Publizität im kommunalen Unternehmensrecht, 2015, S. 530 f.

1383 Vgl. *Burgi*, in: ders./Habersack (Hg.), Handbuch Öffentliches Recht des Unternehmens, 2023, § 23 Rn. 62.

den Fall, dass dieser wiederholt und grundsätzlich seine Antwortpflicht missachtet, entsprechend tätig werden.[1384] Dabei reichen die verschiedenen Aufsichtsmittel von Informationsrechten über die Beanstandung bis hin zu einer Ersatzvornahme.[1385]

F. Zwischenergebnis: Vergleichbarkeit der Informationsbeziehungen auf staatlicher und kommunaler Ebene

Die Untersuchung der Informationspflichten des öffentlichen Unternehmens bzw. seines Trägers gegenüber Gemeinderäten hat verdeutlicht, dass auf kommunaler Ebene eine Vielzahl von Vorschriften existiert, die zum Informationsfluss zwischen Unternehmen und Gemeinde beitragen.[1386] Dies sind zum einen spezielle Informationspflichten der gemeindlichen Vertreter in den Organen des öffentlichen Unternehmens, zum anderen die (allgemeine) Informationspflicht des Bürgermeisters gegenüber einzelnen Gemeinderatsmitgliedern bzw. gegenüber dem Gemeinderat.

Trotz der sich aus der strukturellen Besonderheit der kommunalen Ebene ergebenden Unterschiede zwischen Parlament und Gemeinderat, die sich grundlegend aus der Zuordnung des Gemeinderats zur Exekutive ergeben,[1387] erweist sich die Stellung des Gemeinderats mit Blick auf diese Informationsbeziehungen als mit der Stellung der Parlamente vergleichbar.[1388] Ausgangspunkt ist dabei die Feststellung, dass sich die Notwendigkeit der Kontrolle kommunaler Unternehmen sowie das damit einhergehende Bedürfnis nach Informationen ebenso wie auf Bundes- oder Landesebene auf verfassungsrechtliche Vorgaben, zuvör-

---

1384 Vgl. *Burgi*, in: ders./Habersack (Hg.), Handbuch Öffentliches Recht des Unternehmens, 2023, § 23 Rn. 68.

1385 Ausführlich *Knemeyer*, in: Mann/Püttner (Hg.), Handbuch der kommunalen Wissenschaft und Praxis, Bd. 1, 3. Aufl. 2007, § 12 Rn. 48 ff.

1386 Vgl. auch *Burgi*, in: ders./Habersack (Hg.), Handbuch Öffentliches Recht des Unternehmens, 2023, § 23 Rn. 63.

1387 Dazu 6. Kapitel A.

1388 *Burgi*, in: ders./Habersack (Hg.), Handbuch Öffentliches Recht des Unternehmens, 2023, § 23 Rn. 59, verweist dahingehend auf die Aussage des BayVerfGH, wonach der Gemeinderat auf der kommunalen Ebene in gleicher Weise das System der repräsentativen Demokratie verkörpere, wie der Landtag auf Landesebene, vgl. BayVerfGHE 37, 119.

derst auf das Demokratieprinzip, zurückführen lässt.[1389] Folglich widerspräche es jenen Vorgaben, eine Informationsweiterleitung an den Gemeinderat von vornherein (aufgrund gesellschaftsrechtlicher Verschwiegenheitspflichten) als unzulässig einzustufen.[1390] Das Gesellschaftsrecht bietet jedoch insbesondere auf Grundlage der §§ 394, 395 AktG genügend Raum, die verfassungsrechtlich begründeten Vorgaben zu berücksichtigen und eine Weiterleitung der Informationen an den Gemeinderat zuzulassen.[1391]

Mit Blick auf die einer Informationspflicht möglicherweise entgegenstehenden öffentlichen Belange sind weitgehende Parallelen zu den Grenzen der parlamentarischen Informationspflicht sichtbar geworden. Ebenso wie auf Bundesebene dürfte zwar eine gänzliche Antwortverweigerung nur dann gerechtfertigt sein, wenn die Gemeinde durch hohe Transparenzlasten ihrer (Beteiligungs-)Unternehmen gehindert wäre, die ihr obliegende Aufgabe überhaupt noch zu erfüllen.[1392] Allerdings konnte gezeigt werden, dass zu den hinreichend gewichtigen Interessen des Gemeinwohls, die einen Ausschluss der Öffentlichkeit rechtfertigen können, auch das fiskalische Interesse der Gemeinde am Schutz vertraulicher Informationen ihrer (Beteiligungs-)Unternehmen zählt.[1393]

Als Besonderheit der kommunalen Ebene konnte die staatliche Rechtsaufsicht als (im Vergleich zur staatlichen Ebene) zusätzliches Sanktionsinstrument bei Verstößen gegen die Informationspflicht ausgemacht werden.[1394]

1389 Vgl. 6. Kapitel B.

1390 Vgl. 6. Kapitel D.I.2.

1391 Vgl. 6. Kapitel D.I.3.

1392 Dazu oben 4. Kapitel A.II.3.b) cc). Nach *Papsthart*, BayVBl. 2018, 541 (547), ist eine Geheimhaltung dann unabdingbar, wenn das Wohl des betreffenden Unternehmens dies zwingend erfordert, was allerdings schon dann angenommen wird, wenn im Sinne von § 51a Abs. 2 S. 1 GmbHG Anlass zur Verweigerung der Auskunft besteht.

1393 Vgl. 6. Kapitel D.II.3.

1394 Dazu 6. Kapitel E.II.; siehe auch *Burgi*, in: ders./Habersack (Hg.), Handbuch Öffentliches Recht des Unternehmens, 2023, § 23 Rn. 62.

Zusammenfassung der wesentlichen Ergebnisse

Wie die lange Tradition des Einsatzes öffentlicher Unternehmen sowie deren zentrale Rolle für die Bewältigung zahlreicher aktueller Herausforderungen zeigt, besteht in der Praxis ein Bedürfnis für diese Form der Aufgabenerfüllung, das regelmäßig mit der Erwartung nach mehr Effektivität und Flexibilität verbunden ist. Aus unions- bzw. verfassungsrechtlicher Sicht ist das öffentliche Unternehmen als legitimes Instrument zur Erfüllung öffentlicher Aufgaben zu begreifen (*1. Kapitel*).

Das öffentliche Unternehmen unterliegt öffentlich-rechtlichen Bindungen, deren Einhaltung die öffentliche Hand sicherzustellen hat. Der jeweilige staatliche bzw. kommunale Anteilseigner muss sich also gewisse Einwirkungs- und Kontrollrechte gegenüber der jeweiligen Gesellschaft vorbehalten und diese entsprechend wahrnehmen. Dies folgt insbesondere aus dem Demokratieprinzip, da auch die Tätigkeit von Unternehmen, die von der öffentlichen Hand beherrscht werden, als Ausübung von Staatsgewalt anzusehen ist, die den Bindungen des Art. 20 Abs. 2 S. 2 GG genügen muss. Gleichzeitig hängt die Funktionalität dieser Form der Aufgabenerfüllung von einer Organisationsstruktur ab, die dem Unternehmen ein Maß an Autonomie in der Geschäftsführung gewährt, das für eine wirtschaftlich effiziente Unternehmensführung notwendig ist (*2. Kapitel*).

Aufgrund der Legitimationsbedürftigkeit der Tätigkeit öffentlicher Unternehmen müssen diese letztlich durch das Parlament kontrollierbar sein. Das grundlegende Instrument parlamentarischer Kontrolle sind Informationsrechte, die eine Beteiligung des Parlaments am Wissen der Regierung und Verwaltung ermöglichen. Informationen betreffend öffentliche Unternehmen können tauglicher Gegenstand einer parlamentarischen Anfrage sein und zwar nicht nur im Hinblick auf das Handeln des staatlichen Unternehmensträgers, sondern auch hinsichtlich solcher Informationen, die sich auf die Tätigkeit des öffentlichen Unternehmens selbst beziehen (*3. Kapitel*).

Eine Antwortpflicht der Regierung gegenüber dem jeweiligen Parlament besteht nicht grenzenlos. Die Weiterleitung von Informationen betreffend eines öffentlichen Unternehmens an das Parlament kann zunächst mit Geheimhaltungsinteressen des öffentlichen Unternehmens kollidieren. Die Regierung kann ihre verfassungsrechtlich begründete Antwortpflicht in einem solchen Fall jedoch weder mit der Begründung verweigern, die Anfrage betreffe grundrechtlich geschützte Betriebs- und Geschäftsgeheimnisse, noch reicht die schlichte Berufung auf (einfachgesetzliche) gesellschaftsrechtliche Verschwiegenheitspflichten aus. Es wurde herausgearbeitet, dass das Gesellschaftsrecht insbesondere auf Grundlage der §§ 394, 395 AktG Spielraum für die Berücksichtigung verfassungsrechtlicher Kontrollvorgaben lässt und damit eine Weitergabe von unternehmensinternen Informationen an das Parlament ermöglicht. Dies gilt sowohl im Falle der Beteiligung des Staates an einer Aktiengesellschaft als auch im Falle der Beteiligung an einer GmbH.

Ein Gegengewicht zu dieser sehr weitgehenden Kontrolle stellt das verfassungsrechtlich verankerte Schutzgut des (fiskalischen) Interesses am Schutz vertraulicher Informationen der (Beteiligungs-)Unternehmen der öffentlichen Hand dar. Dieses vermag zwar in den seltensten Fällen zu einer gänzliche Antwortverweigerung berechtigen. Dennoch kann es im konkreten Einzelfall eine Einschränkung des Grundsatzes der Öffentlichkeit rechtfertigen, um damit eine Informationsvermittlung unter Vorkehrungen zur Wahrung der Vertraulichkeit zu gewährleisten. Dadurch kann ein angemessener Ausgleich zwischen der Antwortpflicht der Regierung auf parlamentarische Anfragen einerseits und dem Interesse des Bundes am Schutz vertraulicher Informationen seiner (Beteiligungs-)Unternehmen andererseits geschaffen werden. Letztlich dient dies wiederum der Funktionsfähigkeit des öffentlichen Unternehmens als Instrument zur Erfüllung öffentlicher Aufgaben.

Schließlich kann die Antwortpflicht der Regierung auch durch kollidierende Geheimhaltungsinteressen Dritter begrenzt sein, da die Regierung als vollziehende Gewalt i. S. v. Art. 1 Abs. 3 GG Grundrechte zu beachten hat.

Ein vergleichender Blick auf die Rechtslage auf Landesebene zeigt, dass (trotz der unterschiedlichen Ausgangslage mit Blick auf die Normhierarchie) die Grenzen der Informationspflicht der jeweiligen Landesregierung eine weitgehend parallele Ausgestaltung zu der Rechtslage auf Bundesebene erfahren haben (*4. Kapitel*).

Sollte die Regierung die Beantwortung einer parlamentarischen Anfrage ganz oder teilweise verweigern, so verfügen das Parlament und seine Mitglieder über verschiedene politische und rechtliche Optionen, um die Informationspflicht durchzusetzen (*5. Kapitel*).

Im Vergleich zur staatlichen Ebene findet sich auf kommunaler Ebene eine Vielzahl von Vorschriften, die zum Informationsfluss zwischen Unternehmen und Gemeinde beitragen. Trotz der sich aus der strukturellen Besonderheit der kommunalen Ebene ergebenden Unterschiede zwischen Parlament und Gemeinderat erweist sich die Stellung des Gemeinderats mit Blick auf diese Informationsbeziehungen als mit der

Stellung der Parlamente vergleichbar. Damit kann eine Informationsweiterleitung an den Gemeinderat ebenso wenig wie auf staatlicher Ebene mit dem Verweis auf (einfachgesetzliche) gesellschaftsrechtliche Verschwiegenheitspflichten verweigert werden. Mit Blick auf die Grenzen der Informationspflichten auf kommunaler Ebene sind weitgehende Parallelen zu den Grenzen der parlamentarischen Informationspflicht sichtbar geworden. Als Besonderheit konnte die staatliche Rechtsaufsicht als ein (im Vergleich zur staatlichen Ebene) zusätzliches Sanktionsinstrument bei Verstößen gegen die Informationspflicht ausgemacht werden (*6. Kapitel*).

Das öffentliche Unternehmen als Gegenstand von Informationspflichten gegenüber Parlamenten und Gemeinderäten bewegt sich an der Schnittstelle zwischen Staatsrecht, Gesellschaftsrecht und, in letzterem Falle, Kommunalrecht. Dieses Zusammenspiel macht die Rechtslage insgesamt schwer durchschaubar. Die Untersuchung konnte aufzeigen, dass die unterschiedlichen Rechtsgebiete nicht kollidieren, sondern im Verbund zu einem angemessenen Ausgleich zwischen gesellschaftsrechtlichen Verschwiegenheitspflichten und verfassungsrechtlichen Vorgaben führen. Das Gesellschaftsrecht bietet insofern genug Raum für die Berücksichtigung öffentlich-rechtlicher Bindungen. Gleichzeitig sind Umfang und Grenzen der Informationspflichten sowohl auf der staatlichen als auch auf der kommunalen Ebene so ausgestaltet, dass ein angemessenes Verhältnis zwischen einem dem Demokratieprinzip entsprechenden Maß an Kontrolle und einem funktionsadäquaten Schutz vertraulicher Informationen öffentlicher Unternehmen geschaffen werden kann.

Literaturverzeichnis

Adenauer, Konrad, Das entsandte Aufsichtsratsmitglied in der kommunal-beherrschten Aktiengesellschaft, Zugleich Bespr. von OVG Münster Urt. v. 12.12.2022 – 15 A 2689/20, NZG 2023, 660, NZG 2023, S. 652 ff.

Altmeppen, Holger, Die Einflussrechte der Gemeindeorgane in einer kommunalen GmbH, NJW 2003, S. 2561 ff.

Altmeppen, Holger, Zur Rechtsstellung der Aufsichtsratsmitglieder einer kommunalen GmbH, in: Burgard, Ulrich/Hadding, Walther/Mülbert, Peter O./Nietsch, Michael/Welter, Reinhard (Hg.), Festschrift für Uwe H. Schneider zum 70. Geburtstag, Köln 2011, S. 1 ff.

Altmeppen, Holger: Gesetz betreffend die Gesellschaften mit beschränkter Haftung Kommentar, 11. Auflage, München 2023.

Ambrosius, Gerold, Der Staat als Unternehmer – Öffentliche Wirtschaft und Kapitalismus seit dem 19. Jahrhundert, Göttingen 1984.

Austermann, Philipp/Waldhoff, Christian, Parlamentsrecht, Heidelberg 2020.

Backhaus, Richard/Tielmann, Jörgen (Hg.): Der Aufsichtsrat, §§ 84, 87, 87a, 89, 90, 95–116, 120a, 161, 162, 170–172, 314, 394, 395 AktG, Kommentar, 2. Auflage, München 2023.

Badura, Peter, Die parlamentarische Demokratie, in: Isensee, Josef/Kirchhof, Paul (Hg.), Handbuch des Staatsrechts, Band II, Verfassungsstaat, 3. Auflage, Heidelberg 2004, § 25.

Ballerstedt, Kurt, Zur Frage der Rechtsform gemeindlicher Wirtschaftsunternehmen, DÖV 1951, S. 449 ff.

Bartl, Harald (Hg.): GmbH-Recht, 8. Auflage, Heideberg 2019.

Barz, Carl Hans u. a. (Hg.): Aktiengesetz Großkommentar, Vierter Band, §§ 291–410, Einführungsgesetz zum Aktiengesetz, 3. Auflage, Berlin 1975.

Battke, Jörg-Dieter/Voigt, Enrico, Zur Zulässigkeit von gesellschaftsvertraglichen Auskunftsrechten des fakultativen Aufsichtsrates kommunaler Eigengesellschaften gegenüber dem Gemeinderat, SächsVBl. 2006, S. 273 ff.

Bauer, Hartmut, Zukunftsthema „Rekommunalisierung“, DÖV 2012, S. 329 ff.

Baumann-Hasske, Harald (Hg.): Die Verfassung des Freistaates Sachsen, 4. Auflage, Berlin 2021.

Becker, Florian/Brüning, Christoph/Ewer, Wolfgang/Schliesky, Utz (Hg.): Verfassung des Landes Schleswig-Holstein, Handkommentar, Baden-Baden 2021.

Becker, Ralph, Die Erfüllung öffentlicher Aufgaben durch gemischtwirtschaftliche Unternehmen, Baden-Baden 1997.

Beckmann, Edmund, Dürfen Ratsvertreter alles wissen? – Betrachtungen zur „Kontrolle der Verwaltung" und zur Akteneinsicht – DVP 1998, S. 239 ff.

Belcke, Ulf Erik/Mehrhoff, Robert, Aktienrechtsnovelle 2016 – Auswirkungen auf die Verschwiegenheit kommunaler Vertreter in (fakultativen) Aufsichtsräten, GmbHR 2016, S. 576 ff.

Benda, Ernst (Begr.)/*Klein, Eckart/Klein, Oliver*, Verfassungsprozessrecht, 4. Auflage, Heidelberg 2020.

Berning, Arno, Öffentlichkeitsgrundsatz und Verschwiegenheitspflicht, Zum Spannungsverhältnis zwischen dem Öffentlichkeitsgrundsatz und der Pflicht zur Verschwiegenheit für kommunale Mandatsträger nach der GO NRW, DVP 2013, S. 330 ff.

Bethge, Herbert, Parlamentsvorbehalt und Rechtssatzvorbehalt für die Kommunalverwaltung, NVwZ 1983, S. 577 ff.

Bethge, Herbert, Der Kommunalverfassungsstreit, in: Mann, Thomas/Püttner, Günter (Hg.), Handbuch der kommunalen Wissenschaft und Praxis, Band 1, Grundlagen und Kommunalverfassung, 3. Auflage, Berlin 2007, § 28.

Böckenförde, Ernst-Wolfgang, Demokratie als Verfassungsprinzip, in: Isensee, Josef/Kirchhof, Paul (Hg.), Handbuch des Staatsrechts, Band II, Verfassungsstaat, 3. Auflage, Heidelberg 2004, § 24.

Böhme, Doris, Die direkte Abwahl von Bürgermeistern, DÖV 2012, S. 55 ff.

Breitenbach, Harald, Rechnungs-, Berichts- und Prüfungswesen, in: Wurzel, Gabriele/Schraml, Alexander/Gaß, Andreas (Hg.), Rechtspraxis der kommunalen Unternehmen, 4. Auflage, München 2021, Kapitel E, 1. Teil.

Brenner, Michael, Gesellschaftsrechtliche Ingerenzmöglichkeiten von Kommunen auf privatrechtlich ausgestaltete kommunale Unternehmen, AöR 127 (2002), S. 227 ff.

Brenner, Michael, Das Prinzip Parlamentarismus, in: Isensee, Josef/Kirchhof, Paul (Hg.), Handbuch des Staatsrechts, Band III, Demokratie – Bundesorgane, 3. Auflage, Heidelberg 2005, § 44.

Brenner, Michael, Reichweite und Grenzen des parlamentarischen Fragerechts, Baden-Baden 2009.

Brenner, Michael/Huber, Peter M./Möstl, Markus (Hg.): Der Staat des Grundgesetzes – Kontinuität und Wandel, Festschrift für Peter Badura zum siebzigsten Geburtstag, Tübingen 2004.

Brinktrine, Ralf/Schollendorf, Kai (Hg.): BeckOK Beamtenrecht Bund, 31. Edition, München 2023.

Britz, Gabriele, Funktion und Funktionsweise öffentlicher Unternehmen im Wandel: Zu den jüngsten Entwicklungen im Recht der kommunalen Wirtschaftsunternehmen, NVwZ 2001, S. 380 ff.

Brocker, Lars, „Lux in arcana", Der Umgang mit „Arkanbereichen" im Recht, Baden-Baden 2014.

Brocker, Lars/Droege, Michael/Jutzi, Siegfried (Hg.): Verfassung für Rheinland-Pfalz, Handkommentar, 2. Auflage, Baden-Baden 2022.

Brosius-Gersdorf, Frauke (Hg.): Dreier Grundgesetz Kommentar, Band I: Präambel, Vorbemerkungen, Artikel 1–19, 4. Auflage, Tübingen 2023.

Brüning, Christoph, Kommunalverfassung, in: Ehlers, Dirk/Fehling, Michael/Pünder, Herrmann (Hg.), Besonderes Verwaltungsrecht, Band 3, Kommunalrecht, Haushalts- und Abgabenrecht, Ordnungsrecht, Sozialrecht, Bildungsrecht, Recht des öffentlichen Dienstes, 4. Auflage, Heidelberg 2020, § 64.

Burgard, Ulrich/Hadding, Walther/Mülbert, Peter O./Nietsch, Michael/Welter, Reinhard (Hg.): Festschrift für Uwe H. Schneider zum 70. Geburtstag, Köln 2011.

Bürgers, Tobias/Körber, Torsten/Lieder, Jan (Hg.): Aktiengesetz, 5. Auflage, Heidelberg 2021.

Burgi, Martin, Funktionale Privatisierung und Verwaltungshilfe, Staatsaufgabendogmatik – Phänomenologie – Verfassungsrecht, Tübingen 1999.

Burgi, Martin, Verwalten durch öffentliche Unternehmen im europäischen Institutionenwettbewerb, VerwArch 93 (2002), S. 255 ff.

Burgi, Martin, Privatisierung und Rekommunalisierung aus rechtswissenschaftlicher Sicht, NdsVBl. 2012, S. 225 ff.

Burgi, Martin, Die Kontrolle öffentlicher Unternehmen in Deutschland, in: Scherzberg, Arno/Can, Osman/Do an, lyas (Hg.), Das Recht der öffentlichen Unternehmen und der öffentlich-rechtlichen Banken, 2012, S. 45 ff.

Burgi, Martin, Öffentlichkeit von Ratssitzungen bei Angelegenheiten kommunaler Unternehmen?, NVwZ 2014, S. 609 ff.

Burgi, Martin, Öffentliches Recht und Gesellschaftsrecht im Spannungsfeld, in: Herrler, Sebastian (Hg.), Aktuelle gesellschaftsrechtliche Herausforderungen, Symposium des Instituts für Notarrecht an der Universität Würzburg 2015, Bonn 2016, S. 49 ff.

Burgi, Martin, Die Deutsche Bahn zwischen Staat und Wirtschaft, NVwZ 2018, S. 601 ff.

Burgi, Martin, Kommunalrecht, 6. Auflage, München 2019.

Burgi, Martin, Entwicklungslinien, in: Ehlers, Dirk/Pünder, Hermann (Hg.), Allgemeines Verwaltungsrecht, 16. Auflage, Berlin 2022, § 10.

Burgi, Martin, Europa- und verfassungsrechtlicher Rahmen des Öffentlichen Unternehmens, in: ders./Habersack, Mathias (Hg.), Öffentliches Recht des Unternehmens, Handbuch, München 2023, § 18.

Burgi, Martin, Verfassungs- und verwaltungsrechtliche Vorgaben für Informationsbeziehungen betreffend das Öffentliche Unternehmen, in: ders./Habersack, Mathias (Hg.), Öffentliches Recht des Unternehmens, Handbuch, München 2023, § 23.

Butzer, Hermann/Epping, Volker (Hg.): Hannoverscher Kommentar zur Niedersächsischen Verfassung – Handkommentar, 2. Auflage, Baden-Baden 2021.

Calliess, Christian/Ruffert, Matthias (Hg.): EUV/AEUV – Das Verfassungsrecht der Europäischen Union mit Europäischer Grundrechtecharta – Kommentar, 6. Auflage, München 2022.

Classen, Claus Dieter/Sauthoff, Michael (Hg.): Verfassung des Landes Mecklenburg-Vorpommern, Handkommentar, 3. Auflage, Baden-Baden 2023.

Cronauge, Ulrich, Kommunale Unternehmen, 6. Auflage, Berlin 2016.

von Danwitz, Thomas, Vom Verwaltungsprivat- zum Verwaltungsgesellschaftsrecht – Zur Begründung und Reichweite öffentlich-rechtlicher Ingerenzen in der mittelbaren Kommunalverwaltung –, AöR 120 (1995), S. 595 ff.

Dehn, Klaus-Dieter/Wolf, Thorsten Ingo: Gemeindeordnung Schleswig-Holstein Kommentar, 18. Auflage, Wiesbaden 2023.

Deutelmoser, Anna/Pieper, Julia, Das parlamentarische Fragerecht – eine hypertrophe Entwicklung?, NVwZ 2020, S. 839 ff.

Dietlein, Johannes, Die kommunale Selbstverwaltung, in: Stern, Klaus/Sodan, Helge/Möstl, Markus (Hg.), Das Staatsrecht der Bundesrepublik Deutschland im europäischen Staatenverbund, Band I, Grundlagen und Grundbegriffe des Staatsrechts, Strukturprinzipien der Verfassung, 2. Auflage, München 2022, § 17.

Dietlein, Johannes/Heusch, Andreas (Hg.): BeckOK Kommunalrecht Nordrhein-Westfalen, 25. Edition, München 2023.

Dietlein, Johannes/Mehde, Veith (Hg.): BeckOK Kommunalrecht Niedersachsen, 27. Edition, München 2023.

Dietlein, Johannes/Ogorek, Markus (Hg.): BeckOK Kommunalrecht Hessen, 24. Edition, München 2023.

Dietlein, Johannes/Pautsch, Arne (Hg.): BeckOK Kommunalrecht Baden-Württemberg, 22. Edition, München 2023.

Dietlein, Johannes/Suerbaum Joachim (Hg.): BeckOK Kommunalrecht Bayern, 19. Edition, München 2023.

Dietlmeier, Otto K., Rechtsfragen der Publizität im kommunalen Unternehmensrecht, Berlin 2015.

Dittmann, Armin, Verfassungshoheit der Länder und bundesstaatliche Verfassungshomogenität, in: Isensee, Josef/Kirchhof, Paul (Hg.), Handbuch des Staatsrechts, Band VI, Bundesstaat, 3. Auflage, Heidelberg 2008, § 127.

Dolderer, Christine, Wie viel Parlament ist der Gemeinderat? – Zugleich ein Beitrag zum Status von Politikern auf Bundes-, Landes- und kommunaler Ebene –, DÖV 2009, S. 146 ff.

Dombert, Matthias, Kommunale Amts- und Mandatsträger in privaten Unternehmen: Weisungsrechte und Unterrichtungspflichten, NdsVBl. 2022, S. 133 ff.

Dörr, Alexander, Informationsansprüche gegenüber dem Staat zuzurechnenden Unternehmen, Hamburg 2015.

Dreier, Horst (Hg.): Grundgesetz Kommentar, Band II: Artikel 20–82, 3. Auflage, Tübingen 2015.

Dünchheim, Thomas, Das transparente Stadtwerk? – Auskunftspflichten nach Informationsfreiheitsgesetz, Pressegesetz und Kommunalverfassungsrecht, KommJur 2016, S. 441 ff.

Dünchheim, Thomas/Gräler, Sebastian, Verfassungsrechtliche Implikationen der paritätischen Mitbestimmung in kommunalen Unternehmen, NVwZ 2019, S. 1225 ff.

Dürig, Günter/Herzog, Roman/Scholz, Rupert (Hg.): Grundgesetz Kommentar, Loseblattsammlung, 101. Ergänzungslieferung, München 2023.

Ehlers, Dirk, Verwaltung in Privatrechtsform, Berlin 1984.

Ehlers, Dirk, Die Klagearten und besonderen Sachentscheidungsvoraussetzungen im Kommunalverfassungsstreitverfahren, NVwZ 1990, S. 105 ff.

Ehlers, Dirk, Die Gemeindevertretung, in: Mann, Thomas/Püttner, Günter (Hg.), Handbuch der kommunalen Wissenschaft und Praxis, Band 1, Grundlagen und Kommunalverfassung, 3. Auflage, Berlin 2007, § 21.

Ehlers, Dirk/Pünder, Hermann, Verwaltungsrecht, in: Ehlers, Dirk/Pünder, Hermann (Hg.), Allgemeines Verwaltungsrecht, 16. Auflage, Berlin 2022, § 3.

Eichhorn, Peter, Terminologie und Typologie der Unternehmenskontrolle, in: Gesellschaft für Öffentliche Wirtschaft und Gemeinwirtschaft (Hg.), Kontrolle öffentlicher Unternehmen, Band 1, Baden-Baden, 1980, S. 19 ff.

Eidam, Nina, Das Frage- und Informationsrecht von Abgeordneten unter Berücksichtigung der aktuellen Rechtsprechung des Bundesverfassungsgerichts, NordÖR 2020, S. 105 ff.

Engellandt, Frank, Die Einflußnahme der Kommunen auf ihre Kapitalgesellschaften über das Anteilseignerorgan – Rechtliche, organisatorische und kompetenzielle Probleme ihrer Einwirkungspflicht, Heidelberg 1995.

Ennuschat, Jörg u. a. (Hg.): Wirtschaft und Gesellschaft im Staat der Gegenwart, Gedächtnisschrift für Peter J. Tettinger, Köln 2007.

Epping, Volker/Hillgruber, Christian (Hg.): BeckOK Grundgesetz, 56. Edition, München 2023.

Erbguth, Wilfried/Stollmann, Frank, Erfüllung öffentlicher Aufgaben durch private Rechtssubjekte? – Zu den Kriterien bei der Wahl der Rechtsform, DÖV 1993, S. 798 ff.

Erichsen, Hans-Uwe, Die Vertretung der Kommunen in den Mitgliederorganen von juristischen Personen des Privatrechts, Köln 1990.

Erker, Martin/Freund, Lydia, Verschwiegenheitspflicht von Aufsichtsratsmitgliedern bei der GmbH, GmbHR 2001, S. 463 ff.

Faber, Markus, Privatisierung streng geheim! – Öffentlichkeitsdefizite bei kommunalen Privatisierungen im Spannungsfeld zu den Anforderungen des Demokratieprinzips, Zugleich ein Beitrag über Handlungsstrategien der kommunalen Korruptionsprävention, NVwZ 2003, S. 1317 ff.

Fabry, Beatrice, Organisationsformen öffentlicher Unternehmen, in: dies./Augsten, Ursula (Hg.), Unternehmen der öffentlichen Hand: Handbuch, 2. Auflage, Baden-Baden 2011, Teil 1.

Fischer, Robert u. a. (Hg.): Strukturen und Entwicklungen im Handels-, Gesellschafts- und Wirtschaftsrecht, Festschrift für Wolfgang Hefermehl zum 70. Geburtstag am 18. September 1976, München 1976.

Fleischer, Holger/Goette, Wulf (Hg.): Münchener Kommentar zum Gesetz betreffend die Gesellschaften mit beschränkter Haftung, Band 1, §§ 1–34, 4. Auflage, München 2022.

Fleischer, Holger/Goette, Wulf (Hg.): Münchener Kommentar zum Gesetz betreffend die Gesellschaften mit beschränkter Haftung, Band 2, §§ 35–52, 4. Auflage, München 2023.

Forsthoff, Ernst, Die Verwaltung als Leistungsträger, Stuttgart, Wien 1938.

Frotscher, Werner, Stadtparlament und Stadtregierung – BVerfGE zugunsten des repräsentativ-demokratischen Prinzips auf kommunaler Ebene, ZParl 7 (1976), S. 494 ff.

Frotscher, Werner/Kramer, Urs, Wirtschaftsverfassungs- und Wirtschaftsverwaltungsrecht, 7. Auflage, München 2019.

Gaß, Andreas/Popp, Josef, Die Gemeinde als Unternehmer, 3. Auflage, Wiesbaden 2021.

Gaß, Andreas/Wurzel, Gabriele, Entscheidungskriterien für die Wahl der Rechtsform, in: Wurzel, Gabriele/Schraml, Alexander/Gaß, Andreas (Hg.), Rechtspraxis der kommunalen Unternehmen, 4. Auflage, München 2021, Kapitel K.

Gaß, Andreas, Verwaltungsrechtliche Organisationsvorgaben betreffend das Öffentliche Unternehmen in kommunaler Trägerschaft, in: Burgi, Martin/Habersack, Mathias (Hg.), Öffentliches Recht des Unternehmens, Handbuch, München 2023, § 21.

Geck, Hans-Ulrich, Die Fragestunde im Deutschen Bundestag, Berlin 1986.

Geerlings, Jörg, Das kommunale Aufsichtsratsmandat, in: Mann, Thomas/Püttner, Günter (Hg.), Handbuch der kommunalen Wissenschaft und Praxis, Band 2, Kommunale Wirtschaft, 3. Auflage, Berlin, Heidelberg 2011, § 52.

Geis, Max-Emanuel, Kommunalrecht, 6. Auflage, München 2023.

Gern, Alfons/Brüning, Christoph, Deutsches Kommunalrecht, 4. Auflage, Baden-Baden 2019.

Gersdorf, Hubertus, Öffentliche Unternehmen im Spannungsfeld zwischen Demokratie- und Wirtschaftlichkeitsprinzip – Eine Studie zur verfassungsrechtlichen Legitimation der wirtschaftlichen Betätigung der öffentlichen Hand, Berlin 2000.

Gersdorf, Hubertus, Dogmatische Neujustierung des Art. 87e GG? – Zu dem Urteil des Bundesverfassungsgerichts zum parlamentarischen Interpellationsrecht vom 7. November 2017 –, DÖV 2018, S. 789 ff.

Glauben, Paul, Privatisierung als Preisgabe parlamentarischer Hausgüter, ZParl 1998, S. 496 ff.

Glauben, Paul, Umfang und Grenzen des parlamentarischen Fragerechts der Abgeordneten im Bund und in den Ländern, DVBl 2018, S. 751 ff.

Goette, Wulf/Habersack, Mathias (Hg.): Münchener Kommentar zum Aktiengesetz, Band 2, §§ 76–117, MitbestG, DrittelbG, 6. Auflage, München 2023.

Goette, Wulf/Habersack, Mathias (Hg.): Münchener Kommentar zum Aktiengesetz, Band 3, §§ 118–178, 5. Auflage, München 2022.

Goette, Wulf/Habersack, Mathias (Hg.): Münchener Kommentar zum Aktiengesetz, Band 6, §§ 329–410, WpÜG, Österreichisches Übernahmerecht, 3. Auflage, München 2011.

Goette, Wulf/Habersack, Mathias (Hg.): Münchener Kommentar zum Aktiengesetz, Band 6, §§ 329–410, WpÜG, Österreichisches Übernahmerecht, 5. Auflage, München 2021.

Gramlich, Ludwig, Zur „Öffentlichkeit" von Gemeinderatssitzungen, DÖV 1982, S. 139 ff.

Grigoleit, Hans Christoph (Hg.): Aktiengesetz Kommentar, 2. Auflage, München 2020.

von der Groeben, Hans /Schwarze, Jürgen/Hatje, Armin (Hg.): Europäisches Unionsrecht, Kommentar, 7. Auflage, Baden-Baden 2015.

Gröpl, Christoph, Ökonomisierung von Verwaltung und Verwaltungsrecht, VerwArch 93 (2002), S. 459 ff.

Gröpl, Christoph (Hg.): Bundeshaushaltsordnung, Landeshaushaltsordnungen, Staatliches Haushaltsrecht Kommentar, 2. Auflage, München 2019.

Gusy, Christoph, Frage und Antwort als Instrumente parlamentarischer Kontrolle – NWVerfGH, NVwZ 1994, 678, JuS 1995, S. 878 ff.

Gusy, Christoph, Privatisierung und parlamentarische Kontrolle, ZRP 1998, S. 265 ff.

Habersack, Mathias, Private public partnership: Gemeinschaftsunternehmen zwischen Privaten und der öffentlichen Hand – Gesellschaftsrechtliche Analyse –, ZGR 1996, S. 544 ff.

Hahn-Lorber, Marcus, Die Reichweite der Informationsansprüche des nordrhein-westfälischen Landtags gegenüber der Landesregierung, NWVBl. 2013, S. 429 ff.

Hamdorf, Kai/Moradi Karkaj, Sanaz, Die Verantwortlichkeit der Bundesregierung für teilprivatisierte Unternehmen im Kontext demokratischer Legitimation – zugleich eine Besprechung von BVerfG, Urt. v. 07.11.2017 – 2 BvE 2/11, DVBl 2018, S. 823 ff.

Habersack, Mathias/Henssler, Martin (Hg.): Mitbestimmungsrecht – Kommentierung des MitbestG, des DrittelbG, des SEBG und des MgVG, 4. Auflage, München 2018.

Harbarth, Stephan, Anlegerschutz in öffentlichen Unternehmen, Berlin 1998.

Haug, Volker M. (Hg.): Verfassung des Landes Baden-Württemberg – Handkommentar, Baden-Baden 2018.

Heidel, Thomas (Hg.): Aktienrecht und Kapitalmarktrecht, 5. Auflage, Baden-Baden 2020.

Heise, Elisabeth, Die Deutsche Bahn AG zwischen Wirtschaftlichkeit und Gemeinwohlverantwortung – Eine Untersuchung des Art. 87e GG und der besonderen Bedeutung der Eigentümerstellung des Bundes, Baden-Baden 2013.

Hellermann, Johannes, Handlungsformen und Handlungsinstrumentarien wirtschaftlicher Betätigung, in: Hoppe, Werner/Uechtritz, Michael/Reck, Hans-Joachim (Hg.), Handbuch kommunale Unternehmen, 3. Auflage, Köln 2012, § 7.

Henneke, Hans-Günter, Kommunen als Unternehmer?, in: Wurzel, Gabriele/Schraml, Alexander/Gaß, Andreas (Hg.), Rechtspraxis der kommunalen Unternehmen, 4. Auflage, München 2021, Kapitel A.

Henssler, Martin/Spindler, Gerald/Stilz, Eberhard (Hg.): beck-online. Grosskommentar AktG, München, 2023.

Henssler, Martin/Strohn, Lutz (Hg.): Gesellschaftsrecht, BGB, PartGG, HGB, GmbHG, AktG, DCGK, GenG, UmwG, InsO, AnfG, IntGesR, 5. Auflage, München 2021.

Hermesmeier, Timo, Staatliche Beteiligungsverwaltung – Eine haushaltsrechtliche Untersuchung zu den Voraussetzungen der Beteiligung des Staates an Unternehmen in Privatrechtsform am Maßstab von § 65 Abs. 1 Nr. 1 BHO, Baden-Baden 2010.

Herresthal, Carsten, Die richtlinienkonforme und die verfassungskonforme Auslegung im Privatrecht, JuS 2014, S. 289 ff.

Hesse, Konrad, Grundzüge des Verfassungsrechts der Bundesrepublik Deutschland, 20. Auflage, Heidelberg 1999.

Hilbert, Patrick, Die Informationsfunktion von Parlamenten. Zugleich ein Beitrag zur demokratischen Bedeutung des Europäischen Parlaments, Tübingen 2022.

Hilbig-Lugani, Katharina u. a. (Hg.): Zwischenbilanz, Festschrift für Dagmar Coester-Waltjen zum 70. Geburtstag am 11. Juli 2015, Bielefeld 2015.

Hillgruber, Christian, Inhalt und Grenzen des parlamentarischen Informationsanspruchs, JA 2018, S. 238 ff.

Hoffmann-Riem, Wolfgang, Verwaltungskontrolle – Perspektiven, in: Schmidt-Aßmann, Eberhard/Hoffmann-Riem, Wolfgang (Hg.), Verwaltungskontrolle, Baden-Baden 2001, S. 325 ff.

Hölscheidt, Sven, Frage und Antwort im Parlament, Koblenz 1992.

Hölters, Wolfgang/Weber, Markus (Hg.): Aktiengesetz Kommentar, 4. Auflage, München 2022.

Hölzl, Josef (Begr.)/*Hien, Eckart/ Huber, Thomas* (Hg.): Gemeindeordnung mit Verwaltungsgemeinschaftsordnung, Landkreisordnung und Bezirksordnung für den Freistaat Bayern, 67. Aktualisierung, Heidelberg, Stand: Juni 2023.

Hopt, Klaus J./Wiedemann, Herbert (Hg.): Großkommentar zum Aktiengesetz, 4. Auflage, Berlin 2015.

Huber, Peter M., Die unternehmerische Betätigung der öffentlichen Hand – Ein verwaltungsrechtliches Phänomen vor der Neubewertung, in: Brenner, Michael/Huber, Peter M./Möstl, Markus (Hg.) Der Staat des Grundgesetzes – Kontinuität und Wandel, Festschrift für Peter Badura zum siebzigsten Geburtstag, Tübingen 2004, S. 897 ff.

Huber, Peter M., Überwachung, in: Voßkuhle, Andreas/Eifert, Martin/ Möllers Christioph (Hg.), Grundlagen des Verwaltungsrechts, Band II, 3. Auflage, München 2022, § 43.

Huber, Peter M./Fröhlich, Daniel, Öffentliche Unternehmenstätigkeit zwischen Vorrang des Gesellschaftsrechts und demokratischem Steuerungsvorbehalt, in: Hilbig-Lugani, Katharina u. a. (Hg.), Zwischenbilanz, Festschrift für Dagmar Coester-Waltjen zum 70. Geburtstag am 11. Juli 2015, Bielefeld 2015, S. 1127 ff.

Huber, Peter M./Unger, Sebastian, Parlamentarisches Fragerecht und Antwortpflicht der Regierung – am Beispiel der Freien und Hansestadt Hamburg, NordÖR 2007, S. 479 ff.

Hufen, Friedhelm, Verwaltungsprozessrecht, 12. Auflage, München 2021.

Hüffer, Uwe (Begr.)/*Koch, Jens* (Hg.): Aktiengesetz Kommentar, 11. Auflage, München 2014.

Hüffer, Uwe (Begr.)/*Koch, Jens* (Hg.): Aktiengesetz Kommentar, 17. Auflage, München 2023.

Hyckel, Jonas, Das unsichtbare Parlament – Optionen und Dogmatik eines intraparlamentarischen Geheimnisschutzes (Teil 1), ThürVBl. 2015, S. 285 ff.

Ipsen, Hans-Peter, Über das Grundgesetz, Rede gehalten anläßlich des Beginns des neuen Amtsjahres des Rektors der Universität Hamburg am 17. November 1949, Hamburg 1950.

Ipsen, Hans-Peter, Kollision und Kombination von Prüfungsvorschriften des Haushalts- und des Aktienrechts, JZ 1955, S. 593 ff.

Ipsen, Jörn, Soll das kommunale Satzungsrecht gegenüber staatlicher und gerichtlicher Kontrolle gestärkt werden?, JZ 1990, S. 789 ff.

Ipsen, Jörn, Fragerecht der Abgeordneten und Antwortpflicht der Landesregierung nach Art. 24 Abs. 1 der Niedersächsischen Verfassung, NdsVBl. 2013, S. 265 ff.

Ipsen, Jörn/Kaufhold, Ann-Katrin/Wischmeyer, Thomas (Hg.), Staatsrecht I, Staatsorganisationsrecht, 35. Auflage, München 2023.

Isensee, Josef, Gemeinwohl im Verfassungsstaat, in: ders./Kirchhof, Paul (Hg.), Handbuch des Staatsrechts, Band IV, Aufgaben des Staates, 3. Auflage, Heidelberg 2006, § 71.

Isensee, Josef, Idee und Gestalt des Föderalismus im Grundgesetz, in: ders./Kirchhof, Paul (Hg.), Handbuch des Staatsrechts, Band VI, Bundesstaat, 3. Auflage, Heidelberg 2008, § 126.

Jarass, Hans D./Pieroth, Bodo (Begr.): Grundgesetz für die Bundesrepublik Deutschland, Kommentar, 17. Auflage, München 2022.

Jellinek, Georg, Allgemeine Staatsrechtslehre, 3. Auflage, Berlin 1914.

Jestaedt, Matthias, Demokratieprinzip und Kondominialverwaltung, Entscheidungsteilhabe Privater an der öffentlichen Verwaltung auf dem Prüfstand des Verfassungsprinzips Demokratie, Berlin 1993.

Kahl, Wolfgang/Waldhoff, Christian/Walter, Christian (Hg.): Bonner Kommentar zum Grundgesetz, Loseblattsammlung, 220. Lieferung, Heidelberg 2023.

Kahl, Wolfgang, Die Staatsaufsicht – Entstehung, Wandel und Neubestimmung unter besonderer Berücksichtigung der Aufsicht über die Gemeinden, Tübingen, 2000.

Kahl, Wolfgang, Kontrolle der Verwaltung und des Verwaltungshandelns, in: Voßkuhle, Andreas/Eifert, Martin/Möllers, Christoph (Hg.), Grundlagen des Verwaltungsrechts, Band II, 3. Auflage, München 2022, § 45.

Kämmerer, Jörn-Axel, Privatisierung, in: Ehlers, Dirk/Fehling, Michael/Pünder, Hermann (Hg.), Besonderes Verwaltungsrecht, Band 1, Öffentliches Wirtschaftsrecht, 4. Auflage, Heidelberg 2019, § 13.

van Kann, Jürgen/Keiluweit, Anjela, Verschwiegenheitspflichten kommunaler Aufsichtsratsmitglieder in privatrechtlich organisierten Gesellschaften, DB 2009, S. 2251 ff.

Kapteina, Benedikt, Öffentliche Unternehmen in Privatrechtsform und ihre demokratische Legitimation, Hamburg 2017.

Katz, Alfred, Demokratische Legitimationsbedürftigkeit der Kommunalunternehmen, Verantwortlichkeit des Gemeinderats – Information und ihre Grenzen, NVwZ 2018, S. 1091 ff.

Katz, Alfred, Öffentlichkeit versus Nichtöffentlichkeit von Gemeinderatssitzungen am Beispiel von Grundstücksangelegenheiten, NVwZ 2020, S. 1076 ff.

Kazele, Norbert, Arkanbereiche der Exekutive? – Zum Verhältnis der Exekutive zu den anderen Gewalten im demokratischen Rechtsstaat –, VerwArch 101 (2010), S. 469 ff.

Kempny, Simon, Verwaltungskontrolle – Zur Systematisierung der Mittel zur Sicherung administrativer Rationalität unter besonderer Berücksichtigung der Gerichte und Rechnungshöfe, Tübingen 2017.

Kersten, Jens, Die Entwicklung des Konzepts der Daseinsvorsorge im Werk von Ernst Forsthoff, Der Staat 44 (2005), S. 543 ff.

Kersting, Christian, Gesellschaftsrechtliche Verschwiegenheitspflicht in öffentlichen Unternehmen – Anmerkung zu BVerfG, Urteil vom 07.11. 2017 – 2 BvE 2/11, WPg 2018, S. 392 ff.

Kestler, Josef, Parlamentarisches Fragerecht und Persönlichkeitsschutz, ZParl 2001, S. 258 ff.

Kirschniok-Schmidt, Georg, Das Informationsrecht des Abgeordneten nach der brandenburgischen Landesverfassung, Frankfurt am Main 2010.

Kleerbaum, Klaus-Viktor/Palmen, Manfred (Hg.): Gemeindeordnung Nordrhein-Westfalen, Kommentar für die kommunale Praxis, 3. Auflage, Recklinghausen 2017.

Klein, Hans Hugo, Stellung und Aufgaben des Bundestages, in: Isensee, Josef/Kirchhof, Paul (Hg.), Handbuch des Staatsrechts, Band III, Demokratie – Bundesorgane, 3. Auflage, Heidelberg 2005, § 50.

Kluckert, Sebastian, Mandat und Status des Abgeordneten, in: Stern, Klaus/Sodan, Helge/Möstl, Markus (Hg.), Das Staatsrecht der Bundesrepublik Deutschland im europäischen Staatenverbund, Band II, Staatsorgane, Staatsfunktionen, Finanzwesen, 2. Auflage, München 2022, § 35.

Kluth, Winfried, Grenzen kommunaler Wettbewerbsteilnahme, Grenzen wirtschaftlicher Betätigung von Gemeinden und Gemeindeverbänden im Wettbewerb mit Privaten im Bereich der Sozialwirtschaft, Zur Dogmatik der wirtschaftlichen Betätigung des Staates, Köln 1988.

Kluth, Winfried, Kommunalwirtschaftliche Aktivitäten als Dienste von allgemeinem wirtschaftlichem Interesse, in: Mann, Thomas/Püttner, Günter (Hg.), Handbuch der kommunalen Wissenschaft und Praxis, Band 2, Kommunale Wirtschaft, 3. Auflage, Berlin, Heidelberg 2011, § 39.

Kluth, Winfried, Öffentliches Wirtschaftsrecht, 1. Auflage, München 2019.

Knauff, Matthias, Die wirtschaftliche Betätigung der öffentlichen Hand, in: Schmidt, Reiner/Wollenschläger, Ferdinand (Hg.), Kompendium Öffentliches Wirtschaftsrecht, 5. Auflage, Berlin 2019, § 6.

Knemeyer, Franz-Ludwig, Die Staatsaufsicht über die Gemeinden und Kreise (Kommunalaufsicht), in: Mann, Thomas/Püttner, Günter (Hg.), Handbuch der kommunalen Wissenschaft und Praxis, Band 1, Grundlagen und Kommunalverfassung, 3. Auflage, Berlin 2007, § 12.

Knirsch, Hanspeter, Information und Geheimhaltung im Kommunalrecht, Köln 1987.

Knöbber-Griesz, Konstantin, Aktienrechtliche Aufsichtsverschwiegenheit und Informationsprivileg der öffentlichen Hand – Eine aktienrechtsautonome Neubewertung, Berlin 2023.

Knöbber-Griesz, Konstantin, Das aktienrechtliche Informationsprivileg der öffentlichen Hand und die Verschwiegenheitspflicht entsandter Aufsichtsratsmitglieder – Teil 1, jM 2023, S. 90 ff.

Knöbber-Griesz, Konstantin, Das aktienrechtliche Informationsprivileg der öffentlichen Hand und die Verschwiegenheitspflicht entsandter Aufsichtsratsmitglieder – Teil 2, jM 2023, S. 139 ff.

Koch, Jens, Die Bestimmung des Gemeindevertreters in Gesellschaften mit kommunaler Beteiligung am Beispiel der Gemeindeordnung NRW, VerwArch 102 (2011), S. 1 ff.

Koch, Jens, Öffentlich-rechtliche Informationsrechte versus aktienrechtliche Verschwiegenheitspflichten, in: Ludwigs, Markus (Hg.), Regulierender

Staat und konfliktschlichtendes Recht, Festschrift für Matthias Schmidt-Preuß zum 70. Geburtstag, Berlin 2018, S. 367 ff.

Koch, Jens, Die hoheitlich beherrschte AG nach der Deutsche-Bahn-Entscheidung des Bundesverfassungsgerichts, ZHR 183 (2019), S. 7 ff.

Koch, Jens, Verwaltungsrechtliche Vorgaben betreffend das Unternehmen mit staatlicher Minderheitsbeteiligung und ihre gesellschaftsrechtliche Umsetzung, in: Burgi, Martin/Habersack, Mathias (Hg.), Öffentliches Recht des Unternehmens, Handbuch, München 2023, § 16.

Kotzur, Markus, Informationsansprüche des Parlaments im demokratischen Verfassungsstaat – zur Entscheidung BVerfGE 110, 199 ff., Jura 2007, S. 52 ff.

Kraft, Ernst-Thomas, Das Verwaltungsgesellschaftsrecht, Zur Verpflichtung kommunaler Körperschaften, auf ihre Privatrechtsgesellschaften einzuwirken, Frankfurt am Main 1982.

Kraft-Zörcher, Sabine, Kontrolle der kommunalen Aufgabenerfüllung durch Stadt- und Gemeinderäte, ThürVBl. 2008, S. 1 ff.

Krebs, Klaus Thomas, Der kommunale Öffentlichkeitsgrundsatz, Stuttgart 2016.

Krebs, Walter, Kontrolle in staatlichen Entscheidungsprozessen – Ein Beitrag zur rechtlichen Analyse von gerichtlichen, parlamentarischen und Rechnungshof-Kontrollen, Heidelberg 1984.

Kropff, Bruno, Aktienrechtlicher Geheimnisschutz bei Beteiligung von Gebietskörperschaften, in: Fischer, Robert u. a. (Hg.), Strukturen und Entwicklungen im Handels-, Gesellschafts- und Wirtschaftsrecht, Festschrift für Wolfgang Hefermehl zum 70. Geburtstag am 18. September 1976, München 1976, S. 327 ff.

Krüger, Philipp-Lennart, Transparenzverlust durch Wahl privater Rechtsformen? Privatrechtlich organisierte Unternehmen der öffentlichen Hand als Adressaten öffentlich-rechtlicher Informationszugangsansprüche, Berlin 2016.

Lampert, Bastian, Einflussnahme auf Aufsichtsratsmitglieder durch die öffentliche Hand als Gesellschafterin – Eine Untersuchung unter besonderer Berücksichtigung der Aktienrechtsnovelle, Hamburg 2012.

Land, Volker/Hallermayer, Jessica, Weitergabe von vertraulichen Informationen durch auf Veranlassung von Gebietskörperschaften gewählte Mitglieder des Aufsichtsrats gem. §§ 394, 395 AktG, AG 2011, S. 114 ff.

Lang, Markus, Die Grundrechtsberechtigung der Nachfolgeunternehmen im Eisenbahn-, Post- und Telekommunikationswesen, NJW 2004, S. 3601 ff.

Lange, Klaus, Kommunalrecht, 2. Auflage, Tübingen 2019.

Larenz, Karl (Begr.)/*Canaris, Claus-Wilhelm*, Methodenlehre der Rechtswissenschaft, 3. Auflage, Berlin 1995.

Leisner, Walter Georg, Die parlamentarische Volksvertretung – der Deutsche Bundestag, in: Stern, Klaus/Sodan, Helge/Möstl, Markus (Hg.), Das Staatsrecht der Bundesrepublik Deutschland im europäischen Staatenverbund, Band II, Staatsorgane, Staatsfunktionen, Finanzwesen, 2. Auflage, München 2022, § 36.

Lennartz, Jürgen/Kiefer, Günther, Parlamentarische Anfragen im Spannungsfeld von Regierungskontrolle und Geheimhaltungsinteressen, DÖV 2006, S. 185 ff.

Lenz, Stefan, Kommunalverwaltung und Demokratieprinzip, Tübingen 2020.

Lieber, Hasso/Iwers, Steffen Johann/Ernst, Martina (Hg.): Verfassung des Landes Brandenburg Kommentar, Wiesbaden 2012.

Lindner, Josef Franz/Möstl, Markus/Wolff, Heinrich Amadeus (Hg.): Verfassung des Freistaates Bayern Kommentar, 2. Auflage, München 2017.

Lorz, Ralph Alexander/Richterich, Maike, Regierung im Parlament, in: Morlok, Martin/Schliesky, Utz/Wiefelspütz, Dieter (Hg.), Parlamentsrecht Praxishandbuch, Baden-Baden 2016, § 35.

Löwer, Wolfgang, Dritter Beratungsgegenstand: Der Staat als Wirtschaftssubjekt und Auftraggeber, VVDStRL 60 (2001), S. 416 ff.

Ludwigs, Markus (Hg.): Regulierender Staat und konfliktschlichtendes Recht, Festschrift für Matthias Schmidt-Preuß zum 70. Geburtstag, Berlin 2018.

Lutter, Marcus/Grunewald, Barbara, Öffentliches Haushaltsrecht und privates Gesellschaftsrecht, WM 1984, S. 385 ff.

Lutter, Marcus/Hommelhoff, Peter (Hg.): GmbHG, Kommentar, 21. Auflage, Köln 2023.

Lutter, Marcus/Krieger, Gerd/Verse, Dirk (Hg.), Rechte und Pflichten des Aufsichtsrats, 7. Auflage, Köln 2020.

Machura, Stefan, Die Kontrolle öffentlicher Unternehmen – Für eine mehrdimensionale Strategie zur Instrumentalisierung öffentlicher Unternehmen, Wiesbaden 1993.

Magiera, Siegfried, Rechte des Bundestages und seiner Mitglieder gegenüber der Regierung, in: Schneider, Hans-Peter/Zeh, Wolfgang (Hg.), Parlamentsrecht und Parlamentspraxis, Berlin 1989, § 52.

Mahlberg, Lothar, Kontrolle gemeindlicher Unternehmen, Stuttgart 1986.

von Mangoldt, Hermann/Klein, Friedrich/Starck, Christian (Begr.): Kommentar zum Grundgesetz, Band 1: Präambel, Artikel 1–19, 7. Auflage, München 2018.

von Mangoldt, Hermann/Klein, Friedrich/Starck, Christian (Begr.): Kommentar zum Grundgesetz, Band 2: Artikel 20–82, 7. Auflage, München 2018.

Mann, Maximilian, §§ 394 f. AktG im Geflecht von Individual- und Kollektivinteressen – Ein Beitrag zur Bestimmung möglicher Berichtsadressaten, AG 2018, S. 57 ff.

Mann, Thomas, Die historische Entwicklung der Rechtsformen für kommunale Unternehmen, VR 1996, S. 230 ff.

Mann, Thomas, Die öffentlich-rechtliche Gesellschaft – Zur Fortentwicklung des Rechtsformenspektrums für öffentliche Unternehmen, Tübingen 2002.

Mann, Thomas, Öffentliche Unternehmen im Spannungsfeld von öffentlichem Auftrag und Wettbewerb, JZ 2002, S. 819 ff.

Mann, Thomas, Die Aufhebung der Verschwiegenheitspflicht von Aufsichtsratsmitgliedern einer kommunalen GmbH, in: Ennuschat, Jörg u. a. (Hg.), Wirtschaft und Gesellschaft im Staat der Gegenwart, Gedächtnisschrift für Peter J. Tettinger, Köln 2007, S. 295 ff.

Mann, Thomas, Kapitalgesellschaften, in: Mann, Thomas/Püttner, Günter (Hg.), Handbuch der kommunalen Wissenschaft und Praxis, Band 2, Kommunale Wirtschaft, 3. Auflage, Berlin, Heidelberg 2011, § 46.

Mann, Thomas, Öffentliche Unternehmen – öffentliches Gesellschaftsrecht?, NdsVBl. 2022, S. 197 ff.

Mann, Thomas, Verwaltungsrechtliche Organisationsvorgaben betreffend das Öffentliche Unternehmen auf Bundes- und Landesebene, in: Burgi, Martin/Habersack, Mathias (Hg.), Öffentliches Recht des Unternehmens, Handbuch, München 2023, § 19.

Mann, Thomas/Schnuch, Franziska, Corporate Social Responsibility öffentlicher Unternehmen, DÖV 2019, S. 417 ff.

Martens, Klaus-Peter, Privilegiertes Informationsverhalten von Aufsichtsratsmitgliedern einer Gebietskörperschaft nach § 394 AktG, AG 1984, S. 29 ff.

Maurer, Hartmut, Rechtsfragen kommunaler Satzungsgebung, DÖV 1993, S. 184 ff.

Maurer, Hartmut/Waldhoff, Christian, Allgemeines Verwaltungsrecht, 20. Auflage, München 2020.

Mayen, Thomas, Privatisierung öffentlicher Aufgaben: Rechtliche Grenzen und rechtliche Möglichkeiten, DÖV 2001, S. 110 ff.

Meder, Theodor/Brechmann, Winfried (Begr.): Die Verfassung des Freistaates Bayern Kommentar, 6. Auflage, Stuttgart 2020.

Mehde, Veith, Rechtsetzungen der europäischen und nationalen Verwaltungen, VVDStRL 71 (2012), S. 418 ff.

Mehde, Veith, Transparenz des kommunalen Handelns in Niedersachsen, NordÖR 2014, S. 49 ff.

Meier, Norbert/Wieseler, Johannes, Ausgewählte Problembereiche bei kommunal beherrschten Unternehmen in privatrechtlicher Organisationsform, Der Gemeindehaushalt 1993, S. 174 ff.

Meiski, Georg, Über die Verschwiegenheitspflichten kommunaler Mandatsträger als Aufsichtsräte in kommunalen Eigengesellschaften in Form der GmbH, BayVBl. 2006, S. 300 ff.

Meßmer, Stefan, Zulässigkeit und Grenzen unternehmerischer Betätigung der öffentlichen Hand, in: Fabry, Beatrice/Augsten, Ursula (Hg.), Unternehmen der öffentlichen Hand: Handbuch, 2. Auflage, Baden-Baden 2011, Teil 2.

Merten, Detlef, Über Staatsziele, DÖV 1993, S. 368 ff.

Meyer, Hans, Die Stellung der Parlamente in der Verfassungsordnung des Grundgesetzes, in: Schneider, Hans-Peter/Zeh, Wolfgang (Hg.), Parlamentsrecht und Parlamentspraxis in der Bundesrepublik Deutschland, Berlin 1989, § 4.

Meyer, Hubert, Kommunales Parteien- und Fraktionenrecht, Verfassungsrechtliche Determinanten und ausgewählte Probleme unter besonderer Berücksichtigung der Chancengleichheit sowie Fragen der Finanzierung, Baden-Baden 1990.

Michalski, Lutz/Heidinger, Andreas/Leible, Stefan/Schmidt, Jessica (Hg.): Kommentar zum Gesetz betreffend die Gesellschaften mit beschränkter Haftung, Band 2, §§ 35–88 GmbHG, EGGmbHG, 4. Auflage, München 2023.

Morlok, Martin, Die Kontrollfunktion des Parlaments – Verfassungsrechtliche Grundlagen im Geflecht der Gewaltenteilung, in: Stiftung Gesellschaft für Rechtspolitik/Institut für Rechtspolitik an der Universität Trier (Hg.), Bitburger Gespräche Jahrbuch 2018, München 2019, S. 15 ff.

Möstl, Markus, Grundrechtsbindung öffentlicher Wirtschaftstätigkeit – Insbesondere die Bindung der Nachfolgeunternehmen der Deutschen Bundespost an Art. 10 GG nach der Postreform II, München 1999.

Mühlenkamp, Holger, Öffentliche Unternehmen – Einführung unter Berücksichtigung betriebswirtschaftlicher, volkswirtschaftlicher und rechtlicher Aspekte, München, Wien 1994.

Mühlenkamp, Holger, Zur relativen (In-)Effizienz öffentlicher (und privater) Unternehmen – Unternehmensziele, Effizienzmaßstäbe und empirische Befunde, in: Schaefer, Christina/Theuvsen, Ludwig (Hg.), Renaissance öffentlicher Wirtschaft – Bestandsaufnahme – Kontexte – Perspektiven, Baden-Baden 2012, S. 21 ff.

Müller, Jürgen, Zum Fragerecht des einzelnen Gemeinderatsmitglieds nach der nordrhein-westfälischen Gemeindeordnung, VR 2015, S. 231 ff.

Müller, Fabian, Bereich „Energie“ – Gemeinden und Städte aktiv in der Energiewende, in: Wurzel, Gabriele/Schraml, Alexander/Gaß, Andreas (Hg.), Rechtspraxis der kommunalen Unternehmen, 4. Auflage, München 2021, Kapitel J. V.

von Münch, Ingo/Kunig, Philip (Begr.): Grundgesetz, Kommentar, Band 1: Präambel bis Art. 69, 7. Auflage, München 2021.

von Mutius, Albert, Zweiter Beratungsgegenstand: Die Steuerung des Verwaltungshandelns durch Haushaltsrecht und Haushaltskontrolle, VVDStRL 42 (1984), S. 147 ff.

Neudenberger, Jan Magnus, Der Aufsichtsrat in staatlichen Eigen- und Beteiligungsgesellschaften, Berlin 2023.

Neumann, Hansgeorg (Hg.): Die Niedersächsische Verfassung, Handkommentar, 3. Auflage, Stuttgart 2000.

Nierhaus, Michael, Selbstverwaltungsgarantie und wirtschaftliche Betätigung der Kommunen, in: Mann, Thomas/Püttner, Günter (Hg.),

Handbuch der kommunalen Wissenschaft und Praxis, Band 2, Kommunale Wirtschaft, 3. Auflage, Berlin, Heidelberg 2011, § 40.

Noack, Ulrich, Gesellschaftsrechtliche Fragen kommunaler Beteiligung an Gesellschaften des Privatrechts, Städte- und Gemeinderat 1995, S. 379 ff.

Noack, Ulrich/Servatius, Wolfgang/Haas, Ulrich (Hg.): Gesetz betreffend die Gesellschaften mit beschränkter Haftung, 23. Auflage, München 2022.

Oebbecke, Janbernd, Kommunalrechtliche Voraussetzungen der wirtschaftlichen Betätigung, in: Mann, Thomas/Püttner, Günter (Hg.), Handbuch der kommunalen Wissenschaft und Praxis, Band 2, Kommunale Wirtschaft, 3. Auflage, Berlin, Heidelberg 2011, § 41.

Oebbecke, Jarnbernd, Rechtliche Vorgaben für die Gründung kommunaler Gesellschaften, in: Hoppe, Werner/Uechtritz, Michael/Reck, Hans-Joachim (Hg.), Handbuch kommunale Unternehmen, 3. Auflage, Köln 2012, § 8.

Oebbecke, Jarnbernd, Rechtliche Vorgaben für die Führung kommunaler Gesellschaften, in: Hoppe, Werner/Uechtritz, Michael/Reck, Hans-Joachim (Hg.), Handbuch kommunale Unternehmen, 3. Auflage, Köln 2012, § 9.

Ossenbühl, Fritz, Mitbestimmung in Eigengesellschaften der öffentlichen Hand, ZGR 1996, S. 504 ff.

Ossenbühl, Fritz, Rechtsverordnung, in: Isensee, Josef/Kirchhof, Paul (Hg.), Handbuch des Staatsrechts, Band V, Rechtsquellen, Organisation, Finanzen, 3. Auflage, Heidelberg 2007, § 103.

Ossenbühl, Fritz, Satzung, in: Isensee, Josef/Kirchhof, Paul (Hg.), Handbuch des Staatsrechts, Band V, Rechtsquellen, Organisation, Finanzen, 3. Auflage, Heidelberg 2007, § 105.

Ott, Yvonne, Der Parlamentscharakter der Gemeindevertretung, Eine rechtsvergleichende Untersuchung der Qualität staatlicher und gemeindlicher Vertretungskörperschaften, Baden-Baden, 1994.

Pahlke, Michael, Gibt es einen „ungeschriebenen verfassungsunmittelbaren Informationsanspruch" eines jeden Gemeinderatsmitglieds gegenüber dem Bürgermeister?, BayVBl. 2011, S. 686 ff.

Pape, Christopher, Das kommunale Aufsichtsratsmandat, Doppelloyalität zwischen privatrechtlicher Freiheit und öffentlich-rechtlicher Ingerenzpflicht, Berlin 2020.

Papsthart, Stefan, Die (auch) kommunale GmbH – ein rechtlicher Hybride, BayVBl. 2018, S. 541 ff.

Papsthart, Stefan, Glashaus mit Geheimnissen – Zur (Nicht-)Öffentlichkeit kommunaler Ratsarbeit –, BayVBl. 2021, S. 253 ff.

Passarge, Malte/Kölln, Sebastian, Das Auskunfts- und Einsichtsrecht nach § 51a GmbHG bei der kommunalen GmbH, NVwZ 2014, S. 982 ff.

Pechstein, Matthias/Nowak, Carsten/Häde, Ulrich (Hg.): Frankfurter Kommentar zu EUV, GRC und AEUV, Band III: AEUV, Artikel 101–215, Tübingen 2017.

Pfeifer, Axel, Möglichkeiten und Grenzen der Steuerung kommunaler Aktiengesellschaften durch ihre Gebietskörperschaften, München 1991.

Pitschas, Rainer/Schoppa, Katrin, Kriterien für die Wahl der Rechtsform, in: Mann, Thomas/Püttner, Günter (Hg.), Handbuch der kommunalen Wissenschaft und Praxis, Band 2, Kommunale Wirtschaft, 3. Auflage, Berlin, Heidelberg 2011, § 43.

Poppenhäger, Holger, Parlamentarisches Fragerecht und Verantwortlichkeit der Landesregierung in Thüringen – Teil I: Unmittelbare und mittelbare Verantwortlichkeit der Landesregierung – ThürVBl. 2000, S. 121 ff.

Poppenhäger, Holger, Parlamentarisches Fragerecht und Verantwortlichkeit der Landesregierung in Thüringen – Teil II: Die Problematik der natürlichen und juristischen Personen des Privatrechts, ThürVBl. 2000, S. 152 ff.

Poschmann, Thomas, Anmerkung zum Urteil des BVerfG v. 7.11.2017 – 2 BvE 2/11, NVwZ 2018, S. 71 ff.

Prandl, Josef/Zimmermann, Hans (Begr.): Kommunalrecht in Bayern, Kommentar zum Gemeinde-, Verwaltungsgemeinschafts-, Landkreis- und Bezirksrecht, Kommunale Zusammenarbeit, Kommunales Wahlrecht, Kommunales Haushalts- und Unternehmensrecht, Aktualisierungslieferung Nr. 150, Hürth, Stand: 1. September 2022.

Püttner, Günter, Die öffentlichen Unternehmen, Ein Handbuch zu Verfassungs- und Rechtsfragen der öffentlichen Wirtschaft, 2. Auflage, Stuttgart, München, Hannover 1985.

Püttner, Günter, Die Vertretung der Gemeinden in wirtschaftlichen Unternehmen – Zum Verhältnis von Kommunalrecht und Gesellschaftsrecht –, DVBl 1986, S. 748 ff.

Püttner, Günter, Kommunale Selbstverwaltung, in: Isensee, Josef/Kirchhof, Paul (Hg.), Handbuch des Staatsrechts, Band VI, Bundesstaat, 3. Auflage, Heidelberg 2008, § 144.

Raap, Christian, Grundrechtsschutz bei der Information des Parlaments durch die Bundesregierung, NJW 1997, S. 508 ff.

Rabeling, Esther, Die Öffentlichkeit von Gemeinderatssitzungen in der Rechtsprechung, NVwZ 2010, S. 411 ff.

Reichert, Bernd, Das Spannungsverhältnis zwischen Bürgermeister und Gemeinderat, dargestellt am Beispiel des Informations- und Kontrollrechts des Gemeinderats in Baden-Württemberg, Speyer 1979.

Ristelhuber, Johannes, Information und Verschwiegenheit kommunaler Aufsichtsräte, NWVBl. 2016, S. 359 ff.

Ritterspach, Theo/Geiger, Willi (Hg.): Festschrift für Gebhard Müller, Zum 70. Geburtstag des Präsidenten des Bundesverfassungsgerichts, Tübingen 1970.

Rittner, Fritz/Dreher, Meinrad, Europäisches und deutsches Wirtschaftsrecht – Eine systematische Darstellung, 3. Auflage, Heidelberg 2008.

Röhl, Christian, Kommunalrecht, in: Schoch, Friedrich/Eifert, Martin (Hg.), Besonderes Verwaltungsrecht, 2. Auflage, München 2023, Kapitel 2.

Ronellenfitsch, Michael, Wirtschaftliche Betätigung des Staates, in: Isensee, Josef/Kirchhof, Paul (Hg.), Handbuch des Staatsrechts, Band IV, Aufgaben des Staates, 3. Auflage, Heidelberg 2006, § 98.

Ruffert, Matthias, Grundlagen und Maßstäbe einer wirkungsvollen Aufsicht über die kommunale wirtschaftliche Betätigung, VerwArch 92 (2001), S. 27 ff.

Rüfner, Wolfgang, Grundrechtsadressaten, in: Isensee, Josef/Kirchhof, Paul (Hg.), Handbuch des Staatsrechts, Band IX, Allgemeine Grundrechtslehren, 3. Auflage, Heidelberg 2011, § 197.

Rüfner, Wolfgang, Grundrechtsträger, in: Isensee, Josef/Kirchhof, Paul (Hg.), Handbuch des Staatsrechts, Band IX, Allgemeine Grundrechtslehren, 3. Auflage, Heidelberg 2011, § 196.

Ruthig, Josef/Storr, Stefan, Öffentliches Wirtschaftsrecht, 5. Auflage, Heidelberg 2020.

Sachs, Michael, Staatsorganisationsrecht: Reichweite des parlamentarischen Informationsanspruchs, Grenzen des Informationsanspruchs hinsichtlich der Deutschen Bahn AG einerseits, aus dem Bereich der staatlichen Finanzaufsicht andererseits, JuS 2018, S. 308 ff.

Sachs, Michael (Hg.): Grundgesetz, Kommentar, 9. Auflage, München 2021.

Saurer, Johannes, Exekutive Normsetzung, in: Stern, Klaus/Sodan, Helge/Möstl, Markus (Hg.), Das Staatsrecht der Bundesrepublik Deutschland im europäischen Staatenverbund, Band II, Staatsorgane, Staatsfunktionen, Finanzwesen, 2. Auflage, München 2022, § 44.

Scheidler, Alfred/Schmucker, Constanze, Probleme der Sitzungsöffentlichkeit im Kommunalrecht, VR 2017, S. 52 ff.

Scheuner, Ulrich, Verantwortung und Kontrolle in der demokratischen Verfassungsordnung, in: Ritterspach, Theo/Geiger, Willi (Hg.), Festschrift für Gebhard Müller. Zum 70. Geburtstag des Präsidenten des Bundesverfassungsgerichts, Tübingen 1970, S. 379 ff.

Schladebach, Marcus, Staatszielbestimmungen im Verfassungsrecht, JuS 2018, S. 118 ff.

Schliesky, Utz, Parlamentsfunktionen, in: Morlok, Martin/Schliesky, Utz/Wiefelspütz, Dieter (Hg.), Parlamentsrecht Praxishandbuch, Baden-Baden 2016, § 5.

Schmidt, Jörg, Die demokratische Legitimationsfunktion der parlamentarischen Kontrolle – Eine verfassungsrechtliche Untersuchung über Grundlage, Gegenstand und Grenzen der parlamentarischen Kontrolle unter Berücksichtigung der ministerialfreien Räume und der Privatisierung, Berlin 2007.

Schmidt, Karsten/Lutter, Marcus (Hg.): Aktiengesetz Kommentar, 4. Auflage, Köln 2020.

Schmidt, Reiner, Der Übergang öffentlicher Aufgabenerfüllung in private Rechtsformen, ZGR 1996, S. 345 ff.

Schmidt, Thorsten Ingo, Rechtliche Rahmenbedingungen und Perspektiven der Rekommunalisierung, DÖV 2014, S. 357 ff.

Schmidt-Aßmann, Eberhard, Verwaltungslegitimation als Rechtsbegriff, AöR 116 (1991), S. 329 ff.

Schmidt-Aßmann, Eberhard, Verwaltungskontrolle: Einleitende Problemskizze, in: ders./Hoffmann-Riem, Wolfgang (Hg.), Verwaltungskontrolle, Baden-Baden, 2001, S. 9 ff.

Schmidt-Aßmann, Eberhard, Das allgemeine Verwaltungsrecht als Ordnungsidee – Grundlagen und Aufgaben der verwaltungsrechtlichen Systembildung, 2. Auflage, Berlin, Heidelberg 2006.

Schmidt-Aßmann, Eberhard/Ulmer, Peter, Die Berichterstattung von Aufsichtsratsmitgliedern einer Gebietskörperschaft nach § 394 AktG, Eine aktien- und kommunalrechtliche Untersuchung ihrer Voraussetzungen und Schranken unter besonderer Berücksichtigung des nordrhein-westfälischen Gemeinderechts, BB 1988, Beilage 13, S. 1 ff.

Schmidt-Bleibtreu, Bruno/Klein, Franz (Begr.): Kommentar zum Grundgesetz, 15. Auflage, Hürth 2022.

Schmitt, Annette, Der bundesstaatliche Rahmen für die Landesverfassungen, Die Reichweite des Art. 28 GG, insbesondere im Verhältnis zu Art. 31 GG, zu den Durchgriffs- und Bestandteilsnormen, Hamburg 2009.

Schmitz, Michael, Der Öffentlichkeitsgrundsatz in der Kommunalverwaltung, Der Ausschluss der Öffentlichkeit in Grundstücksangelegenheiten im Gemeinderat, JuS 2017, S. 31 ff.

Schmolke, Klaus Ulrich, Vertreter von Gebietskörperschaften im Aufsichtsrat zwischen Verschwiegenheits- und Berichtspflicht – Zur Auslegung der §§ 394, 395 AktG im Lichte des BVerfG-Urteils – 2 BvE 2/11 = WM 2017, 2345 –, WM 2018, S. 1913 ff.

Schneider, Jens-Peter, Verwaltungskontrollen und Kontrollmaßstäbe in komplexen Verwaltungsstrukturen, in: Schmidt-Aßmann, Eberhard/ Hoffmann-Riem, Wolfgang (Hg.), Verwaltungskontrolle, Baden-Baden, 2001, S. 271 ff.

Schnuch, Franziska, Compliance-Verantwortung des Staates für gemischtwirtschaftliche Unternehmen, Baden-Baden 2023.

Schoch, Friedrich, Soll das kommunale Satzungsrecht gegenüber staatlicher und gerichtlicher Kontrolle gestärkt werden?, NVwZ 1990, S. 801 ff.

Schockenhoff, Martin, Geheimnisschutz bei Aktiengesellschaften mit Beteiligung der öffentlichen Hand – Zugleich Besprechung des BVerfG-Urteils vom 7.11.2017 – 2 BvE 2/11, NZG 2018, S. 521 ff.

Scholz, Franz (Begr.): Kommentar zum GmbH-Gesetz, Band 1, §§ 1–34, 13. Auflage, Köln 2022.

Scholz, Rupert, Parlamentarischer Untersuchungsausschuß und Steuergeheimnis, AöR 105 (1980), S. 564 ff.

Schraml, Alexander, Kommunalunternehmen (Anstalt des öffentlichen Rechts), in: Wurzel, Gabriele/Schraml, Alexander/Gaß, Andreas (Hg.), Rechtspraxis der kommunalen Unternehmen, 4. Auflage, München 2021, Kapitel D.II.

Schröder, Meinhard, Grundfragen der Aufsicht in der öffentlichen Verwaltung, JuS 1986, S. 371 ff.

Schulze-Fielitz, Helmuth, Zusammenspiel von öffentlich-rechtlichen Kontrollen der Verwaltung, in: Schmidt-Aßmann, Eberhard/Hoffmann-Riem, Wolfgang (Hg.), Verwaltungskontrolle, Baden-Baden, 2001, S. 291 ff.

Schwarz, Kyrill-Alexander, Verfassungsprozessrecht, München 2021.

Schwanengel, Wito, Das Parlament im Gefüge der Staatsorganisation, Ein Studien- und Handbuch, Münster 2021.

Schwill, Florian, Die Begrenzung des parlamentarischen Anfragerechts durch Betriebs- und Geschäftsgeheimnisse sowie Verschwiegenheitsregelungen, NVwZ 2019, S. 109 ff.

Schwintowski, Hans-Peter, Verschwiegenheitspflicht für politisch legitimierte Mitglieder des Aufsichtsrats, NJW 1990, S. 1009 ff.

Shaverdov, David Karen, Pflichtenbindungen und Pflichtenkollisionen der Gemeindevertreter, Über die Rechtsstellung der kommunalen Vertreter in den Organen privatrechtlicher Organisationsformen, Berlin 2021.

Siefken, Sven, Parlamentarische Kontrolle im Wandel, Theorie und Praxis des Deutschen Bundestages, Baden-Baden 2018.

Siems, Thomas, Beantwortung und Einstufung von Antworten auf parlamentarische Anfragen, GSZ 2020, S. 1 ff.

Singer, Jens Peter, Fragen über Fragen – zum Rechtsrahmen der Interpellation und der exekutiven Antwortpflicht, ZParl 2020, S. 888 ff.

Sonder, Nicolas, Wirtschaftliche Betätigung von Kommunen im Wandel, LKV 2013, S. 202 ff.

Spannowsky, Willy, Der Einfluß öffentlich-rechtlicher Zielsetzungen auf das Statut privatrechtlicher Eigengesellschaften in öffentlicher Hand: Öffentlich-rechtliche Vorgaben, insbesondere zur Ingerenzpflicht, ZGR 1996, S. 400 ff.

Spiegel, Jan-Peter, Parlamentsrechtliche Strukturmerkmale im Recht der kommunalen Volksvertretung, Frankfurt am Main 2005.

Spindler, Gerald, Kommunale Mandatsträger in Aufsichtsräten – Verschwiegenheitspflicht und Weisungsgebundenheit, ZIP 2011, S. 689 ff.

Stober, Rolf/Korte, Stefan, Öffentliches Wirtschaftsrecht Allgemeiner Teil – Grundlagen des deutschen, europäischen und internationalen Wirtschaftsrechts, 20. Auflage, Stuttgart 2023.

Storr, Stefan, Der Staat als Unternehmer: Öffentliche Unternehmen in der Freiheits- und Gleichheitsdogmatik des nationalen Rechts und des Gemeinschaftsrechts, Tübingen 2001.

Streinz, Rudolf (Hg.): Vertrag über die Europäische Union, Vertrag über die Arbeitsweise der Europäischen Union, Charta der Grundrechte der Europäischen Union, 3. Auflage, München 2018.

Striedl, Hermann/Troidl, Thomas, Mehr Demokratie im Gemeinderat – Transparenz und Grundsatz des freien Mandats im Kommunalrecht –, BayVBl. 2008, S. 289 ff.

Strobel, Brigitte, Verschwiegenheits- und Auskunftspflicht kommunaler Vertreter im Aufsichtsrat öffentlicher Unternehmen, Baden-Baden, 2002.

Stubenrauch, Hubert, Kommunalrecht Rheinland-Pfalz, Baden-Baden 2022.

Suerbaum, Joachim, Kommunale und sonstige öffentliche Unternehmen, in: Ehlers, Dirk/Fehling, Michael/Pünder, Hermann (Hg.), Besonderes Verwaltungsrecht, Band 1, Öffentliches Wirtschaftsrecht, 4. Auflage, Heidelberg 2019, § 16.

Tayaranian, Davud, Die Steuerungspflicht eines öffentlichen Aktionärs und ihre Bedingungen, Zur Zulässigkeit der Informationsweiterabe durch Aufsichtsräte an die entsendende Gebietskörperschaft, NZG 2023, S. 1353 ff.

Teichmann, Christoph, Umsetzung der verwaltungsrechtlichen Vorgaben betreffend das Öffentliche Unternehmen im Gesellschaftsrecht, in: Burgi, Martin/Habersack, Mathias (Hg.), Öffentliches Recht des Unternehmens, Handbuch, München 2023, § 25.

Tetzlaff, Thilo, Transparenz und Auskunftsrechte auf kommunaler Ebene – ein Paradigmenwechsel?, LKV 2012, S. 489 ff.

Teuber, Christian, Parlamentarische Informationsrechte – Eine Untersuchung an den Beispielen des Bundestages und des Landtages Nordrhein-Westfalen, Berlin 2007.

Thedieck, Franz, Die Parlamentsfunktionen, JA 1988, S. 423 ff.

Thiemeyer, Theo, Die Instrumentalfunktion öffentlicher Unternehmen, in: Chmielewicz, Klaus/Eichhorn, Peter (Hg.), Handwörterbuch der Öffentlichen Betriebswirtschaft, Stuttgart 1989, S. 672 ff.

Thode, Bernd, Parlamentskontrolle und Geheimnisschutz bei öffentlichen Unternehmen, AG 1997, S. 547 ff.

Thormann, Martin, Generelle Nichtöffentlichkeit der Aufsichtsratssitzungen Öffentlicher Unternehmen – warum eigentlich? – Worauf (auch) die Aktienrechtsnovelle 2016 eine Antwort schuldig bleibt –, DÖV 2016, S. 991 ff.

Traut, Johannes, Die Corporate Governance von Kapitalgesellschaften der öffentlichen Hand – Eine gesellschafts- und europarechtliche Betrachtung unter Einbeziehung rechtsökonomischer Erwägungen, Köln 2013.

Triepel, Heinrich, Die Reichsaufsicht – Untersuchung zum Staatsrecht des Deutschen Reiches, Berlin 1917.

Trute, Hans-Heinrich, Die demokratische Legitimation der Verwaltung, in: Voßkuhle, Andreas/Eifert, Martin/Möllers, Christoph (Hg.), Grundlagen des Verwaltungsrechts, Band I, 3. Auflage, München 2022, § 9.

Uechtritz, Michael/Reck, Hans-Joachim, Rechtsform kommunaler Unternehmen: Rechtliche Vorgaben und Entscheidungskriterien, in: Hoppe, Werner/Uechtritz, Michael/Reck, Hans-Joachim (Hg.), Handbuch kommunale Unternehmen, 3. Auflage, Köln 2012, § 16.

Ungern-Sternberg, Antje, Gemeinderat als „Kommunalparlament“?, Jura 2007, S. 256 ff.

Vesting, Thomas, Die Bedeutung von Information und Kommunikation für die verwaltungsrechtliche Systembildung, in: Voßkuhle, Andreas/Eifert, Martin/Möllers, Christoph (Hg.), Grundlagen des Verwaltungsrechts, Band I, 3. Auflage, München 2022, § 20.

Vogel, Hans-Josef, Die Verschwiegenheitspflicht der Vertreter kommunaler Gebietskörperschaften im Aufsichtsrat der GmbH, Städte- und Gemeinderat 1996, S. 252 ff.

Vogelgesang, Klaus, Die Verpflichtung der Bundesregierung zur Antwort auf parlamentarische Anfragen, ZRP 1988, S. 5 ff.

Wachter, Thomas (Hg.): Kommentar zum Aktiengesetz, 4. Auflage, Köln 2022.

Wahl, Rainer, Privatorganisationsrecht als Steuerungsinstrument bei der Wahrnehmung öffentlicher Aufgaben, in: Hoffmann-Riem, Wolfgang/Schmidt-Aßmann, Eberhard (Hg.), Verwaltungsorganisationsrecht als Steuerungsressource, Baden-Baden 1997, S. 301 ff.

Waldhoff, Christian, Kommunalrecht: Rederecht von Einzelstadträten im Gemeinderat, JuS 2019, S. 926 ff.

Warg, Gunter, Die Grenzen parlamentarischer Kontrolle am Beispiel des Staatswohls, NVwZ 2014, S. 1263 ff.

Weber, Martin, Die gemeindliche Satzungsgewalt im Spannungsverhältnis zwischen autonomer Rechtsgestaltung und staatlicher Einflußnahme, BayVBl. 1998, S. 327 ff.

Weber, Werner, Gesellschaft mit beschränkter Haftung, in: Wurzel, Gabriele/Schraml, Alexander/Gaß, Andreas (Hg.), Rechtspraxis der kommunalen Unternehmen, 4. Auflage, München 2021, Kapitel D, IV.

Weber, Werner, Aktiengesellschaft, in: Wurzel, Gabriele/Schraml, Alexander/Gaß, Andreas (Hg.), Rechtspraxis der kommunalen Unternehmen, 4. Auflage, München 2021, Kapitel D, IV.

Weber-Rey, Daniela/Buckel, Jochen, Corporate Governance in Aufsichtsräten von öffentlichen Unternehmen und die Rolle von Public Corporate Governance Kodizes, ZHR 177 (2013), S. 13 ff.

Wefelmeier, Christian, Das Fragerecht der Abgeordneten des Niedersächsischen Landtags und der kommunalen Vertretungen im Vergleich, NdsVBl. 2019, S. 365 ff.

Weis, Hubert, Parlamentarisches Fragerecht und Antwortpflicht der Regierung, DVBl 1988, S. 268 ff.

Weiser-Saulin, Eric, Public Corporate Governance kommunaler Unternehmen, Rechtliche Grundlagen, Hemmnisse und praktische Umsetzung eines Konzepts zur Sicherung kommunaler Ingerenzrechte, Baden-Baden 2021.

Weiß, Wolfgang, Privatisierung und Staatsaufgaben – Privatisierungsentscheidungen im Lichte einer grundrechtlichen Staatsaufgabenlehre unter dem Grundgesetz, Tübingen 2002.

Werner, Rüdiger, Auskunftsansprüche der Öffentlichkeit gegenüber Aktiengesellschaften unter Beteiligung der öffentlichen Hand, NVwZ 2019, S. 449 ff.

Wicke, Harmut (Hg.): Gesetz betreffend die Gesellschaften mit beschränkter Haftung (GmbHG) Kommentar, 4. Auflage, München 2020.

Widtmann, Julius/Grasser, Walter (Begr.): Bayerische Gemeindeordnung mit Verwaltungsgemeinschaftsordnung, Landkreisordnung und Gesetz über die kommunale Zusammenarbeit, 33. Ergänzungslieferung, München, Stand: Januar 2023.

Wiebe, Andreas/Ahnefeld, Elisabeth, Zugang zu und Verwertung von Informationen der öffentlichen Hand – Teil I: Zugang zu Informationen und IFG, CR 2015, S. 127 ff.

Will, Martin, Informationszugriff auf AG-Aufsichtsratsmitglieder durch Gemeinden, VerwArch 94 (2003), S. 248 ff.

Will, Martin, Staatsrecht I, Staatsorganisationsrecht mit Bezügen zum Verfassungsprozessrecht, München 2021.

Wilting, Wilhelm, Weitergabe von vertraulichen Informationen im Rahmen der §§ 394, 395 AktG, AG 2012, S. 529 ff.

Wolf, Thomas, Informationsansprüche des Parlaments gegenüber der Regierung: Möglichkeiten und Grenzen parlamentarischer Kontroll- und Informationsrechte unter Berücksichtigung der Staatspraxis im Freistaat Sachsen, Baden-Baden 2017.

Wolff, Johanna, Rechtliche Rahmenbedingungen kommunalwirtschaftlichen Handelns in der Energiewirtschaft, in: Schneider, Jens-Peter/Theobald, Christian (Hg.), Recht der Energiewirtschaft, Praxishandbuch, 5. Auflage, München 2021, § 5.

Wollenschläger, Ferdinand, Wettbewerbliche Vorgaben für öffentliche Unternehmen, in: Kirchhof, Gregor/Korte, Stefan/Magen, Stefan (Hg.), Öffentliches Wettbewerbsrecht, Neuvermessung eines Rechtsgebiets, Heidelberg 2014, § 6.

Wollenschläger, Ferdinand, Europa- und verfassungsrechtliche Vorgaben, in: Wurzel, Gabriele/Schraml, Alexander/Gaß, Andreas (Hg.), Rechtspraxis der kommunalen Unternehmen, 4. Auflage, München 2021, Kapitel B.

Wünsch, Thomas/Harks, Thomas, Parlamentarisches Fragerecht und Antwortpflicht der Landesregierung in Sachsen-Anhalt, LKV 2014, S. 438 ff.

Wurzel, Gabriele, Gemeinderat als Parlament?, Eine rechtsvergleichende Studie über die Volksvertretung im kommunalen und staatlichen Bereich, Würzburg 1975.

Wysk, Peter (Hg.): Verwaltungsgerichtsordnung, 3. Auflage, München 2020.

Zeh, Wolfgang, Parlamentarisches Verfahren, in: Isensee, Josef/Kirchhof, Paul (Hg.), Handbuch des Staatsrechts, Band III, Demokratie – Bundesorgane, 3. Auflage, Heidelberg 2005, § 53.

Ziegler, Andreas, Das Ratsmitglied im Verfassungs- und Verwaltungsrecht, Grundrechte im Gemeinderat?, Wiesbaden 2014.

Zieglmeier, Christian, Kommunale Aufsichtsratsmitglieder, LKV 2005, S. 338 ff.

Zieglmeier, Christian, Die Systematik der Haftung von Aufsichtsratsmitgliedern gegenüber der Gesellschaft, ZGR 2007, S. 144 ff.

Ziekow, Jan, Öffentliches Wirtschaftsrecht, 5. Auflage, München 2020.

Zöllner, Wolfgang, Berichtspflicht beamteter Aufsichtsratsmitglieder aufgrund von § 55 BBG? – Bemerkung zum Aufsatz von K.P. Martens: „Privilegiertes Informationsverhalten von Aufsichtsratsmitgliedern einer Gebietskörperschaft nach § 394 AktG“ (AG 1984, 29) –, AG 1984, S. 147 ff.

Zöllner, Wolfgang/Noack, Ulrich (Hg.): Kölner Kommentar zum Aktiengesetz, Band 7 – 2. Teillieferung, §§ 239–398 AktG, §§ 1–46 EGAktG, 3. Auflage, Köln 2016.